알기 쉬운

무역학 원론

김창봉 박상안 정재우

Principles of International Trade

博 英 社

머 리 말

우리나라는 무역강국이다.

대외의존도가 전체경제의 60% 이상을 차지하고 있다. 무역의 역사는 인류가 국가간 물물 교환으로 얻는 이득이 증가하면서 점차 규모가 확대되었다. 무역의 개념은 양 국가간 상품 교역에서 출발한다. 초기의 국제무역은 식민지 개척 등의 강제력의 동원에 의한 시장쟁탈의 국제무역형태로부터 시장경쟁의 논리에 의한 자유무역형태로 변화되어 왔다.

최근 국제무역의 패러다임은 글로벌 지역으로부터 원재료와 부품을 소싱하여 글로벌 전역에 신속하고 정확하게 고객에게 제품을 공급하여 경쟁우위 확보를 목표로 노력하고 있다. 국제무역환경은 글로벌 소비자들의 신제품에 대한 욕구, 교통통신 기술의 발달, 소득의 증가에 따른 제품제조에 투입될 원재료의 조달 및 글로벌 시장으로의 확장 등과 같은 국제무역의 내부요인과 정치 · 법률 · 제도 · 문화적인 변화와 같은 국제무역의 환경요인에 국제무역이 점차 발전하였다.

전통적인 무역방식인 저렴한 가격경쟁을 통한 비교우위의 경쟁방식에서 원재료 관리, 부품조달, 생산, 판매를 총괄하는 글로벌 공급체인망관리(Global Supply Chain Management) 형태로 변화하고 있다. 즉, 국내시장 거점의 생산, 판매, 물류의 형태에서 해외에 거점을 확보하여 생산, 판매, 물류, 통관 등의 중요성을 강조하는 형태로 변화 · 발전하고 있다.

국가는 자유로운 무역활동을 보장하기 위한 다양한 활동을 하고 있다. 무역환경변화에 신속하게 대응하기 위한 법, 제도개선을 통하여 무역하기 좋은 환경을 구축하기 위한 노력을 하고 있다.

기업들은 국내시장, 해외시장, 글로벌 시장을 거점으로 기업의 본원적 활동과 지원활동을 확대하여 기업의 형태를 국내기업, 국제기업, 다국적기업, 초국적기업 형태로 변모해 가고 있다.

과거의 국내 완제품을 수출하던 기업들이 제조부문에서 생산전문기업, 판매전문기업, 물류전문기업으로 점차 전문화되면서 세계무역의 흐름을 재편하고 주도해 가고 있다.

본서의 특성은 조선시대의 무역형태를 소개하는 조선최대갑부인 역관을 소개하여 부의 원천이 무역을 통하여 형성되는 것을 소개하였다. 기존 무역학원론에서 소개되지 못한 신무역 형태인 글로벌 공급체인망관리에서 기업간 파트너십이 신뢰성을 바탕으로 신속하고 안전하게 정보공유를 통하여 사업성과를 도출하는 것을 소개하였다. 국제금융부분의 중요성이 무역에서 차지하고 있는 비중을 사례를 중심으로 알기 쉽게 자세히 소개하였다. 또한 무역에서 관세의 중요성에 관하여 제도 및 사례를 소개하였다.

본서는 전체 16장으로 구성되었다.

제1장은 무역의 이해로서 무역의 기초와 한국의 무역관리에 대해 살펴본다. 또한 무역의 이해의 사례로 동서양의 문화무역 "실크로드," 글로벌 CEO 장보고, 조선통신사 400년, 조선의 최대갑부 역관, 국제기업의 시초인 동인도회사에 대하여 논의한다.

제2장은 국제무역이론으로서 국제무역이론의 주요 연구대상, 고전적 국제무역이론, 근대적 국제무역이론, 현대적 국제무역이론에 대해 살펴본다. 또한 국제무역이론의 사례로 국가경쟁력모델에 대하여 심층적으로 논의한다.

제3장은 국제통화제도 및 국제수지로서 금본위제도, 브레튼우즈 체제, 킹스턴 체제로 이어지는 과거 환율제도의 변천사와 함께 고정환율제도와 변동환율제도에 대해 살펴보고 국제수지의 개념, 국제수지의 내용, 국제수지의 작성원리에 대해서도 살펴본다. 또한 이에 대한 사례로, IMF 쿼터개혁 급물살과 30년 사이 최대폭을 기록한 2009년의 경상수지 흑자에 대하여 논의한다.

제4장은 공급체인관리(SCM)로서 공급체인관리의 의의, 공급체인관리의 도입배경, 공급체인관리의 발전과정, 공급체인관리의 기능과 역할에 대해 살펴본다. 또한 공급체인관리(SCM)의 사례로 통합공급망의 정보흐름과 운송

통합에 대하여 심층적으로 논의한다.

제5장은 신속대응시스템(QR)에 대해서 다루게 된다. 신속대응시스템의 정의, 신속대응시스템의 개념, 신속대응시스템의 도입배경, 신속대응시스템의 발전단계, 신속대응시스템의 기대효과에 대해 살펴본다. 또한 신속대응시스템(QR)의 사례로 베네통의 신속대응시스템(QR)과 현대백화점의 고객관계관리(CRM)에 대하여 심층적으로 논의한다.

제6장은 글로벌 공급체인관리(GSCM)로서 글로벌 공급체인관리의 의의, 글로벌 공급체인관리의 도입배경, 글로벌 공급체인관리의 구성요소에 대해 살펴본다. 또한 글로벌 공급체인관리(GSCM)의 글로벌 네트워크 전략 사례로 월마트사의 글로벌 공급체인관리에 대하여 심층적으로 논의한다.

제7장은 항만공급체인 통합(PSCI)으로서 항만의 의의, 항만의 발달사, 컨테이너 수송, 항만의 민영화 단계, 국제항만물류의 통합, 국제항만물류의 공급망 통합, 국제항만물류의 시사점에 대해 살펴본다. 또한 항만공급체인 통합(PSCI)의 사례로 한 · 중 · 일 항만공급체인 통합(PSCI)과 부산항의 항만공급체인 통합(PSCI)에 대하여 심층적으로 논의한다.

제8장과 제9장에서는 관세행정의 3대 핵심 업무인 통관행정, 심사행정, 조사행정에 대해 상세히 설명하고, 다음으로는 현재 관세행정의 동향과 자유무역지대(FTA)에 대해 살펴보고 마지막으로 많은 국가에서 채택하여 실행하고 있는 AEO제도에 대해 논의한다.

제10장은 무역계약체결과 거래조건에 관하여 학습하게 되는데, 무역계약의 체결, 무역계약의 성립절차, 청약과 승낙, 무역계약의 기본조건, Incoterms에 대해 살펴본다.

제11장에서는 대금결제와 관련하여 신용장의 의의, 신용장의 거래원칙, 신용장의 당사자에 대해 살펴본다.

제12장 국제물류에서는 무역의 주를 이루는 해상운송과 관련하여 해상운송의 종류에 대해 설명하고 그 밖에 컨테이너운송과 복합운송에 대해 설명한다. 또한 해상보험에서는 해상보험의 기본 개념과 해상위험과 해상손해의 차이에 대해 논의한다.

제13장 전자무역에서는 전자무역의 정의에 대해 설명하고 전자무역의

중요성과 비전에 대해 살펴본다. 다음으로 전자무역을 통하여 기대할 수 있는 효과와 특징, 장점 등을 살펴보고, 전자무역에 필요한 전자무역결제시스템에 대하여 심도 있게 고찰하였다.

第14장 국제마케팅에서는 마케팅과 국제마케팅의 개념에 대해 설명하고 국제마케팅 환경분석에 사용되는 SWOT 분석에 대해 살펴본다. 다음으로 대표적인 국제마케팅 믹스 전략에 대해 살펴보고 3개의 마케팅 성공사례를 분석한다.

第15장 외환시장과 무역결제에서는 환율의 개념, 외환시장의 특성 및 시장참가자들, 외환거래의 종류, 외환시장의 규모에 대해 살펴본다. 또한 외환시장과 무역결제의 사례로 신한은행의 외환딜링룸과 수출팩토링의 재무구조 개선 및 환차손 예방에 대하여 심층적으로 논의한다.

마지막으로 第16장 국제금융시장에서는 국제금융시장의 기능과 참가자, 국제금융시장의 구조에 대해 살펴본다. 또한 국제금융시장의 사례로 국내 기업의 나스닥 상장과 외국채권 발행에 대해 논의한다.

무역은 재미있고 흥미 있는 분야이다. 세계적인 기업은 항상 변화를 준비하여 어려움을 극복하여 생존하고 있고 리딩 기업의 위치를 계속 유지하고 있다는 것을 성공 사례를 통하여 보아 왔다. 본서는 무역을 이해할 수 있도록 쉽고 다양한 분야를 사례를 중심으로 저술하였다. 무역관련 자격시험 준비를 하고 있는 수험생에게도 작으나마 도움이 되었으면 한다.

본서를 집필하는 과정에서 수고한 공동저자인 박상안 박사와 정재우 박사에게 영광을 드리고 싶다. 자료수집과 원고정리에 도움을 준 관세청 천홍욱 국장님과 항상 성실하게 연구에 몰두하고 있는 중앙대학교 대학원 박사과정 권승하 선생에게 감사의 마음을 전한다. 또한, 박영사 안종만 회장님과 편집부 정순정 님의 노고에도 감사드린다. 마지막으로 저자들이 본서를 집필하는 데 물심양면 도와주신 부모님과 가족들에게 감사드린다.

2010년 8월
창 밖에 잠수교가 보이는 연구실에서
저자들 씀

목 차

제 1 장 무역의 이해

제 2 장 국제무역이론

제 3 장 국제통화제도 및 국제수지

제 4 장 공급체인관리(SCM)

제 5 장 신속대응시스템(QR)

제 6 장 글로벌 공급체인관리(GSCM)

제7장 항만공급체인 통합(PSCI)

제 8 장 관세행정(1)

제 9 장 관세행정(2)

제10장 무역계약체결과 거래조건

제11장 대금결제

제12장 국제물류

제13장 전자무역의 이해

제14장 국제마케팅

第15장 외환시장과 무역결제

第16장 국제금융시장

제 1 장 무역의 이해

제1절 무역의 기초

1. 무역의 개념과 특징

(1) 무역(貿易, trade)의 개념

무역이란 국경을 넘어 이루어지는 상거래를 의미하며 주로 재화를 그 대상으로 한다. 초창기의 무역은 서로의 산물을 교환하는 것에 국한되었으나 최근 무역형태는 단순한 상품의 교환과 같이 보이는 무역(visible trade)뿐만 아니라 기술 및 용역과 같이 보이지 않는 무역(invisible trade) 및 자본의 이동까지도 포함한다.

이와 같이 현재 우리가 사용하고 있는 무역이란 개념은 단순히 특정 상품의 효용가치(效用價値)가 적은 곳에서 효용가치가 높은 곳으로 이양(移讓)시킴으로써 재화의 효용 및 경제가치를 증가시키는 것뿐만 아니라 모든 재화의 생산요소, 즉 원료 · 서비스 · 운송 · 여객 · 노동 및 자본의 이동까지도 포함시키는 것으로 이해되어야 한다.

(2) 무역의 특징

오늘날 무역이 이루어지는 주된 요인은 각국의 자연적 조건과 사회적 조건을 포함한 경제적 조건이 서로 다르기 때문이다. 자연적 조건으로는 기후나 풍토, 천연자원의 존재 여부가 주요 결정 요인이며 사회적 조건으로는 인구, 노동의 질, 자본의 축적 정도, 기술수준 등이 있다. 이러한 조건 등이 개별 국가마다 서로 그 특성을 달리하기 때문에 무역이 이루어지게 된다. 국경을 넘어 이루어지는 국제상거래는 다음과 같은 특성이 있다.

첫째, 무역은 바다를 주된 통상 경로로 하여 발전해 왔다. 따라서 해상운송과 해상운송의 위험을 경감시키기 위한 해상보험에 의해 무역이 이루어져 왔다. 최근에는 항공운송에 대한 수요도 높아 항공운송도 중요시되지만 무역에서 해상운송의 영향력은 절대적이라고 표현해도 무방할 것 같다.

둘째, 무역은 상이한 국가간에 이루어지는 상거래이기 때문에 국내거래보다 많은 위험성을 내포하고 있다. 그러나 무역거래에서 발생될 수 있는 위험성은 교통과 통신의 발달, 해상보험과 신용장 등 제도적 기반으로 인해 무역거래의 안정성을 보장해 주고 있다.

셋째, 무역은 국제상관습을 바탕으로 이루어지고 있다. 국제상관습(International Commercial Custom or Trade Usage)이란 국제상인들이 제도적으로 만든 일종의 규칙으로 일반적으로 관습을 의미한다. 이러한 관습은 매매당사자가 체결하는 무역계약에 보완적인 기능을 하며 세계적인 통일법이 제정되지 않은 현실에서 규칙을 의미한다.

(3) 무역의 혜택

옛날 유목시대나 농경시대가 아닌 21세기 국가들은 어느 한 국가도 완전히 외부 세계와 고립되어 살 수는 없다. 대원군시대와 같은 쇄국정책으로는 세계의 흐름에 따를 수가 없고 또한 경제가 완전히 독립된 경제체제로 존속할 수도 없다. 서로가 서로를 의존하고 살아가는 경제체제(interdependent economy)가 되고 있다. 국제교역의 기준은 엄밀히 말하면 상호협조나 상호 절대적인 것이 아닌 상호경쟁적인 입장에서 특정 재화를 더 효율적으로 생산 및 판매하는 국가가 언제나 우위에 서게 되도록 되어 있다.

무역을 하지 않는 국가에 비해서 무역을 하는 국가는 다음과 같은 이득을 얻을 수 있다.

첫째, 무역을 하지 않으면 얻을 수 없는 것이 있다. 예를 들어 원목, 유연탄 및 원유 등은 전적으로 교역에 의해서만 얻어진다.

둘째, 자국에서 생산은 되지만 생산비용이 상대적으로 비싸서 외국에서 수입해 오는 것이 훨씬 저렴하다. 예를 들어 밀 · 쌀 · 바나나 등이다.

셋째, 노동의 분업으로 국가간에 서로 협력하여 전문화된 부분만 생산할 경우 한 나라에서 생산하는 것보다 더 저렴하게 생산해 낸다.

넷째, 무역을 함으로써 더 넓은 시장을 확보하면 대량생산을 할 수 있어 단위당 생산비용이 절감되어 국내소비자들에게 저렴한 가격으로 재화를 공급해 줄 수 있다.

다섯째, 무역 때문에 생겨나고 생존하게 되는 기업들이 많이 생겨나 결국 고용증대에 도움을 준다. 뿐만 아니라 해운업 · 해상보험업 · 국제검정기관, 각종 수출입 대리점 · 화물주선업자, 외국환은행들은 국제무역에서 파생(派生)하는 이익으로 존재 · 운영되고 있다.

사례

다시 바다를 바라보아야 한다

김재철 동양그룹 회장. 지금은 잠잠해졌지만 얼마 전 '바다이야기'가 나라 안을 뒤흔들 때 걱정을 많이 했다. 우리 미래가 바다에 달려 있는데, 엉뚱한 사행성 오락 때문에 '바다'라는 이름이 지닌 소중한 가치마저 훼손되지 않을까 해서였다. 그래서 이제는 진짜 바다 이야기를 해야 할 것 같다.

우리가 사는 지구는 다른 혹성들과는 다른 두 가지 특성을 갖고 있다.

하나는 바다가 있다는 것이고 또 다른 하나는 생물이 살고 있다는 것이다. 그러나 생물이 살고 있다는 것은 기실 바다가 있기 때문이다. 지구상 물의 97.5%가 바닷물이고, 바닷물이 증발하여 비나 눈이 되어 내림으로써 육지에 생명수를 공급하고 있다. 또 바다는 보온탱크 역할을 하여 주야간의 온도차를 줄여주고 기후까지도 조절해 준다. 바다가 없는 혹성인 달은 온도 차가 극심하다.

바다는 모든 것을 품어주는 어머니와 같다. 그러나 바다가 항상 자애롭기만 한 것은 아니다. 때로는 성난 파도가 무섭게 휘몰아쳐 아무나 함부로 나가지 못했다. 오직 용기 있고 준비된 자만이 바다에 나아갔고, 그들이 세계의 많은 것을 차지했다.

그리고 바다는 엄청난 자원을 안고 있다. 오랫동안 인류에게 수산식량을 공급했을 뿐 아니라 지금도 세계 석유생산량의 약 30%를 바다 밑에서 캐내고 있다. 앞으로는 더욱 증가할 것이다. 지구표면의 71%를 점하고 있는 바다는 대륙을 연결하는 하이웨이 역할을 하므로 예부터 바다에 면한 지역이 먼저 발달했고 바다를 제패한 민족이 세계를 제패했다.

우리나라도 3면이 바다로서 천혜의 해양조건을 갖추었지만 다른 나라가 바다를 개척할 때에 바닷길을 막아놓고 내륙중심정책을 씀으로써 세계사를 등지고 쇠락의 길을 걸었다.

다행히도 해방 이후 적극적인 해양 진출로 수출길을 열어 산업화에 성공했다. 해운과 원양어업이 선진국 대열에 들어 있고 조선업(造船業)은 세계 제일이다. 최근 한국을 방문한 폴 케네디 교수는 18세기는 영국이 세계 제일의 조선국이었고 오늘날은 한국이 세계 제일의 조선국이라고 한국의 해양력을 치켜세웠다. 우리나라 GDP의 70%가 무역에 의존하고 있고 무역화물의 99% 물량이 바다를 통해 운반된다. 또 우리 국민이 섭취하는 단백질의 43%는 수산물에서 얻고 있다. 3면이 바다인 덕택이다.

높은 상공에서 보면 우리 한반도는 유라시아 대륙에서 남쪽으로 뻗은 부두형상이다. 더욱이 동남아와 미대륙을 왕래하는 주요 항로에 인접한 부두로서 그 가치가 뛰어나다. 일찍이 한국을 다녀간 '25시'의 작가 게오르규는 한반도는 아시아 대륙을 여는 열쇠의 형상이라고 했다. 그만큼 좋은 바다 조건을 갖추고 있다. 우리가 잘 살 수 있는 길은 하늘이 우리에게 주신 좋은 해양지리적 조건을 잘 활용하는 것이다.

태평양으로 뻗어 있는 부두형상의 우리나라는 큰 부두와 항만을 경영하듯해야 한다. 부두와 항구는 세계의 배가 많이 들어와야 번창하듯 우리나라는 세계와 폭넓게 교역해야 발전할 수 있다. 배가 많이 오게 하려면 개방되고 편리해야 한다. 자연조건 못지않게 좋은 서비스가 뒤따라야 한다. 더욱이 우린 지하자원은 없고 인구는 수용하기 어려울 만큼 많다. 나라를 활짝 개방하여 자유롭게 활동케 하고 젊은이들이 개척자적 사명을 갖고 넓은 세계로 나가도록 꿈을 주고 교육을 시켜야 한다.

국내에서 평준화를 따지고 줄서기 경쟁을 하면 다같이 가난해질 수밖에 없다. 육당 최남선은 '우리 민족이 바다를 잃은 후로 옹졸해지고 가난해졌다. 이 나라를 다시 세울 자 누구이냐' 라고 물었다.

우리나라의 국가 전략은 육지에 앉아서만 계획할 것이 아니라 바다에서도 보고 세워야 한다. 정책을 세우는 사람들이 세계 지도라도 잘 봤으면 한다. 우리나라는 무역하기에 아주 좋은 바다의 십자로에 위치해 있다. 더욱이 지도를 거꾸로 보면 유라시아 대륙을 발판으로 태평양을 향해 당당히 서 있는 형국이다. 우리 국민의 기상이 엿보이는 모습이다.

바닷물은 잠시도 쉬지 않고 국경을 넘나들고 동서양을 가리지 않는다. 21세기는 해양의 세기가 될 것이라고 한다. 이제 진짜 바다 이야기를 하며 푸른 바다와 더불어 도약하는 한국의 앞날을 기원한다.

【조선일보 '아침논단', 2006. 9. 27.】

2. 무역의 역사

(1) 세계무역의 역사

인류의 역사는 수렵(狩獵)과 농업시대를 거쳐 현재의 공업과 상업시대를 이룩하게 되었다. 공업과 상업 위주의 경제체제가 수렵과 농업 위주의 경제체제와 근본적으로 다른 점은 후자가 개인이나 가족단위의 자급자족제도(autarky system)인 데 비해서, 전자는 분업(division of labor)과 교환의 상호의존제도(interdependent system)라는 것이다. 분업이 더 심화되고 교환의 영역이 더 넓어지면서 보다 더 넓은 시장을 확보하기 위하여 인간은 모든 지혜를 동원하게 되었다. 이 같은 새로운 영역에 대한 꿈이 콜럼버스와 마젤란을 낳게 하였고 결국은 신대륙의 발견과 이로 인한 온갖 인류의 영욕(榮辱)을 수반하게 되었다.

일찍이 영국의 A. 스미스는 「국부론」(國富論)에서 한 사회 한 나라의 경제발전은 그 시장의 크기에 제한을 받는다고 하였다. 즉, 시장이 너무 협소하면 그 경제는 그 이상 발전할 수가 없다는 것이다. 이리하여 인류의 역사는 내륙교통수단의 한계에 얽매여 침체한 사회보다는 내수로(內水路)나 해운(海運)에 의하여 좀더 넓은 시장을 가질 수 있었던 사회에 의해 주도되어 왔다.

나일강(江) 유역을 중심으로 한 고대 이집트 문화, 티그리스 · 유프라테스 강을 중심으로 한 메소포타미아 문화, 인더스 · 갠지스 강을 중심으로 한 인도문화, 그리고 황허강[黃河] 유역의 중국문화는 모두 큰 강을 중심으로 형성되었다. 그 후 다른 문화권은 그 이상 바다를 이용하여 더 멀고 더 넓은 시장개척을 하지 않았으나 유독 서양문화권은 지중해를 이용한 활발한 국가 간의 교역이 계속 이루어지고 있었다. 기록에 의하면 이미 B.C. 1000년경에 이집트와 레바논 간에는 곡물, 파피루스(papyrus) 및 목재 등의 교역이 성행하였으며, 또 B.C. 800년경에는 지중해의 로도스(Rhodos)섬을 중심으로 한 페니키안(Phoenician)에 의한 무역이 활발히 이루어져 일부 상인들의 자본축적이 형성되기 시작하였다. 이러한 자본축적이 신대륙의 발견과 과학의 발달을 촉진시켜 결국은 무역을 일찍이 서두른 서양문화권이 세계를 제패하게 되었다.

여기에서 동양과 서양의 끈을 잇는 것이 실크로드이다. 실크로드는 동·서양의 문화교류를 통해서 중국의 비단과 제지술이 서양으로 전해지고 서양의 옥이나 보석, 유리제품과 같은 재화들이 동양으로 전해지면서 동양과 서양의 문화를 연결하는 국제교역의 루트이다.

실크로드는 문명을 낳아 키우고 오가게 한 길이다. 사막이나 바닷물에 묻혀버린 죽은 길이 아니라 살아 숨쉬는 길이며, 그저 나들이나 하는 길이 아니라 동서양을 잇는 문명의 동맥이고 요람이라 할 수 있다.

동서양의 문화 무역 “실크로드”

실크로드는 중앙아시아를 횡단하는 고대의 동서교통로를 말하며 독일의 지리학자 F. 리히트호펜이 자이덴슈트라센(Seidenstrassen; 絹街道)이라는 말을 사용한 것이 시초이며, 이 길을 통해 고대 중국의 특산인 비단이 서쪽으로 운반되었기 때문에 붙여진 이름이다. 역사적으로 볼 때, 중국 한(漢)나라 시대에 타림분지 연변의 오아시스 도시를 지나서 파미르고원을 넘어 중국과 서방을 연결하고 있던 길을 가리키는데, 동서교통로라는 뜻으로 확대 해석하여 서아시아에서 로마에 이르는 길과 스텝을 지나는 길(초원길), 해상교통로(바닷길)까지 이 안에 포함시키는 경향이 있다.

서남아시아에서는 이미 B.C. 6세기에 아케메네스왕조 페르시아가 동쪽은 서투르키스탄에서 서쪽은 소아시아반도에 이르는 영역을 지배하였고, B.C. 4세기 무렵에는 알렉산드로스 대왕이 지중해 동부에서 인더스 강까지 지배하는 등 일찍부터 정치적 통일과 함께 서남아시아세계라는 하나의 문화권을 형성하고 있었다. 이 서남아시아 문화권과 중국 문화권을 처음으로 연결했던 길이 바로 실크로드이다.

실크로드의 개통

중국과 서방의 교역로는 사서(史書)에 정식으로 기록되기 이전부터 통하고 있었다. 서방과 공식적으로 교통하기 시작한 것은 한나라 무제(武帝)의 명(命)으로 장건(張騫)이 중앙아시아에 파견된 뒤부터이다. 그의 여행을 계기로 <서역(西城)>이라는 중앙아시아나 서방 각지와 국교가 열리게 되었고 사절단(상인)이 중국을 방문하여 진귀한 물품과 문물을 가져오게 되었다. 장건이 비단길의 개통자가 된 것은 이와 같은 이유에서이다.

실크로드의 역할

첫째, 동서를 잇는 무역로로서의 역할을 들 수 있다. 중국에서는 특산인 비단이, 서쪽에서는 옥이나 보석, 유리제품 등이 이 길을 거쳐 운반되었다. 또 사자와 포도 · 석류 · 호두 · 완두 · 참깨 · 오이 · 거여목 · 잇꽃 등의 식물류, 비파 · 공후 등의 악기, 음악과 무용, 요술 · 곡예를 비롯하여 중앙아시아 · 서아시아의 산물과 풍속이 중국에 전해졌다. 또한 인도의 불교, 이란의 조로아스터교와 마니교, 네스토리우스파의 그리스도교(景敎), 이슬람교(회교) 등의 종교도 전해졌다.

중국에서는 주철기술과 양잠, 제지법과 화법을 서방에 전했다. 비단길은 상업로로서뿐 아니라 동서문화의 전달로로서도 큰 의의를 갖고 있었다. 이와 같이 중국과 서남아시아 문화권을 연결했던 이 길은 몽골제국이 이 두 문화권을 포함하는 유라시아대륙의 대부분을 지배하게 되자 자연히 그 역사적 의의를 잃어갔다.

【출처: http://www.yahoo.co.kr】

(2) 한국무역의 역사

한국의 무역은 고대시대인 고조선, 삼국시대인 고구려, 백제, 신라 때부터 이미 시작되었다. 삼국시대를 거쳐 통일신라시대에 들어서면서 한국의 무역은 동북아 해상무역의 중심 거점지역으로서의 역할을 수행하면서 중국과 일본 사이에서 중개무역을 본격적으로 행하게 되었다.

통일신라시대에 당나라와 왜국(倭國)에 사신을 보내 조공(朝貢)을 바치거나 예물을 교환한 사실이 기록으로 전해 오며 그 후 신라 42대 흥덕왕(興德王) 때에 장보고(張保皐)가 신라 해안에 자주 침범하는 중국해적을 소탕하고 청해진(淸海鎭: 지금의 莞島)에 해상진영을 세워 이곳을 근거지로 당나라에 신라방이라는 무역거점 기지와 일본을 왕래하며 대규모 무역을 하였다는 기록이 남아 있다.

글로벌 CEO 장보고

신라 무장(武將)이자 국제무역가였던 장보고(張保皐)의 본명은 궁복(弓福) 또는 궁파(弓巴)이다. 일찍이 중국 당(唐)나라에 건너가 서주(徐州) 무령군(武寧軍) 장교가 되었고, 당시 해적이 신라 해안에 출몰해 주민들을 붙잡아 중국에 노예로 팔아넘기는 것에 분개하여 828년 귀국, 왕에게 남해 해상교통의 요지인 완도(莞島)에 해군기지를 건설하여 무역로를 보호하고 해적을 근절시킬 것을 주청, 승인받아 1만 민군(民軍)을 조직하여 완도에 청해진(淸海鎭)을 건설하였다.

청해진대사(淸海鎭大使)라는 벼슬을 받고, 독자적 세력으로 해적을 완전 소탕하여 동북아시아 일대의 해상무역권을 장악하고, 그것을 토대로 당나라 · 신라 · 일본을 잇는 국제무역을 주도해 나갔으며, 국제정치적 영향력을 크게 발휘하였다.

836년, 왕위계승분쟁에 패배한 김우징(金祐徵; 신무왕)이 청해진으로 피란해 와 그에게 의탁하였으며, 838년 왕위를 둘러싼 분쟁이 생겨 희강왕이 피살되고, 민애왕이 즉위하는 혼란을 틈타 김우징을 왕위에 오르게 하는 데 큰 공을 세웠다. 신무왕은 그를 감의군사(感義軍使)로 삼고 식실봉이천호(食實封二千戶)를 봉하였다. 신무왕이 죽은 뒤 문성왕에 의하여 진해장군(鎭海將軍)이 되었다.

840년, 일본에 회역사(廻易使)를 파견하고 당나라에는 견당매물사(遣唐賣物使)를 보내어 교역을 활발히 하였다. 845년 딸을 왕의 차비(次妃)로 삼으려 하였다가 군신들의 반대로 좌절되자 불만을 품고 있던중, 이듬해 불안을 느낀 조정에서 보낸 자객 염장(閻長)에게 살해되었다. 그는 8세기 후반 이후로 신라인의 해상활동의 절정기를 이루게 하였으며 신라 말기 호족세력의 선구적인 정치가였다.

청해진(淸海鎭)

통일신라 때 장보고(張保皐)가 지금의 완도(莞島)에 설치하였던 해군 무역기지로써 828년에 설치되었다. 당(唐)나라 서주(徐州)로 건너가 무령군 소장(武寧軍小將)이 된 장보고는 중국인들이 신라 변방 사람들을 노비로 삼는 것을 보고 분노하여 귀국한 뒤에 이를 막기 위하여 청해진을 설치할 것을 왕에게 청하였다. 왕은 이를 승낙하고 장보고를 청해진대사(淸海鎭大使)로 임명하였다. 청해진은 신라·당나라·일본을 잇는 해상로에 자리 잡고 있어 해군기지인 동시에 무역거점의 역할도 하였다. 그러나 청해진이 독자성을 띤 하나의 지방 세력으로 정착되어가자 중앙귀족들은 이에 위협을 느꼈으며, 장보고 딸의 왕비책봉 문제를 둘러싸고 장보고와 중앙정부간의 대립이 드러나자 중앙정부는 846년, 자객 염장(閻長)을 보내 장보고를 암살하고 곧이어 중앙정부군을 보내어 토벌함으로써 청해진은 함락되었다. 나아가 중앙정부는 이 지역 세력을 근절하기 위하여 851년 청해진을 완전철폐하고 주민은 벽골군(碧骨郡; 지금의 전라북도 김제)으로 강제 이주시키게 된다.

【출처: http://www.yahoo.co.kr】

이후 본격적으로 우리나라가 세계적인 국제무역을 행한 것으로 알려진 것은 '꼬리아(Corea)'의 어원에서 알 수 있듯이 고려시대부터라 할 수 있다. 이 시대에서는 중국 남송을 비롯해서 왜나라, 여진, 거란, 동남아, 아라비아까지 교역을 수행하였고, 고려시대의 최고 무역품은 고려인삼과 고려청자를 들 수 있다. 아라비아에서는 귀금속과 장신구, 대리석 등을 교역하였으며 동남아시아 국가들과는 향신료와 보석, 그리고 북방 민족과는 말과 금·은, 철, 중국과의 교역에서는 책과 비단, 장신구, 그리고 왜나라와는 칼과 금을 주로 교환하였다.

고려 초기에는 군선, 무역선 등 각종 선박이 크게 발달하면서 특히 문종 시대를 전후한 시대에 송과의 무역이 활발해지면서 대형 무역선이 등장하기도 하였다. 고려와 가장 활발하게 교역을 한 나라는 중국의 송나라로, 두 나라 사이에는 공적무역보다도 사적인 무역인 민간무역이 활발하게 이루어졌었다.

이 밖에 때로는 아라비아 상인과 왜상도 건너와 교역을 행하였으며, 이에 발맞추어 고려 상인도 중국과 일본 등 해외에 진출하여 문물교류에 이바지하였다.

무엇보다 동아시아 국제무역에 있어서 중요한 역할을 담당했던 고려 상인의 외국 무역은 육로와 해상 양면으로 병행되었는데, 서북으로는 위(違), 금(金)과 상시를 행하고 서남 해로로는 송나라와 동서해로로는 일본과 교역하였다. 고려 상인의 대 중국 해상무역은 이미 고려 태조 때부터 행하여졌다. 태조 초년부터 후당(後唐)과의 국교가 열려 사절의 왕래와 교역품의 교환이 자주 행하여졌으며 일반 무역도 자못 활기를 띠었었는데, 태조 17년 7월에 고려의 상선이 후당에 건너가 등주에서 무역을 행한 것으로도 개황을 알 수 있을 것이다.

이후 조선시대에서는 18세기 후반에 국내적 생산력의 발전과 국내 상업의 발달로 국제무역은 점차 번성하게 되었다고 할 수 있으나 고려시대에 비해 표면적으로는 별로 발전을 보지 못하였다. 조선시대 전기의 무역은 통상은 사치와 낭비의 근원에 불과하다는 인식하에 소극적이었다.

교역대상은 명과 청나라 그리고 일본이었으나 중국에 대해서는 사신 수행원에 의한 삼역과 기타 청구에 의한 교역이 행하여졌으며, 일본에 대해서는 통신사와 왜관무역이 있었다. 그러나 조선 중기 이후 압록강변의 중강개시와 야인에 대한 경원, 경성, 회녕 등의 개시가 행하여졌다.

사례

조일 교린시대와 조선통신사

14세기 말엽에 이르러 동아시아 국제정세는 큰 변화가 일어나고 이에 따라 새로운 국제질서가 요구되었다. 중국대륙은 1368년 주원장이 원(元)제국을 멸하고 신흥 명(明)제국을 건국하였고 한반도는 1392년 이성계가 소위 '역성(易姓)혁명'으로 조선왕조를 건국하였다. 일본에서는 1333년 카마쿠라(鎌倉) 막부(幕府)가 막을 내리고 1336년 아시카가 다카우치(足利尊氏)가 아시카가(足利) 막부(幕府)[1]를 열었다. 이렇게 유사한 시기에 등장한 동아시아 3국은 새로운 국제관계 설정과 이를 통한 외교적 안정이 필요하였다. 역사적으로 동아시아 3국 관계는 유교문화권에서 만들어진 고유한 외교규범이자 유교적 덕목이 근간이 되었는데 소위 '사대자소지예(事大字小之禮)[2]' 라는 것이다. 이러한 규범 속에 조공과 책봉이라는 외교행위가 이용되었다. 조공(朝貢)이란 조빙(朝聘)이라고도 하며 작은 나라가 큰 나라에 예물을 바치면서 문안을 하는 것을 말한다. 책봉이란 주변국에 '왕(王)' 이라는 작위를 주고 군신관계를 설정하는 외교행위로서 종속관계일지언정 지배와 피지배의 관계가 아닌 넓은 의미의 교린관계를 설정하는 행위이므로 작은 나라 입장에서는 대외적인 정치·외교적 안정을 꾀하기 위해 오히려 책봉체제(册封體制)를 요구하였던 것이다. 따라서 조선과 일본 모두 정치적 안정과 정권의 대내외적 정당성 확보를 위해 명의 책봉을 요구하게 되고 조선은 건국 후 11년 만인 1403년, 일본은 남북조 통일 후 12년 만인 1404년 고명(誥命)과 인신(印信)을 받고 책봉체제에 편입되었다. 이는 무역사적 측면에서는 조공과 회사(回賜)를 통한 무역관계의 공식화란 의미가 있

1) 무로마치(室町) 막부라고도 하며 1573년 오다노부나가에 의해 막을 내릴 때까지 약 240년 간 정권을 유지했다.
2) 禮者 小事大大字小之謂 事大在共其時命 字小恤其小無(禮라는 것은 작은 나라가 큰 나라를 섬기고 큰 나라가 작은 나라를 사랑하는 것을 말하며 큰 나라를 섬긴다는 것은 그 시대적 운명을 같이 하는 것이요 작은 나라를 사랑한다는 것은 작은 나라가 가지지 못한 것을 도와 주는 것이다), 『佐傳』 소공30年.

다. 이러한 명의 책봉체제에 편입된 조선과 일본은 조선국왕과 일본국왕(將軍)[3]이라는 대등한 관계에서 외교관계를 설정하게 되는데 이러한 관계 위에 서로 오고간 외교사절단이 바로 조선통신사[4]와 일본국왕사이다. 15세기 초 일본의 무로마치(室町) 막부 장군 아시카가 요시미츠(足利義滿)는 명과 조선 두 나라와 우호적인 관계를 원했으나 그렇게 하기 위해서는 양국의 해안을 노략질하는 왜구들의 활동을 근절시키는 것이 필요하였다. 무로마치 막부에게는 명과 조선과의 무역 이익이 중요한 재원이었다. 따라서 아시카가 요시미츠(足利義滿)는 적극적인 왜구 근절책을 시행하였다. 또한, 명의 책봉을 받고 조선과는 대등한 교린관계가 되었으며 무역을 번성시켰다. 이와 같이 15세기 전반 조선과 일본은 서로 평화적이고 우호적인 관계를 유지하면서 무역을 원활하게 수행하기 위해 조선은 통신사를 일본은 일본국왕사를 파견하게 된 것이다. 일본국왕사는 수도인 한양까지 와서 국서를 교환하고 조선국왕의 습직(襲職)을 축하하기도 하였다. 이들은 목면직물을 수입하면서 대장경이라는 불교 경전을 가지고 돌아갈 것을 자주 구청했다. 조선의 사절단은 당초 특별한 사절명이 사용되지 않거나 보빙사, 회례사 등 형식적인 명칭이 사용되었으나 1428년(세종 10년)에 파견한 사절부터 통신사라는 명칭을 사용하였다. 조선 건국 후 조일전쟁 이전까지 조선이 파견한 통신사는 19회(실제 도착기준으로는 14회)이고 일본국왕사는 70회를 파견하였다. 파견 횟수가 차이가 나는 이유는 조선의 경우사절단 파견이 외교적인 목적이었으나 일본의 경우 경제적 이유 또는 조선의 선진화된 문물 수입을 위한 문화적 이유로 파견의 필요성이 컸기 때문이다. 즉, 조선 국왕에게 진상품을 보내는 대가로 받는 회사품을 통해 무역수요를 해결하고자 했으므로 대장경, 범종이라든지 선진 문화재를 얻을 요량으로 사절단 파견의 횟수가 많았던 것이다. 또한, 소위 일본 왕사를 가장한 거짓 사절단도 상당수 포함되었을 것으로 추정된다. 조일전쟁 이전의 조선통신사는 대부분 외교사절의 임무에 치중하였고 일본의 국왕사는 대장경 구청(求請), 사찰건립 요청, 세선 증선 등 무역사절단 내지 문화사절단의 역할을 수행하였다. 이 일왕사에 의한 진상과 이에 대한 조선 국왕의 회사(回賜), 그리고 일왕사의 구청(求

3) 조선은 일본 幕府의 將軍을 大將軍으로 命名하였으나, 1404년 日本이 明으로부터 册封을 받은 다음부터 공식적으로 '日本國王'이라고 명명하고 문서상으로도 그렇게 표현함. 책봉전 막부의 사절을 대상국사 또는 대장군사로 칭했으나 책봉 이후 일본국사로 칭함.

4) 일본이 보낸 사절은 '日本國王使'라는 명칭으로 일원화되었으나, 조선이 파견하는 사절은 報聘使, 會禮使 등 일원화되지 않았으나 1428년(세종 10년) 12번째 파견사절 때 '通信使'라는 명칭을 사용하는데 이는 '서로 믿음을 통하는 관계를 유지하기 위한 사절'이라는 의미를 가짐. 일반적으로 명칭에 관계없이 조선이 파견한 사절을 통신사로 칭한다.

請)을 통한 조일간의 무역이 이루어진 것이다. 이를 진상·회사 무역, 구청 무역이라고도 한다. 이 당시 통신사절과 국왕사를 통한 무역 이외에 개항을 통한 무역이 이루어졌는데 1510년 삼포왜란 이전 무역이 활발한 시기에는 삼포를 통해 연간 5, 6천명의 왜인이 왕래하였다. 당시 조선에서 일본으로 가지고 간 물건은 목면, 비단, 인삼, 불경 등이었고 일본에서 조선으로 들여온 물건은 구리, 소목(蘇木), 물소뿔(水牛角), 유황(硫黃) 등이었다. 이와 같이 조일전쟁 이전의 조일관계는 1404년 이후 교린관계라는 기본 방향에서 이루어져 왔다. 그러나, 1573년 무로마치(室町) 막부가 오다노부나가(織田信長)에 의해 멸망하고 그 뒤를 이어 1585년 관백(關白)이 된 토요토미히데요시(豊臣秀吉)가 1592년 정명가도(征明假道)를 명분으로 조선을 침략하였다. 이로써 조선 개국 이후 약 200년간 이루어지던 사절단 교린관계는 막을 내렸다. 1592년 15만 8천의 군사로 침략한 조일전쟁은 1593년 명나라가 지원군을 보내면서 동아시아 국제전으로 비화되었고 지루한 강화교섭이 결렬되어 1597년 14만 병력으로 재침하였다. 한반도는 인구가 전란 전의 1/3 수준인 150만명으로 줄었고 농토도 1/3수준인 50만결로 줄어들었다. 경복궁이 불타고 수많은 문화재가 소실되거나 약탈되었다. 7년간의 전쟁으로 일본은 조선의 불구대천(不俱戴天)의 원수로 변해 버렸다. 양국이 교역을 지속할 환경 역시 무너져 버린 것이다. 그러나 1603년 새로운 막부를 연 도쿠가와 이에야스(德川家康) 정권의 요구와 식량 보급이 끊어진 대마도주의 끈질긴 노력으로 1607년 전쟁 이후 처음으로 '회답겸쇄신사(回答兼刷新使)'라는 명칭의 강화사절단이 막부에 파견되었다. 그리고 전후 11년만인 1609년 기유조약을 체결하여 다시 무역관계를 정상화하였다. 이후 1617년, 1624년 2차례에 걸쳐 회답겸쇄신사를 파견하였으며 1636년부터 1811년까지 장군 습직 시마다 총 9차례에 걸쳐 통신사를 파견하였다. 결국 조일전쟁 이후 약 200년간 조선은 총 12차례에 걸쳐 통신사절단을 파견한 것이다. 이들 통신사들은 조선국왕이 일본 장군에게 파견하는 교린적 사절단으로 국서와 예물을 지참하였다. 통신사의 편성은 그 때마다 차이는 있었으나 평균 463명 수준으로 통신사 행렬은 일본에서의 물품을 나르는 인부 등을 포함하여 약 3, 4천명 수준에 이르렀다. 통신사에 대한 접대비용이 1년 막부 예산과 비슷할 정도로 일본의 부담이 컸는데 이러한 이유로 1811년에는 일본 본토의 에도까지 가지 않고 '역지통신(易地通信)'이라 하여 대마도에서 국서교환 등 사절의 임무를 마치고 돌아왔다. 이후 막부 습직이 있어도 통신사 파견은 없었는데 이는 당시 서구 세력의 영향으로 일본의 경우 조선과의 관계보다 서구 열강 문제가 급선무였기 때문이다. 이로써 조일전쟁 이후 1607년부터 1811년까지 12회의 통신사 파견으로 조선후기 약 200년간의 통신사절 외교는 사실상 막을 내렸다. 1868년 에도막부가 막을 내리고 메이지 왕정이 복고되면서 일본은 '정한론(征韓論)'을 앞세워 1875년 강화도에서 운양호 사건을 도발해 다시 평화의 시대를 뒤흔들었다. 이후 조선은 1876년(修信使 김기수), 1880년(修信使 김홍집) 2차에 걸쳐 사절단을 파견하는데 이 사절단은 이전의 통신사절단과는 완전히 다른 성격으로서 이들은 일본의 개화문물을 배우러 가는 사절이었다. 조선 후기 12차례에 걸쳐 통신사절은 장군 습직 축하 등 외교적 임무도 수행했으나 조선의 물품을 일본으로 전하는 무역사절의 임무도 수행하여 조선과 일본 간의 무역활동 규범을 만들고 시대 상황에 맞도록 무역정책을 변화시키면서 양국간의 교린을 유지하게 하는 중요한 역할을 수행하였다. 조일전쟁 이후 조선통신사가 일본에 보낸 물품은 주로 인삼, 고급 견포(絹布), 저포(苧布), 붓(筆), 묵, 종이 등이었고 일본 국왕사가 조선에 보낸 물품은 장도(長刀), 채문복(彩紋複) 등이었다. 통신사가 조일전쟁 이전 200년(일본 전국시대 100년을 제외하면 사실상 100년), 이후 200년 도합 약 400년간의 조선통신사 활동은 조선과 일본의 외교문제, 통상문제, 문화문제를 해결하는 창구로서의 역할을 수행하였다는데 큰 의의가 있다고 하겠다.

조선통신사 400년

조선통신사 일행은 1607년 5월 17일 교토를 떠나 에도(江戶)로 향했다. 그때 에도 막부(幕府)는 통신사들의 여정에 차질이 생기면 안 된다며 각별한 신경을 쏟았다. 막부의 최고책임자인 쇼군(將軍)만 다니던 큰길을 통신사 일행에게 내준 것이 대표적인 예다.

쇼군의 이런 정성은 통신사를 자신의 위상을 한껏 드높이는 데 활용하기 위한 것이었다. 피로 피를 씻는 전국시대를 끝낸 도쿠가와 이에야스(德川家康)는 다이묘(大名)로 불리는 지방 영주들을 견제하는 과정에서 한때 전쟁을 치렀던 조선과의 평화가 절실했다. 당시 유학과 의학 등 학문 선진국이었던 조선의 외교사절을 정기적으로 초청해 자신의 정치적 위상을 드높일 필요도 있었다. 통신사 초청에 드는 막대한 비용의 상당 부분을 다이묘들에게 떠넘긴 것도 통치술의 하나였다. 통신사 일행은 이런 환대 속에 일본의 대표적인 명승지 비와코(琵琶湖)에 감탄하고 비옥한 들판을 지나며 에도로 가는 길을 재촉했다.

도로에 남긴 통신사의 위상

교토를 떠난 일행은 나카센도(中山道)라 불리는 대로를 따라 북상하다 야스(野洲)라는 곳에서 나카센도와 갈라져 히코네(彦根)까지 '조선인 가도'라는 특별한 길을 이용했다. 1607년 통신사의 부사(副使) 경섬은 "도로가 넓고 잘 닦인 데다 좌우에 소나무와 잣나무를 줄지어 심어 천리길이 푸른 녹음으로 이어졌다"고 칭찬했다.

원래 이름이 교가이도(京街道)였던 이 길은 에도 막부에 큰 의미가 있다. 도쿠가와는 1600년 9월 세키가하라(關ケ原)에서 도요토미 히데요시를 따르던 일군의 장수들과 싸워 이겨 전국시대를 마무리하고 에도시대를 열었

그림 1-1 **400년 전 조선 통신사가 간 길**

다. 조선인 가도는 도쿠가와가 싸움에서 이긴 몇 년 후 교토의 일왕을 만나러 갈 때 이용했던 길이다. 승리의 길이자 개국의 길이었던 셈이다. 에도 막부는 그 동안 이 길을 쇼군 외에는 누구도 못 쓰게 했다. 하지만 통신사에게만은 예외로 내준 것이다.

조선인 가도의 흔적은 오우미하치만(近江八幡) 시립 자료관 앞에 남아 있다. 가와치 미요코(河內美代子) 자료관장은 "조선인 가도는 야스에서 히코네 도리이모토(鳥居本)까지 41㎞에 달한다"며 "1607년 첫 통신사 때 다른 길이 아직 정비되지 않았고 막부의 위신도 고려해 좋은 길을 내줬는데, 그 뒤에도 이것이 관례가 됐다"고 설명했다.

"선진문화 전해 준 이색 구경거리 통신사 행렬 재현하는 전시 열어"

기후(岐阜)현 오가키(大垣)시는 통신사가 나고야로 가던 길에 하루 묵었던 도시다. 당시 번화한 교통 중심지였던 이곳에는 조선 야마(山車; 다시라고도 읽음)라는 수레와 장식품 등 흥미로운 유물이 남아 있다.

야마는 일본 각지에서 열리는 마쓰리(축제) 때 쓰는 수레로 지방마다 특색 있는 장식을 한다. 이 마을에는 통신사의 행렬을 재현, 조선시대 고관의 의복을 그대로 모방한 인물상과 깃발 등으로 꾸민 수레가 전해진다.

1964년 이 유물이 처음 발견됐을 때는 작은 소동이 있었다. 다케시마(竹嶋)라는 마을의 오래된 창고에서 발견됐는데, 마을 사람들은 처음에는 이를 숨기려 했다고 한다. 그때까지만 해도 통신사를 조선의 조공사절로 낮춰 보는 메이지 일왕 시대 이후의 편견이 강하게 남아 있었다. 따라서 화려한 장식과 유물이 조선에서 건너온 것이라고 공개하는 것을 꺼렸다는 것이다.

이후 통신사에 대한 연구가 진척되고 방송 등에 소개되면서 지금은 오가키 시립향토관의 중요한 전시품목이 됐고, 관련 전시회도 열린다. 오하시 가즈요시(大橋和義) 향토관장은 "당시 오가키 사람들이 통신사의 행렬을 관찰해 값비싼 비단으로 의복을 재현하고 인형을 만드는 등 정성을 들여 꾸몄다”며 “앞선 문화를 전해 주고 이색적인 구경거리도 됐던 통신사 행렬을 기념했던 것”이라고 설명했다.

통신사가 오가던 길에서 다소 떨어져 있는 시가현 다카쓰키(高月)에는 아메노모리(雨森)라는 마을이 있다. 18세기 초 한·일 외교 관계에서 중요한 역할을 담당했고 1711년, 1719년 통신사 때 일본 쪽 안내역할을 맡았던 아메노모리 호슈(雨森芳洲)의 고향이다. 이곳에는 호슈서원(書院) 또는 ‘동(東)아시아 교류 하우스’라고 불리는 기념관이 남아 있다.

히라이 시게히코(平井茂彦) 관장은 “아메노모리는 상대방(조선)에 대한 존중을 강조하면서도 통신사 일행에게는 자신의 조국 일본의 문화를 알리고 존중할 것을 요구하는 등 외교관의 자세를 잊지 않았다”고 말했다. 이 기념관처럼 일본에서는 통신사와 관련된 흔적을 재조명하고 발견된 유물을 보존하는 노력이 활발하다.

【출처: 중앙일보, 조선통신사 400년 역사의 그 길 다시 걷다】

고려시대에는 민간인의 해외무역이 성행하였고, 개성상인이 그 중심이 되었으나, 조선시대 초기에는 외국과의 교역도 명나라와의 조공무역 등 일종의 官무역에 한정되어 있었다. 이 관무역을 통하여 수입되는 외국상품이 조선왕조 정부의 수요를 충족시키고 남았으며 서울상인 및 개성상인 등 일부상인에게 판매되기도 하였다.

이와 같이 조선시대 초기에는 개성상인의 직접적인 외국무역 활동은 끊어지고 사행무역을 통하여 간접적으로 외국시장과 연결되었을 뿐이었다. 그러나 조선시대 중기 이후로 내려오면서 그들의 활발한 상업활동과 투철한 상혼에 의하여 정부통제하의 관무역 이외에도 여러 가지 방법으로 외국시장과 접근하여 갔고 마침내 직접적인 외국무역이 이루어지기에 이른다.

이때에 외국과의 직접적인 교역을 담당했던 사람들이 역관이다. 역관은 고려 · 조선시대에 통역 등 역학(譯學)에 관한 일을 맡았던 관리를 말하는 것으로 중국과의 사대(事大), 왜 · 몽골 · 여진과의 교린 등의 외교에서 주로 통역의 임무를 맡았다. 이들은 조선왕조의 외교관계에 있어서 매우 중요한 존재였으므로 역대 왕들은 건국 초부터 사역원과 승문원을 설치하고 역관 양성에 주력하였다. 따라서 조선초기부터 역과가 실시되었는데, 역과는 잡과 중의 하나로 한학 · 몽학 · 왜학 · 여진학의 4종류가 있었다.

또한 역관들은 사행(使行)을 따라 외국에 자주 드나들면서 밀무역을 부업으로 하여 상당한 부를 쌓았다. 이러한 밀무역은 조선시대 무역활동의 중심을 이루어 역관들은 통역뿐만 아니라 무역에 있어서도 중요한 비중을 차지하였다. 하지만 이들은 중인신분으로서 항상 사회적 차별대우를 받았고 이 불만이 조선 후기에 신분해방운동으로 전개되어 근대화의 과정에서 이들이 선도적 역할을 수행하게 되었다.

조선의 최대갑부 역관

박지원의 「허생전」에서 거지행색의 허생에게 선뜻 만 냥을 꿔준 변씨는 역관출신으로 조선 제일의 부자가 된 실존인물이었다. 변부자의 손자인 숙종시대 역관 변승업은 지금으로 말하면 천 억 이상의 재물을 가진 부자였다. 그리고 부인이 죽었을 때 감히 왕가의 상제를 행하여 물의를 빚기도 했던 인물이다. 엄격한 신분사회인 조선시대에 중인이 양반처럼 선산을 구축한 것은 당시 변승업 집안의 위세를 능히 짐작케 한다. 또한 그의 9형제 중 6명이 역관이었다. 뿐만 아니라 역관 신분을 대대손손 이어가 280년간 106명의 역관을 배출하였다.

역관을 전문적으로 양성하는 기관은 사역원이었는데, 이곳은 역관의 추천을 받아 심사를 통과한 사람만이 입학할 수 있었다. 그리고 전·현직 역관들이 직접 이들을 심사하였다. 이렇듯 천거받기도 어렵고 천거됐다 하더라도 누가 추천을 했느냐에 따라 합격에 상당한 영향이 있었으니 역관은 당연히 세습될 수밖에 없었다.

① 세계 최초로 중국어 학습서를 저술한 사람이 바로 조선의 역관이다.

역관에 대한 공식적인 기록은 고려시대로 거슬러 올라간다. 역관이 공식 직제로 사료에 등장한 것은 고려 충렬왕 2년(1276)으로, 이때 통문관을 설치했다는 기록이 나온다. 당시에는 원이 집권하고 있었으므로 몽고어 역관이 강력한 힘을 가지고 있었다. 그러나 나라가 몰락하면 그 언어도 쇠락하기 마련, 명이 원을 대체하면서 몽고어 역관도 몰락했다. 이후 조선이 점점 자리를 잡아가면서 주변국들과의 외교가 빈번해지고 교류하는 국가들도 늘어났다. 그리하여 중국어, 몽고어, 만주어, 일어, 위구르어, 유구어 등 6개국 언어를 구사하는 역관을 양성했다. 이들 여러 언어들을 체계적으로 교육하기 위해 제작된 외국어 교재로는 현존하는 최고의 학습서인 「노골대」와 「박통사」가, 일본어 교재로는 「첩해신어」가 있다. 이들 교재는 해당 외국어를 교육시키기 위한 필요에서 역관이 직접 집필했다.

② 역관들은 요즘어로 치면 '투잡스족'으로 외교관이자 국제무역상이었다.

조선 초기에 역관은 통역과 실무만을 맡은 게 아니라 직접 사은사라는 공식 외교관 신분으로 중국을 왕래할 정도로 고위직에 오르기도 했는데, 예종 이후로 사대부들의 견제가 심해지면서 점점 본연의 통역 임무만을 수행하게 되었다.

국제무역에서는 조선의 귀한 약재였던 인삼을 중국이나 일본에 판매하여 거액의 돈을 벌기도 했다. 그러나 무엇보다도 조선의 지정학적 위치에 기반한 중개무역을 통해 얻은 이익이 가장 컸다. 이 중개무역은 청나라의 해금정책으로 중국이 일본과 직접 교역할 수 없었기 때문에 가능했고 이 중개무역에서 가장 큰 이익을 본 것은 조선의 역관이었다.

③ 중국에 대한 사대주의로 여겨지는 조공이 실제로는 조선의 잇속을 챙기는 국제무역이었다.

중국에 바치던 조공은, 중국에서 한 해에 한 번만 오라고 했는 데도 조선에서 억지로 우겨서 세 번이나 갔을 정도로 실제로는 조선이 몇 배나 이익을 보는 국제무역이었다. 조선의 기본 외교정책에 따라 중국에 대하여 사대를 하였지만 실질적인 내용에서는 조선경제에 도움을 주는 무역행위였던 셈이다. 중국과 일본의 중간에 위치한 조선은 중개무역을 하기에 좋은 환경을 가지고 있었고 역관은 이런 조선의 입지를 최대한 이용하여 자신도 막대한 부를 축적하였을 뿐 아니라 조선경제까지도 크게 활성화시켰다. 정부는 명분만 앞세우는 사대부들의 등살에 견디지 못하고 역관의 이러한 무역행위를 수시로 금하였지만 이 무역행위로 왕실과 사대부들도 큰 이익을 보았으므로 근절시키지는 못했다. 시장의 승리였던 것이다.

④ 은행이 무역업체에 자금을 대출해 주고 이익을 얻는 것처럼 조선 관아들은 앞 다투어 역관에게 대량의 은을 빌려줌으로써 재정확충을 도모하였다.

역관들이 조선 제일의 갑부가 될 수 있었던 요인 가운데 하나는 관아의 은을 사용할 수 있었던 것이다. 역관은 자신들의 지위를 이용하여 각 관아에서 필요로 하는 중국 물품이 있을 경우, 대금을 받아서 구입하여 관아에 가져다주고 몇 배의 이익을 얻었다. 그리고 역관의 신분을 빌미로 관아의 은을 빌려 쓸 수 있었다. 이는 관아에서 역관에게 은을 빌려주면 관아도 큰 이익을 볼 수 있었기 때문이었다.

⑤ 뛰어난 외국어 실력과 대외정보 수집능력으로 역관은 화약을 밀수입하거나 직접 제조하여 조선군의 전투력 향상에 기여하기도 했다.

역관 오경석은 병인양요 때 뛰어난 첩보활동으로 프랑스의 막강한 함대에 맞서 조선을 승리로 이끌었다. 역관들은 때로 상대의 정보를 빼오거나 반출 금지된 무기나 원료를 구입해 오는 첩보원 역할도 했다. 이를테면 조선후기 가장 민감한 교역품이었던 화약의 원료인 염초와 유황의 경우, 구입이나 제조기법 취득이 매우 중대한 일이어서 절대적인 비밀엄수가 요구되었기 때문에 자연스레 역관의 임무가 되었다. 역관 표헌, 김지남 등의 노력으로 조선은 자체적으로 화약을 만들고 사용할 수 있게 되었고 군의 전투력을 대폭 높였다. 역관 김지남은 그의 부친과 함께 뛰어난 외교술을 발휘하여 청의

땅이 될 뻔했던 백두산에 정계비를 세우는 쾌거를 달성하기도 했다. 또한 병인양요 때 프랑스가 동양함대를 앞세워 조선을 침략했을 때 역관 오경석은 평소 자신이 알던 중국인 관리들을 동원, 프랑스 군의 정보를 빼내어, 이 정보를 조선군에 전달함으로써 조선이 막강한 프랑스 함대를 대패시키는 데 큰 공을 세웠다.

【출처: 이덕일, 조선 최대갑부 역관】

그러나 동양에서는 교역상대국이 서양에 비해서 상대적으로 제한되어 있었고, 또 유교사상의 영향으로 조선시대부터는 교역의 관건이 되는 해상운송에 종사하는 자나 어부들은 천민으로 취급받아 상류층이나 다른 생계의 수단을 가진 자들은 이 분야에 진출을 하지 않아 한국의 대외무역은 위축되었으며, 결국 대원군의 쇄국주의(鎖國主義)로 현대문명으로의 개화가 그만큼 늦어졌다고 할 수 있다.

이 같이 인류의 발전사는 제한된 자기 영토 내에서의 산물로서 만족하지 않고 자국의 한계를 벗어나서 다른 나라와 서로 교역하여 살아온 나라가 더 부강해져 왔던 것을 증명해 주고 있다. 특히 자국 영토 내에 부존자원(賦存資源)이 빈곤한 나라에 있어서는 외국과의 교역이란 곧 생존을 의미하게 된다.

(3) 근·현대 무역의 역사

아담 스미스는 '국부론'을 통해서 절대적인 우위에 있는 재화에 특화하여 무역을 하게 되면 무역 당사국 모두에게 이익이 된다고 주장하였다. 이러한 아담 스미스의 '절대생산비설'을 이론적 배경 삼아 국제분업체제가 형성되면서 국가간의 무역이 활성화되기 시작하였다.

국제무역이 활성화되면서 국제무역의 주체가 되었던 기업들은 생산과 판매를 모두 국내시장을 대상으로 하는 국내기업(Domestic Firm)의 형태에서, 국내에서 생산은 하면서 판매를 무역을 통해 해외에 하는 국제기업(International

그림 1-2 기업의 국제화 과정

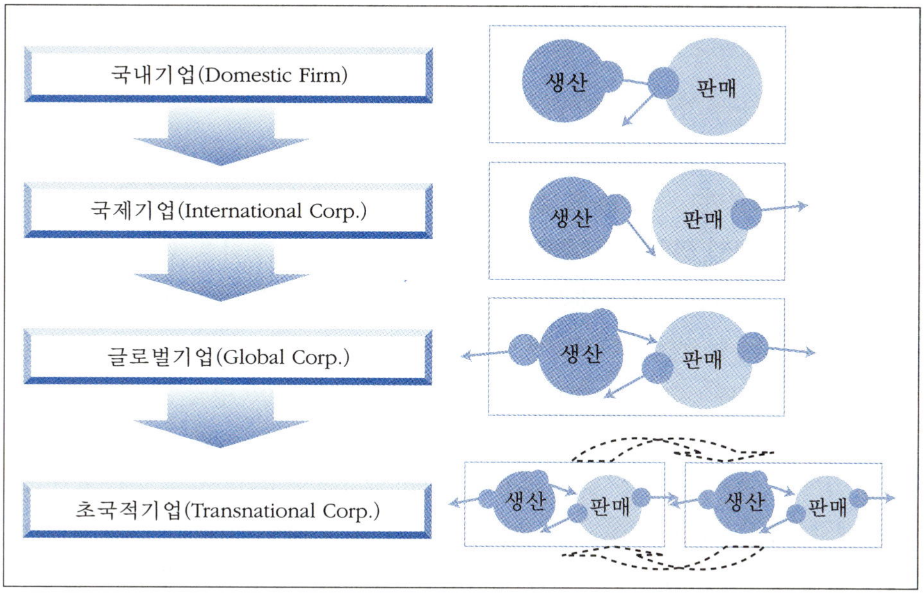

Corporation)의 형태로 발전하게 된다.

국제기업의 시초, 동인도회사(East India Company)

동인도회사는 17세기 초 영국 · 프랑스 · 네덜란드 등이 동양에 대한 독점무역권을 부여받아 동인도에 설립한 여러 회사 및 홍차 브랜드를 말한다. 각국의 동인도회사는 동인도의 특산품인 후추 · 커피 · 사탕 · 쪽 · 면직물 등의 무역독점권을 둘러싸고 항쟁했다.

1602년 설립된 네덜란드 동인도회사는 동인도의 여러 섬을 정복하고 직접지배 또는 그 지역의 지배세력을 통한 간접지배를 행했다. 이를 통해 특산품을 강제로 재배하게 해서 사들여 이 땅의 향신료무역을 독점했다. 그러나 1652년부터 오랜 기간 동안 영국-네덜란드전쟁이 계속되었고, 여기에서 심한 타격을 입은 네덜란드가 영국과의 상업전쟁에서도 지게 되었다. 또 18세기 이후 향신료무역이 부진하게 되자 네덜란드 동인도회사는 식민지경영을 주로 하게 되었으며, 1799년에는 영토를 본국정부에 이양하고 해산하기에 이르렀다.

쪽 · 면직물을 중심으로 한 인도무역에 주력을 쏟아온 영국 동인도회사는 1600년 설립되었으며 18세기 유럽에서의 영국과 프랑스의 항쟁에 규제되면서, 인도에서 프랑스 동인도회사(1604년 설립, 1664년 재건)와 격렬하게 다투게 되었다. 결국 플래시전투를 계기로 하여 영국 동인도회사는 인도무역을 거의 독점함과 동시에 인도의 식민지화를 추진하기 시작했다.

그 후 사적 독점상업회사(私的獨占商業會社)인 동인도회사에 대해 영국 국내에서 비판이 일어나고, 또 경영난에 빠진 회사가 영국정부의 원조를 요청하게 되었으므로 1773년 노스규제법에 따라 본국 정부의 감독하에 놓이게 되었다. 1833년에는 무역독점권이 폐지되고, 1858년 세포이의 항쟁이 일어난 뒤에는 인도가 영국 국왕의 직접통치하에 들어가게 되어, 동인도회사는 기능이 정지되었다.

결국 동인도회사는 중상주의 시대의 전근대적 독점상업조직으로, 자본주의의 세계적 확산과 산업자본의 지배가 확립되면서 그 역할은 끝나게 되었다. 그러나 독점무역에 따른 이윤은 유럽 여러 나라에서 자본의 본원적 축적(本源的蓄積)에 크게 공헌하는 역할을 수행하였다.

영국 동인도회사는 1874년에 국유화되고 2년 후인 1876년에 해산한다. 1978년부터 영국 문장원에서 문장사용 허가를 얻어, 현재의 동인도회사가 만들어져 홍차 회사가 운영되고 있다.

【출처: http://www.naver.com】

더 나아가 생산과 판매를 모두 해외에서 하는 글로벌 기업(Global Corporation)으로 발전하게 되고 최종적으로는 생산과 판매를 해외에서 함과 동시에 인적 자원과 자본이 자유롭게 국내와 해외를 넘나드는 초국적기업(Transnational Corporation)의 형태로 발전하게 된다. 기업의 이러한 국제화 과정은 아담 스미스의 「국부론」 이후 국제무역이 활성화되면서 생긴 자연스러운 현상이라 할 수 있다.

제 2 차 세계대전 이후 전쟁으로 인해 침체되어 있는 세계경제를 활성화하기 위해서 미국을 중심으로 1947년 제네바에서 23개국이 관세 및 무역에 관한 일반협정(General Agreement on Tariffs and Trade: GATT)을 체결하였다. 이 협정은 관세장벽과 수출입 제한을 제거하고 국제무역과 물자교류를 증진시키기 위한 것으로 국제무역 활성화에 커다란 기여를 하게 된다.

GATT가 국제무역의 확대를 도모하기 위하여 가맹국간에 체결한 협정 내용은 다음과 같다. ① 회원국 상호간의 다각적 교섭으로 관세율을 인하하고 회원국끼리는 최혜국대우를 베풀어 관세의 차별대우를 제거한다. ② 기존 특혜관세제도(영연방 특혜)는 인정한다. ③ 수출입 제한은 원칙적으로 폐지한다. ④ 수출입 절차와 대금 지불의 차별대우를 하지 않는다. ⑤ 수출을 늘리기 위한 여하한 보조금의 지급도 이를 금지한다는 것 등이다.

이 협정이 발효된 이후 총 6회의 관세교섭이 있었고, 6차 교섭은 1964~1967년 제네바에서 54개국의 참가로 전개되었는데, 앞으로 5년간에 50%의 관세인하를 단행하자는 미국 대통령 케네디의 제창에 의한 것이었기 때문에 '케네디라운드' 또는 '가트 케네디' 방식이라고 부른다.

1962년 6월 미국 의회에서 통상확대법을 통과시킨 케네디가 유럽경제공동체(EEC) 역내의 관세장벽을 무너뜨리고 나아가 관세일괄인하를 통한 세계무역의 자유화와 경제적 협력체제를 확대하겠다는 의도에서 나왔다. 실질적인 교섭원칙과 내용은 모든 공산품에 대하여 50%(33~35%로 타결됨)의 관세인하를 제안하였고, 관세 이외의 비관세 및 농산물 문제까지도 교섭의 대상으로 삼았다. 이 원칙이 당초의 목표대로 실현되지는 않았으나, 특히 미국이 EEC를 주대상으로 관세인하교섭을 벌인 이유는, 1958년 EEC가 결성된 뒤부터 EEC 제국이 역내관세를 단계적으로 철폐시키는 반면, 역외관세에 대

그림 1-3 국제무역기구의 탄생 과정

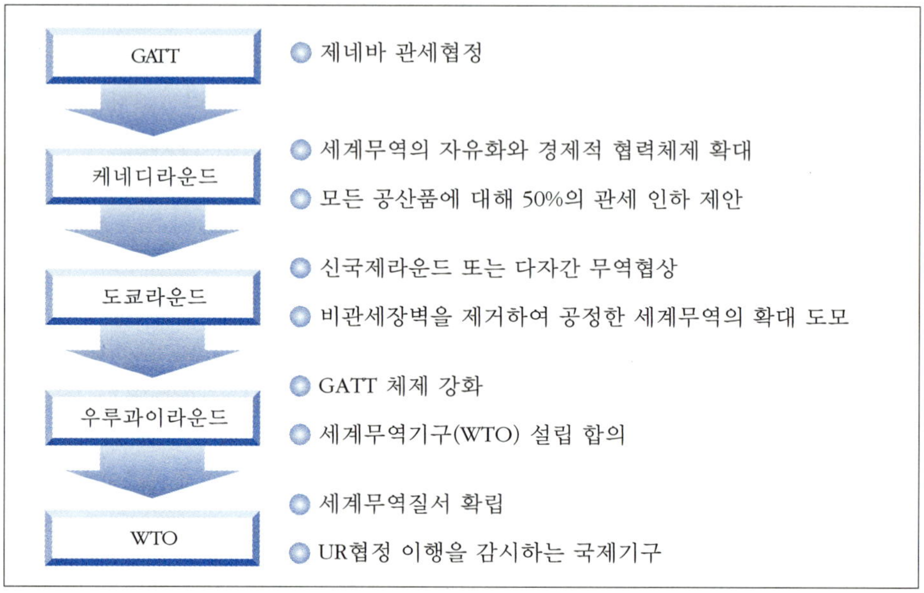

해서는 공통관세 징수를 설정함으로써 사실상 미국은 EEC로부터 축출되는 결과가 되는 것을 극복하기 위해 미국이 미리 관세를 대폭 인하하려는 의도에서였다.

그 후 1973년에 도쿄에서 개최된 GATT 각료회의의 도쿄선언에 의거하여 1973년부터 1979년에 걸쳐 이루어진 GATT 체제하의 다국간 무역협상을 도쿄라운드라고 부르는데, 이는 신국제라운드 또는 다자간 무역협상(Multilateral Trade Negotiation: MTN)이라고도 한다. 7여 년간 추진된 도쿄라운드가 주요 국가간에 실질적으로 합의되어 1979년 4월 12일 제네바에서 가조인된 후 계속 주요 교섭국간에 조정이 진행된 결과, 완성된 '제네바 의정서'를 수락하게 됨으로써 1980년 1월 1일부터 발효되었다. 합의된 내용 중, 관세인하에서는 광공업제품은 평균인하율 33%, 농산물은 41%를 8년간 인하하기로 하였고 특히 주목할 것은 비관세장벽(非關稅障壁)을 제거하여 보다 공정한 세계무역의 확대를 도모한다는 목적하에 보조금 및 상계관세, 덤핑방지, 정부조달, 기술규격, 관세평가, 수입허가 절차, 개발도상국 대우에 관한 조치, 민간항공기 등에 관한 8개 국제협정과 식육과 낙농품에 관한 2개의 협정이 조인되었다.

도쿄라운드는 1980년대 세계무역의 헌법이라고도 할 협정을 맺었으나, 그 초점의 하나인 선택적 긴급수입제한(safeguard) 조항이 계속 협의사항으로 되어 있는바, 이 긴급수입제한의 남용은 GATT의 무용화를 초래할 염려가 있고, 또 이 협정이 선진국 주도로 되어 개발도상국의 이익이 배려되지 않았다는 이유로 교섭참가 99개국 중, 서명한 국가는 미국 · 일본 · EC(유럽공동체) 등 선진 25개국에 불과하고 개발도상국으로는 아르헨티나와 칠레 등 몇 나라를 제외하고는 서명을 기피하였다. 그러나 이 같은 문제는 1986년 9월에 시작되어 1993년 타결을 본 UR(우루과이라운드)에서 일괄적으로 타결되었으며, 우루과이라운드의 기능은 1994년부터 새로 발족한 WTO(세계무역기구)가 담당하게 되었다.

여기에서 우루과이라운드와 과거 7차례의 다자간 협상과의 차이점은 우루과이라운드(UR)가 새로운 시대상황에 맞추어 매우 광범한 의제를 다루었다는 점이다.

우루과이라운드 의제의 특성을 살펴보면, 첫째, GATT 체제의 확대와 관련된 것으로, 우선 농산물 섬유류 교역이 있다. 이것은 그 동안 GATT 체제 밖에 있었으나 UR를 통해 GATT 체제로 복귀하거나 흡수된 것이다. 다른 하나는 서비스, 무역관련 투자조치, 무역관련 지적재산권 등을 들 수 있는데, 이들 의제는 GATT 다자간 협상의제에 처음으로 채택되었다.

둘째, GATT 체제의 정비와 관련된 것이다. 여기에는 종전까지 현실에서 상당 부분 훼손되었던 GATT규범을 재복원하고, 경우에 따라 현실에 맞게 새롭게 수정하는 데 중점을 둔 의제가 포함되었다. 예를 들면 세이프가드, 보조금 상계관세, 반덤핑관세 등이 여기에 속한다.

셋째, GATT 체제의 강화와 관련된 것으로, 각료급의 GATT 참여 확대, GATT와 국제통화 및 금융기구와의 관계 강화를 다루는 GATT 기능 강화가 대표적이다. 또한 당초의 협상의제에 포함되어 있지 않은 세계무역기구(WTO)의 설립 합의도 이 범주에 포함되었다. 이것은 협정수준에 머물러 있던 GATT의 집행력을 강화시키는 데 일차적인 목적이 있다.

1986년 9월 우루과이에서 첫 회합이 열린 이래 여러 차례의 협상을 거쳐 1993년 12월에 타결되었고, 1995년부터 발효되었다. 그 결실로 세계무역기구가 출범하였다.

세계무역기구는 주로 UR협정의 사법부 역할을 맡아 국가간 경제분쟁에 대한 판결권과 그 판결의 강제집행권이 있으며 규범에 따라 국가간 분쟁이나 마찰을 조정하는 역할을 한다. 또 GATT에 없던 세계무역분쟁 조정, 관세인하 요구, 반덤핑 규제 등 준사법적 권한과 구속력을 행사한다. 게다가 과거 GATT의 기능을 강화하여 서비스, 지적재산권 등 새로운 교역과제를 포괄하고 회원국의 무역관련법 · 제도 · 관행 등을 제고하여 세계 교역을 증진하는 데 역점을 두고 있다. 의사결정 방식도 GATT의 만장일치 방식에서 탈피하여 다수결원칙을 도입하였다.

조직에는 총회 · 각료회의 · 무역위원회 · 사무국 등이 있으며 그 밖에 분쟁해결기구와 무역정책검토기구가 있다. 분쟁해결기구는 법적 구속력과 감시기능을 갖추고 무역관련 분쟁을 담당하며 무역정책검토기구는 각국 무역정책을 정기적으로 검토하여 정책을 투명하게 운영하도록 하고 사전에 분쟁을 예방하여 다자간 무역체제의 효율성을 높이도록 하고 있다.

러시아 "내년에 WTO 가입할 수 있을 것"

러시아가 17년 숙원인 세계무역기구(WTO) 가입을 내년에는 이룰 수 있을 것으로 기대하고 있다고 25일 러시아 언론매체들이 보도했다. 드미트리 메드베데프 대통령의 미국 방문에 동행한 막심 메드베드코프 러시아 WTO 협상 수석 대표는 기자들에게 러시아가 2011년 WTO에 가입할 수 있을 것이라고 말했다.

메드베드코프 대표는 "유럽연합(EU) 회원국들과의 가입 협상이 올해 말 안에 완료될 것"이라면서 "일단 협상 절차가 끝나면 가입까지 3~4개월 정도가 소요될 것"라고 전망했다.

지난 1993년 이후 17년 동안 WTO 가입을 추진해 온 러시아는 올 연말까지 WTO 가입을 목표로 미국을 비롯, EU 등 각 국가와 협상을 해왔으나 일부 품목에 대한 관세 인하를 놓고 견해차를 없애지 못해 가입이 지연되어 왔다.

특히 러시아는 WTO 가입이 지지부진하자 지난해 러시아, 벨라루스, 카자흐스탄 3개국 관세동맹 차원에서 WTO에 가입하겠다고 선언했다가 벨라루스와 통상 마찰로 지난 4월 공동 가입에서 단독 가입으로 방침을 바꾸는 등 혼선을 빚기도 했다.

앞서 24일 버락 오바마 대통령은 드미트리 메드베데프 대통령과 정상회담 후 기자회견에서 "러시아의 WTO 가입은 러시아뿐 아니라 미국과 다른 나라의 이해에도 맞는 것"이라며 러시아의 조속한 WTO 가입 지지 입장을 밝혔다.

오바마 대통령은"올 가을까지 기술적인 미해결 현안들을 해결하도록 지시했다"고 밝혔고, 메드베데프 대통령도 "협상팀에 일을 서둘러 9월 말까지 문제를 마무리짓도록 하기로 오바마 대통령과 합의했다"고 말했다.

현재 EU는 러시아가 자국산 원목 수출 관세 인상에, 미국은 러시아 측의 미흡한 지적 재산권 보호 정책과 자동차 산업과 농업부문 보조금 지급 정책에 거부감을 보이고 있다.

한편, 러시아는 WTO 미가입 국가 중 최대 경제국이자 주요 20개국(G20) 가운데 유일한 미가입 국가다.

【출처: 매일경제신문, 2010. 6. 25.】

3. 무역의 종류

(1) 물품의 형태에 따른 분류

1) 유형무역

유형무역(visible trade)이란 세관의 통관절차가 이행된 물품에 관한 무역으로 일반적인 상품의 수출과 수입을 의미한다. 유형무역은 통관을 이행하기 때문에 무역통계로 월별 · 분기별 · 연별로 그 측정이 가능하다.

2) 무형무역

무형무역(invisible trade)이란 기술, 용역, 자본, 노동 등에 관한 수출입으로 육안으로 확인할 수 없는 수출과 수입을 의미한다. 무형무역은 그 형태가 없으므로 통관을 이행하지 않는다. 무형무역에는 해상운임, 각종 수수료, 보험료, 여행경비, 해외 사무소 경비, 특허기술 사용료(royalty), 투자이익 등이 해당된다.

(2) 매매의 직·간접에 따른 분류

1) 직접무역

직접무역(direct trade)이란 양국의 거래당사자가 중개인을 통하지 않고 직접계약을 체결하여 거래를 하는 경우를 의미한다. 일반적으로 수출업자는 대기업이며 제조업을 겸하고 있는 경우가 대부분이다.

2) 간접무역

간접무역에는 두 가지 방식이 있다. 첫 번째 방식은 다른 사람의 물품을 자기의 비용으로 구매하여 재판매하는 것이고, 다른 두 번째 방식은 거래를 주선하여 그 수수료를 획득하는 것이다.

① **중계무역**(intermediate trade)　중계무역은 중계국(中繼國)이 수출할

목적으로 물품을 수입하여 원형 그대로 또는 보세공장에서 가공하여 다른 나라에 수출하는 형식의 무역이다. 이는 수입액과 수출액의 차액을 수취할 목적으로 이루어지는 거래이다. 예를 들어, 한국이 일본에서 어떤 물품을 수입하여 그 물품을 중국에 수출하는 경우 한국은 수출입차액을 획득하게 된다. 중계무역이 성행하고 있는 곳으로 홍콩, 싱가포르 등이 있다.

② **중개무역**(merchandising trade) 중개무역(merchandising trade)이란 수출국과 수입국의 중간에서 제3국의 중개인이 개입하여 이루어지는 경우에 제3국의 관점에서 볼 때 거래를 말한다.

③ **통과무역**(transit trade) 통과무역(transit trade)이란 수출물품이 수출국에서 수입국으로 운송되는 도중에서 제3국을 경유하는 경우 그 제3국의 관점에서 볼 때 무역을 의미한다. 일반적으로 수출지역으로부터 상품이 선박에 적재될 때 이미 수입지가 정해져 있어 제3국의 입장에서는 단순히 통과하는 무역을 의미한다.

④ **스위치무역**(switch trade) 스위치무역(switch trade)이란 물품의 매매계약이 수출업자(A)와 수입업자(B)간에 직접 체결되고 물품도 직접 송부되지만 대금결제만 제3국의 중개인을 개입시켜 이루어지는 무역이다.

(3) 수출입의 연계에 따른 분류

연계무역(counter trade)은 1960년대 사회주의 국가와 자본주의 국가간에 심한 무역불균형을 해소할 목적으로 그 당시 사회주의 국가의 요구에 따라 시작된 거래이다. 연계무역은 수출과 수입이 연계된 무역으로 '대응무역' 또는 '조건부무역'이라고도 한다.

연계무역이란 단순히 수출과 수입이 연계되는 무역거래라고 정의할 수 있다. 즉, 수출자가 상품, 용역 또는 기술 등을 수출하고 이와 연계하여 수입자로부터 수출가격의 일정비율에 해당하는 상품, 용역 또는 기술 등을 대응구매하는 무역거래의 한 형태를 말한다. 연계무역은 이와 같이 상품, 용역 또는 기술의 제공이 반드시 반대방향의 상품, 용역 또는 기술의 제공과 연계된다는 점에 그 특징이 있다.

연계무역은 각국의 무역거래자가 수출과 수입 또는 수입과 수출을 연계하여 거래를 하는 것으로서, 국가간의 수출입의 균형을 유지하거나 통상협력을 증진시키기 위한 수단으로 활용될 수 있기 때문에 국가에서 특별히 관리하고 있다. 특히, 연계무역은 그 성격상 쌍무적이어서 무역거래 당사국간에는 상호이익이 되겠지만 제 3국에 대하여는 차별적일 수밖에 없다.

거래대금의 전부 또는 일부를 현금이 아닌 물건으로 결제하는 무역거래를 말하며, 당사자는 2개국 이상 관련되어 물품뿐만 아니라 기술, 노하우, 서비스를 대상으로 다양하게 추진된다. 연계무역에 관한 정확한 통계는 없으나 전세계 무역거래액의 5~30%에 달하는 것으로 추정되고 있다. 믿을 만한 통계의 부재는 각국 정부가 쌍무주의 · 상호주의 방식으로 이루어지는 연계무역에 관한 통계를 따로 발표하지 않기 때문이다. 또한 연계무역의 성격상 드러내 놓고 공개적으로 추천하기를 꺼려하기 때문이다.

1) 물물교환(barter trade)

물물교환(barter trade)은 무역의 역사와 함께 해 온 거래로 환거래가 발생하지 않고 하나의 계약서로 거래가 성립한다. 이 방식은 대금결제가 없기 때문에 계약으로 간주하지 않으나 연계무역의 가장 초보적인 형태로 인정되고 있다.

2) 구상무역(compensation trade)

구상무역(compensation trade)은 물물교환의 형태와 유사하지만 환거래가 발생하고 대응수입의무를 제3국에 전가할 수 있다는 점이 다르다. 이 방식은 하나의 계약서로 거래가 성립하며 동시발행신용장(Back to back credit), 기탁신용장(Escrow credit), 토마스신용장(Tomas credit) 등 특수신용장으로 대금결제방식이 이루어진다.

3) 대응구매

대응구매(counter purchase)는 수출하는 대가로 일정액 또는 일정비율의 수입의무를 부담하는 것이다. 다만, 수출에 따른 대응수입을 각각 독립적인 거래로 보고 독립적 계약서로 이행되며 이에 대한 대금결제방식도 각각 독립적으로 전개가 가능하다.

4) 산업협력

산업협력은 선진국과 후진국 사이에 경제협력 조약을 체결하여 진행하는 무역거래방식으로 제품환매방식과 합작투자방식이 있다.

① **제품환매방식**(product buy back) 제품환매방식은 선진국이 공장설비나 기술을 후진국에 수출하고 후진국에서 생산되는 제품을 일정량 또는 일정비율 수입하기로 하는 형태이다.

② **합작투자**(joint venture) 합작투자는 2개국 이상의 기업 · 개인 · 정부기관이 영구적인 기반 아래 특정기업체 운영에 공동으로 참여하는 방식이다. 합작에 참가하는 기업들이 소유권과 기업의 경영을 분담하여 자본 · 기술 등 상대방 기업이 소유하고 있는 강점을 이용할 수 있고 위험을 분담한다는 점에서 상호 이익을 추구하는 거래방식이다. 합작투자방식이 선호되는 이유는, 필요로 하는 원료 및 자원을 현지파트너가 생산하고 있어 원료 및 자원의 입수가 현지진출을 위한 전제조건이 되는 경우에 가능하다.

(4) 기타의 무역

1) 플랜트 수출

플랜트 수출이란 공장설비나 선박, 철도, 항만 등 생산설비를 수출하는 것을 의미하며 기계나 설비 등의 시설재뿐만 아니라 기술인력과 용역까지도 수출할 수 있어 부가가치 크다고 할 수 있다. 턴키방식(turnkey base contract)은 플랜트 수출이나 해외 건설공사 등에서 수주방식 중 하나로, 키(열쇠)만 돌리면 설비나 공장을 가동시킬 수 있는 상태로 인도한다는 데서 유래했으며 일명 일괄수주계약이라고도 한다.

2) 보세창고도 거래(bonded warehouse transaction)

보세창고거래는 외국의 주요 항구에 보세창고를 빌어 그 곳에 우리 상품을 보세상태로 장치해 두었다가 현지의 수입업자가 원할 때마다 수입관세를 물고 상품을 출고하는 거래를 말한다. 이 보세창고도 거래는 수출업자 입장에서는 유리한 고객을 확보하기가 용이하고 수입업자 입장에서는 현품을 직접 보고 구매할 수 있다는 장점이 있다.

3) 녹다운(knock down)방식 수출

녹다운방식(knock down export)은 해외현지에 조립공장을 설립한 후 완성품이 아닌 부품을 수출하여 현지에서 조립 및 판매하는 방식이다. 자동차나 정밀기계의 수출에서 볼 수 있는 것으로 완성품의 수출보다 관세가 낮고 현지의 저렴한 노동력을 이용할 수 있으며 판매시장도 가까워 많은 이점이 있다. 최근에는 완제품의 수출증가로 일어나는 무역마찰을 회피하기 위하여 또는 제3국을 통해 우회수출할 목적으로 이 방식을 많이 채용하고 있다. 특히 자국에 자동차시장이 있고, 자동차생산을 자국 산업으로 육성하려는 개발도상국에서는 기술이전이 이루어질 때까지의 얼마 동안 완성차 수입을 억제하는 대신 이 방식을 도입하기도 한다. 이러한 방식에는 앞으로 상대국에 국산화시키는 조건하에 특허사용료를 받고 기술원조를 제공하는 것과 조립능력을 가진 상대국에 단순히 부품만 수출하는 것이 있다.

4) OEM(Original Equipment Manufacturing)

자기 상표가 아니라 주문자가 요구하는 상표명으로 부품이나 완제품을 생산하는 방식으로 일명 주문자상표 부착 생산이라고 통칭한다. 우리나라 수출상품의 경우 국내업체가 생산했으면서도 외국 유명상표를 달고 외국에 팔리는 OEM 비중이 높아 큰 문제점으로 지적되고 있다. 또한 OEM 수출은 상품 값을 제대로 받지 못할 뿐만 아니라 주문자인 상표권자의 하청생산기지 이상의 기능을 할 수 없게 되는 단점이 있다.

제 2 절 한국의 무역관리

1. 무역관리의 의의

(1) 무역관리의 도입 필요성

국제적인 물품 등의 거래는 원래 초기에는 계약자유의 원칙이 지배적이었다. 그러나 시민사회의 발전과 자본주의 경제가 급속히 성장함에 따라 많은 결함을 내포하게 되었다. 따라서 국가나 국제기구가 이를 수정 및 보완하기 위해 다양한 제한규정이 나타나게 되었다. 그 중에서 사적인 거래를 규제하는 방법으로는 강행법규에 의한 제한, 공서양속의 유지를 위한 제한, 계약방식에 의한 제한 등으로 요약되며 이들 내용은 계약공정의 원칙으로 집약된다. 무역거래라는 경제현상은 거래당사자 중 한 당사자가 외국에 있다는 데 그 특수성이 있다. 또한 무역거래 결과 한 국가의 수출과 수입으로서 독립적인 의미를 갖게 되며 국민경제적 효과를 가진다. 무역거래자는 정부가 정책을 추진하는 방향으로 일치되게 행동하지는 않는다. 따라서 정부는 무역의 흐름을 국가적 목표와 일치시키기 위해서 여러 정책적 수단을 행사하게 된다.

일반적으로 수출은 한 나라의 고용이나 소득을 높이고 국민생활향상에 필요한 외화를 취득하며 또한 국내산업의 구조를 고도화함으로써 경제발전에 미치는 파급효과가 크다. 따라서 정부는 수출을 촉진하기 위한 다양한 정책을 시행하고 무역업자가 수출하는 과정에서 국가가 정한 법령에 따르도록 강제적인 수출관리를 한다.

수입 또한 그 품목이 국내에서 공급할 수 없는 자본재나 원재료일 경우에는 자국의 자본축적과 기술진보에 도움이 되고 장기적으로 경제성장에 기여한다. 수입을 통해 외화가 외국으로 빠져나가더라도 긍정적인 효과가 있다. 최종소비재를 수입할 경우에도 국내산업의 경쟁력을 강화하는 계기가 되고 또한 소비자에게도 보다 나은 소비 선택을 할 수 있도록 한다. 그러나 수입으로 인하여 부정적인 효과가 나타나거나 단기적으로 국내경제에 불안한 영향을 줄 경우 정부에서는 수입관리를 강화함으로써 무역업자의 수입활동에 많은 제한을 두기도 한다.

(2) 무역관리의 개념

개별 국가는 자국의 경제발전을 위해서 무역정책을 수행한다. 이러한 무역정책은 수출 및 수입을 촉진하거나 제한하는 형태로 나타난다. 무역거래에 대하여 상당히 엄격하게 규제를 하는 정부도 있고 비교적 자유롭게 구현하는 정부도 있다. 이러한 정부정책은 경제환경에 따라 변경될 수도 있다. 따라서 무역관리는 무역정책의 한 부분으로서 무역에 관한 제 법규에 의해서 경제주체의 무역거래에 대한 권리를 제한하는 소극적 간섭이라고 할 수 있다. 다시 말해서, 무역거래시 법령에 따라 이행하도록 개별 경제주체들의 권리를 제한하는 것을 무역관리라고 한다.

(3) 무역관리의 수단

무역관리를 위해서 적용하는 수단은 두 가지로 구분해 볼 수 있다.

첫째, 법령으로 무역을 관리할 수 있다. 무역을 관리하는 법은 경제행위적 관점에서 무역을 관리하기 위한 경제법과 또 다른 하나는 법제정의 본래 목적은 무역관리가 아니었으나, 그 법을 집행하는 과정에서 반사적으로 무역에 영향을 미치는 개별 행정법들이다. 후자에 설명한 법의 특징은 다음과 같다. 개별 행정법은 이른바 비교역적(非交易的) 부문으로서 국민보건, 환경, 문화재 보호 및 특정의 국내산업을 보호할 목적으로 제정된 법률이지만 그 법률의 시행과정에서 파생되는 무역에 대하여도 규제하게 된다. 또한 무역거래는 여러 환경적 요인에 영향을 받기 때문에 획일적인 법체계에 의해서는 효과적으로 대처하기 어렵다. 따라서 구체적인 법령의 시행은 각종 고시(告示) · 공고(公告)에 의해서 이루어지는 경우가 많다.

2. 무역관계법규에 의한 관리

헌법 제125조는 무역관리에 관한 최고의 규범으로서 국가는 대외무역을 육성하고 규제 및 조정할 수 있다고 규정하고 있다. 이를 바탕으로 우리나라에는 무역에 관한 3대 기본법이 있다. 3대 기본법에는 대외무역법, 외국환거래법, 관세법 등이 있고 그 밖에 수출보험법, 수출검사법, 외자도입법, 수출자유지역설치법 등 특별법이 있다.

(1) 대외무역법

1) 대외무역법의 목적

대외무역법의 제정목적은 대외무역을 진흥하고 공정한 거래질서를 확립하여 국제수지의 균형과 통상의 확대를 도모함으로써 국민경제의 발전에 이바지함을 목적으로 한다. 또한 대외무역법은 체결·공포된 조약과 일반적으로 승인된 국제법규가 정하는 바에 따라 자유롭고 공정한 무역을 조장함을 원칙으로 하고 있다.

2) 대외무역법의 성격

대외무역법에 관한 기본 성격은 다음과 같다.

첫째, 대외무역법은 무역에 관한 기본법이다. 대외무역법 제6조 제1항에 "우리나라에서 이루어지는 무역에 관한 모든 행위는 원칙적으로 이 법에 의하지 않으면 안 된다"라고 명시되어 있다. 이와 같은 명확한 명시적 법령이 있기 때문에 대외무역법이 무역에 관한 기본법으로 인정받고 있다.

둘째, 대외무역법은 무역에 관한 통합법이다.

대외무역법은 수출입공고와 통합공고제도를 도입하여 다른 개별 법률에서 명시되어 있는 무역에 관한 내용까지도 궁극적으로 지식경제부장관이 통합·공고할 수 있도록 하고 있다.

(2) 외국환거래법

1) 외국환거래법의 목적

외국환거래법은 외국환거래 및 기타 대외거래의 자유를 보장하고 시장 기능을 활성화하여 대외거래의 원활화 및 국제수지의 균형과 통화가치의 안정을 도모함으로써 국제경제의 건전한 벌전에 이바지함을 목적으로 한다.

2) 외국환거래법의 성격

대외무역법은 물품의 이동을 관리하는 법규이고 외국환거래법은 무역에 의하여 이루어지는 대금결제를 관리하는 법규이기 때문에 서로 상관관계를 갖고 있다. 이를 반영하여 기획재정부장관이 외국환거래법령에 의하여 무역대금 결제방법을 정하고자 할 때에는 미리 지식경제부장관과 협의하여야 한다.

(3) 관 세 법

1) 관세법의 목적

관세법은 관세의 부과 · 징수 및 수출입물품의 통관을 적정하게 하고 관세수입을 확보함으로써 국민경제의 발전에 이바지함을 목적으로 하고 있다. 또한 관세법은 관세의 부과 및 징수를 통하여 수입을 조정함으로써 국내산업을 보호할 수 있으며 관세징수의 결과 조세수입의 증가로 인해 국가재정의 확보에 큰 역할을 한다.

2) 관세법의 성격

관세법은 다음과 같은 성격이 있다.

첫째, 관세법은 관세의 부과 및 징수라는 수단을 통해 국가가 개별 기업으로부터 걷는 일종의 조세법으로 볼 수 있다.

둘째, 관세법은 수출입물품의 통관을 관리하는 통관법적 성격을 띠고 있다.

3. 상품에 의한 무역관리

(1) 수출입공고

1) 수출입공고의 의의

수출입공고란 대외무역법 제14조 제1항, 제2항 및 제4항의 규정에 의하여 지식경제부장관이 개별적인 수출이나 수입물품에 대한 제한 및 그 절차 등을 규정하고 있는 고시이다. 대외무역법 제14조에는 헌법에 의하여 체결·공포된 조약과 일반적으로 승인된 국제법규에 의한 의무의 이행, 생물자원의 보호 등을 위하여 지식경제부장관이 필요하다고 인정될 때에는 수출입물품의 품목별 수량·금액·규격 및 수출 또는 수입지역 등을 한정할 수 있도록 하고 있다. 수출입공고는 이와 같은 규정에 따라 지식경제부장관이 행하는 무역관리의 종합적인 계획이라 할 수 있다.

2) 수출입공고의 표시방법

수출입허가(승인)제도를 운영함에 있어 표시방법은 두 가지가 있다. 수출입이 허용되는 품목만을 열거하는 positive list system 방식과 수출입이 제한 내지 금지되는 품목만을 열거하는 negative list system 방식이 그것이다. positive list system 방식에서는 수출입이 허용되는 품목만이 고시되므로 고시되지 아니하는 기타의 품목은 원칙적으로 수출 또는 수입이 금지된다. 반면, negative list system 방식에서는 수출입이 제한 내지 금지되는 품목만을 고시하므로 고시되지 아니하는 품목은 수출입이 자유로운 것이 된다.

우리나라는 1967년 무역거래법의 제정을 통해 그 이전의 positive list system 방식에서 negative list system으로 전환하였다. 그러나 1996년 12월의 대외무역법 개정 이전에는 수출입공고에 "열거되지 아니한 품목은 자동승인"이라는 개념이 적용되어 원칙적으로는 수출입을 금지하되 예외적으로 열거하여 제한하는 품목을 제외하고는 포괄적으로 수출입을 승인하는 형태로 운영되어 왔다. 그러나 1996년의 대외무역법 개정으로 이러한 자동승인의 개념 또한 배제함으로써 완전한 negative list system 체제로 운영되고 있다.

(2) 통합공고

대외무역법에 의한 수출입공고 등에서 수출입을 제한하고 있지 않는 품목이라 하더라도 약사법, 식품위생법, 전기용품안전관리법, 환경보전법 등 개별법에서 물품의 수출입에 대하여 별도로 제한하고 있다. 이와 같이 50개의 개별법 소관부처에서 품목별로 수출입을 제한하는 사항을 지식경제부에서 통합하여 공고하는 것을 통합공고라 한다.

통합공고상의 규제는 환경보호, 국민건강 및 안전보호, 사회질서 유지, 문화재보호, 규격확인 등 경제 외적인 목표를 달성하기 위한 규제이다.

(3) 별도공고

별도공고는 대외무역법령 또는 수출입공고에서 수출입승인절차 등에 대해 별도 조치를 필요로 하는 사항에 대하여 지식경제부장관이 고시하고 있다. 이에 따라 별도공고에는 첫째, 수출입절차 간소화를 위한 수출입승인 등의 별도조치, 둘째, 항공기 및 동 부분품의 수입, 셋째, 산업피해조사품목의 수입, 넷째, 통상정책상 제한이 필요하다고 인정하는 물품의 수출입 등에 대하여 규정하고 있다.

(4) 무역상품의 분류방식

우리나라의 수출입공고상의 품목분류방식은 현재 HS(Harmonized System)방식에 의하고 있다. 1971년 이전에는 SITC(Standard International Trade Classification Council) 분류방식을 사용하였으나, 그 이후에는 관세협력이사회인 CCC(Customs Cooperation Council)에서 발행한 BTN(Brussels Tariff Nomenclature)방식으로 사용하였다. 1976년에는 BTN명칭이 CCCN(Customs Cooperation Council Nomenclature)으로 바뀜에 따라 CCCN방식으로 표기하게

되었다. 그러나 CCCN을 채택하지 않은 국가와 CCCN 채택국가간에 무역교섭을 위한 공통된 상품분류기반이 없어 수출입통계 등의 비교에 어려움이 있었고 무역구조의 변화와 과학기술의 발전 등에 부응하여야 할 필요성과 관세 · 보험 · 운송 등 공통 분류를 위하여 CCCN체계를 보완할 필요성이 제기되었다. 이에 따라 상품분류의 국제적 통일과 범세계적인 전산화를 위하여 신국제통일상품분류인 HS(The Harmonized Commodity Description and Coding System)방식을 제정하였다.

HS는 본문(전문과 20개 조항)과 부속서(품목표)로 구성되어 있으며 21개부(section), 97개류(chapter), 1,241(heading)로 분류되어 무역통계의 수집 · 비교 · 분석을 용이하게 하였다.

참 고 문 헌

강봉룡, 「장보고」, 한얼미디어, 2005.
강태구 · 김태기 · 박복재, 「무역학개론」, 무역경영사, 2006.
김시경, 「최신 무역학개론」, 삼영사, 2005.
상공부 무역정책연구회, 「대외무역법」, 법문사, 1988.
신지현, "한·중간 무역발전과정에 관한 연구," 조선대학교 석사논문, 2004.
이덕일, 「조선 최대갑부 역관」, 김영사, 2006.
이용근, 「무역개론」, 명경사, 2006.
한일공통역사교재 제작팀, 「조선통신사」, 한길사, 2005.

제 2 장 국제무역이론

제 1 절 국제무역이론의 연구대상과 기본 가정

1. 국제무역이론의 연구대상

무역은 사회 · 경제 · 문화 · 정치적 환경이 상이한 국가들 사이에서의 교역이기 때문에 국내거래와는 본질적으로 차이가 있다. 이에 따라 국제무역거래에서는 국내거래의 메커니즘으로는 설명할 수 없는 여러 문제들이 발생하게 된다. 따라서 국제무역이론은 여러 가지 여건들이 불변하다는 전제하에서 국제무역과 관련된 여러 현상들을 설명함으로 인해서 국내거래와는 다른 국제무역거래의 패턴을 쉽게 이해할 수 있게 하는 데 도움을 주게 된다.

국제무역이론에서 다루고자 하는 주요 연구과제와 대상은 무역의 발생원인, 무역의 패턴 및 교역조건의 결정, 무역의 경제적 · 후생적 효과, 그리고 기본적인 가정의 변화에 따른 결과의 수정 등을 들 수 있다.

첫째, 무역의 발생원인은 국가간의 자연적 환경의 차이와 사회적 환경의 차이에서 오는 것으로 세계의 모든 국가들은 이들 차이를 극복하기 위해서 경제체제나 이념을 초월하여 국가간에 무역을 행하고 있으며, 이는 주로 국제분업(international division of labor)의 원리를 통해 설명이 이루어지고 있다.

여기서 국제분업(international division of labor)이란 각국의 특수한 적성, 즉 생산조건과 수요조건에 따라 각국이 각각 유리한 상품생산에 전문화 또는 특화하는 것을 의미한다. 생산조건은 천연자원, 인구, 인간능력, 유산 등과 같은 자연적 환경에 의하여 결정되는데, 예를 들면 노동력이 풍부한 나라에서는 노동의 가격인 임금이 싸기 때문에 노동집약재(labor intentive goods) 생산에 특화할 수 있으며, 자본이 풍부한 나라에서는 자본의 가격인 금리가 싸므로 자본집약재(capital intentive goods) 생산에 특화할 수 있게 된다는 것이다.

이는 바로 국제분업을 의미하며, 이 국제분업에 의하여 무역이 성립되고 무역에 의하여 생산량의 증가, 생산요소의 절약, 소비자의 이익 등 무역이익이 발생된다. 한편 각국의 생산조건이 같다고 하더라도 인구수, 생활수준, 취미, 기호 등 수요조건이 다르다면 상이한 수요조건을 충족하기 위한 적성 또한 다르기 때문에 국제분업과 국제무역이 성립되는 것이다.

둘째, 무역패턴 및 교역조건의 결정으로서 무역패턴은 특정 국가에 의한 특정 재화의 수출과 수입이 연관되는 것으로, 어떤 과정을 통하여 무역패턴이 결정되어지는가 하는 것이 국제무역이론의 주요 연구대상이 된다.

또한 교역조건이란 한 나라의 재화와 상대국 재화에 대한 교환비율을 나타내는 것으로서 이러한 교역조건의 결정은 국제무역을 통한 교역 당사국들의 무역이익의 배분과 깊은 관련이 있는 것으로, 이 또한 국제무역이론의 주요한 연구대상이 된다.

셋째, 국제무역의 성립은 노동에 대한 대가인 임금과 자본에 대한 대가인 이자의 변동뿐 아니라 특정 국가의 산업 및 소비구조 또한 변화시키게 된다. 그러므로 이러한 변화가 국제무역의 당사국들과 국민전체의 효용수준에 미치는 경제적 및 후생적 효과는 국제무역이론의 주요한 연구대상의 하나이다.

넷째, 대부분의 국제무역이론들은 손쉬운 이론 전개를 위해 비현실적인 가정하에 이론전개가 이루어지고 그에 따른 분석결과를 주장한다. 따라서 기존의 국제무역이론들을 현실 세계에 적용시키기 위해 이들 비현실적인 가정들을 변화시킴으로 인해서 발생하는 분석결과의 변화를 연구하는 것 또한 국제무역이론의 연구대상이 된다.

2. 국제무역이론의 여러 가정

국제무역이론들은 앞서 설명한 주요 연구대상들의 문제에 접근하는 데 있어서 비교적 손쉬운 이론 전개를 위해서 다음과 같은 여러 가정들을 필요로 한다.

첫째, 대부분의 국제무역이론들은 정태적 분석의 형식을 취한다. 정태적 분석이란 인구 · 자본 · 기술 등의 여건이 불변일 때, 시간의 흐름을 무시하고 경제적 변수들간의 상호의존관계를 분석하는 것을 말하며, 이와 상대적으로 동태적 분석이란 이러한 여건이 변동할 때 시간의 흐름을 고려하여 경제변수들간의 상호의존관계를 분석하는 것을 말한다.

국제무역이론에서는 정태적 분석기법을 사용하여 시간의 흐름을 무시할 뿐만 아니라 시간이 변화한다 하더라도 인구 · 자본 · 기술 등의 여건은 일정불변하다고 가정하고 있다.

둘째, 2국-2재-2생산요소(2-2-2 모델)를 가정한다. 이는 두 나라가 두 가지의 생산요소를 이용하여 두 가지의 재화만을 생산한다고 가정하는 것으로서 현실과 상당한 차이가 있는 가정이다. 여기에서 두 가지의 생산요소라 함은 주로 노동과 자본을 말하며, 각 국가들은 서로 다른 비교우위를 가진 재화에 특화하는 경향이 있다고 가정한다.

셋째, 국제무역을 행함에 있어서 현실세계에서 발생하는 각종 거래비용은 없는 것으로 가정한다. 무역을 하게 되면 일반적으로 수송비, 보험료, 각종 수수료 등과 같은 거래비용이 수반된다. 하지만 국제무역이론에서는 손쉬운 이론전개를 위하여 이러한 거래비용은 없다는 가정을 주로 하고 있다.

넷째, 국제무역이론에서는 요소의 동질성과 생산함수의 불변을 가정하고 있다. 현실세계에서는 동일한 생산요소라 할지라도 질에 따라 생산요소의 가격이 달라지게 된다. 예를 들면 노동의 경우 숙련도에 따라 숙련노동과 비숙련노동으로 나눌 수 있고 그에 따라 노동의 가격인 임금에 차이가 생기게 된다. 하지만 국제무역이론에서는 이들을 동일한 요소로 가정하고 있으며 더 나아가 동일 재화에 대한 생산함수 또한 불변하다고 가정한다.

다섯째, 생산요소의 국가간 이동이 불가능하다고 가정한다. 생산요소는 더 나은 가격을 받기 위해 가격이 높은 곳으로 이동하려는 성질을 가지고 있다. 국제무역이론에서는 이들 생산요소들이 국내에서는 자유롭게 이동 가능하지만 더 높은 가격을 받기 위해 교역 상대국으로의 국제간 이동은 불가능하다고 가정한다.

여섯째, 완전경쟁 및 완전고용을 가정한다. 다수의 생산자와 소비자가 일정한 장소인 시장에서 만나 매매하는 완전경쟁뿐만 아니라 노동을 포함한 각종 자원은 완전하게 고용되어 실업자나 설비 및 자원의 유휴가 존재하지 않는다는 완전고용을 가정하고 있다. 또한 생산요소는 어떠한 산업에서 이용된다 할지라도 동일한 보수를 받는다는 가정을 전제로 한다.

마지막으로, 국제무역이론에서는 관세장벽이나 비관세장벽 등과 같은 일체의 무역장벽이 존재하지 않으며, 무역은 완전히 자유롭게 이루어진다는 것을 가정하고 있다. 그 결과로 무역거래는 관세나 수입할당제, 수입과징금 등 일체의 인위적인 수단에 의하여 규제를 받지 않고 자유롭게 이루어지는 자유무역을 전제로 한다.

제 2 절 주요 국제무역이론

국제무역이론은 무역의 발생원인은 무엇이고 무역의 패턴 및 교역조건은 어떻게 결정되며 무역의 경제적 · 후생적 효과는 무엇인가에 대한 해답을 제시해 왔다. 이러한 국제무역이론은 아담 스미스의 절대생산비설 이후 현대의 무역이론에 이르기까지 시대적인 변천에 따라 발전하여 왔다.

다음에서는 기존의 국제무역이론들 중에서 필수적인 몇 가지 국제무역이론들에 대해 설명하도록 한다.

1. 아담 스미스의 절대생산비설(theory of absolute cost)

아담 스미스(Adam Smith)는 1776년에 출판된 그의 저서 「국부론」(*The Wealth of Nations*)을 통해 어떤 특정 재화를 생산하는 데 있어서 그 생산과정을 분화 및 전문화함으로써 작업능률을 향상시킬 수 있다고 주장하고, 이와 같은 분업(division of labor)의 원리를 국가간의 거래에도 적용시켜 국제무역의 발생원인과 이익발생을 규명하고자 하였다. 즉, 어떤 국가가 두 재화 중에서 하나를 그들의 교역상대국보다 더 낮은 실질생산비(real cost)로 생산할 수 있을 경우, 그 국가는 더 낮은 실질생산비로 생산할 수 있는 재화에 완전특화 생산하여 이를 수출하고 그러하지 못한 재화를 수입함으로써 이득을 얻게 된다고 하였다. 각 국가간에 절대생산비의 차이가 존재함을 인식하고 이러한 절대우위(absolute advantage)를 통하여 무역의 발생원인 및 무역의 이익을 설명한 아담 스미스의 이론체계를 절대생산비설(theory of absolute cost) 또는 절대우위이론 (theory of absolute advantage)이라고 한다.

아담 스미스의 절대생산비설은 다음의 데이비드 리카도의 비교생산비설과 마찬가지로 노동만을 유일한 생산요소로 간주하는 노동가치설(勞動價値說)에 바탕을 두고 있다. 즉, 절대생산비설은 상품의 생산을 위해서는 노동만이 유일한 생산요소로 투입되는 것을 가정하기 때문에 상품의 가치는 오로지 투입노동량으로 표시할 수 있으며, 그 실제의 예를 설명하면 [표 2-1] 과 같다.

대한민국과 미국은 각각 자동차와 노트북을 생산한다고 가정하는 경우 다음의 [표 2-1]에서 볼 때, 대한민국은 노트북에, 그리고 미국은 자동차에 절대우위가 있다고 할 수 있다. 여기에서 1단위당 투입노동량이 적다는 것은

표 2-1 절대생산비설의 예

단위: 1단위 생산에 필요한 투입노동량

	대한민국	미 국
노트북 1단위	60人	100人
자동차 1단위	120人	80人

표 2-2 절대생산비설에 의한 무역이익

		대한민국	미 국	양국의 합계
무역 前	노 트 북	60人의 노동=1단위	100人의 노동=1단위	2단위
	자 동 차	120人의 노동=1단위	80人의 노동=1단위	2단위
무역 後	노 트 북	180人(60+120)/ 60人=3단위		3단위
	자 동 차		180人(100+80)/ 80人=2.25단위	2.25단위

그만큼 생산비가 낮다는 것을 의미하므로 상대국에 비하여 경쟁력이 있다는 것을 말한다. 따라서 대한민국은 노트북의 생산에, 미국은 자동차의 생산에 특화하는 경우 국제분업이 이루어지게 된다.

위의 [표 2-2]에서 볼 수 있듯이, 양국 전체의 생산량은 특화하기 이전보다 더욱 증가했을 뿐만 아니라 절대생산비의 차이에 따른 무역이익을 얻게 된다. 다시 말하면 대한민국과 미국 사이에 노트북과 자동차를 1대 1로 교환하는 교역조건을 가정하였을 때, 노트북은 대한민국이 특화함으로써 1단위, 그리고 자동차는 미국이 특화함으로써 0.25단위를 더 얻을 수 있게 된 것이다. 따라서 절대생산비설에 입각하여 무역을 하게 되면 무역에 참여하는 대한민국과 미국뿐만 아니라 전세계적으로도 무역이익이 발생하게 된다는 것이다.

이를 종합해 보면, 아담 스미스의 절대생산비설은 생산에 있어서 다른 나라보다 절대우위를 갖는 재화를 수출하고 절대열위를 갖는 재화를 수입할 경우 모든 교역국이 무역이익을 얻을 수 있으며 따라서 생산에 있어서의 절대우위가 무역을 발생시키는 중요한 원인으로 규정하고 있다.

이러한 아담 스미스의 절대생산비설은 국제분업의 원리를 통해 무역의 이익을 체계적으로 밝혀냄으로써 당시 유행하던 중상주의(mercantilism)를 배격하고 최초로 자유무역정책의 이론적 기초를 제공했다는 데 그 의의가 있다. 그러나 스미스의 이론은 현실과 동떨어진 제한적인 가정을 전제로 하고 있어 다음과 같은 한계를 지니고 있다.

첫째, 한 나라가 두 재화의 생산에 모두 절대우위를 갖고, 반대로 다른 나라는 두 상품의 생산에 있어 절대열위(absolute disadvantage)에 놓이게 되는 경우에는 국가간 교역의 발생원인을 밝혀 낼 수가 없게 된다.

둘째, 아담 스미스의 절대생산비설은 노동만을 유일한 생산요소로 보았고 재화의 생산비용도 투하노동량에 의하여 결정되는 것으로 가정하였는데, 재화는 다양한 생산요소의 결합에 의해 생산되며, 생산요소의 결합비율은 각 재화마다 다르게 되므로 생산비용이 단순히 투하노동량에 의해 결정된다고 보는 노동가치설의 도입은 이론에 한계를 주게 된다.

셋째, 한 나라 안에서 재화들간의 교환비율이 실질노동비용에 따라 결정된다는 아담 스미스의 결론은 국내에서는 노동의 이동이 가능하나 국제적인 노동의 이동은 불가능하다는 가정을 전제로 하고 있기에 비현실적이다.

2. 데이비드 리카도의 비교생산비설(theory of comparative cost)

후기 고전학파 학자인 데이비드 리카도(David Ricardo)는 1817년 「정치경제 및 과세의 원리」(*Principles of Political Economy and Taxation*)라는 저서를 통해 비교생산비설을 주장하였다.

비교생산비설, 또는 비교우위이론(theory of comparative advangage)에서는 실질생산비에 있어서의 절대우위가 두 나라간 교역을 발생시키고 이익을 발생시키는 필요조건이 아니며, 대신에 두 가지 재화의 생산에 필요한 실질생산비의 비율, 즉 상대적 생산비(relative cost)의 차이에 달려 있으며, 한 나라는 모든 재화의 생산에 있어서 교역 상대국보다 더 높은 실질생산비가 드는 경우에도 다른 국가와의 교역을 통하여 이득을 볼 수 있다는 것이다. 즉, 비교생산비의 차이가 존재할 때 각국은 자국이 비교우위(comparative advantage)를 갖고 있는 상품의 생산에 특화하여 이를 수출하고 그 대가로 비교열위의 상품을 수입함으로써 이익을 누릴 수 있다는 것이다.

리카도의 비교생산비설도 아담 스미스의 절대생산비설과 마찬가지로 재화의 생산에 필요한 유일한 요소는 노동이며, 이러한 노동은 국내에서는 자유롭게 이동할 수 있으나 국제적으로는 이동할 수 없다는 것을 전제로 하고

표 2-3 비교생산비설의 예

단위: 1단위 생산에 필요한 투입노동량

	대한민국	미 국
노트북 1단위	60人	80人
자동차 1단위	50人	90人

있다. 리카도의 비교생산비설을 [표 2-3]을 이용하여 설명하면 다음과 같다.

[표 2-3]에 의하면 대한민국의 경우 노트북 1단위 생산에 60인의 노동력과 자동차 1단위에 50인의 노동력을 필요로 하며, 미국의 경우 노트북과 자동차 1단위 생산에 각각 80인과 90인을 필요로 한다. 아담 스미스의 절대생산비설에 의하면 노트북과 자동차 모두 대한민국에서 생산하는 것이 유리하기 때문에 미국은 생산을 포기할 수밖에 없고 그 결과로 국제무역은 발생하지 않게 된다. 이러한 결점을 보완하기 위해서 나온 이론이 바로 데이비드 리카도의 비교생산비설이다.

위의 [표 2-3]에서 보는 바와 같이 두 재화 모두 대한민국이 미국보다 절대우위에 있지만 두 재화 중 대한민국과 미국을 비교할 때 대한민국의 경우 자동차 생산에서 우위가 더 높다. 그 이유는 생산비 측면에서 볼 때 단위당 투입노동비율이 대한민국의 경우 노트북은 60/80(人)으로 미국의 75%에 해당하고 자동차의 경우에는 50/90(人)으로 56%에 불과하기 때문이다. 미국의 경우에 있어서는 노트북과 자동차 모두 대한민국과 비교하여 절대열위에 있으나 노트북은 80/60(人)으로 133%이고, 자동차는 90/50(人)으로 180%이므로 노트북의 생산이 상대적으로 유리하다고 볼 수 있다.

따라서 대한민국은 자동차에 특화를 하고 미국은 노트북에 특화를 하여 생산량의 증대를 통한 무역이 이루어지는 경우, 두 나라는 모두 무역이익을 얻을 수 있게 된다.

무역이익의 경우 무역 이전에는 대한민국과 미국, 두 나라 모두를 합하여 노트북 2단위와 자동차 2단위를 생산하였으나, 무역 후에는 자동차는 대한민국이 특화를 하여 무역 이전보다 0.2단위, 그리고 노트북은 미국이 특화를 하여 무역 이전보다 0.125단위를 더 생산하였는데, 이것이 바로 두 나라의 무역이익이라고 할 수 있다.

표 2-4 **비교생산비설에 의한 무역이익**

		대한민국	미 국	양국의 합계
무역 前	노 트 북	60人의 노동=1단위	80人의 노동=1단위	2단위
	자 동 차	50人의 노동=1단위	90人의 노동=1단위	2단위
무역 後	노 트 북		170人(80+90)/ 80人=2.125단위	2.125단위
	자 동 차	110人(60+50)/ 50人=2.2단위		2.2단위

이러한 리카도의 비교생산비설의 공헌이라고 할 수 있는 것은 각국이 어떤 종류의 재화에 특화해야 하며 또 어떤 재화를 수출 또는 수입해야 하는가를 통하여 생산과 무역의 패턴을 규명한 데 있다.

이렇듯 비교우위의 개념에 입각하여 국제분업의 구조를 설명한 비교생산비설은 경제학적 분석에 있어서 가장 위대한 성과 중의 하나로 손꼽힌다. 그러나 리카도의 비교생산비설도 스미스의 절대생산비설이 안고 있던 여러 가지 가정상의 문제점을 그대로 지니고 있다. 먼저 비교생산비설은 절대생산비설과 마찬가지로 노동가치설에 입각하여 노동이라는 단일의 생산요소만이 존재한다고 가정하여 상품의 가치는 그 상품의 생산에 투입된 노동량에 의해서 결정된다고 보고 있다.

또 각 재화에 있어서도 생산요소간의 결합비율은 서로 다를 것이므로 투입노동 및 투입자본에 대한 비율이 고려되어야 할 것이다. 그리고 생산비설의 핵심을 이루고 있는 비교생산비가 각 국가간에 왜 차이를 보이는가에 대한 명확한 해명이 없었다. 이러한 점은 후에 헥셔(E.F. Heckscher)와 오린(B. Ohlin)의 요소부존이론에서 논의되고 있다.

마지막으로, 스미스의 절대생산비설과 마찬가지로 두 재화간의 국제적 교환비율이 어떻게 결정되는가에 대해서는 정확한 해명이 없었다. 리카도가 알아낸 사실은 두 재화의 국제적 교환비율은 각국에서의 국내교환비율 사이에서 결정될 것이란 점과 이 두 교환비율 사이에서 교역을 하면 두 국가가 모두 무역을 통해 이익을 얻을 수 있다는 것에 지나지 않았다.

3. 헥셔-오린의 정리

헥셔-오린의 정리란 국가간 무역발생의 원인 및 무역패턴의 결정요인을 각국의 요소부존량 비율의 차이와 생산량간의 요소투입비율(요소집약도)의 차이로서 설명하고, 무역이 생산요소의 가격에 미치는 영향을 제시한 근대적인 무역이론을 말한다. 이 정리를 요소부존이론(theory of factor endowment)이라고도 한다. 이 정리는 헥셔(E.F. Heckscher)가 주장하여 오린(B. Ohlin)이 발전시켰으므로 이 두 사람의 업적을 기념해서 헥셔-오린의 정리라고 한다. 이 정리는 비교생산비설을 수정 · 확충하는 데 결정적 역할을 했는데, 여기에는 다음과 같은 2명제가 있다.

(1) 요소부존이론

비교생산비의 결정요인(determination of comparative cost)이란 각국간의 비교생산비차는 각국의 요소부존량에 의하여 결정되는 것을 의미한다. 다시 말하면, 국가간에 생산요소의 부존상태(요소부존도)가 각각 다르고 또 각 생산물에 투입되는 생산요소의 비율(요소집약도)이 다르기 때문에 국가간의 비교생산비차가 발생된다는 것이다.

이를 상세하게 설명하면 다음과 같다.

첫째, 각국은 생산요소의 부존량에 차이가 있다는 것으로서, 즉 어떤 나라에서는 노동이 풍부하여 노동의 가격인 임금이 저렴하고 또 다른 나라에서는 자본이 풍부하여 자본의 가격이 낮은 이자율을 유지하고 있다는 것이다.

둘째, 재화에 따라 1단위의 생산에 필요한 요소의 배합비율이 다르다는 것이다. 즉, 노동의 투입이 많은 노동집약적 재화와 자본의 투입이 많은 자본집약적 재화가 존재한다는 것이다.

셋째, 요소의 상이한 배합비율의 결과로서 노동풍부국의 경우 노동집약재를 낮은 생산비로 생산하여 수출하고 자본풍부국의 경우에는 자본집약재를 낮은 생산비로 생산하여 수출하게 된다는 것이다.

(2) 요소가격의 국제적 균등화

요소가격의 국제적 균등화(factor price equalization)란 각국의 요소부존량 비율의 차이에 따라 비교생산비차가 발생되고 이로써 양국간에 무역이 이루어지면, 비록 국가간에 생산요소가 직접적으로 이동하지 않더라도 국가간에 생산요소가격이 균등화되는 경향이 있다는 것을 말한다.

노동풍부국의 경우 자본집약적인 재화의 생산에 사용되던 노동과 자본의 일부 또는 전부가 노동집약적인 재화의 생산에 투입되게 된다. 또한 자본풍부국의 경우 노동집약적인 재화의 생산에 투입되던 자본과 노동의 일부 또는 전부가 자본집약적인 재화의 생산에 사용될 것이다.

따라서 노동풍부국의 경우 노동집약적인 산업에 특화를 하게 됨으로 인해서 노동의 수요는 상대적으로 증가되고 자본의 수요는 감소하게 된다. 그 결과로서 상대적으로 저렴한 생산요소였던 노동의 가격은 상승하고 높았던 자본의 가격은 하락하게 되어 두 생산요소, 즉 노동과 자본의 가격은 점차 균등화되는 경향을 보이게 된다. 마찬가지로 자본풍부국의 경우에는 자본집약적인 산업에 특화를 하게 됨으로써 자본의 수요는 상대적으로 증가되고 노동의 수요는 감소하게 된다. 그 결과 상대적으로 저렴하였던 자본의 가격인 이자율은 상승하고 높았던 노동의 가격인 임금은 하락하게 되어 노동과 자본의 가격이 같아지게 되는 경향을 보인다는 것이다.

헥셔-오린의 정리는 생산요소의 부존량 비율에 따라 비교우위의 결정을 규명하고 국제무역이 요소가격에 미치는 영향을 규명하는 데 그치지 않고, 무역이 소득배분에 미치는 영향, 경제성장이 무역에 미치는 영향, 무역과 생산요소의 이동 관계 등 여러 가지 문제에 대한 이론적 분석에 상당한 기여를 한 점에 대해서는 높이 평가를 받고 있다. 그러나 이 정리 역시 현실과 일치되지 않은 여러 가정 위에 정립되어 있으므로 국제분업이나 무역패턴의 결정을 완전히 설명할 수 없다는 비판을 받기도 했다.

(3) 레온티에프 역설(Leontief paradox)

레온티에프 역설이란 헥셔-오린 정리의 제 1 명제, 즉 각국은 타국에 비하여 보다 풍부하게 부존되어 있는 생산요소를 많이 투입하는 재화를 수출하고 희소하게 부존되어 있는 생산요소를 사용해서 생산하는 재화를 수입한다는 비교생산비의 결정요인을 통계적으로 검증한 결과를 말한다.

레온티에프의 검증결과를 보면, 자본이 풍부하고 노동이 부족한 미국이 노동집약재를 수출하고 자본집약재를 수입했다는 것이다. 이러한 검증결과는 분명히 헥셔-오린 정리와는 배치되는 것이다. 따라서 이와 같은 레온티에프의 검증결과를 레온티에프 역설이라고 부르게 되었다. 그런데 이러한 결과가 나온 것은 생산요소를 노동과 자본 두 가지로만 한정하였으며, 노동을 모두 동질적 생산요소로 취급했기 때문이라는 점 등이 지적되었다.

(4) 스톨퍼-사뮤엘슨 정리(Stolper-Samuelson theorem)

스톨퍼-사뮤엘슨 정리란 헥셔-오린 정리의 제 2 명제, 즉 요소가격의 국제적 균등화 명제에 입각하여 높은 임금을 지불하는 미국이 낮은 임금밖에 지불하지 못하는 나라와 자유무역을 실시함에 따라 미국 노동자의 실질임금수준이 저하되는 경향을 파악하고 이를 방지하기 위하여 그 나라로부터 수입되는 상품에 대해 보호관세를 부과해야 할 필요가 있다고 주장한 이론을 말한다. 스톨퍼-사뮤엘슨 정리는 미국 노동자의 소득증대와 유리한 소득배분을 위하여 자유무역정책이 유리한가 그렇지 않으면 보호무역정책이 유리한가를 검토한 이론이다.

이 정리는 자유무역이 소득배분에 미치는 영향을 명확하게 밝힘으로써 헥셔-오린 무역이론을 더욱 발전시키는 데 상당한 공헌을 하였다. 그리고 이 정리는 보호무역주의의 유력한 이론적 뼈대가 되기도 했다. 그러나 이 정리는 헥셔-오린 정리를 기초로 2國, 2財, 2생산요소 등 비현실적 · 제한적인 가정 위에 정립되고 있으므로 현실 세계에 적용되기 어려운 점도 없지 않다.

FTA논쟁에 경제이론 총출동

한·미 자유무역협정(FTA) 협상이 중반으로 접어들면서, FTA찬반논쟁도 다양한 경제이론이 총출동되면서 인터넷 등을 통하여 치열하게 전개되고 있다.

주류 경제학계는 FTA반대론자들을 '종속이론' 신봉자로 비판하면서 전통적 자유무역이론인 '비교우위론'이나 '헥셔-오린 정리'(theorem of Heckshere-Ohlin: 노동과 자본의 부존량이 국가별로 다르기 때문에 무역이 발생한다는 주장) 등을 찬성의 이론적 근거로 내세우고 있다. 비교우위론은 어떤 나라도 비교우위가 있는 산업이 있기 때문에, 서로 비교우위가 있는 산업에 전문화해서 무역을 하는 것은 상호이익이라는 것. 이들은 FTA가 일자리를 뺏아갈 것이라는 걱정은 절대우위론에 입각한 우려일 뿐이라고 비판하고 있다.

또 이들은 종속이론의 잣대로 FTA를 설명하는 것은 국민들에게 폐쇄적인 사고방식을 강요하려는 시대착오적 발상이라고 지적하고 있다. 1980년대 초·중반에 유행한 종속이론은 선진국에 종속된 제3세계 경제는 경제적 정체를 벗어날 수 없다는 이론이다. 정문수 대통령 경제보좌관은 최근 청와대브리핑에서 "캐나다와 멕시코는 대미 수출의존도가 80%가 넘지만 이들 국가가 미국에 예속되고 있다는 논의는 들어본 적이 없다"고 지적하기도 했다.

반면, FTA반대쪽은 "종속이론에 입각해 FTA를 반대하는 사람은 별로 없다"면서 "오히려 찬성 쪽이 19세기 비교우위론을 맹신하고 있다"고 비판하고 있다. 중·고교 교과서에 실려 있는 '영국=섬유, 포르투갈=포도주'라는 비교우위론의 사례도 정치군사적인 역학관계의 결과라는 것.

또 21세기 세계경제는 한 나라가 다른 나라에 대해 절대우위만 있으면 모든 것을 생산하려는 구조라는 반박이다. 이들은 '전략적 무역정책이론'을 인용하며, 첨단산업이나 서비스업과 같은 미래의 성장 동력이 될 수 있는 산업은 생산이 증대될수록 비용이 줄어드는 '규모의 경제'를 충분히 활용할 수 있도록 보호하고 학습할 시간을 줘야 한다고 주장하고 있다. 또 '경제지리학'의 관점으로 봐도 한번 표준이 선점되면 유리한 게임을 할 수 없기 때문에, 먼저 중국과의 FTA를 통해 지역시장에서의 표준선점이 중요하다고 지적하고 있다.

【출처: 한국일보, 2006. 8. 27.】

4. 제품수명주기이론

버논(Raymond Vernon, 1981) 등에 의해 개발된 제품수명주기는 시간이란 차원을 도입하여 시간의 흐름에 따라 국가간 혹은 산업간 무역 및 직접투자가 발생하는 현상 및 패턴을 설명하고 있다. 이 이론이 개발된 초기의 일차적인 관심은 미국이었으며, 왜 미국기업들이 수출로 시작하여 직접투자로 전환하는지를 단계적으로 설명하고 있다.

제품수명주기이론은 하나의 신제품이 개발되어 시장에 알려지기 시작하는 도입기를 거쳐서 제품의 판매량이 증대되는 성장기, 이러한 성장기가 지속되다가 제품의 판매량이 정체되는 성숙기를 거쳐서 시장에 대체상품이 출현하게 되면서 급속히 제품의 판매량이 감소하는 쇠퇴기에 이르게 되는 일련의 제품의 수명주기과정을 설명하고 있다.

국제무역의 패턴 관점에서 제품수명주기과정을 설명하면 다음과 같다. 첫째, 제품수명주기의 도입기는 하나의 신제품이 개발되어 시장에 도입되는 단계이다. 제품수명주기이론이 개발되기 시작하던 초기에 미국기업들은 미국시장을 위해 개발된 혁신적인 제품으로 우선 수출시장에서 독점적 우위를 누리게 된다. 도입기는 제품의 표준화가 아직 이루어지지 않은 단계이며 연구개발부서, 공급업자, 소비자 등과 인접한 곳에서 생산활동을 수행하는 것

그림 2-1 **제품수명주기에 따른 제품판매량의 변화**

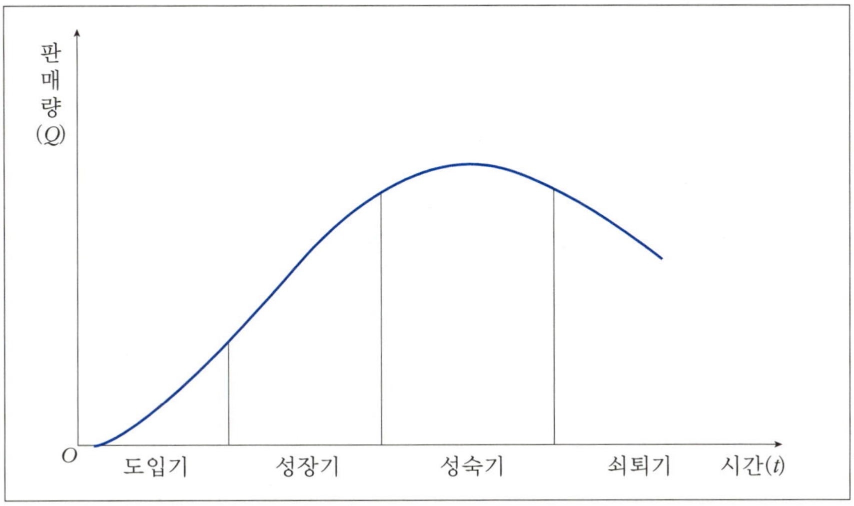

이 초기의 제품설계, 생산공정, 마케팅 및 판매활동을 변경하거나 수정하게 되는 상황이 발생하게 될 때, 미국 내에서 이러한 공정과정을 수행하는 것이 해외에서 하는 것보다 유리하게 작용하게 된다는 것이다.

둘째, 제품수명주기의 성장기는 제품의 표준화가 진전되면서 시장에 제품의 판매량이 급속히 증가하는 단계이다. 제품의 표준화가 진전되면서 미국기업들은 저임금을 이용할 수 있는 생산비의 이점을 활용하여 해외생산을 검토하게 되는 단계이다. 이 단계에서는 제품을 생산할 수 있는 기술이 점차 확산되면서 제품의 수요가 증가하게 되며 미국기업들은 일차적 해외투자는 현지생산이 규모의 경제를 달성할 수 있는 다른 선진국 시장을 대상으로 하며, 이러한 직접투자는 수출시장을 현지 생산자들에게 빼앗기지 않으려는 방어적 동기에서 발생하게 된다.

셋째, 제품수명주기의 성숙기는 시장에 제품의 판매량이 정체되며 본격적인 가격경쟁이 발생하는 단계이다. 이 단계에서는 제품을 생산하는 기술은 완전히 표준화되어 기술상의 우위는 감소하게 되며 풍부한 노동력을 갖고 있는 저임금 국가로 제품생산의 비교우위가 이전되어 후진국에서 선진국으로 역수출되는 현상이 발생하게 된다. 제품수명주기의 도입기와 성장기에서는 연구개발요소와 기술적 우위를 확보하고 있던 선진국의 제품생산의 비교우위가 후진국으로 이전되는 과정인 반면에, 성숙기는 후진국에서 선진국으로 제품생산의 비교우위가 이전되어 역수출이 발생하게 된다는 것이다.

넷째, 제품수명주기의 쇠퇴기는 시장에 대체상품이 등장하게 되면서 제품의 판매량이 급속히 감소하는 단계이다. 이 단계에서는 제품판매에 대한 본격적인 가격경쟁이 심화되는 과정이며 미국기업들은 생산비 절감, 생산시설의 이전, 대체상품의 개발 등에 관심을 가지게 되는 단계이다. 미국기업들이 제품생산에서 생산비 절감에 대한 관심이 증대되게 되면서 초기의 해외투자 지역이었던 다른 선진국 지역으로부터 저임금 국가 지역으로 생산시설을 이전한다. 이 단계에서는 전세계적으로 수요가 확산되어 다른 선진국 기업은 물론, 특히 저개발국가 기업들도 자국 수요충족을 위해 제품생산을 확대하게 되므로 성숙기보다 제품판매에 대한 가격경쟁이 더욱 심하게 나타난다.

그림 2-2 미국의 제품수명주기에 따른 국제무역패턴의 변화

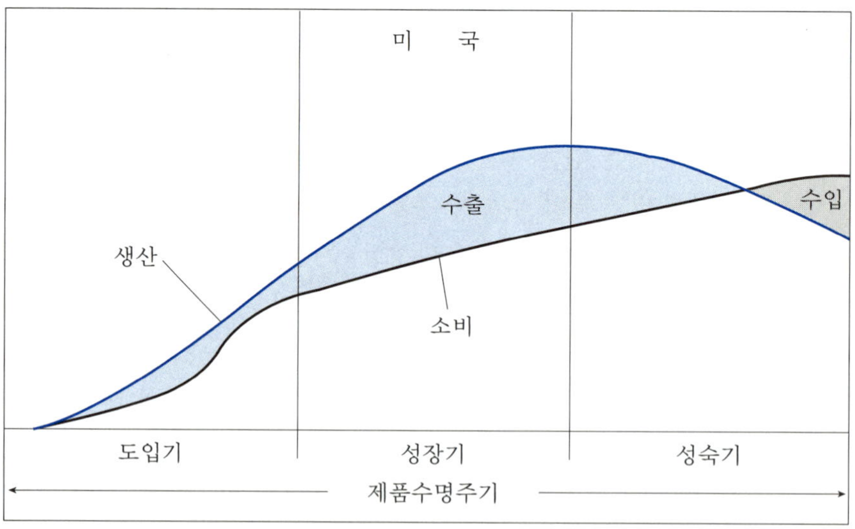

자료: Raymond Vernon and Louis T. Wells, Jr., *Management in International Economy*, 4th ed., New York: Prentice-Hall, 1981, p.94.

그림 2-3 기타 선진국의 제품수명주기에 따른 국제무역패턴의 변화

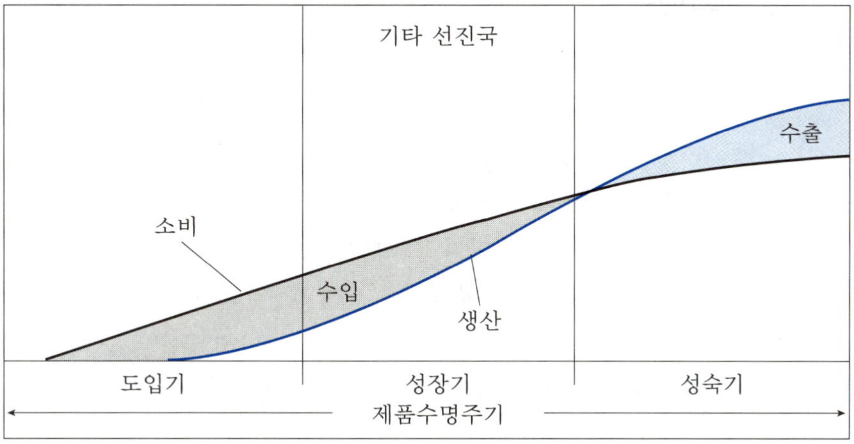

자료: Raymond Vernon and Louis T. Wells, Jr., *Ibid.*, 1981.

그림 2-4 후진국의 제품수명주기에 따른 국제무역패턴의 변화

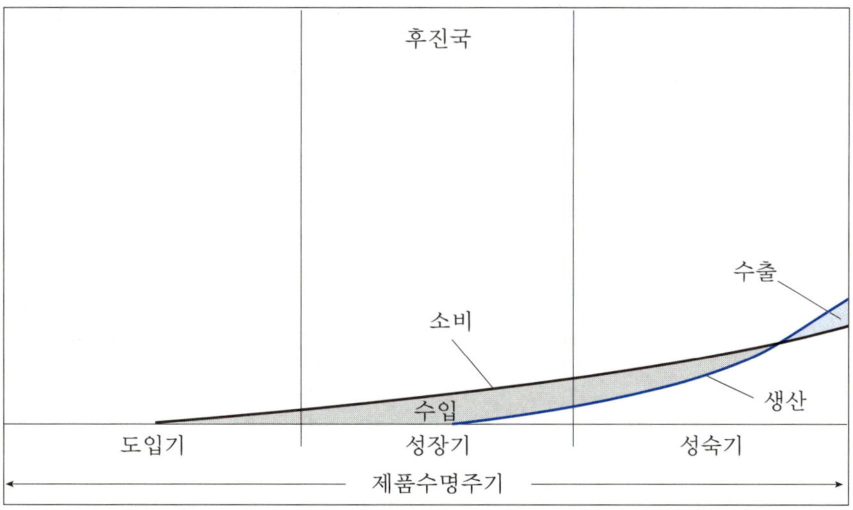

자료: Raymond Vernon and Louis T. Wells, Jr., *Ibid.*, 1981.

5. 국가경쟁력모형

포터(Michael E. Porter, 1990)는 전 세계 10개 국가의 100개 산업을 기초 자료로 산업수준에서 국가경쟁력에 대한 연구를 시도하였다. 그는 특정 국가의 특정 산업에 대한 경쟁력의 원천은 특정 국가가 소유하고 있는 내·외생적 요인에 의해서 발생한다고 보았다. 국가경쟁력의 내생요인은 요소조건, 기업의 전략, 조직 및 경쟁양상, 관련 및 지원산업, 수요조건 등 네 가지 결정요소로 구성되어 있으며, 국가경쟁력의 외생요인은 국내·외에서 발생하는 기회와 정부의 역할 등 두 가지 결정요소로 구성되어 있다.

그림 2-5 **국가경쟁력모형**

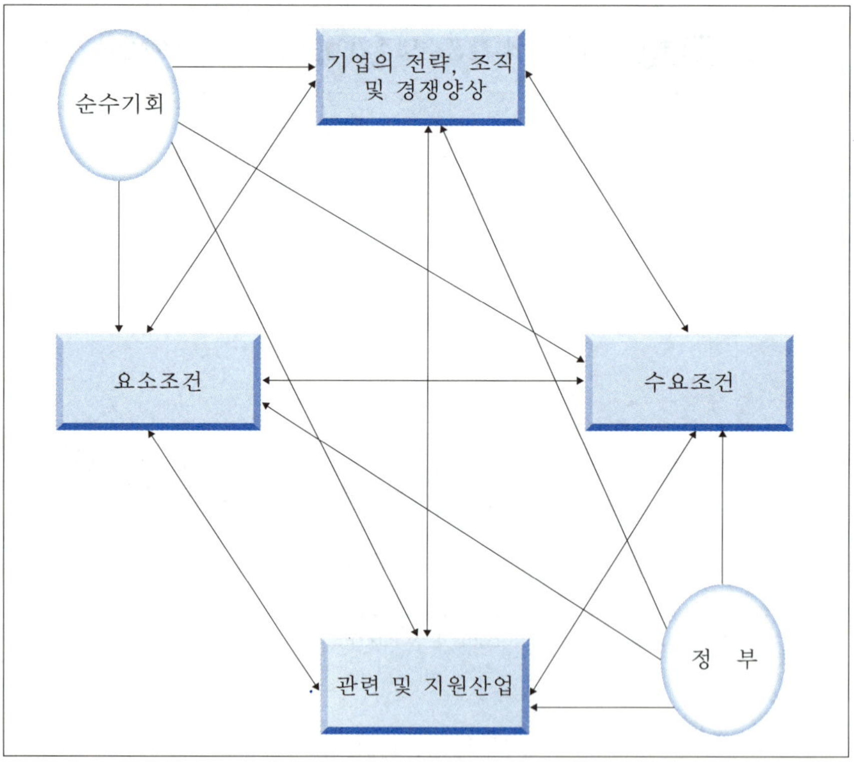

자료: Porter, Michael E., *Competitive Advantage of Nations*, The Press, 1990, p.127.

첫째, 국가경쟁력모형의 요소조건은 국제적으로 경쟁하는 데 필요한 해당산업의 생산요소에 대한 국가의 위치를 의미하며 국가경쟁력에 원천이 되는 인적 · 물적 지식자원, 자본, 사회기반시설 등이 포함된다.

둘째, 국가경쟁력모형의 수요조건은 특정 산업의 생산물이나 서비스를 위한 일반수요에 대한 것으로 단순한 수요의 크기뿐만 아니라 수요의 구조, 성장패턴, 수요의 국제화, 수요자의 욕구 등도 함께 포함된다.

셋째, 국가경쟁력모형의 관련 및 지원사업의 부분은 관련된 산업이나 지원산업 중 국제적으로 경쟁력이 있는 산업이 존재하느냐 하는 것에 연구의 초점을 맞추고 있다.

넷째, 국가경쟁력모형의 기업의 전략, 조직, 경쟁양상은 기업의 생성, 조직화, 운영화 등과 관련된 기업의 전략과 조직적인 측면에 대한 상황과 기업의 산업구조와 경쟁관계 측면에 대한 상황 등의 내용에 연구의 초점을 맞추고 있다.

국가경쟁력모형의 장점은 한 국가의 국가경쟁력을 측정할 수 있는 국가, 산업, 기업의 특성을 하나의 연구모형에 모두 포함시키고 있다는 점이며 산업의 개념을 소개함으로써 국가경쟁력을 미시적 · 거시적으로 통합한 관점에서 접근했다는 점이다. 또한 이 모형은 선진국과 같이 근본적으로 산업혁명의 과정을 완전히 거친 국가들에게 적합한 모형으로 평가되고 있다.

국가경쟁력모형에 대한 연구가 가지는 중요한 의의는 특정 국가의 경쟁력의 원천을 국가가 보유하고 있는 내·외생적 요인에 의해서 측정하고 평가하였다는 점이다. 그 동안 한 국가의 국가경쟁력을 평가하는 데 있어서 고전적 경제학자들은 한 국가가 보유하고 있는 천연자원, 노동력, 이자율, 통화가치 등과 같은 요인에 의해서 결정된다고 보았다. 이러한 견해에 대해서 포터(Michael E. Porter, 1990)는 한 국가의 국가경쟁력은 특정 산업이나 기업이 위치하고 있는 특정 국가가 제공해 주는 독특한 내·외생적 요인에 의해서 국가경쟁력이 창출되며 이러한 관점에서 국가경쟁력이 평가되어야 한다는 것이다.

사례

국가경쟁력모형

조동성(1990)의 국가경쟁력모델은 포터의 모델을 기반으로 하여 한국 산업의 특징인 인력인프라, 정부의 지원 및 혜택 등을 고려할 수 있도록 수정하여 만든 모델로, 포터의 다이아몬드모델은 국제경쟁력을 외생요인과 내생요인으로 나누어 설명하고 있는 반면, 조동성은 내부요인을 다시 물적 요인과 인적 요인을 나누고 있으며 외부요인 중에서 정부의 역할을 내부의 인적 요인으로 보고 있으며 순수기회요인만 외부요인으로 보고 있다.

이 모델에서는 물적 요소를 다시 물적 자원, 구성산업, 국내수요, 경영환경으로 나누고 인적 요소를 근로자, 정치가와 행정관료, 전문경영자와 기술자, 기업가로 나누어 이러한 내부적 요인들이 순수한 외부요인인 기회와 함께 국제경쟁력의 근본원천으로 작용하고 있다고 보고 있으며, 조동성의 모델은 포터 모델보다는 인적 요소의 역할을 좀더 강조하고 있다는 점에서 약간의 차별성을 가지고 있다.

조동성의 이론은 한국과 같이 부존자원이 부족한 나라임에도 불구하고 인적 자원이 탁월한 역할로 국제경쟁력이 있는 산업을 보유하고 있는 나라의 경쟁력원천을 설명하는 데 설명력이 높다. 따라서, 관광산업의 특성상 인적 요소의 역할이 강조된다는 점을 감안해 볼 때 관광산업의 경쟁력원천을 평가하는 데 많은 시사점을 줄 수 있다.

조동성의 9개요인 모델은 Porter의 4가지 경쟁력 요인을 정의하고 내부요인으로서 정부와 chance event를 더 첨가시켰는데, Porter의 모델과 9가지 모델간에는 유사점이 있다.

첫째는, 4가지 물질적 요인인 천연자원, 산업환경, 관련 및 지원산업, 국내수요이고, 둘째는, 개발도상국 경제성장의 관건은 일반적으로 풍부하고 다양한 동기부여, 고학력 등의 인력면에 있는데, 이러한 인력은 4가지 카테고리로 분류할 수 있다. 기초 경제활동 수행자, 명확하고 쓸모 있는 경제계획을 세우는 정책가 및 관료자, 고도의 위험을 감수하고 투자를 만들어 내는 기업가, 새로운 기술에 끊임없이 도전하는 경영관리자 및 기술자들이다. 셋째는, 내부요인으로서의 기회이다.

9가지 중 4가지 요인은 기존의 자원, 관련 및 지원산업, 국내수요, 기회인데, 한 가지 요인 기본 바탕(nature)은 전략, 구조 및 기업경쟁 vs. 경영환경이 유사하다. 그러나 차이점은 자원, 정책적·관료적 방침을 사용하는 정부와 독특한 독립적 구성요소인 실재 기업가와 전문경영인, 기술자에서 구별되는 종업원으로 인해 후자는 인적 요인을 강조한다는 것이다.

물질적 요인

첫째, 천연자원은 광물자원, 농업, 임업, 어업자원과 환경자원으로 나뉜다. 광물자원은 석탄, 석유, 천연가스와 같이 고갈되는 에너지 자원과 철, 광석, 금, 은과 같은 비에너지 자원으로 세분화할 수 있으며, 농업·임업·어업자원은 재생자원이다. 환경자원은 토지, 기후, 풍경, 물, 공기 등을 포함한다. 이러한 자원들은 경제활동을 위해 사용되는 자원이며, 경쟁력을 이끄는 자원 소유국에서 그에 비례하는 양을 사용하게 된다.

둘째, 사업환경으로 경영환경은 국가, 산업, 기업 세 가지 범위로 나누어진다. 국가의 사업환경은 가시성과 비가시성의 두 가지 요인으로 나눌 수 있다. 가시적 요인은 경제활동에 필요한 도로, 항구, 통신시설, 기타 사회하부구조를 포함하며, 비가시적 요인은 인간, 규칙, 시장 준수명령 등에 존재하는 자본주의 가치를 포함한다.

산업의 사업환경은 경쟁자의 수와, 규모, 진입 장애 유형과 높이, 상품의 차이 정도를 포함한다. 기업의 사업환경은 전략과 사업조직, 조직의 행동과 습성 등을 포함한다.

셋째, 관련·지원사업으로 관련 산업은 수직적으로 관련된 산업과 수평적으로 관련된 산업으로 구분된다. 수직적으로 관련된 산업은 다시 상위와 하위 산업으로 세분된다. 수평적 관련 산업은 동일한 기술, 천연자원, 네트워크 배분, 마케팅 활동을 사용하는 산업을 말하며, 지원산업은 재정, 보험, 정보, 교통, 기타 서비스 분야를 포함하는 산업이다.

넷째, 국내수요는 시장면에서 수량과 품질을 포함한다. 국내시장의 규모는 국내기업 활동 정도의 최소 규모의 경제를 결정하고 안정적 수요를 가능하게 한다. 국내시장은 또한, 해외시장으로의 상품수출에 대한 테스트 시장으로서 역할을 하여 위험을 감소시킬 수 있다. 그러나 해외 경쟁력을 위한 국내시장의 실질적인 이익은 질적인 측면에서 나온다. 소비자의 품질증진에 대한 기대는 경쟁력을 강화시키는 데 동기를 부여한다. 상품의 품질에 대한 정교하고 확고한 기준을 지닌 소비자가 있는 나라에서는 소비자주의의 높은 수준과 마찬가지로, 사업은 국내 소비자의 비판적인 수요를 만족시키는 과정에서 강한 경쟁력이 생성되기 쉽다.

인적 요인

인적 요소는 4가지 물질적 요소를 동원화하는 주체로, 경쟁력을 창출하는 근원이다. 종사원, 정치가 및 관료, 기업가, 전문경영인, 기술자들을 포함한다. 반면, 물질적 요인들이 경쟁력을 결정하기 위한 기본 요인인 반면에, 인적 요소는 경쟁력을 극대화하기 위하여 물질적 요소를 결합하고 정리함으로써 국가경제를 이끈다.

첫째, 종사원의 임금수준은 노동력면에서 중요하지만, 이것은 생산성면에 있어서 직접 혹은 간접적으로 많은 특징들 중의 하나일 뿐이다. 다른 요인들은 교육수준, 조직과의 융화 정도, 상사에 대한 존경, 일에 대한 열의, 노동조합의 규모를 포함한다.

둘째, 국가는 권력창조의 수단으로서 경제개발을 선택하는 정치가나 경쟁력을 세우기 쉽도록 국가의 경제개발을 위해 정치적 야망을 포기하는 사람들과 함께 해서, 이러한 정치가가 없는 나라와 비교된다. 관료들은 정책사항을 국가경제에 적용하는 역할을 한다. 가장 효율적인 방법으로 정책을 수행하는 관료가 국가의 경쟁력을 증진시킬 수 있을 것이다.

셋째, 창업 사업가들은 확실치 않은 미래에서 생겨나는 높은 위험에도 불구하고 새로운 사업을 시작한다. 이런 점에서 이들은 일반적인 사업가와는 다르다. 이들은 국가 경제개발의 첫 단계에서 새로운 사업을 만들어 내며, 국가의 산업혁명을 이끈다. 국가경쟁력은 고도의 위험을 극복하고 보상의 극대화를 위해 그들이 노력하는 과정에서 강화되는 것이다.

넷째, 전문경영인과 기술자는 국제경쟁이 치열한 단계에서 모험 기업가만이 경쟁력을 창출하지 않는다. 비용을 절감하고 효율적으로 사업을 운영하는 전문경영인의 노력이 기업의 생산성을 높이는 데 기여할 것이다.

외부적 요인

기회(chance events)는 예측할 수 없고 국제시스템과 전혀 관계과 없는 환경에서의 변화이다. 이러한 변화에는 예기치 않은 새로운 기술의 돌파, 상품의 비약적 발전, 오일쇼크, 세계 자본시장의 불안정, 외국정부 규정의 변동, 국제수요의 변화, 전쟁발생 등이 포함된다. 기회는 물질적·인적 요인에 영향을 주고, 국가경쟁력의 형태를 바꾼다. 국가경쟁력의 인적 요인이 기회를 이용할 때에만 국가의 경쟁력을 강화할 수 있는 것이다.

참 고 문 헌

강태구 · 김태기 · 박복재, 「무역학개론」, 무역경영사, 2006.

김시경, 「최신 무역학개론」, 삼영사, 2005.

신현종, 「국제무역론」, 법문사, 1994.

조동성, "한국산업의 국제경쟁력 원천," 「서강 하버드 비즈니스」, 1990.

Cho, Dong-Sung, "IPS National Competitiveness Report," with H. Chang Moon, 2002 World Knowledge Forum, October 17, 2002.

__________, "IPS Naational Competitiveness Report: A New Model for Developing Economies and Its Application to Korea," Annual Conference of the Academy of International Business, Sydney, November 2001.

__________, "IPS National Competitiveness: A Case Study of Korea," with H. Chang Moon, Annual Conference of the Academy of International Business, Puerto Rico, June 2002.

__________, "The ser-M Paradigm for Making a Strong Corporation and a Strong Nation", The First Conference on "ser-M" Paradigm, Seoul, January 2000.

Heckscher, Eli F., "The Effect of Foreign Trade on the Distribution of Income," *Ekonomisk Tidskrift,* Vol. 21, 1919, pp.1-32.

Leontief, W. W., "Domestic Production and Foreign Trade: the American Positioned Re-examined," *Proceedings of the American Philosophical Society,* Vol. 97, 1953, pp.332-349.

Ohlin, Bertil, *Interregional and International Trade,* Cambridge: Harvard University Press, 1933.

Porter, Michael E., *Competitive Advantage of Nations,* The Press, 1990.

Salvatore D., *International Economics,* New York: McGraw-Hill, 1975.

Vernon, R., "International Investment and International Trade in the Product Cycle," *Quarterly Journal of Economics,* Vol. 80, 1966, pp.190-207.

Vernon R. and Louis T. Wells, Jr., *Manager in International Economy,* New York: Prentice-Hall, 1981.

제 3 장
국제통화제도 및 국제수지

제1절 국제통화제도

국제통화제도란 다국적기업들이 영업활동을 전개하는 과정에서의 모든 금융환경을 의미한다. 1973년 고정환율제도가 붕괴된 이후 미국 달러화, 영국의 파운드화, 유럽연합의 유로화, 일본의 엔화와 같은 세계 주요 통화들 사이의 환율이 자유롭게 변동하는 변동환율제도가 주류를 이루고 있다.

결과적으로 오늘날의 다국적기업들은 환율이 시장에서의 그들의 경쟁력 있는 위치와는 반대 방향으로 영향을 받을지도 모르는 변화에 직면한 채, 영업활동을 수행하고 있는 것이다. 이러한 기업을 둘러싼 외부환경은 다국적기업들로 하여금 그들의 노출된 환위험을 주의 깊게 측정하고 이를 관리하는 것을 필수적으로 하게끔 만든다. 이처럼 다국적기업들이 그들의 이익창출을 위하여 영업활동을 수행하는 과정에 있어서의 외부의 금융환경, 특히 환율과 관련된 제도는 상당한 영향을 미치게 되므로 다국적기업의 영업활동을 이해하기 위해서는 환율과 관련된 제도를 이해하는 것이 필수적이라 할 수 있겠다.

다음에서는 1875년 이후부터 형성된 국제적으로 통용되는 국제통화제도의 변화과정에 대해 살펴보기로 한다.

1. 금본위제도

(1) 고전적 금본위제도(1875－1914년)

중세 이후 세계경제가 발전함에 따라 처음으로 국제통화로서의 역할을 수행하기 시작한 것은 금과 은이었다. 이후 금이 본격적인 국제통화로서 채택된 것은 1816년 영국이 금을 유일한 화폐로 인정하기 시작한 이후이다. 영국으로부터 시작된 금본위제도는 1870년대에 이르러 독일, 네덜란드, 노르웨이, 스웨덴, 프랑스, 일본 등이 각각 금을 유일한 국제통화로 채택하면서 고전적 금본위제도(Classical Gold Standard)가 확립되었다.

금본위제도란 각국이 자국통화 한 단위의 가치를 금의 일정량으로 정해 놓고 금화의 무제한 주조와 자유로운 수출입을 허용하며 은행권이 항상 아무런 제한 없이 금화와 교환될 수 있도록 한 제도로서 각국 통화간의 교환비율은 각국 통화의 금평가(gold parity)에 의해 결정되고 이러한 금평가의 평가절하는 원칙적으로 허용되지 않았다.

이러한 금본위제도는 고전학파의 화폐수량설을 기초로 하여 경제는 항상 완전경쟁 및 완전고용 상태에 있고 한 나라의 통화공급량과 중앙은행의 금준비 간에는 항상 일정한 비율을 유지하며 물가는 통화공급량에 비례하여 변동된다는 것을 전제로 하고 있었다. 금본위제도하에서 각국 정부의 금융정책은 각국이 보유하고 있는 금의 양에 의해서 결정되었다고 할 수 있다.

한편, 금본위제도는 국제수지가 완전히 자동적으로 조절될 수 있는 제도로서 각국의 중앙은행들은 '게임 룰'을 철저히 준수하였다. 즉, 일국의 수입이 수출을 초과하는 국제수지상의 적자가 누적되면 자국이 보유하고 있는 금의 유출이 계속적으로 이루어져 국내 통화량이 감소되고 이러한 통화량의 감소는 물가하락을 가져오게 된다. 물가의 하락은 대외교역의 측면에서 볼 때 자국 상품의 가격경쟁력의 증대를 가져옴과 동시에 상대적으로 교역상대국 상품의 가격경쟁력이 약화되는 결과를 가져옴으로써 자국의 수출이 증가하고 수입이 감소하게 되어 적자상태였던 국제수지는 흑자로 전환되어 자동적으로 균형을 회복하게 된다는 것이다. 따라서 각국의 중앙은행들은 이러한 자동적으로 조정되는 것을 방해해서는 안 된다는 것이 금본위제도하에서의 게임의 룰이었다.

실제로 1890년대 금본위제도는 제1차 세계대전 이전까지 자유무역체제의 근간으로서 국제수지의 자동적인 조정에 크게 기여하였다.

그러나 20세기에 접어들면서 세계경제 및 무역이 확대되는 상황에서 그에 비례한 금의 산출량이 절대적으로 부족하게 되었고 당시 미국의 일방적인 국제수지 흑자의 지속으로 각국간에 금이 한 국가에 편중되는 현상이 가속화되고 각국간의 물가상승률이 서로 상이하게 되었다는 점에 의해 금본위제도는 흔들리기 시작하였으며, 마침내 1914년 제1차 세계대전의 발발로 금의 자유로운 유출입 및 태환이 어려워지면서 전면적으로 붕괴되었다.

(2) 금본위제도로의 복귀

세계 각국은 제1차 세계대전이 끝나자 일시적으로 변동환율제도를 채택하기에 이른다. 그러나 얼마 지나지 않아 세계 각국은 다시 제1차 세계대전 이전과 같은 금본위제도로의 복귀를 시도하였다.

영국을 대신하여 막강한 경제력을 얻게 된 미국은 1919년 금수출 정지를 해제하고 금본위제도로의 복귀를 선언하였으며 1922년 이탈리아의 제네바에서 열린 국제회의에서 통화가치의 안정이 세계대전 이후 황폐해진 세계경제의 부흥을 위해 필수조건이라는 데에 인식을 같이 하고 이를 위해서 각국은 금본위제도의 확립에 노력할 것을 결의하였다. 그러나 이러한 시도가 성공을 거두기에는 심각한 문제점을 안고 있었다. 즉, 제1차 세계대전 이전에 비하여 각국의 물가수준이 서로 엄청나게 다르게 변화하였으므로 이전과 같은 수준의 환율을 유지할 수 없는 상황이었던 것이다. 그럼에도 불구하고 세계 각국은 각기 자기 나라의 경제상황에 대한 국제적인 신뢰를 유지하기 위해서 환율을 변화시키지 않고 이전 금본위제도하에서의 금평가를 유지하였고 그 결과 세계경제는 침체기에 들어서게 되었다.

이후 세계 각국은 국제수지 적자문제와 대규모의 실업문제를 해결하기 위해 평가절하를 단행하게 되었는데, 국제수지 적자규모가 큰 국가들 사이에 이러한 평가절하가 경쟁적으로 단행되면서 오히려 평가절하의 효과는 줄어들게 되었다. 또한 세계경제가 국제적인 금융위기를 맞이하게 되면서 각국의 국제수지가 투기적 자금의 이동에 의해 교란되는 상황까지 겹치게 되었다.

특히 프랑스의 경우, 처음에는 평가절하 대신 수입할당제의 채택을 통해 국제수지 적자를 해소하려 하였으나, 교역 상대국들의 경쟁적인 평가절하의 결과로 프랑스 프랑화가 지나치게 과대평가 상태가 되자 프랑스의 중앙은행은 평가절하의 필요성을 절감하게 된다. 하지만 영국과 미국의 보복을 피하기 위하여 갑작스러운 프랑화의 평가절하보다는 점진적인 평가절하를 통해 프랑화의 가치를 하락시키게 되었고 이를 위해 영국과 미국의 협조를 요청하기에 이른다. 이것이 이른바 3국통화협정이다. 하지만 이러한 협조체제도 불과 얼마 가지 않아 제2차 세계대전의 발발로 붕괴되었다.

2. 브레튼우즈 체제

(1) 브레튼우즈 협정

제2차 세계대전이 미국과 영국을 중심으로 한 연합군의 승리가 될 것으로 확실해지자 미국과 영국은 전후 세계경제질서의 회복을 위한 논의를 시작하였다. 즉, 제1차 세계대전 이후 각국에서의 통화혼란, 경쟁적인 평가절하, 1930년대 경제공황시의 각국의 비협조, 무역제한, 외환관리 등으로 인해 당시의 세계경제가 극심한 공황상태를 극복하지 못한 상황을 되풀이하지 않고 외환시세의 안정과 국제협력의 강화를 통하여 세계경제의 성장과 번영을 실현하기 위한 움직임이었다.

하지만, 당시 제2차 세계대전의 승전국이었던 미국과 영국은 기본적인 협조정신하에서 세계경제질서를 회복한다는 데 대해서는 이의가 없었으나 그러한 목적을 달성하기 위한 수단에 있어서는 견해 차이가 존재하였다.

미국은 전후의 세계경제의 성장과 번영을 위해서 가장 큰 장애물은 외환시세의 불안정과 무역 및 외환의 차별조치라고 보았다. 외환시세의 불안정에 관해서는 외환관리를 폐지하고 달러의 금평가를 설정한 후 세계 각국의 모든 통화를 달러에 연결시켜 각국의 외환시세의 안정을 기하려고 하였다. 그러나 영국은 과거 그들이 확보한 국제금융상의 전통적 우위를 지속시키려고 하였으며 이를 위해 파운드와 달러를 동시에 국제통화로 계속 사용하고자 하였다.

이렇게 영국과 미국의 입장에 차이가 있었음에도 불구하고 전후 국제통화제도의 정립에 대한 필요성이 커짐에 따라 영국은 1943년에 국제청산동맹(International Clearing Union)안을 제출하였고, 이어 미국은 국제안정기금(International Stabilization Fund)안을 발표하였다. 이러한 영국과 미국의 두 안은 외환시세의 안정과 외환제한의 철폐, 국제수지의 균형 등을 목적으로 한다는 점에서는 서로 일치하고 있지만, 영국의 안이 안정보다는 성장을, 대외적 균형보다는 대내적인 균형을 중시하는 입장에서 외환시세를 탄력적으로 운영해야 한다고 주장한 반면, 미국의 안은 원칙적으로 고정환율제도의 유지를 주장하며 가급적 외환시세의 변동을 피해야 한다고 주장한다는 점에서 차이가 존재하였다.

이 두 안은 국제적으로 신중히 토의된 결과 영국의 안을 일부 반영하면서 미국의 안을 수용하는 방향으로 수정되어 타결되었다. 즉, 1944년 4월

그림 3-1 **국제통화기금**(IMF)

International Monetary Fund

'국제통화기금 설립에 관한 전문가의 공동성명'이 채택되었고 1944년 7월 미국 뉴햄프셔(New Hampshire)주 브레튼우즈(Bretton Woods)에서 브레튼우즈 협정이 체결되고 1946년 국제통화기금(International Monetary Fund: IMF)이 정식으로 발족됨으로써 브레튼우즈 체제가 확립되기에 이르렀다.

IMF 쿼터개혁 급물살…한국지분 호주 넘을 듯

국제통화기금(IMF)의 지배구조 개혁 논의가 서울 주요 20개국(G20) 정상회의에서 마무리되면 한국의 IMF 내 지분은 2006년 이전 수준보다 두 배 가까이 늘어나 호주를 능가할 전망이다.

지난해 9월 피츠버그 G20 정상회의에서 선진국이 신흥국에 쿼터(지분율)를 최소 5% 이전하기로 전격 합의하면서 IMF 쿼터 개혁 논의가 급물살을 탄 가운데 현재 실무그룹 차원에서 유상증자를 통해 선진국이 신흥국에 지분을 나눠주는 방식을 세부적으로 조율하고 있다.

지난 주말 토론토 G20 정상회의에서는 IMF 지배구조 개혁 논의를 가속화한다는 약속을 재확인했다. 이에 따라 변수가 없는 한 11월 서울에서 IMF의 쿼터 재배분이 이뤄질 전망이다.

한국 IMF지분 소폭 늘어날 듯…경제력에는 못미쳐

29일 기획재정부와 IMF에 따르면 현재 IMF에서 한국이 가진 지분은 1.345%, 투표권은 1.329%로, 지분 기준으로 IMF 회원국 중 19위지만, 경제력을 반영해 계산한 쿼터인 2.176%에 한참 미치지 못하는 '과소대표국'이다.

또, 한국은 IMF에서 여전히 '신흥국'으로 분류돼 있어 경제규모에 걸맞은 대우를 받지 못하고 있다. 그러나 쿼터 개혁이 완료되면 이런 문제는 어느 정도 개선될 전망이다.

IMF는 2008년에 한국의 지분을 1.345%에서 1.412%로 늘리기로 결정했지만, 회원국 85% 이상의 비준 절차가 남아있어 아직 지분율에 변동은 없다.

현재 회원국의 70% 가량 동의 절차가 완료된 상태로, 서울 정상회의로 쿼터 개혁 시한이 못 박힌 이상 G20 국가들은 어떻게 해서든 동의 절차를 서둘러 진행해 가시적인 결과물을 11월까지 마련해야 하는 상황이다.

따라서 11월 서울 회의를 통해 쿼터 개혁 문제가 마무리되면 한국의 IMF 지분은 1.412%로 지금보다 한 계단 올라 18번째 지분국이 되고 투표권도 1.33%에서 1.36%로 증가한다.

1.412%라는 지분은 2006년 이전의 최고치인 0.76%의 두 배 가까운 수준이고 한국이 속한 IMF 태평양그룹에서는 호주(1.36%)를 능가하게 된다.

G20 논의 과정에서 선진국에서 후진국으로 이전하는 쿼터 규모가 5%보다 커지면 신흥국으로 분류된 우리나라가 더 큰 혜택을 볼 수도 있다.

IMF쿼터는 투표권 산출기준… 위기 시 차입조건 결정요인

IMF의 쿼터는 각국이 출자액에 따라 보유하는 일종의 지분이다.

쿼터는 회원국의 국제수지 불균형 조정을 위한 신용공여의 재원으로 활용될 뿐 아니라 투표권 산출기준이 된다. 또 IMF 회원국에 경제위기가 닥치면 IMF의 재원을 이용할 수 있는 한도와 차입조건 등을 결정하는 요인이 된다.

11월 서울 회의에서는 자본금을 증액해 쿼터의 전체 파이를 늘린 다음 늘어난 부분에서 선진국들이 '과소대표' 된 신흥국들에 지분을 나눠주는 방식이 구체화할 전망이다.

기획재정부 관계자는 "현재 IMF 지분 개혁은 큰 줄기의 합의는 거의 다 이뤄진 상태로 이제는 구체적인 내용을 확정하는 단계만 남아 있다"고 말했다.

지분과 투표권뿐 아니라 직원 구성의 다양화, 이사회 구성 등 조직개편 논의도 진행되고 있어 귀추가 주목된다.

IMF의 정책권고기구인 국제통화금융위원회(IMFC)는 지난 봄 정례회의에서 선진국과 신흥국 간의 지분 재조정은 물론, 이사회 구성과 IMF 사무국의 직원 구성 다변화 등 내부 개혁의 가속화를 권고해 앞으로 더 큰 폭의 개혁이 이뤄질 가능성도 점쳐진다.

【출처: 연합뉴스, 2010. 6. 29.】

브레튼우즈 체제를 금환본위제도(Gold Exchange Standard)라고 부르는데, 그 이유는 달러화의 가치를 금을 기준으로 정하고 그 외 다른 모든 통화의 가치는 달러화를 기준으로 정하였기 때문이다. 즉, 당시 각 가맹국 통화의 평가는 금 또는 일정한 금의 중량과 순도를 가진 1944년 7월 1일 현재의 미국 달러화로 표시하도록 하였다. 금과 미국 달러화의 교환비율은 금 1온스당 35달러였다. 따라서 미국의 달러화가 금에 연결되어 있었고 기타 국제통화기금 가맹국들의 통화는 달러화에 연결되면서 미국은 각국의 중앙은행에 대하여 달러화의 금태환을 보장하였다.

그러므로 브레튼우즈 체제하에서는 미국의 달러화가 기축통화로 부상하게 되어 금과 더불어 국제통화로 사용되었으며 미국은 달러화가 국제통화로서의 국제적 가치를 유지할 수 있도록 충분한 금을 준비금으로 보유하도록 요구되었다. 따라서 미국의 달러화는 그 가치가 절대적으로 안정되어 있어야 할 뿐만 아니라 국제유동성에 대한 수요를 만족시킬 수 있도록 풍부하게 공급되어야 했다.

브레튼우즈 체제하에서는 기본적으로 각국 통화당국으로 하여금 자국통화의 환율을 평가의 상하 각 1%의 범위 내에서 유지하도록 하는 고정환율제도를 채택하였으며 단, 가맹국의 국제수지가 근본적 불균형 상태에 있을 경우에 한해서 당초 평가의 10% 범위 내에서 변경할 수 있도록 허용하였다.

이와 같이 브레튼우즈 체제하에서는 외환시세의 변동폭이 극히 제한되었고 가맹국의 국제수지가 근본적 불균형 상태에 있을 경우에 한해 평가 변경을 허용한 것은 과거와 같은 국제경제의 무질서를 다시 경험하지 않기 위해서였다.

이렇듯 브레튼우즈 체제하에서는 금과 더불어 미국의 달러화가 국제통화로 사용되었으며 국제유동성에 대한 수요는 대부분 달러의 공급에 의해서 충당되었다. 특정국의 통화가 국제적으로 사용되고 있는 제도하에서는 그 가치가 절대적으로 안정되어야 했고 또한, 그 가치의 하락 없이 국제유동성을 위해 풍부한 공급이 이루어져야 했다.

그러나 국제통화인 미국 달러의 공급은 미국의 국제수지의 적자를 통해서 비로소 가능했으므로 국제통화의 원활한 공급과 가치안정이라는 문제는 항상 모순되게 되었다. 즉, 국제유동성은 미국의 국제수지 적자에 의해서 증가되지만 미국이 보유하고 있는 준비금에 비하여 미국 달러의 공급규모가 상대적으로 크다고 인식될 경우에는 달러의 가치안정이 위협을 받게 된다. 반대로 미국의 국제수지가 흑자로 전환되면 달러의 국제신인도는 회복되어 달러의 가치는 안정을 이루게 되지만 세계적으로 국제유동성이 부족하게 되는 구조적인 모순이 내재하고 있었는데, 이것이 바로 유동성 딜레머(liquidity dilemma)이다.

세계 무역량의 증가와 소득의 성장에 비해 새로운 금의 산출에 의한 화폐용 금의 증가는 이에 못 미쳤으며 금의 부족을 보충하기 위해서는 부득이하게 미국 이외의 국가에 대한 달러의 공급이 끊임없이 증대되어야 했지만 달러가 계속 공급되면 미국의 국제수지는 지속적으로 적자를 면할 수가 없었던 것이다.

새로운 금의 산출에 의한 화폐용 금의 증가가 사실상 중단됨에 따라 국제유동성이 감소하자, 주요 국가의 통화당국들은 이에 대하여 우려를 하기 시작하였다. 각국 통화당국이 보유하고 있는 금의 가치를 높이기 위해 금의 가격을 올리면 주요 금 생산국인 남아프리카 공화국, 소련 등만 주로 이익을 보게 되고, 금의 가격을 인상함으로써 금의 가치가 증가하면 적어도 일부 국가의 중앙은행은 그에 상응하는 화폐공급을 늘릴 것이므로 세계적인 인플레이션이 심화될 우려가 있다는 이유로 반대가 많았다.

이에 따라 국제통화기금은 1969년 10월에 특별인출권(Special Drawing Rights: SDR)을 창출하기로 의결하고 1970년 1월에 각 회원국의 국제통화기금 쿼터비율에 따라 SDR을 배분하여 추가적인 국제유동성의 도구로 사용되도록 하였다. 이후 SDR은 중앙은행들 사이의 거래에 사용되기 시작하였으나, 금과 미국의 달러화 등 기존의 국제유동성을 완전히 대체하기보다는 보완적인 기능으로 제한되었다. SDR은 처음에 금 1온스당 35SDR로 미국의 달러화와 동일한 가치를 가졌다.

그러나 이후 국제통화제도가 고정환율제도로부터 변동환율제도로 이행하는 과정에서 SDR의 가치를 결정하는 방법이 변경되었다.

(2) 달러에 대한 국제신인도 하락

위에서 살펴본 브레튼우즈 체제는 당시 거대한 미국의 경제력을 배경으로 유지되었고 달러의 국제통화로서의 신인도가 높았던 1950년대까지는 운영에 별다른 문제를 나타내지 않았다. 그러나 1958년 유럽 국가들 통화의 교환성이 회복되고 유럽 국가들의 경제가 회복되어 미국에의 의존으로부터 벗어나게 됨에 따라 유동성 딜레머 현상이 나타나기 시작하였다.

1960년대 들어서면서 유동성 딜레머 현상이 표면화되었고 미국의 국제수지 적자규모가 크게 늘어나면서 미국 달러화의 국제적 가치가 과연 유지될 수 있을 것인가에 대하여 많은 국가들이 의심을 하게 되었다. 이에 따라 미국 달러화의 국제신인도가 크게 저하되자 일부 국가들은 미국에 대하여 달러의 금태환을 요구하기 시작하였다.

(3) 금의 이중가격제

브레튼우즈 체제는 금 1온스=$35라는 금과 미국 달러화 사이의 교환성에 입각하여 유지되어 왔다. 그러나 1960년대 이후 계속된 미국의 국제수지 악화는 달러에 대한 국제신인도를 감소시켜 금 가격의 변동이 심하게 나타남에 따라 금 투기가 성행하여 금의 시장가격이 폭등하기에 이르렀다. 그 결과 1온스=$35의 공정가격을 유지하기가 어렵게 되어 1968년 3월에는 금의 이중가격제(two-price system for gold)를 실시하게 되었다.

이는 각국 중앙은행들간의 금 거래에 있어서는 과거와 같이 금 1온스=$35라는 공정가격을 적용하되 앞으로의 공적보유금은 중앙은행간의 금 거래에만 사용하고 민간 금 시장에 대해서는 금의 공급을 중단한다는 것이다. 따라서 금의 공정가격은 각국 중앙은행간의 공적인 거래에만 적용되고 민간시장에서의 금 시세는 시장에서의 수요와 공급에 의하여 자유로이 결정되도록 하였다. 이것은 국제통화로서의 금의 지위를 달러에 비하여 상대적으로 저하시킨 것을 의미한다. 즉, 각국 중앙은행들간의 결제에 있어서 온스당 35달러로 평가된 금과 달러가 병용되는 경우, 금의 자유시장 가격이 온스당 35달러를 상회한다면 금을 인도한 국가는 손실을 입게 될 것이므로 금보다는 실질가치가 낮은 달러가 국제결제에 주로 사용되도록 하기 위한 조치였던 것이다.

(4) 스미소니언 협정

1944년 브레튼우즈 협정에 의하여 금환본위제도와 조정이 가능한 고정환율제도를 주축으로 성립된 브레튼우즈 체제는 국제경제에 있어서 급격하게 변화가 야기된 1960년대부터 기축통화로서의 달러화의 위기, 국제유동성의 부족 등으로 심하게 동요되어 왔다.

1970년대에 들어와서도 미국의 국제수지 적자는 계속 악화되어 1971년초 미국의 금 준비는 110억 달러 수준으로 감소된 반면, 미국이 금태환 의무를 지는 대외공적책무는 300억 달러를 넘게 되자 달러의 국제신인도가 더욱 떨어져 달러의 평가절하를 예측한 투기자들이 대규모의 자금을 미국으로부터 당시 서독으로 이동시키게 되었고 이에 따라 세계의 주요 외환시장에서는 큰 혼란이 빚어지게 되었다. 그 결과 마침내 1971년 8월 미국의 닉슨 대통령은 달러를 방어하기 위해 달러의 금태환 정지와 함께 일련의 긴급 경제정책을 취함으로써 금환본위제를 근간으로 한 브레튼우즈 체제는 사실상 붕괴되고 말았다.

1971년 12월 미국 워싱턴의 스미소니언 박물관에서 선진 10개국 회의가 개최되어 국제통화제도의 안정과 국제무역의 확대를 위한 스미소니언 협정

그림 3-2 스미소니언 박물관 전경

(Smithsonian Agreement)을 체결함으로써 스미소니언 체제가 성립되었다.

스미소니언 협정은 금 1온스의 가격이 35달러에서 38달러로 인상되는 달러의 평가절하를 단행하였으며, 이와 반대로 일본의 엔화와 서독의 마르크화 등 국제수지 흑자국들의 통화는 평가절상을 하는 등 각국간의 통화의 평가조정을 실시하였다. 또한 과거에는 평가를 기준으로 상하 각각 1% 범위 내에서 유지되었던 외환시세가 상하 각각 2.25%의 범위 내에서 유지하도록 완화함으로써 중앙은행이 수시로 외환시장에 개입하지 않아도 되도록 조치하였다.

(5) 브레튼우즈 체제의 붕괴

스미소니언 협정 이후 영국이 6개월 만에 무역수지 악화에 따른 파운드화 파동을 진정시키기 위해 변동환율제도를 채택하였고 이어 스위스가 변동환율제도로의 이행을 선언하였으며 프랑스, 벨기에, 이탈리아 등에서는 경상거래에 대해서는 고정환율을 적용하고 자본거래에 있어서는 변동환율을 적용하는 이중환율제도를 도입하였다. 그리고 투기자본이 마르크화와 엔화 등에 집중되면서 해당 통화의 가치가 폭등하고 상대적으로 달러의 가치가 폭락하는 등 국제통화위기가 다시 초래되었다.

결국 미국의 무역수지는 더욱 악화되고 투기자본이 마르크화와 엔화에 집중되어 미국의 달러화는 더 이상 국제적 가치를 유지할 수 없다는 것이 분명해지자 미국은 자국의 국제수지를 개선하기 위하여 1973년 2월 다시 금 1온스당 38달러의 공정가격을 42.22달러로 인상시키는 달러의 평가절하를 재단행하였다.

그러나 제2차 달러의 평가절하 직후에도 달러화의 위기는 해소되지 않았으며 대규모의 투기적인 달러 투매현상으로 인해 외환시장이 폐쇄되기에 이르렀다. 이에 1973년 3월 유럽공동체 국가들은 1972년 4월에 실시했던 공동변동환율제도(Snake System)를 더욱 강화하기에 이르렀고, 이로써 1년 2개월 남짓 존재했던 스미소니언 체제도 막을 내리게 되었다. 그 후 선진국들은 독자적인 변동환율제도 또는 공동 변동환율제도를 실시하게 되었고, 대부분의 개발도상국가들은 달러화나 파운드화, 프랑화 등에 자국통화를 고정시키는 등 각각 자국의 경제여건과 필요성에 따라 다양한 환율제도를 채택하게 되었다.

3. 킹스턴 체제

(1) 킹스턴 체제의 성립

브레튼우즈 체제가 무너진 후 환율문제를 둘러싸고 변동환율제도를 주장하는 미국과 평가제도의 부활을 주장한 프랑스와의 견해 차이가 좁혀지지 않자 미국, 프랑스 등 주요 선진국들은 1975년 11월 파리에서 정상회담을 개최하여 이 환율문제를 협의해서 그 내용을 기초로 한 랑부이에 선언이 발표되었다.

한편, 1976년 1월 자메이카의 킹스턴에서 개최된 킹스턴 회의에서는 국제통화기금 협정문을 개정함으로써 그 동안 약 3년 동안에 걸친 국제통화제도의 개혁 작업은 종결되고 킹스턴 체제라는 새로운 국제통화제도가 성립되었다. 즉, 금환본위제도와 조정이 가능한 고정환율제도를 중심으로 하는 브레튼우즈 체제는 역사의 뒤안길로 사라지고 변동환율제도를 근간으로 하는 킹스턴 체제가 탄생된 것이다.

킹스턴체제는 국제통화기금 회원국에게 독자적인 환율제도를 선택할 수 있는 재량권을 부여함으로써 이미 실시되고 있었던 변동환율제도를 인정하였다. 또한 금의 공정가격을 폐지함으로써 가치척도로서의 금의 역할이 완전히 사라지고 그 대신 SDR이 가치척도의 기능을 맡게 되었다. 그리고 국제유동성으로서의 SDR의 기능을 높이기 위해 그 사용범위를 크게 확대하였다. 그러나 SDR의 사용이 주로 중앙은행 사이의 공적 거래에 국한되었고 SDR의 과도한 발행은 세계적인 인플레이션을 유발할 수 있으므로 SDR의 적극적인 사용에는 한계가 있었다고 할 수 있다.

(2) 미국 달러화의 가치하락

1970년대 초 제 1 차 석유파동에 따른 세계경제의 침체 및 인플레이션에 대응하여 대부분의 국가들은 팽창적인 경제정책을 수행하였다. 그러나 그 정도는 나라마다 상이하였는데, 미국의 정책이 가장 팽창적이었던 반면에 독일 및 일본의 정책은 상대적으로 덜 팽창적이어서, 미국의 인플레이션과 독일 및 일본의 인플레이션이 큰 격차를 보였다. 이와 같은 경제정책의 상이함으로 인해 1976년부터 미국 달러화의 가치하락이 심화되었다. 다시 말해 독일 마르크화와 일본의 엔화의 가치는 상승하였는데, 이것이 독일 및 일본 경제에 미칠 경기위축 효과를 방지하고자 두 나라의 중앙은행은 외환시장에 직접 개입하여 미국의 달러화를 매입하고 자국통화를 매도하였다. 하지만 이러한 독일과 일본 중앙은행들의 외환시장 개입에도 불구하고 미국과 독일 및 일본 사이의 인플레이션의 격차가 좀처럼 좁혀지지 않자 미국의 달러화는 계속적으로 가치가 하락하였다. 미국 달러화의 계속적인 가치하락은 미국의 카터 행정부로 하여금 미국 달러화에 대한 신뢰하락을 우려하게 하여 미국정부는 긴축적인 화폐정책을 수행할 것을 1979년 10월에 결정하였고 이로써 미국 달러화의 가치하락 현상이 멈추게 되었다.

(3) 유럽통화제도의 성립

1979년 3월 독일과 프랑스의 주도하에 당시 EC 10개 회원국 중 영국과 그리스를 제외한 8개국이 참여하여 유럽통화제도(European Monetary System: EMS)를 창설하였다. 그 후 스페인과 포르투갈이 EC에 가입하여 EC는 12개 회원국으로 이루어지게 되고, EMS에는 영국과 스페인이 추가로 가입하고, 그리스와 포르투갈은 준회원국으로 참가하였다.

EMS는 미국 달러화 등 역외 통화의 가치변동으로부터 역내 통화들을 보호하고, 역내 통화들 사이의 경쟁적 평가절하 정책과 개별 회원국 이익 위주의 개별 경제정책의 수행을 지양하고 역내 통화가치를 안정시킴으로써 역내 경제의 균형적 발전을 도모하는 데 그 목표를 두고 있으며, 궁극적으로는 EC 내의 단일 통화를 만들고 경제통합을 실현하고자 하였다.

(4) 미국 달러화의 가치상승

1979년 10월에 시작된 미국의 긴축적인 화폐정책은 달러화의 가치하락을 막기 위해서 뿐만 아니라 더 중요하게는 미국의 인플레이션을 막기 위해서 수행되었다. 이 결과 미국의 금리는 1979년 말부터 급격히 상승하여 1981년에 단기 금리가 1978년 수준의 두 배 가까이 되기에 이르렀다. 또 이 기간 중 미국 달러화는 독일 마르크화에 대하여 약 23% 가량 가치가 상승하였다. 1979년 10월부터 미국정부가 추진한 긴축적인 화폐정책과 1981년에 출범한 레이건 미국 행정부의 팽창적인 재정정책의 결과 미국은 낮은 인플레이션 하에서도 금리는 높게 되는 현상을 낳게 되었고, 따라서 1980년부터 1985년까지의 기간 동안에 미국의 달러화는 그 가치가 크게 상승하게 되었다.

(5) 플라자 협정과 미국 달러화의 가치하락

미국 달러화의 강세가 미국의 경상수지를 크게 악화시킴에 따라 미국에서는 보호무역주의가 대두되었다. 이에 국제무역체제의 위기를 우려하여 미국, 독일, 일본, 프랑스, 영국 등 선진 5개국의 경제관료들이 미국 뉴욕시 소재 플라자 호텔에서 회의를 열고, 1985년 9월 22일 플라자 협정을 발표하였다. 이 협정은 미국 달러화의 가치하락을 유도하기 위해서 선진 5개국의 중앙은행들이 외환시장에 공동으로 개입하겠다는 것이었다. 이에 미국 달러화는 즉각적으로 가치가 하락하기 시작하였고 미국이 팽창적인 화폐정책을 수행하고 미국 내의 금리가 하락함에 따라 1986년에 이어 1987년 초까지 미국 달러화의 가치하락이 지속되었다.

환율에 대해 공동으로 협조체제를 구축하려는 새로운 노력이 1987년 2월 파리의 루브르 박물관에서 열린 회의를 통해 시작되었다. 앞서 플라자 협정에 참가했던 미국, 독일, 일본, 프랑스, 영국 등 선진 5개국 외에 캐나다가 참가하였는데, 이들 선진 6개국의 재무장관과 중앙은행 총재들이 이른바 루브르 협정을 맺게 되었다. 이 협정에 따르면 당시의 환율 수준이 거시경제 지표들을 대략적으로 잘 반영하므로 그 환율수준에서 안정을 유지하도록·협력하겠다는 것이었다. 이후 환율은 얼마 동안 잘 유지되었다. 그러나 미국의 경상수지 적자가 지속되고 미국 달러화가 계속적으로 가치하락의 압력을 받게 되기에 이르렀다.

4. 고정환율제도와 변동환율제도

(1) 고정환율제도의 장점과 단점

고정환율제도의 장점은 다음과 같다.

첫째, 고정환율제도에서는 환율이 고정되어 있으므로 환율의 변동에서 발생하는 환위험이 존재하지 않는다.

둘째, 환차익을 얻기 위한 투기자들의 투기활동이 일어나지 않으므로 투기성 단기자본의 이동이 가져올 수 있는 국제수지의 불안이 발생하지 않는다.

이와는 반대로 고정환율제도가 갖는 단점은 다음과 같다.

첫째, 금본위제도하에서는 국제수지의 균형이 금의 유출입에 따른 국내물가수준의 변동에 의하여 유지되므로 대내적인 경제불안이 불가피해지며 반대로 국내물가의 변동을 억제하기 위한 대내정책은 곧 국제수지의 균형을 저해하게 된다. 그러므로 국내물가의 안정 및 경제성장을 위한 통화공급의 적정화는 국제수지의 균형을 위하여 제약받게 된다는 것이다.

둘째, 일국의 물가수준은 무역상대국의 물가수준의 영향을 받기 마련이다. 즉, 무역상대국이 인플레이션에 직면하게 되면 자국상품의 가격경쟁력이 상대적으로 강화되므로 자국의 국제수지 흑자가 발생하게 된다. 이 과정에서 자국의 금 및 외환보유고는 증가하게 되므로 이에 따른 통화의 공급증대는 국내 인플레이션을 유발할 수 있다. 이러한 인플레이션은 결국 무역상대국으로부터 수입된 것이라고 볼 수 있으므로 이는 개별국의 경제적 독립성이 확보되지 못한다는 것을 의미하게 된다.

셋째, 고정환율제도하에서는 경제정책들이 국가간에 서로 파급효과를 미치게 된다는 것이다. 예를 들어, 일국의 정부가 긴축정책을 쓰면 물가수준의 하락에 따른 자국상품의 가격경쟁력 강화로 인하여 국제수지의 흑자가 발생하게 되지만, 무역상대국의 국제수지는 적자가 발생하게 되므로 통화량의 감소를 가져와 무역상대국의 경제 또한 위축되게 된다.

(2) 변동환율제도의 장점과 단점

변동환율제도의 장점은 다음과 같다.

첫째, 변동환율제도하에서는 외환시장에서의 외환의 수요와 공급에 따라 환율이 자유롭게 움직이기 때문에 환율의 변동을 통해 국제수지의 불균형이 수시로 조정된다. 즉, 환율이 외환시장에서의 외환의 수급상황에 따라 계속적으로 조정되므로 고정환율제도에서와 같은 국제수지 불균형을 해소하기 위한 각종 경제정책의 실행이 필요하지 않게 된다는 것이다.

둘째, 변동환율제도하에서는 환율의 변동으로 국제수지의 균형을 이룰 수 있으므로 국제수지의 상태에 관계없이 국내경제 상황에 따라 완전고용, 물가안정 및 경제발전 등을 위한 금융정책 및 재정정책 등의 대내 경제정책을 독자적으로 자유롭게 시행할 수 있게 된다.

이와는 반대로 변동환율제도가 갖는 단점은 다음과 같다.

첫째, 변동환율제도하에서는 환율이 수시로 변동하므로 환율이 안정적이지 못하며 또한 환율이 각국의 기본적인 경제력에 의해서보다는 단기자금의 이동에 의해 크게 영향을 받을 수 있기 때문에 단기간에도 크게 변동할 가능성을 내포하고 있다. 그러므로 그에 따른 환위험은 국제무역의 규모를 축소시키고 또한 장기자본의 국제적인 이동을 제한시킬 수 있다.

둘째, 환율의 자유로운 변동은 투기자들의 활동을 촉진시킬 수 있으므로 환율의 불안정이 발생할 수 있다. 예를 들어, 투기자들에게는 환율이 조금만 하락하여도 환율의 대폭적인 하락의 시초로 해석될 수 있기 때문에 국제수지 적자국으로부터의 단기자본유출을 더욱 가속화시키므로 국제수지 불균형은 더욱 심화될 수 있다.

제 2 절 국제수지

1. 국제수지의 개념

국제수지란 일정기간 동안에 한 나라의 거주자와 외국의 거주자 사이에 행해진 모든 경제적 거래를 체계적으로 기록한 것을 말한다.

여기에서 일정기간이라 함은 국제수지가 플로우(flow) 개념임을 나타내며 보통 1년을 말한다. 즉, 국제수지표는 일정한 기간에 있어서 국제거래에 따라 발생한 자금의 흐름을 나타내는 표이기 때문이다. 기업회계로 말하면,

대차대조표는 어느 특정시점에 있어서의 한 기업의 자산과 부채의 상태를 보여주는 스톡(stock) 개념이므로 국제수지표는 플로우 개념인 손익계산서와 같은 성격을 가졌다고 할 수 있다.

다음으로 국제수지에서 거주자의 개념은 지리적 · 정치적인 것과는 달리 개인이나 법인의 주된 경제활동이 어느 나라에서 일어나는가에 의해 결정된다. 개인의 경우에 일반적으로 국적과 일치하지만 거주지가 기준으로 되어 있기 때문에 비록 국적은 외국인이라 하더라도 일국에 영주하고 있는 사람은 그 나라의 거주자가 된다. 기업의 지점이나 자회사는 일반적으로 소재지의 경제의 일부를 이루고 있기 때문에 소재지의 거주자가 되어 본점과 해외지점과의 거래는 대외거래로서 국제수지표에 기록된다.

또한 국제수지에서 경제적 거래라 함은 한 나라의 국민경제에 영향을 미치는 대외거래를 총괄하는 의미이다. 따라서 유상거래뿐만 아니라 증여나 원조와 같은 무상거래, 즉 일방적인 이전거래까지도 포함된다.

마지막으로, 체계적 기록이라 함은 복식부기의 원리를 적용함을 의미한다. 복식부기의 방법은 모든 거래를 급부와 반대급부의 양면에서 파악하여 항상 차변과 대변의 양쪽에 같은 금액을 기록하는 방법이다. 국제수지표의 작성에 있어서도 이것과 마찬가지의 원리를 적용하고 있다. 단, 원조나 증여와 같은 일방적 거래 또는 이전거래에는 반대급부가 없기 때문에 이전수지라고 하는 실체가 없는 항목을 만들어 사용하고 있다.

2. 국제수지의 내용

일반적으로 국가와 국가 사이의 경제적인 거래는 크게 경상거래와 자본거래로 나누어진다. 경상계정은 주로 상품서비스수지와 소득수지 및 경상이전수지로 이루어지며, 이들을 합한 것을 경상수지라 부른다. 상품서비스수지란 수출과 수입의 차이를 말하며 수지가 양(+)의 수치를 기록하면 흑자라 하고, 음(−)이면 적자라 한다. 소득수지는 눈에 보이지 않는 각종 서비스의 국가간 거래를 말하며, 해외투자의 이자수입, 임금의 지급 또는 수입 등이 이에 속한다. 경상이전수지는 대가를 수반하지 않는 재화나 서비스 및 현금 등의 거래를 말한다. 외국으로부터의 송금이나 정부의 무상원조, 민간의 무상증여 등은 이러한 이전거래에 속하게 된다.

자본계정은 민간이나 공공부문 및 금융기관의 국제적인 금융자산의 거래를 나타내며, 자본수지로 표현된다. 이는 자본거래의 성격에 따라 투자수지와 기타자본수지로 나누어진다. 투자수지는 직접투자, 포트폴리오 투자, 기타 투자 등 투자형태별로 분류하며, 기타자본수지는 해외이주비 등과 같은 자본이전거래 등을 말한다.

국제수지표는 앞서 언급한 바와 같이 복식부기의 방식을 택하고 있어 모든 거래를 수입과 지출의 양면에서 파악하여 항상 대변과 차변이 일치하게 되어 있다. 그러나 여러 가지 항목의 통계를 하나의 표로 작성하는 데에는 통계적 불일치가 있을 수 있으므로 오차 및 누락이라는 항목을 만들어 사후적인 조정을 거쳐 항상 대변과 차변을 일치시키고 있다.

다음에서는 한국은행이 1998년 1월부터 국제통화기금 신기준(1993년)에 따라 새로이 편재하여 발표하고 있는 국제수지의 대표적인 항목들을 설명하고 있다.

□ 상품수지

① **상 품** 상품의 수출은 대변에 기록하고 수입은 차변에 기록한다. 이때의 금액은 통관하는 시점의 가격으로서 통상 FOB(본선인도조건) 가격을 기입하고 CIF(운임, 보험료 포함조건) 가격인 경우에는 운임과 보험료를 공제한 가격을 기입한다.

② **비화폐용 금** 상품으로 간주할 수 있는 금의 거래를 기록한다.

□ 서비스수지

③ **운임 및 보험료** 수출입화물의 수송에 따른 운임과 보험료의 수입과 지출을 기록한다.

④ **기타 운수** 화물 수송 이외의 선박, 항공기의 수리비, 운항에 따른 재경비와 용선료 등의 수입과 지출을 기록한다.

⑤ **여 행** 거주자의 해외여행에 따른 지출은 지급란에 기록하고

비거주자의 지출은 수입란에 기록한다.

⑥ **소득수지** 해외투자 또는 자본도입에 따른 이자, 배당금의 수입과 지출을 기록한다.

⑦ **정부거래** 군사적 거래와 비군사적 거래가 있는데, 군사적 거래는 물품 및 용역의 군납, 공익사용료 등이 기록되고 비군사적 거래인 경우에는 공관의 운영비, 외교관의 개인 지출 등이 기록된다.

⑧ **기타용역** 전항 ⑦에 기록되지 않은 용역, 예를 들면 해외지사 경비와 기술이전에 따른 로열티 등이 기록된다.

□ 경상이전수지

⑨ **민간부문의 이전수지** 해외교포의 송금, 이민송금, 종교단체의 송금 및 구호물자 등을 기록한다.

⑩ **정부부문의 이전수지** 해외로부터의 무상원조, 외국인의 각종 공과금 및 배상 등을 기록한다.

□ 자본수지

⑪ **민간장기자본** 금융기관을 제외한 민간 및 법인의 1년을 초과하는 직접투자, 장기대부금, 외화차입금, 외국통화표시 주식 등의 장기자산 및 부채의 변동을 기록한다.

⑫ **민간단기자본** 1년 이하의 단기자산과 부채를 기록한다. 예를 들면, 자산항목에는 수입 선수금 등의 단기신용이 기록된다.

⑬ **지방정부** 지방정부의 대외자본거래가 기록된다.

⑭ **중앙정부** 중앙정부의 장·단기 자본거래가 기록된다.

⑮ **중앙통화기관** 통화부문의 금 보유, 보유외환, 국제통화기금 계정, SDR 보유액의 증감을 기록한다.

⑯ **기타통화기관** 외국환은행의 대외자산과 부채의 증감을 기록한다.

표 3-1 국제수지표의 구성

항 목	계정과목	
1. 상품 및 서비스수지		①~⑧
	①	상품
	②	비화폐용 금
	③	운임 및 보험
	④	기타 운수
	⑤	여행
	⑥	소득수지
	⑦	정부거래
	⑧	기타용역
2. 경상이전수지		⑨~⑩
	⑨	민간
	⑩	정부
3. 자본수지		⑪~⑯
	⑪	민간장기
	⑫	민간단기
	⑬	지방정부
	⑭	중앙정부
	⑮	중앙통화기관
	⑯	기타통화기관
4. 오차 및 누락		

(1) 경상수지

경상수지란 상품수지와 서비스수지, 경상이전수지를 합한 것으로서 한 나라의 국제경쟁력을 파악하는 좋은 척도가 된다. 여기서 상품수지란 상품의 수출입액의 차이로서 좁은 의미로는 이것만으로도 국제수지 균형 여부를 판가름하기도 한다. 서비스수지는 눈으로 볼 수 없는 서비스거래에 따른 수지를 말하며 경상이전수지는 반대급부가 따르지 않는 상품, 서비스 등의 국제경쟁력을 나타낸다.

(2) 기초수지

기초수지란 경상수지와 장기자본수지를 합한 것으로서 구체적으로 살펴보면 다음과 같다.

기초수지 = 상품수지 + 서비스수지 + 경상이전수지 + 장기자본수지

기초수지에서 장기자본수지를 포함하여 국제수지의 판정기준으로 삼는 가장 큰 이유는 장기자본거래가 한 나라의 국제수지에 주는 영향이 장기적이고 비교적 안정적이기 때문이다. 즉, 단기자본은 국가간의 금리차이와 환율차이에 의해 이익추구를 목적으로 빠르게 이동하는 경향이 있기 때문에 한 나라의 국제수지에 주는 영향이 일시적이고 변동적이므로 단지자본거래를 기초수지에 포함시키지는 않는다. 이러한 기초수지 또한 한 나라의 장기적인 대외결제능력을 보여주는 좋은 지표로 사용되어진다.

(3) 종합수지

종합수지란 기초수지에 非금융부문의 단기자본수지를 합한 것으로서 구체적으로 보면 다음과 같다.

종합수지 = 기초수지 + 자본수지 + 오차 및 누락

이와 같이 종합수지는 금융계정을 제외한 모든 항목을 종합한 수지이다. 여기서 금융계정을 제외한 이유는 금융부문의 거래가 외환보유고의 증감, 금융기관의 대외부채나 자산의 증감 등으로 조정적인 성격을 가지고 있기 때문이다. 따라서 종합수지는 장기적인 대외지급능력은 물론 단기적이고 유동적인 대외지급능력까지 나타내고 있기 때문에 한 나라의 종합적인 대외결제능력을 측정하는 지표로 사용되어진다. 통상 국제수지라 함은 종합수지를 일컫는 경우가 많은데, 현재 우리나라에서는 국제수지가 적자냐 흑자냐 하는 판정은 경상수지와 종합수지의 두 기준을 함께 상용하고 있다.

작년 경상수지 484억 弗 증가… 30년來 최대폭

지난해 우리나라의 경상수지 흑자의 전년대비 증가폭이 30년 만에 가장 크게 늘어났다. 국제유가가 크게 하락하면서 상품수지 흑자의 전년대비 증가폭이 사상 최대로 늘어난 영향이다.

한국은행이 17일 발표한 지난해 중 우리나라의 지역별 · 국가별 경상수지 잠정치 동향에 따르면 지난해 우리나라의 전체 경상수지 흑자는 426억7000만 달러를 기록했다.

지난 2008년 57억8000만 달러 적자보다 484억4000만 달러 증가한 것으로 1980년 관련통계가 작성된 이후 29년 만에 사상 최대 증가폭이다.

한은은 지난해 큰 폭의 국제유가 하락에 따라 상품수지 흑자가 2008년 56억7000만 달러에서 지난해 561억3000만 달러로 전년대비 504억6000만 달러 증가한 영향이라고 설명했다. 상품수지 역시 1980년 이후 사상 최대 폭 증가다.

지난 2008년 국내 원유도입단가는 두바이유 기준 1배럴당 99.3달러에서 지난해에는 60.8달러로 40달러 가까이 하락했다.

노충식 한은 국제수지팀 차장은 "특히 전자와 자동차 등 대표적 수출상품들의 수출이 지난해에 국제유가 하락으로 상당히 견인됐다"고 설명했다.

지역별로는 우리나라 최대 교역국가인 중국에 대한 경상수지 흑자가 디스플레이패널 수출 호조에 따라 2008년보다 크게 확대됐다.

2008년 208억6000만 달러의 흑자에서 지난해에는 383억6000만 달러의 흑자를 기록해 전년대비 175억 달러 증가했다. 1998년 관련통계가 작성된 이후 최대 폭 증가다.

기조적으로 적자를 보이는 중동에 대한 경상수지 적자는 국제유가 하락에 따른 원유수입 감소에 따라 2008년 673억8000만 달러 적자에서 지난해

297억6000만 달러로 적자폭이 376억2000만 달러 감소했다. 역시 1998년 관련통계가 작성된 이후 최대 폭 증가다.

미국에 대한 경상수지 흑자 규모는 2008년 111억3000만 달러에서 2009년 79억6000만 달러로 축소됐고 중남미가 157억3000만 달러에서 130억9000만 달러로 줄어들었다.

반면 동남아시아에 대해서는 2008년 229억8000만 달러에서 2009년 241억9000만 달러로 경상수지 흑자폭이 늘어났다.

일본에 대한 지난해 경상수지 적자는 229억9000만 달러로 2008년 252억9000만 달러보다 다소 줄어들었다. 지난해 높은 원 · 엔 환율의 영향으로 여행수지가 2008년 4억2000만 달러 적자에서 지난해에는 17억2000만 달러 흑자로 돌아섰기 때문이다.

지난해 일본인 관광객의 국내 입국자수는 305만3000명으로 전체 외래객 입국자의 39.1%를 차지해 2008년 입국자 237만8000명보다 67만5000명이 늘어났다.

지난해 공표대상 40개 국가 중 우리나라가 경상수지 흑자를 기록한 국가를 흑자규모 순으로 나열하면 중국(383.6억 달러), 홍콩(178.6억 달러), 미국(79.6억 달러), 멕시코(66.4억 달러), 베트남(47.5억 달러) 등의 순이었다.

경상수지 적자규모 순으로 나열하면 일본(−229.9억 달러), 사우디아라비아(−147.4억 달러), 호주(−100.8억 달러), 쿠웨이트(−69.2억 달러), UAE(−35.8억 달러) 등이었다.

【출처 : 뉴스토마토, 2010. 6. 17.】

3. 국제수지표의 작성원리

국제수지표는 복식부기의 원리에 입각하여 기록하도록 되어 있다. 복식부기의 방법은 모든 거래에 대하여 항상 차변과 대변의 양쪽에 같은 금액을 기록하는 방법이다. 국제수지표의 작성에 있어서 차변과 대변을 나누는데, 다음과 같은 규칙이 적용된다. 즉, 재화 및 서비스의 수입, 이전거래의 공여, 대외자산의 증가, 대외부채의 감소는 차변에 기록되고 반면에 재화 및 서비스의 수출, 이전거래의 수취, 대외자산의 감소, 대외부채의 증가는 대변에 기록된다.

일반적으로 국제수지표의 지급과 수입의 의미는 거래의 결과 발생된 자금의 흐름의 방향으로 설명할 수 있다. 예를 들어, 재화 또는 서비스를 수출하는 경우 수출대금으로 외환이 유입되기 때문에 대변에 기록하고, 해외투자의 증가는 외환이 유출되기 때문에 차변에 기록된다. 반면에 재화 또는 서비스를 수입하는 경우 수입대금으로 외환이 유출되므로 차변에 기록하고, 외국인의 국내투자 증가는 외환이 유입되기 때문에 대변에 기록된다. 또한 해외투자의 감소는 기존투자의 철수를 의미하므로 외환이 유입되기 때문에 대변에 기록하고, 외국인의 국내투자 감소는 외국인의 기존투자 철수를 의미하므로 외환이 유출되기 때문에 차변에 기록한다.

참 고 문 헌

강호상, 「외환론」, 법문사, 2000.

Click Reid W. and Coval Joshua D., *The Theory and Practice of International Financial Management*, New York: Prentice-Hall, 2001.

Cooper Richard N., *The International Monetary System: Essays in World Economics*, Cambridge, Mass.: MIT Press, 1987.

Dornbusch, Rudiger, “Exchange Rate Economics: 1986,” *The Economic Journal*, 1987, pp.1-18.

Eun C. S. and Resnick Bruce G., *International Financial Management*, McGraw-Hill International Edition, 2001.

Makin, John H., “Fixed versus Floating: A Red Herring,” *Columbia Journal of World Business*, 1979, pp.7-14.

Solnik Bruno H., *International Investment*, Addison Wesley Longman, Inc., 1999.

제 4 장
공급체인관리(SCM)

제1절 SCM이란 무엇인가

SCM의 정의

공급체인(Supply Chain)은 원료로부터 최종 소비자에게 전달되는 구성품이나 최종제품에까지 경로를 나타내는 것으로, 기업들이 정보를 공유하고, 물류에 관련된 모든 활동을 원활하게 조정하는 일련의 과정이며, 유통경로를 통한 상품, 서비스, 정보, 현금 등의 흐름을 통합하는 것으로 생각할 수 있다. 따라서 공급체인관리(Supply Chain Management: SCM)는 고객만족을 위하여 원재료에서 최종소비자에 이르기까지 모든 제품 및 정보의 흐름과 활동들을 기업간 · 지역간 경계 등을 극복 · 통합하여 일관되게 관리(기획, 실행, 통제, 평가)하고 전체를 최적화하는 원칙으로 정의한다.

공급체인은 정보를 공유해야 하고, 상품 · 서비스 · 정보 · 현금의 통합된 흐름을 보증하기 위해 물적 실행을 조정해야 하는 통합된 기업의 종류로 볼 수 있다. [그림 4-1]은 공급업자에서부터 최종소비자까지의 통합된 공급체인 흐름을 나타내고 있다.

전통적인 Off-line에서 정보흐름이 생산과 판매 불균형을 수반하는 경우

그림 4-1 공급체인 흐름

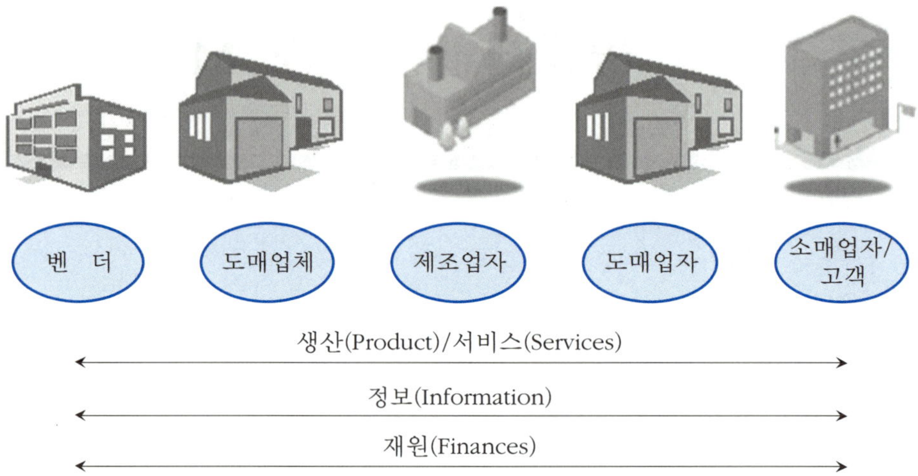

자료: Coyle, Bardi, Langley, "The Mangement of Business Logistics(A Supply Chain Perspective)."

그림 4-2 고객중심가치 웹 모델

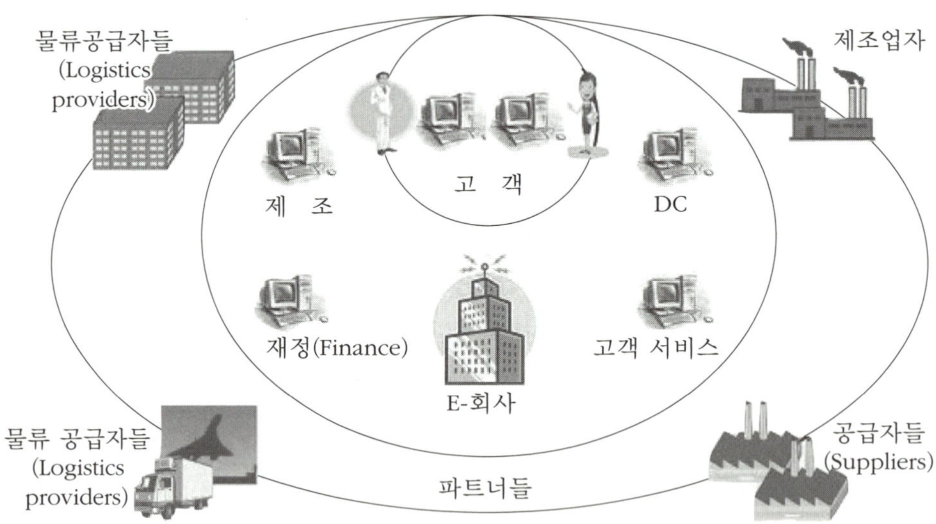

자료: Cap Gemini Ernst & Young and The University of Tennessee, Logistics@Internet Speed: The impact of E-Commerce on Logistics(Knoxville, Tenn.: Universtity of Tennessee, 2000), 14.

에 정보의 흐름을 정확하게 파악하지 못한 문제점이 발생하였다. 이를 극복하기 위하여 제품의 흐름 및 자산의 흐름을 기업과 고객이 양 방향으로 파악하여 생산과 판매의 균형을 이루었다. 기업에서 제품 흐름을 원활히 파악하여 재고비용 및 보관비 등 총비용을 감소하여 주고 고객에게는 신속하게 제품을 공급하여 고객만족에 신뢰를 주는 것이 공급체인관리의 가장 큰 특징이다.

물리적인 경계가 없는 인터넷의 힘은 편리성과 스피드, 다양하고 많은 고객들과 공급자와의 연결점, 지역간 공간의 활용도와 자료의 손쉬운 접근성 등으로 경쟁력을 갖고 있다.

인터넷을 기반으로 한 정보기술의 활용은 저렴한 비용으로 전세계 시장지역의 정보를 손쉽게 이용하고 고객과 기업의 상호작용의 정보를 활용할 수 있는 가치를 가질 수 있는 장점이 있다.

또한, 기업은 운송수단에서도 정보기술을 활용하여 국제물류와 제조기업과의 네트워크 구축을 통한 유연성을 확보하는 데 글로벌 인터넷은 중요한 역할을 수행하고 있다.

제 2 절 SCM의 도입배경

글로벌 기업들이 경쟁우위를 확보하는 방법은 원재료, 부속품, 인적 자원들을 기업의 요구에 맞게 어느 공급자들로부터라도 제공받을 수 있어야 한다. SCM프로세스 목적은 기업의 비용절감과 납기향상 등의 생산효율을 극대화시키고 고객만족도 제고를 통한 기업이익을 극대화하는 데 있다. 고객중심기업의 프로세스는 고객으로부터 주문받는 과정을 의미하며, 기능부서는 지리적으로 분산된 부서들이 동시에 업무를 진행할 수 있도록 네트워크에 의하여 운영되는 것을 말한다. 즉, 고객주문 처리시간과 운영비용을 절감시키고 산출물의 가치를 부가시킬 수 있는 시스템으로 원활하게 업무흐름을 재조정하는 것이다.

SCM의 도입배경은 기업들의 프로세스에서 공급체인상의 문제점들을 도출하고 이에 대응하기 위해서이다. 즉, 정보기술의 변화, 기업환경의 변화, 고객의 요구에 신속대응, 재고자산의 변화, 총비용 증가 등으로 인하여 새로운 대응방안의 필요성이 제기됨에 따라 새로운 경쟁력을 모색하고자 시도되었다고 볼 수 있다.

SCM의 도입배경은 글로벌 기업환경의 새로운 경영기법인 실시간 정보교류와 정보제공으로 종합적 부가가치의 극대화를 목적으로 정시제품인도와 고객서비스를 향상시키고 일정량의 재고수준을 유지하면서 재고비용을 감소시켜 글로벌 기업 경쟁력을 확보하기 위하여 기업들이 도입하게 된다.

1. 글로벌 기업환경

80년대 경영관리는 고객의 상품사용이 지속적이라는 전제조건에서 기업의 목표달성을 위해 기업내부의 업무개선을 실시하는 데 역점을 두었다.

90년대는 기업들이 글로벌화되면서 각국들의 규제완화와 세계화로 인하여 글로벌 기업들이 자유경쟁을 추구하게 된다.

IT업계 등의 전략적 기업들이 고객의 욕구를 충족시키기 위하여, 한 기업의 조달, 생산, 물류, 영업의 각 기능들이 부분경쟁력을 갖을 뿐만 아니라 기업네트워크 구축을 통한 전체를 최적화하는 시점에서 "물의 흐름(物流)을 관리"할 필요성이 강하게 요구되고 있다. 결국, 세계시장을 대상으로 경쟁심화가 가중되면서 급격한 기술의 발전과 제품의 수명단축이 보편화되면서 이를 극복하기 위하여 생산과 판매시장을 전세계 시장을 대상으로 확장하고 있다.

2. 재고자산의 감소

기업들이 과거에는 규모의 경제논리에 따른 생산성 향상에 의하여 많은 양의 재고를 유지하고 있는 것이 전형적인 경영관행이었다. 그러나 현재의 경영추세는 고객 수요를 예측하여 생산량을 가능한 판매량과 적절히 유지하기 위하여 재고량을 감소시키거나 제거하려 하고 있다. 적절한 재고자산의 유지는 필요하다.

SCM개념은 모든 체인상에 생산과 판매의 균형 속에서 수요예측을 통한 신속한 부품공급 및 고객에 대한 신속대응으로 전체를 최적화하면서 경쟁우위를 확보하는 것을 목적으로 한다. 따라서, SCM을 도입하는 이유는 공급체인간 적정한 재고관리를 조정하기 위해서이며, 이로 인해 SCM도입에 대한 필요성이 점차 확대되고 있다.

3. 고객요구에 신속대응

SCM의 출현배경 이면에 고객은 기업에게 서비스질의 향상을 요구하고 있다. Coyle, Bardi, Langley는 "기업에게 경쟁우위를 제공하고 최종 소비자에게 제품에 대한 가치를 최대화하기 위해 공급체인상의 이익을 증가시키는 과정"으로 SCM을 정의한다. 고객만족의 성격은 "상품이나 서비스의 전체적인 구매와 소비경험을 토대로 하여 지속적으로 축적된 만족의 수준"이다. 결과적으로 SCM은 단축된 납기시간과 비용절감으로 상당히 높은 수준의 고객만족을 가져다 줄 수 있다.

4. 경쟁우위 획득

글로벌 시장환경에서의 경쟁이 더욱 심화되면서 기업은 살아남기 위하여 전략적 경쟁우위를 더욱 발전시켜야만 한다. 경쟁우위 요인은 상품 목표시장에 대한 반응, 낮은 총비용, 신속하고 신뢰성 있는 배송시스템을 포함하고 있다. 이익에는 품질향상, 제품수명 감소, 총비용/가격 감소, 주문 충족 및 의사소통의 향상을 포함한다고 볼 수 있다.

치열한 시장경쟁이 SCM에 있어서 서비스질의 향상을 요구하면서 전략적 제휴와 아웃소싱의 필요성이 대두되었다.

Porter(1985)의 경쟁우위이론과 Day의 기술자원우위이론에서 경쟁우위의 원천적인 문제는 경쟁자들보다 좀더 나은 제품을 갖고 있다는 사실이다.

5. 총비용의 감소

최근 경영기법은 신속한 고객대응으로 생산과 판매망을 연결하여 네트워크 전략을 추구하고 있다. SCM도입 기업들은 경쟁력 우위 확보차원에서 고객의 수요예측을 통하여 원재료의 구입에서부터 제조 · 운송과정 등이 투명하게 네트워크상에서 작동되기 때문에, 생산성의 효과적인 향상과 더불어 물류부분에서도 필요한 제품의 운송 등의 효과적인 전체 물류부문의 최적화를 이루었다.

JIT(Just-In-Time)시스템은 기업의 총재고투자를 감소시키기 위한 전체를 최적화하는 재고관리시스템이다. 전체 네트워크를 구축하여 공급기업과의 실시간 정보교환을 통하여 JIT시스템 이용의 빈도수를 늘려 운송업자의 신속한 대응과 필요 없는 물류비용을 줄일 수 있는 본질적인 비즈니스 도구가 되었다.

운송 선적업자들은 이러한 재고부문의 손해를 줄이기 위하여 소량 다변의 제품을 운송하여 필요 없는 운송물류 부문의 재고를 줄인다. 이러한 JIT시스템에 부응하여, 트럭 운송서비스에 대한 통제를 향상시키기 위해 보다 효율적으로 고안된 전략을 채택하고 있다.

6. 신속한 제품공급

글로벌 기업의 등장은 제품의 생산과 판매가 국내에서 국외로, 경쟁지역이 글로벌 지역으로 확장되기 때문에 국내에 국한되어 있는 기업활동이 글로벌 지역으로 치열하게 전개되고 있다. 따라서, 글로벌 지역으로의 원활한 제품의 공급은 기업의 경쟁우위를 획득하는 데 더욱 중요한 요인이 될 수밖에 없는 상황이다.

글로벌 지역에 위치하고 있는 생산공장과 원료공급지는 전세계에 판매시장 인접지역에 조립공장을 만들어 운영하며 필요한 부품을 신속하게 공급해야 한다.

최근 글로벌 기업의 경영기법은 핵심부품을 제외한 나머지 부품을 협력파트너 기업에게 아웃소싱을 통하여 제품의 원가절감 및 신속한 부품을 공급하여 고객요구에 신속하게 대응하고 있다.

제 3 절 SCM의 발전과정

1. SCM으로의 진화

SCM으로의 발전은 기업들이 필요한 정보들을 손쉽게 제공받을 수 있는 단일화된 정보저장장소의 필요성에 의해 시작되었다고 볼 수 있다. 60년대 말, MRP(자재소요계획: Material Requirements Planning)로 시작하여 70년대 MRP Ⅱ(생산자원계획: Manufacturing Resource Planning)로 발전하는 형태(PC기반에서 통합된 시스템 운영체제로의 변화)에서 필요한 정보들을 손쉽게 제공받는 것이 가능해졌다. 물론, 작은 규모의 기업에서도 통합된 MRP Ⅱ 솔루션을 사용하였다.

80년대부터는 ERP(전사적 자원관리: Enterprise Resource Planning), ERP Ⅱ가 등장하여 제조업뿐만 아니라 모든 산업에서 정보기술을 이용하여 실제적인 비즈니스의 요구사항을 파악하고, 기업전체의 계획 및 조정단계의 반영을 가능하게 하였다.

90년대의 SCM은 [그림 4-3]에 나타난 바와 같이 체인 내의 모든 협력자

그림 4-3 SCM으로의 진화

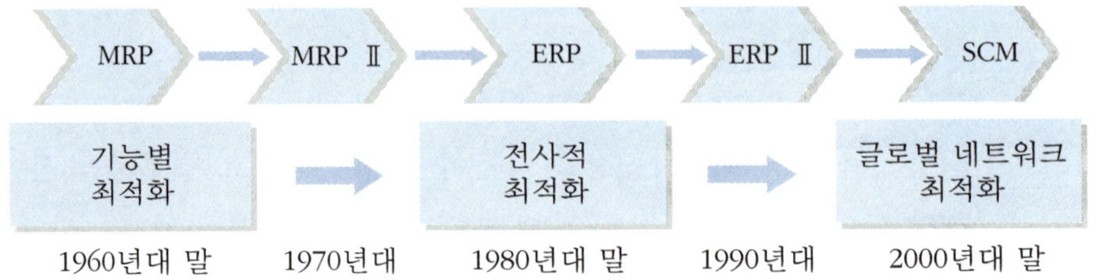

자료: 김창봉, 「글로벌 경쟁시대의 GSCM전략」, 보명사, 2006.

들에게 공통적인 혜택을 제공해 주는 전형적인 Win-Win전략으로써, 업체간의 협력과 정보교환에 기초한 통합물류와 최적 의사결정으로 비용절감 및 효율성 증대로 상호이익을 추구하는 것이 공급체인의 특징이라 하겠다. 따라서 SCM의 성공은 ERP시스템이 성공적으로 구축되어 있을 때만이 가능하다.

2. 물류경영의 발전단계

일반적으로 물류란 원료, 부품, 최종재, 관련 정보를 최소한의 비용으로 고객의 요구를 만족시키면서 발생시점에서 소비와 가까운 시점까지 운송하고 저장하고 처리하는 과정으로 정의될 수 있다. 물류의 주요 하위 구성요소들은 운송, 재고계획, 재고관리, 보관, 재료가공, 경영과 물류정보시스템이다.

[그림 4-4]에서 볼 수 있듯이, 물류의 발전은 1960년대에 시작되어 세 가지 주요 단계로 구성되어 있다. 첫 번째 단계인 1960-1970년대 동안 많은 기업들은 물적 유통(물류) 내지는 사외물류시스템에 주된 관심을 집중시켰다. 물류 내지는 유통채널의 기본원리는 주로 "제조업자의 푸시(push)방식"으로 공급체인을 통하여 고객에게 상품을 밀어내는 방식을 의미한다. 이러한 형태의 시스템에서는 고객의 욕구가 무엇인지를 전혀 고려하지 않고 오

그림 4-4 물류경영 발전의 단계

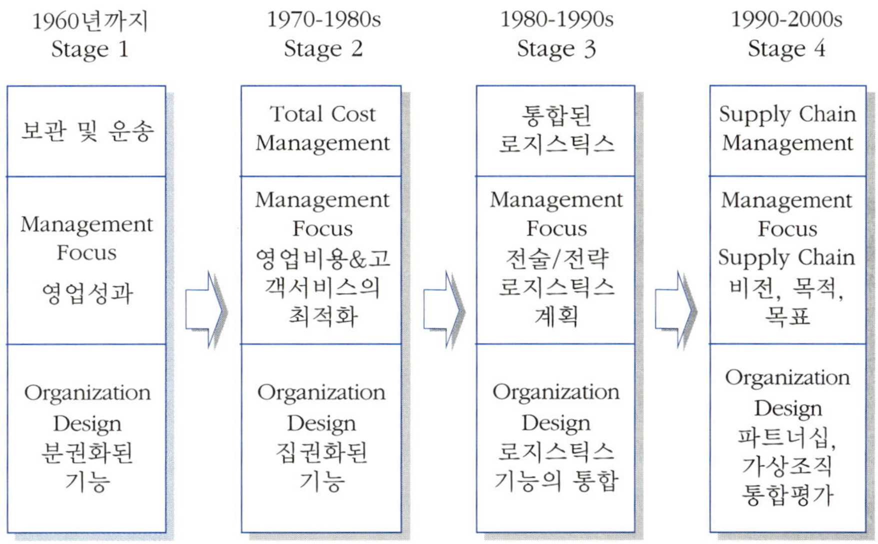

자료: Ross, D. F., "Competing Through Supply Chain Management: Creating Market-Winning Strategies Through Supply Chain Partnership," 1998.

히려 무엇이 있어야 하는지를 예측하려고 하였다. 그 결과, 비교적 높은 수준의 재고가 축적되었다. 기업들은 최종고객에게 효율적인 제품의 인도를 보증하기 위하여 운송, 창고 및 포장을 포함한 상호 관련된 사외물류활동들을 관리하기 시작했다.

두 번째 단계는, 1970-1980년대에 주로 이루어졌다. 기업들은 사내물류 측면(자재관리)과 사외물류 측면(물적 유통)의 조합을 통하여 비용절감이 가능하다는 것을 깨달았다. 기업들은 "모든 경영기법을 통한 효율적인 자재흐름"을 관리하기 위해 물류의 관점을 확대해 나갔다. 이러한 과정을 통해 현재와 같은 물류시스템의 개념으로 발전되었다. 이제 기업은 원자재로부터 최종 완제품에 이르기까지 시스템과정으로 전체적인 프로세스를 관리함으로써 좀더 효율적인 물류활동이 가능해진다는 사실을 인식하기 시작했다.

1980-1990년대에 계속된 세 번째 단계는, 기업이 물류에 대하여 그 관

점을 확대시키도록 한, 다섯 가지의 외적 요인에 의해 특징화될 수 있다. 첫째, 시장의 특성 변화가 물류의 발전에 영향을 미치게 되었다. 그 결과 소비자들은 제품에 대해 더 잘 알게 되었고, 가격이나 품질에 대한 요구가 증가되었다. 둘째, 유통구조 및 관계의 변화 때문에 상품과 서비스에 대한 규모(크기), 범위 및 유통에 변화를 야기시켰다. 셋째, 경제와 시장의 글로벌화로 JIT시스템과 같은 외국의 사업방식을 도입하여 경쟁압력의 증가에 대응하게 되었다. 넷째, 기술변화로 대규모 데이터의 처리와 정보시스템의 향상을 가져왔다. 이는 의사소통 능력의 증가로 시스템 내의 관계가 강화되었다. EDI와 바코드는 효율적이고 효과적인 물류관리에서 중요한 역할을 하게 되었다. 다섯째, 정부정책과 규제완화로 저비용 및 양질의 운송서비스를 제공하게 되었다.

사례

스마트폰 혁명과 물류산업의 SCM

프랑스의 석학 자크 아탈리는 자신의 저서 '호모 노마드—유목하는 인간'에서 IT의 발달로 디지털로 무장한 인류가 과거 유목민처럼 자유롭게 이동하며 노동하는 시대가 올 것이라고 예견했다. 이러한 예견은 곧 현실화되어 우리 모두 하루가 다르게 새로운 IT의 출현을 목격하고 있다. 특히 스마트폰 열풍으로까지 불리는 무선 인터넷 시장과 모바일 콘텐츠의 폭발적 융합은 사용자의 사고와 생활방식을 변화시키는 메가트렌드가 되고 있다.

물류산업 역시 호모 노마드 시대의 한복판에 있다. 물류업무와 IT기술의 접목을 통한 서비스 질 제고는 어제 오늘의 이야기가 아니며, 최근의 물류산업의 발전은 IT기술의 활용에 힘입었다고 할 수 있다. 그렇지만, 물류업계가 공급망 가시성(Visibility) 개념을 중심으로 한 물류업무와 IT기술의 접목, 물류서비스에 스마트폰을 활용하는 것쯤으로 이해하고 있다면 시대의 흐름을 제대로 짚고 있다고 보기 어렵다. 앞서 언급했듯이 스마트폰 열풍은 사용자의 사고와 생활방식의 변화를 가져왔으며, 생산·유통·소비의 전통적 과정을 뒤집어 놓았다는 점에 주목할 필요가 있다. 휴대전화 단말기 시장으로 한정시켜서 본다면, 더 선명한 화면·화려한 디자인 등의 하드웨어 경쟁이 더 편리한 어플리케이션이라는 콘텐츠 경쟁으로 패러다임이 바뀌었다. 사용자가 직접 자신의 휴대전화에 필요한 프로그램을 개발하고 유통시키는 것도 예전과 다른 점이다. 휴대전화에 일률적으로 설치된 기능을 사용자가 그대로 수용해야 했던 시대가 막을 내리고 사용자마다 서로 다른 맞춤형 휴대전화를 가지게 되는 시대가 열린 것이다.

이제 사용자 맞춤형 콘텐츠의 중요성은 휴대전화 시장에 국한되지 않고 전 산업 영역으로 확산될 것이다. 특히, 산업 속성상 기간산업으로까지 불리며 단기간에 변화가 쉽지 않은 물류산업에까지 그 파장이 미칠 것이다.

그렇다면 물류산업에 있어서 사용자 맞춤형 콘텐츠는 무엇일까? 다름 아닌 SCM 관점의 고객 맞춤형 물류서비스가 될 것이다. SCM 관점의 고객 맞춤형 물류서비스는 총체적 물류비 절감과 고객 서비스 강화에 그 목적을 둔다.

우선, 각 화주의 제품 수명주기와 다양한 제품 구성, 그리고 불확실한 시장 환경의 특징 등에 효과적으로 대응하기 위한 수요예측 방법과 공급사슬 전략의 프레임워크를 제시함으로써 총체적으로 물류비 절감을 실현한다. 그리고 원재료에서 완제품까지 모든 과정에 가시성 서비스를 제공하고, 동일 화주에 서비스를 제공하고 있는 다른 물류업체와의 업무 효율성까지도 고려하여 고객서비스를 진행한다. 앞으로 우리나라의 물류산업은 공항·항만 등 인프라 확대를 통한 물동량 확보전략만으로는 경쟁우위를 확보할 수 없고, 다양한 맞춤형 물류서비스를 제공함으로써 글로벌 물동량을 유치하고, 이를 IT를 통해 지원할 때만이 세계적 수준으로 도약할 수 있다고 본다.

물류회사는 화주 맞춤형 물류서비스 제공을 위해 장기적 신뢰를 통한 화주 고객과의 파트너십을 바탕으로, 단기간의 높은 마진보다는 원가절감에 더 무게를 두고 그 성과를 통해 고객인 제조업체의 경쟁력 강화에 기여하는 전략을 취해야 할 것이다. 물류IT 역시 당장의 스마트폰 도입과도 같은 하드웨어적인 접근보다는 IT를 통한 화주의 의사결정 지원과 복잡하고 변화무쌍한 문제의 해결능력 배양이라는 소프트웨어적 접근을 강조해야 한다.

이러한 변화에 대응하기 위해 수년 전부터 범한판토스는 물류컨설팅 서비스를 대폭 확대해 화주고객의 비즈니스 상황과 물류환경을 고려한 최적 솔루션을 제공하는 서비스를 지향하고, 이를 IT를 통해 구현하는 전략을 펼치고 있다. SCM 관점의 고객 맞춤형 물류서비스를 위해, 2006년 국내 최초로 완성해 서비스를 시작한 글로벌통합물류시스템 PVS(Pantos Visibility System)도 고객맞춤형 서비스에 적용하기 위해 2009년부터 컨설팅 요소 즉, 물류루트 최적화, 비용시뮬레이션 등 지능형 서비스 기능을 추가하고, 생산・금융・무역 등과 유기적으로 결합시키는 고도화 작업을 진행 중이다. 또한, '웹 2.0'의 '개방・참여・공유'의 이점을 최대한 활용하기 위해 국내 물류기업으로는 최초로 본사와 전 세계 35개국에 진출해 있는 83개 법인・지사의 모든 시스템을 웹을 기반으로 통합・단일화하는 GSI(Global Single Instance) 프로젝트를 진행 중이다.

세계 시장에서 제조기업간 경쟁이 점점 치열해지면서 우리 물류산업의 체질 강화 문제도 자주 논의되고 있다. 스마트폰 열풍은 우리 물류산업에 창의적 문제해결을 위해 끊임없이 혁신하고, 개방・참여・공유의 자세로 새로움과 다양성을 받아들이라는 메시지를 주고 있다.

【2010년 6월 1일, 물류신문 지령 500호 특집- SCM 리포트 3 여성구 범한판토스 대표이사】

3. SCM의 통합

기존의 기업구조는 기능의 한 부문만을 중요하게 강조하고 있다. 이러한 한 부문만의 기능을 강조하다 보면, 기업 내부정보의 공유뿐만 아니라 파트너 기업과의 상호협력을 통하여 수요예측 재고관리 제품의 조달이 상당히 어렵다는 것을 알 수 있다. 오늘날의 기업은 규모가 커지고 외부협력기업과의 생산 및 판매가 중요한 부분을 차지하면서, 개별적인 기능의 관리가 총체적인 기능의 통합을 이룩하기 위하여 정보기술의 활용이 중요한 요인이 된다.

SCM의 개념은 통합적인 관점에 따라 넓게 정의해 보면 최초의 공급자로부터 궁극적으로 고객에 이르기까지의 모든 처리 프로세스를 포함한 총물자의 흐름을 관리하는 것으로 정의되어 전체 프로세스를 최적화하는 데 관심이 모아지고 있다.

[그림 4-5]에서 나타내는 물류정보흐름의 예시는 인터넷을 활용한 정보데이터의 공유와 호환성이 가능한 정보를 통합하는 가치이다. 화주, 운송업

그림 4-5 통합공급망의 정보흐름

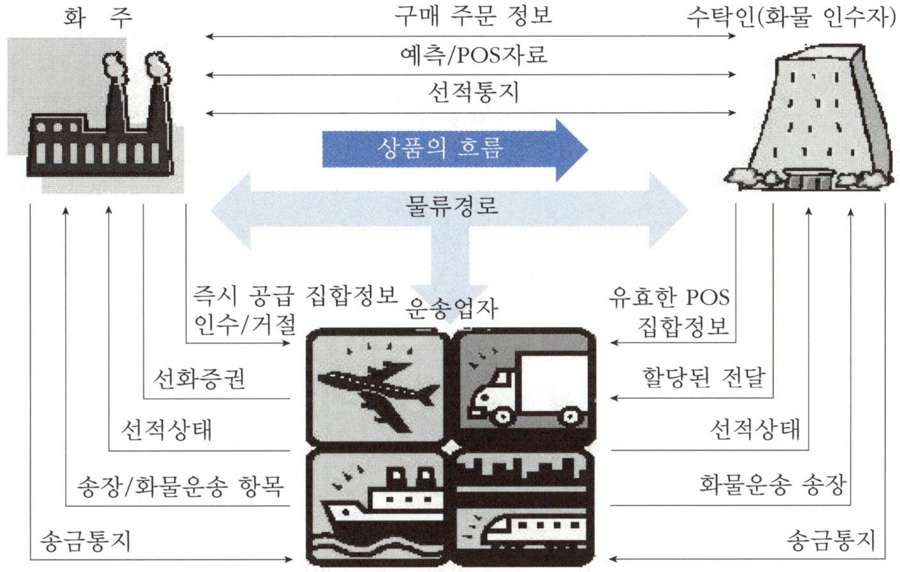

자료: Stanley Scheff and David B. Livingston, *Computer integrated Logistics*: CIL Architecture in the Extended Enterprise(Southbury, Conn.: IBM Corporation, U.S. Transportation industry Marketing, 1991, 9).

자와 수탁인은 적합한 정보기술을 통하여 개별적인 데이터베이스를 활용하고, 이 활용정보는 인터넷을 통하여 서로간의 편의성을 제공하고 있다.

[그림 4-6]에서 나타내는 운송통합은 Inbound(사내) 물류시스템과 Outbound(사외) 물류시스템으로 나누어진다. 예를 들면, 공장에 들어오는 원재료는 Inbound(사내) 물류이고 생산된 상품이 출고되는 것은 Outbound(사외) 물류라 할 수 있다. [그림 4-6]의 (a) Inbound(사내) 물류시스템은 원재료의 선적에서 최종소비재까지의 물류를 나타내고, (b) Outbound(사외) 물류시스템은 원재료의 최종소비자에서 고객까지의 물류과정을 나타내고 있다. 즉, 공장에서 생산한 다양한 제품을 대량 선적으로 창고에 저장하고 보관된 창고에서 각 지역의 시장에 공급하는 것이 Outbound(사외) 물류시스템을 나타낸다.

창고의 기능은 소비자의 주문에 의해서 생산된 상품을 보관하는 것이다.

그림 4-6 운송통합

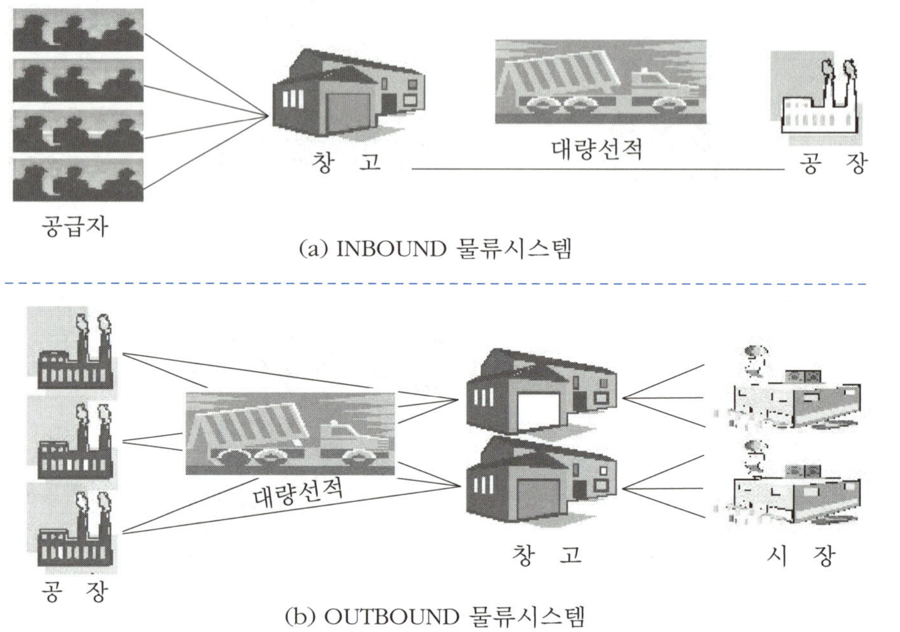

자료: Coyle, Bardi, Langley, "The Management of Business Logistics(A Supply Chain Perspective)."

따라서 창고는 생산과 공급 Mixing의 중간거점으로 활용된다. 컴퓨터를 예로 들면, 생산 Mixing에서 컴퓨터 본체와 각 소프트 웨어 등의 조달을 위해 생산거점의 근접지역에 공장을 세워 창고를 공동으로 활용하여 소비자가 원하는 유형의 컴퓨터를 공급하는 것이다. 공급 Mixing은 원재료를 공동으로 구매하여 공동으로 창고에서 보관하고 창고보관의 원재료를 공장에 공급하는 것이다. 이 생산과 공급 Mixing의 이점은 물류비용을 줄이는 것에 있다.

그림 4-7 공급과 생산 Mixing

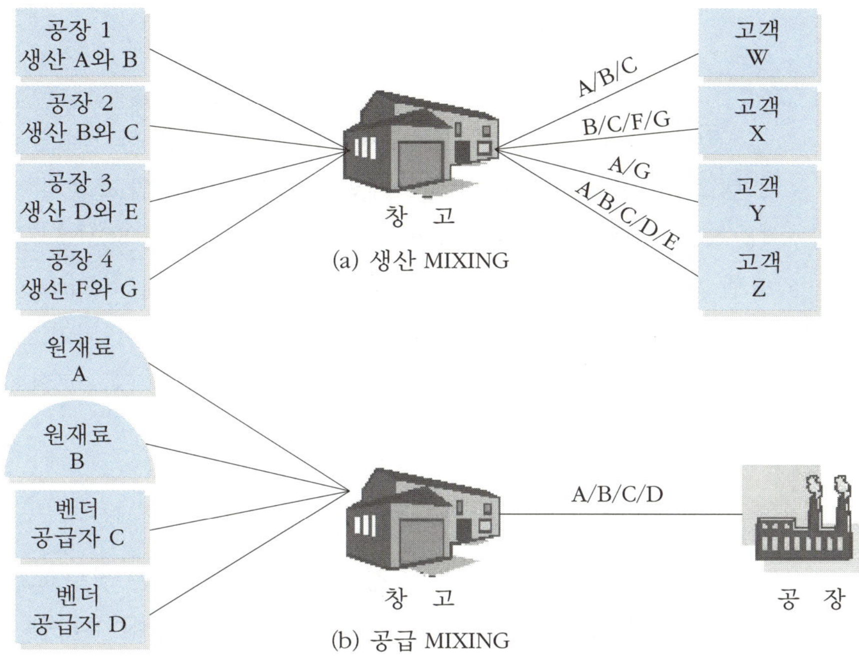

자료: Coyle, Bardi, Langley, "The Management of Business Logistics(A Supply Chain Perspective)."

제 4 절 SCM의 기능과 역할

1. SCM의 장단점과 기대효과

(1) SCM의 성공요인

SCM의 목표는 낮은 비용으로 높은 부가가치를 갖는 고객만족을 통한 제품판매향상을 그 목적으로 하고 있다. 그러므로 기업은 성공적인 전략을 통하여 사업성과를 나타내고 있다. 이러한 중요한 성공 요인으로 다음과 같은 것을 예를 들어 설명할 수 있다.

1) 정보교환

SCM은 여러 가지 기능을 수행하는 복수기업을 하나의 공급체인관리 시스템으로 조정하기 때문에 공급체인 안에서 기업간의 조정과 협동은 중요하다. 또한 기업간의 의사소통과 정보교환은 성공적인 SCM을 구축하는 데 중요한 요인이 된다. 글로벌 기업에 있어서 파트너십(partnership)은 SCM을 성공적으로 구축하는 데 있어 무엇보다도 중요한 요소가 되며, 이러한 성공적인 파트너십을 위해서는 정보호환성과 신뢰성 있는 정보교환이 무엇보다도 중요하다.

2) 새로운 정보기술 투자

새로운 정보기술의 개발이 경쟁우위를 갖고 있는 필수요소이다. 정보를 교환하기 위한 능력은 새로운 네트워크 정보기술들에 투자를 증가시킴으로써 크게 향상될 수 있다. 그러나 혼자서 정보를 교환하는 것은 SCM의 혜택을 완전히 인식하는 데 충분하지 않다. 리드타임 단축 및 실시간 정보교환을 실현하기 위해서는 정보교환의 스피드를 증가시키는 것이 중요하다.

3) SCM을 위한 기업목표의 조정

SCM기업은 파트너십에 대한 배려 없이는 성공하기가 어렵다. 실시간 정보교환을 통한 생산과 판매의 균형을 잡는 것은 물류비 감소와 재고비 감소를 가능하게 하고 있다. 공급체인의 효율성을 추구하기 위해서는 무엇보다도 원재료 구입에서 부품, 완제품이 최종고객에까지 전달되는 과정들이 제품의 생산과 판매의 균형을 유지시켜 주어야 한다.

4) 장기 중점개발

SCM의 장점인 장기적인 관계지속은 새로운 경영의 패러다임을 약속하고 있다. 파트너 기업과의 관계가 장기적인 관계의 계약으로 요구되고 있다.

장기 중점개발은 기업들이 파트너 기업과의 관계를 더욱 돈독히 가져야 한다. 단기성향은 직접적으로 SCM의 목표와 충돌되는데, 물류 운영자는 대규모로 안정적인 수요패턴을 원한다. 그러나 판매 및 마케팅부서가 거래와 고객가격 증진을 지속함으로써 수요불안정을 일으킬 수 있는데, 이는 그들이 그들 자신의 분기별 판매목표를 만족시키려 노력하기 때문이다.

5) SCM에 대한 최고경영자의 관심

SCM은 조직기능의 통합을 요구하기 때문에 조직구성원들의 불안한 미래에 대하여 고민을 줄 수 있다. SCM의 실행이 조직구성원들에 기업미래가치에 대한 희망을 주어야 되고 안정적인 경쟁우위확보에 필수적인 것이라는 사실을 최고경영자가 조직원에게 격려하고, 관심을 가지고 있어야 할 것이다. 만약 기업들이 종업원들에게 다른 기업과의 정보를 공유하고, 공급체인을 위해 희생을 강요하면, 긴밀한 관계로 발전시키기 힘들다. 현재 물류의 상당한 관행을 바꾸려 한다면 최고경영자들은 SCM의 가치 있는 목적과 SCM의 실행이 장기적으로 기업성과를 향상시킬 것이라는 믿음을 먼저 보여주어야 한다.

6) 거래 파트너와의 밀접한 유대관계

SCM은 복수 기업들에게 전체 공급체인을 위한 목표를 성취하기 위해 모두가 협조적으로 일할 것을 요구한다. SCM의 파트너와의 유대관계는 납기약속엄수, ISO기술인증서 획득, 윤리경영실현 등의 기업환경을 갖추면서 실천하는 것이 필수적이다. 항상 신뢰성 있는 정보교환 등이 파트너와의 관계에 있어서 중요한 성공요인이 된다.

(2) SCM의 장애요인

선진기업들의 사례에서 보면 SCM을 구축하면서 50% 이상이 초기에 어려운 국면에 직면한다. 그 이유는 다음과 같은 장애요인 때문인 것으로 해석된다.

1) 기업들의 정보공유 회피

정보공유는 SCM에서 가장 중요한 파트너기업과의 거래라고 할 수 있다. 하지만, 실시간 정보공유는 기업의 여러 가지 정보누출 등의 위험에 노출될 수 있기 때문에 기업은 신중한 입장을 취해야 한다. 따라서 신뢰성에 기반을 둔 정보공유가 되지 않는다면 파트너십이 가장 중요한 정보의 호환은 어려운 문제가 발생되고 성공전략에 지장을 초래한다. 이러한 과정은 상호관계의 신뢰에 부정적 영향을 미치고 미래의 정보공유를 하기 위한 제조업자의 의지를 떨어뜨린다.

또한 기업들은 전략적 정보공유도 꺼리게 되는데, 운영정보와 달리 전략적 계획은 거의 실행 직전까지도 기업간에 공유되지 않는다. 기업의 마케팅 전략들은 경쟁자와 자신과의 차별화를 위한 노력으로 대표되기 때문이다. 자신과의 직접적인 경쟁자와 함께 일하는 공급체인 파트너와의 정보공유는 많은 문제를 내포하고 있다. 이 문제를 극복하는 것은 쉽지 않고, 거래 파트너들간의 강한 유대관계를 요구한다.

2) 조직역량 부족

역량 있는 인적 자원관리가 부족하면 SCM 구축전략에 장애가 발생하게 된다. 오늘날의 로지스틱스 환경에서 요구되는 하드웨어와 소프트웨어에 대한 투자는 상당한 비용이 요구된다. 공급체인에서 어떤 기업이 더욱 새로운 기술들에 투자하지 않고 사업에서의 경쟁력을 지속시킬 수 있다는 사실은 받아들일 수 없지만, 실제문제에 있어서 대부분의 기업들이 새로운 시스템에 대한 지속적인 투자를 하는 데 상당한 제약이 존재한다. 새로운 기술에 대규모 투자를 하는 기업은 지속적으로 공급체인에서 요구하는 다른 기술들에 대한 보다 많은 투자에 즉각 대처하기는 상당히 어렵다.

3) 기업성과 측정 결여

관리자는 공급체인의 목표달성을 추구하기 위하여 SCM의 적정한 성과측정에 의한 보상을 꺼린다. 즉, 단기적인 기업목표를 달성하려는 기대가 강하기 때문이다. 매니저들은 그들의 결정이 장기적으로 미칠 영향에 대해 고심해야 한다. 그러나 그들은 계속해서 그들 부서의 단기성과에 대해서 평가받게 된다. 또한 한 부서의 매니저들은 기업 안에서 다른 부서와의 협력을 강조한다. 그들은 기업 내부에서의 자기 부서를 위해 다른 부서의 로지스틱스를 증가시킬 것을 요구할 수 있다. Brewer와 Speh은 최근에 Kafplan과 Norton이 개발한 BSC(Balanced Score Card)를 이용하여 기업들의 성과를 측정한 바 있다. 이것은 질적 측정, 장기간의 측정에 이용할 수 있다. 기업들은 기업의 목표들을 성취하기 위하여 그들의 성과측정을 꾸준히 변화시켜야 한다.

4) 관계강화 부족

신뢰와 관계강화는 성공적인 SCM 실행의 기본적인 요구이다. 거래 파트너가 서로를 존중하지 않고 신뢰하지 못하는 사업관행이 있을 때 신뢰는 약해질 수 있다. 만약 불확실하고 비윤리적 사업관행이 있다면 제조업자와 그들의 거래파트너간의 관계에서는 지속적으로 문제점이 발생할 수도 있다. 이런 상황에서 신뢰와 관계강화는 발전하기 어려울 것이고 공급체인을 실행하는 데 필요한 강한 유대감 역시 성취하기 어려울 것이다.

(3) SCM의 기대효과

개별적인 부서의 관리자들이 공급체인을 도입함으로써 많은 도전들을 극복해야 하지만 SCM 프로그램의 성공적인 실행은 기업에 몇 가지 편익을 가져다 준다. SCM은 파트너십을 바탕으로 한 생산과 판매의 균형으로 재고수준을 적정하게 유지할 수 있다. 그러나 공급체인에서 정보공유에 대한 기업 혼자만의 의지로는 상당한 재고들을 낮추는 데 충분하지 않다. 채널을 통해 재고수준을 낮추기 위한 가장 중요한 요소는 새로운 정보기술이다.

또한, POS시스템을 구축한 제조업자들은 즉시 판매시점 정보의 접근으로부터 혜택을 얻는다. 실제적 판매수치를 확인함으로써 지연을 제거할 수 있기 때문에 그들은 생산물에 대한 뛰어난 성과를 얻을 수 있다. 판매정보의 향상된 속도는 제조업자들에게 재고가 없는 품목을 신속히 보충할 수 있도록 해 주고 과거의 판매를 가지고 판매예측에 더 이상 의존하지 않아도 되기 때문에, 인기 있는 아이템을 생산하기 위한 리드타임을 더욱 줄일 수 있다.

오늘날 바코드(bar code)와 RF(radio frequency) 기술들이 결합된 인터넷은 고객에게 정확한 운송상황을 추적할 수 있게 해 줄 뿐만 아니라 목적지에 항공이나 트럭을 이용하여 예정된 시간에 도착할 수 있는지 여부를 확인하게 한다.

주문배송의 정확한 위치에 관한 정보의 신뢰도 향상은 보다 높은 수준의 고객 만족을 이끌고 구매부서의 업무담당자를 통해 구매비용을 줄일 수 있게 한다. 부가적으로 적절하게 실행된 SCM시스템은 전체 시스템에 대한 로지스틱스의 총비용을 더욱 절감시킬 수 있다. 따라서 이하에서는 이러한 SCM의 기본적인 구조와 그 구성요소 및 각각의 기능들을 살펴보고자 한다.

사례

똑똑한 SCM 덕에 엄청 팔았어요

단순 재고관리 뛰어넘어 협력업체와 실시간 정보 공유, 정확한 수요 예측해 비용 절감

추수감사절 직후 펼쳐진 미국 최대 세일 성수기 '블랙 프라이데이(지난해 11월 28~29일)' 때 월마트에서 팔린 삼성전자의 LCD TV는 36만 대에 달했다. 당시 이틀 동안 월마트에서 팔린 LCD TV의 양이 거의 한 달치 미국 판매량(지난해 6월)과 맞먹었다.

삼성전자는 이같이 놀라운 실적을 낼 수 있었던 비결로 전 세계의 재고 상황을 한눈에 파악할 수 있는 공급망관리(SCM)를 꼽았다. 삼성전자의 신종균 무선사업부장(부사장)은 "SCM을 통해 삼성전자 제품이 전 세계에서 돌아다니는 현황을 손금 보듯 실시간으로 파악하고 있다"고 말할 정도다. 블랙 프라이데이 때도 미국에서 수요가 급증하자 SCM을 통해 현황을 파악한 뒤 인근 국가에 있던 물량 등을 적기에 공급해 줬다.

삼성전자는 2005년 전까지만 해도 일주일 단위로 진행되는 생산·판매 계획을 2007년부터는 3일 단위로 전환했다. 그러나 현재는 SCM으로 일부 사업장에서 1일 단위로 전환하는 방안까지 추진하고 있다. 삼성전자는 국내 데스크톱 PC의 경우 대리점에 항상 재고가 있어야 한다는 고정관념을 없앴다. 주문이 없으면 생산하지 않는다는 원칙이다. 이 때문에 전자업계의 '고질병'이었던 '재고 밀어내기'도 사라졌다.

'똑똑한' 공급망이 불황기를 이기는 기업의 숨은 공신 역할을 톡톡히 하고 있다. 국내외 주요 기업들이 첨단 SCM을 구축한 덕에 실적이 호전되고 있기 때문이다. IBM글로벌비즈니스서비스의 김성열 SCM 총괄파트너는 "일부 국내 기업은 공급망을 단순히 비용절감 방안으로 인식하기도 하지만 세계 주요 기업은 SCM을 재고감축 기법뿐만 아니라 전략무기로 활용하고 있다"며 "SCM의 수준에 따라 업계 판도가 뒤바뀔 정도"라고 말했다.

LG전자 구미공장은 지난해 초만 해도 납기 준수율이나 수요예측 정확도 등 핵심 경영지표가 경쟁사에 미치지 못했다. 그러나 지난해 2월 일본 도요타자동차에서 SCM의 일종인 '풀(Pull)'을 도입했다. 이 시스템을 통해 공장과 협력사가 제품의 생산과 소비 전 과정에서 발생하는 주요 정보를 공유했다. 출고 지체, 재고 문제, 자원 낭비를 최소화했다. 이 공장은 수요에 따라 제품을 제때 공급하게 돼 납기 준수율이 70%에서 100%로 높아졌다.

국내 최대 인터넷 서점인 예스24(www.yes24.com)의 제1 물류센터(경기도 파주시 탄현면 소재, 약 1만㎡ 규모)는 보유 도서량이 최대 400만 권에 달한다. 교보문고 광화문점(260만 권)의 1.5배를 넘어선다. 하루 평균 주문처리량도 4만~6만여 건이다. 그런데도 이 회사는 2007년부터 오전 10시까지 주문하면 당일 오후 8시까지 배송해 주는 '당일 배송' 서비스를 하고 있다. 당일배송 실패율은 1% 미만이다. 이처럼 방대한 규모의 물류센터를 운영하면서도 재고를 안정적으로 운용하는 것은 SCM을 통해 정교한 수요예측 시스템을 갖췄기 때문이다. 당일배송 서비스로 0시에서 오전 10시 사이 주문량이 전체 주문량에서 차지하는 비중이 2007년 19%에서 올해는 29%로 크게 늘었다. 관계사인 아이스타일24(www.istyle24.com)도 올 7월 당일배송 서비스를 시작했다.

예스24의 임수정 마케팅팀 파트장은 "상품 보관과 배송을 직접 쇼핑몰에서 관리하기 때문에 물류망의 효율성이 회사의 수익성과 직결된다"며 "한발 앞선 SCM은 (예스24가) 지난해 5월 인터넷 서점 최초로 코스닥에 등록하는 데 중요한 발판이 됐다"고 말했다.

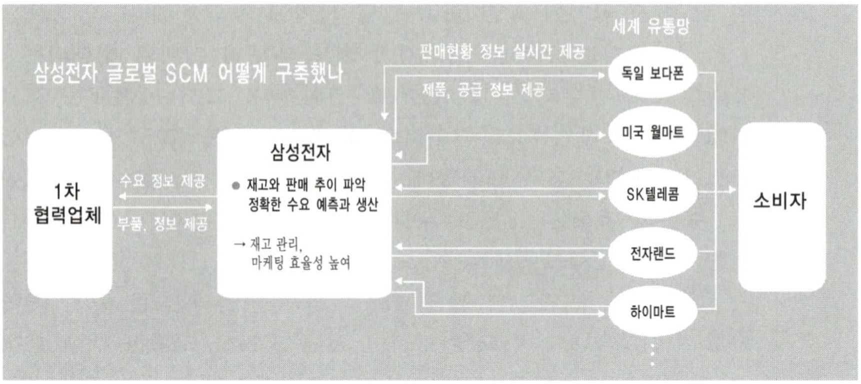

회사원 신윤희(34·서울 상도동)씨는 할인점을 이용할 때 주로 오후 10시 이후에 찾았다. 할인점에서 하는 '타임서비스'(폐점 시간이 임박할 때 신선식품 등을 20~50% 할인하는 행사)를 이용하기 위해서다. 하지만 요즘에는 타임서비스 상품이 크게 줄어 아쉬워하고 있다. 신세계 이마트는 SCM을 통해 수요 예측의 정확도를 대폭 높였기 때문이라고 설명한다. 이마트 발주시스템에는 상품마다 11일간(지난 1주일, 당일, 향후 3일)의 날씨정보와 지난 일주일간 판매량 등이 그래프 형태로 뜬다. 주용노 신세계 시스템 기획팀장은 "협력업체와 정보공유, 과학적 수요예측 시스템을 통해 제품의 폐기율을 매년 10% 이상 줄이고 있다"고 말했다.

【중앙일보 2009.7.14 김창규 기자】

◆SCM(Supply Chain Management)=협력업체와 정보 공유 등을 통해 생산과 재고관리의 최적화를 추구하는 경영기법. 제조업체는 유통업체 등을 통해 실시간으로 제품 수요를 파악한 뒤 이를 바탕으로 제품을 생산해 재고 비용을 줄이고, 정확한 수요 예측을 통해 공격적인 마케팅도 펼칠 수 있다. SCM의 1차 목표는 정보 공유를 통한 재고 감축이다. 하지만 최근엔 고객이 원하는 제품을 적기에 공급하는 데 초점을 맞추고 있다.

LG전자, SCM 혁신으로 3분기까지 3.5억 佛 절감

재고일수 10일 이상 단축, 물류비율 15% 개선, 판매예측 정확도 40% 향상

LG전자는 공급망관리(SCM) 혁신으로 올 3분기까지 3억5천만 달러의 비용을 절감했으며, 직·간접적 현금흐름이 전년 대비 8억 달러 가량 개선됐다고 24일 밝혔다. 회사측에 따르면, 올 3분기 누적기준 재고일수는 전년 대비 10일 이상 줄어 현금흐름 개선에 크게 기여했다. 재고일수 지표는 세계최고 수준에 근접했다는 평가다. 재고일수 감소로 3분기까지 약 1억5천만 달러의 비용절감이 가능했다.

제품 판매가격에서 물류비가 차지하는 비중인 물류비율은 3분기 누적기준 전년대비 15%가 개선됐다. 이 결과 물류비용은 전년대비 2억 달러 감소했다.

또 공급망관리의 주요지표이면서, 공급망 상의 낭비를 줄이는 데 중요한 척도인 판매예측정확도(SFA, Sales Forecast Accuracy)는 올 4분기의 경우 지난해 1분기 대비 2배 가까이, 지난해 평균 대비 약 40% 높아질 전망이다.

제품구입시 고객의 만족에 직접적인 영향을 미치는 적시배송률(OTD: On-Time Delivery)은 전년대비 10% 이상 향상됐다. LG전자는 유통채널 등 고객들의 요구사항을 보다 신속하고 탄력적으로 받아들이는 프로세스를 정착시켜 적시배송률을 높인다는 계획이다.

LG전자는 SCM 최적화로 올 한 해 동안 4억달러 이상의 비용절감이 가능하다고 보고 있다. 여기에 재고일수 감소, 물류비용 절감 등으로 현금흐름 개선도 이어질 전망이다.

이같은 성과에는 공급망관리 역량과 직결되는 업무프로세스 및 관련시스템의 발전적 개선, 본사-사업본부-지역본부-해외법인 간의 긴밀한 협조체제, 최고경영진의 SCM 지원 등이 크게 기여했다고 회사측은 전했다. 특히, 해외 전 법인의 화물 움직임에 대한 가시성 확보 등 눈에 보이는 SCM 관리가 한층 강화됐고, 본사에서 해외법인까지 SCM 전문조직을 둔 것도 일관된 공급망관리와 협조체제를 가능케 했다고 설명했다.

유럽, 아시아 지역에서는 공동창고 운영, 창고 수 감축 등으로 지역최적화 작업이 가시적인 성과를 보이고 있다.

올해부터 3년간 수천만 달러가 투입되고 있는 SCM 시스템 혁신작업은 수요, 공급 등 각 부문별로 원활히 이뤄지고 있어 2012년께는 프로세스와 시스템 측면에서 세계최고 수준의 공급망관리체계를 갖출 것으로 회사측은 기대하고 있다.

최고공급망관리책임자(CSCO) 디디에 쉐네브 부사장은 "가장 효율적인 공급망을 보유한다는 것은 세계최고의 글로벌 경쟁력을 갖는다는 데에 의미가 있다"면서 "공급망관리가 기업경쟁력은 물론 지속가능경영에 기여하도록 물류와 재고 측면에서 발생하는 탄소배출을 줄이는 프로젝트가 막바지에 와 있다"고 말했다.

【2009.11.24 박영국 기자 24pyk@ebn.co.kr】

2. SCM의 구조와 기능

SCM의 프레임워크

SCM은 원재료 공급자에서 최종고객에게 네트워크시스템으로 접근이 용이하게 구축되어 있다.

전형적인 SCM시스템의 광의의 개념은 다음의 [그림 4-8]에 나타나 있다. SCM의 프레임워크는 SCM이 체인 안에서 제품, 자금, 정보흐름의 조정을 책임지고 있다는 것을 예시하고 있다. 제품, 현금, 정보는 각 기업 안에서의 모든 기능적 부서를 포함하고, 또한 체인 안에서 모든 당사자간의 흐름은 그 개방성과 호환성이 확실히 보장되어야 한다.

또한 이 프레임워크는 공급체인 안에서 기업들에 의해 행해지는 제품개발과 구매에서부터 고객서비스 관리까지의 모든 비즈니스 과정이 종합적으로 연결되어야 함을 의미한다. SCM의 프레임워크는 [그림 4-8]에 나타나 있듯이, 공급체인의 복잡성과 특정 공급체인에서 모든 기업들의 활동을 조정하려는 개별기업들이 직면한 거대한 도전을 예시한다.

SCM의 접근방법은 크게 두 가지 점에서 전통적인 방식과 다르다.

첫째, SCM은 광범위한 목표, 재고관리 및 구체적인 마케팅 목표의 달성보다는 오히려 고객서비스의 높은 수준을 달성하려는 관계지향적인 목표를 가진다.

둘째, SCM의 접근은 공급체인 내에 상·하류 양 방향 활동(upstream and downstream－oriented activity)의 모두를 통합하여 효율적인 관리를 추구하려는 것이다.

그림 4-8 SCM의 프레임워크

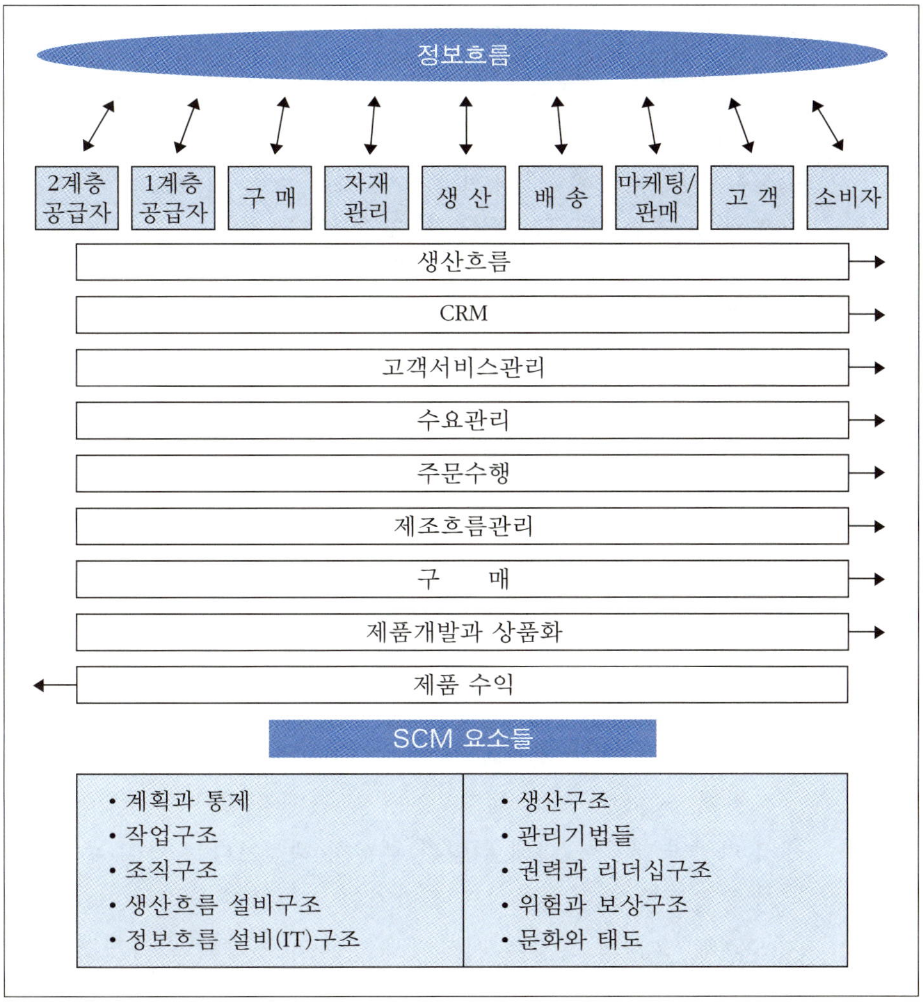

자료 : Cooper, Lambert and Pagh, 1997.

반면, 마케팅 경로는 하류 지향적(downstream) 활동에 집중되어 있어서 전자가 시스템적인 것인 데 반하여 후자, 즉 SCM은 프로세스적 접근으로서 전자를 포괄하는 의미를 가진다고 볼 수 있다. [표 4-1]은 네 가지 측면에서 통합관리 방식과 전통적 접근방법을 비교하였다. SCM과 전통적 접근방법과

표 4-1 통합체인관리와 전통적 접근방법과의 비교

요 소	전통적 접근방식	통합공급체인 관리
재고관리 접근방식	독립적 노력	경로 재고에서 공동 감소
총비용 접근방식	기업비용 최소화	광범위한 경로비용 효율성
시간 영역	단기적	장기적
정보공유와 감시의 정도	현 거래요구에 국한	프로세스 계획 및 통제 요구
경로 내 다단계의 조정정도	쌍방의 경로간의 단일거래계약	기업, 경로수준간 다자간 계약
공동계획	거래에 기반을 둠	지속적임
기업철학의 양립성	부적절	중요 관계를 위한 최소한 양립
공급자 기반의 폭	경쟁증가와 위험확대로 큼	조정의 증가로 작음
경로의 리더십	불필요함	조정을 위해 필요함
위험과 보상의 정도	개별적	장기적 위험 및 보상 공유
운영속도, 정보 및 재고 흐름	창고지향적(저장, 안전한 재고관리) 흐름에 방해되는 장애물: 쌍방 경로의 현지화	유통센터 지향적(재고처리속도) 흐름의 상호연결: JIT, 경로를 통한 신속반응

자료: Cooper, M. C. and Ellram, L. M., "Characteristics of Supply Chain Management and Implications for Purchasing and Logistics Strategy," *International Journal of Logistics Management,* Vol.4, No.2, 1993, p. 16.

의 비교는 다음의 네 가지 측면에서 볼 수 있다.

첫째, SCM은 구매, 제조, 유통 및 판매와 같은 공급체인의 근본적 영역에서 다양한 부문에 대해 위임된 부분적 책임보다는 단일 주체(single entity)로서 공급체인 전체를 하나의 통합적인 시각으로 본다.

둘째, SCM의 특징은 시작에서 끝까지 전략적 의사결정의 직접적인 흐름이다.

셋째, SCM은 재고에 대한 상이한 관점을 제공한다. 다시 말해서, 전통적 접근방법은 재고감소를 위한 독립적 노력을 요구하는 데 비해, SCM은 경로적 시스템의 접근으로 재고를 통합시스템에 의하여 공동감소를 추구한다.

SCM의 시스템 통합(integration)은 그 운영의 핵심요소이다.

[그림 4-9]에서 전통적인 공급체인은 고객과 소매상, 소매상과 판매자, 판매자와 제조업자 등의 관계로 나타낼 수 있다. 그러나 기술의 발달과

그림 4-9 공급체인관리

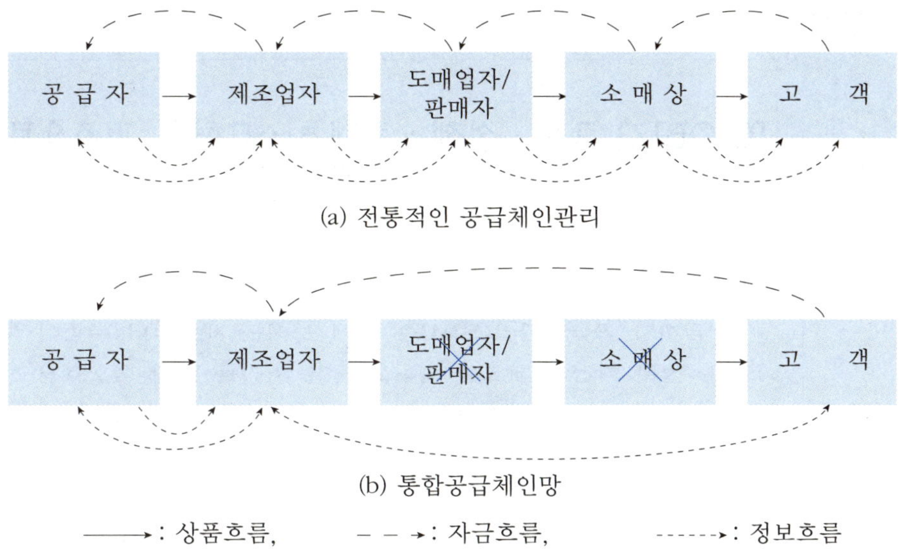

자료: Coyle, Bardi, Langley, "The Management of Business Logistics(A Supply chain Persective)."

Web에 기초한 상호 연계성은 고객과 직접 관계한 제조업자가 판매자와 소매상을 거치지 않고, 직접 상품과 정보를 교환함으로써 공급체인망이 통합되어 공급자와 제조업자, 제조업자와 고객 등의 단계로 간단해지는 것을 알 수 있다.

한편, SCM의 필요성은 글로벌 기업들이 글로벌 시장으로의 시장 확장에서 리드타임 단축과 약속시간 납기준수 등에 대한 압박, 고객서비스에 대한 관심의 증가와 고객만족과 같은 요인들이 강하게 고객에게서 요구받고 있다. 하지만, 가장 중요한 문제는 네트워크 관점에서 모든 기업이 수직 계열화하는 큰 규모의 비효율적인 조직이 아니라 오히려 공급체인상에 신축적으로 거래기업의 영역이 상호 포함되는 효율적인 외부기업과의 한 구성원으로 효율적인 경영을 추구하게 되는 것이다.

사례

[CIOBIZ] 그린 · 절제 · 콘텐츠…무형의 기준으로 판을 바꾸다

지금까지 공급망관리(SCM)는 눈에 보이는 제품이나 부품이 주된 대상이었다. 많은 기업이 재고를 줄이고 물류 거리를 짧게 함으로써 생산과 판매에 소요되는 원가를 절감하기 위해 노력해 왔다. 하지만 최근 들어 변화하는 경영환경과 비즈니스 모델에 따라 새로운 개념의 공급망관리(SCM) 기법이 필요하다는 주장이 제기되고 있다. 예를 들어 이산화탄소 배출 문제에 대응하기 위해 이산화탄소 저감을 목표로 한 새로운 SCM 기법이 관심을 모으고 있으며, 세금을 낮출 수 있는 절세 SCM도 해외에서 새롭게 떠오르고 있다. 또 콘텐츠 중심의 생태계가 중요한 경쟁 우위 요인으로 부상하면서 온라인 비즈니스 환경에 대응할 수 있는 SCM 역량을 주목해야 한다는 지적도 나오고 있다. 소위 넥스트(Next) SCM이라고 일컫어지는 새로운 SCM 기법에 대해 알아본다.

지속가능 경영을 위한 '그린 SCM'

제조, 유통, 물류 등 각 산업마다 쟁점 사안은 다르지만 SCM 전 과정에서 이산화탄소 배출량을 줄임으로써 '친환경' 기업으로 거듭나는 것은 모든 기업들의 공통된 고민이다. 특히 2013년부터 우리나라도 2차 온실가스 의무감축 대상국이 될 것으로 예상되고 있어 국내 기업들이 최근들어 가장 주목하고 있는 분야이기도 하다.

친환경 SCM이라고도 불리는 그린 SCM은 지구온난화에 대응해 지속가능 경영을 구현하는 것을 핵심 과제로 삼고 있다. 때로는 기존 방식의 SCM 효율화가 아닌 통합적인 관점에서 물류 체계를 새로 만들어야 하기 때문에 기업과 기업의 협업도 중요시되고 있다.

그린 SCM 전략은 해외 기업들이 한발 앞서 추진하고 있으며, 해외에서는 운송수단을 트럭에서 철도 혹은 선박으로 교체하거나, 여러 기업의 화물을 공동으로 운송하는 기법에서 더 나아가 이미 유통업체와 제조업체, 또 제조업체와 협력업체간 협업으로 확대되고 있는 추세다.

유통업체의 경우 월마트와 테스코가 눈에 띈다. 월마트는 2015년까지 글로벌 SCM 경쟁력을 높여 2000만 톤의 온실가스를 감축하겠다고 선언했고, 테스코는 2020년까지 온실가스 배출량을 현재의 절반 수준으로 줄이겠다는 계획이다. 특히 이들은 제조업체와의 협업을 중요시하고 있으며, 월마트는 자사에서 판매되는 제품에 대한 유해물질량을 관리하기 위해 주요 제조업체들과 협업에 나서고 있다. 테스코와 P&G는 테스코의 물류 트럭으로 P&G의 제품을 물류 창고로 통합 배송하게 해 CO2를 많이 줄인 사례로 평가받고 있다. 두 회사가 각각 물류 최적화를 추진하는 경우보다 더 많은 양의 이산화탄소를 저감할 수 있다. 이 같은 유통-제조업체간 친환경 SCM 협업 사례는 더욱 확대될 전망이다.

제조업체의 경우 제품 구매부터 유통 단계까지 공급망 전반에 걸쳐 유해물질 감소량을 감축하기 위한 노력을 서두르고 있다. 이를 위해 자사뿐 아니라 구매할 재료 및 부품 협력업체의 유해물질 관리 역량도 중요해졌다. 코카콜라는 구매부터 유통까지 △탄소배출 △냉매재·에너지 효율 강화 △물 사용량 △포장재 등 4가지 측면에서 전략 마련하는 한편 협력사들의 오염물질 배출량도 자사 책임하에 관리하고 있다. 제조업체간 협업도 확대되고 있다. 일본에서는 일철물류 등 8개 기업이 각기 4톤 트럭으로 수송하던 각 회사 화물을 한번에 15톤 트럭으로 공동 수송해 온실가스를 40% 가량 절감시킨 사례도 있다. 그러나 아직 국내에서는 이렇다할 사례가 없다.

물류업계의 행보도 발빠르다. DHL은 물류 공급망 전반에 걸쳐 측정, 감축, 상쇄의 세 가지 방법을 통해 운송 중 발생할 수 있는 탄소 배출량을 줄일 수 있는 고그린(GoGreen) 프로젝트를 진행 중이다.

세금 줄여 수익극대화 노리는 '절세 SCM'

'절세(Tax Effective) SCM'(TESCM)은 '세금' 관점에서 SCM을 최적화함으로써 수익을 극대화하는 것을 목표로 하고 있다. 아직 국내에서 가시화한 것은 아니지만 글로벌 금융위기를 거치면서 국내 기업들도 서서히 관심을 보이고 있다. 글로벌 제조기업을 중심으로 기업의 손익에서 큰 비중을 차지하는 세금을 줄이는 것이 필요하다는 인식이 확산되고 있는 것이 대표적인 예다. 최적의 물류네트워크 안에서 지주회사와 공장을 배치하고 거래 흐름을 관리해 공급망 최적화와 세금 절감 효과를 동시에 꾀하는 것이 절세 SCM의 핵심 목표다.

예를 들어 법인세율이 낮은 국가에서 많은 이익을 남길 수 있다면 세무 효율성을 높일 수 있다. 이 때문에 해외에 공장을 설립하거나 활발하게 해외 진출을 시도하는 중견 기업들도 많은 관심을 보이고 있다. 국내에서도 언스트앤영, 딜로이트 등 컨설팅 업체들이 국내 기업들을 대상으로 절세 SCM의 중요성을 알려나가고 있다.

국내의 경우 삼성전자나 LG전자 등 대기업들의 경우 본사가 국내에 소재해야 한다는 인식이 강해 해외 기업들처럼 지주회사나 본사를 옮기는 전략을 구사할 확률은 낮다. 하지만 많은 기업들이 물류센터 혹은 생산 공장 설립시 물류네트워크를 세금과 연관해 최적화함으로써 세금 우대 효과를 얻으려는 전략을 검토하고 있다. 절세 국가로 인기가 높은 곳은 홍콩, 싱가포르, 스위스 등지가 주로 고려되는 국가다.

아시아태평양지역의 경우 세금혜택이 큰 싱가포르를 최적의 물류 기지로 활용하려는 움직임이 많다. 레노보는 세금 경감을 위해 중국에서 싱가포르로 물류 기지를 이전한 대표적인 경우다. 이외에도 많은 기업들이 싱가포르에 지주회사를 설립한 후 아시아 지역 전체 운영을 담당하도록 하고 생산 기획, 설계, 연구개발, 판매관리 등 기업의 핵심역량이 집중된 업무를 싱가포르로 이관시켰다. 예를 들어 기존에는 중국에서 생산해 호주에 수출하고 호주 법인이 직접 판매했다면, 싱가포르 법인이 직접 원재료를 구입해 중국에 가공 의뢰 후 호주에 수출하고 호주 법인이 판매하게 할 겨우 절세 효과를 얻을 수 있다는 것이다.

언스트앤영 조상욱 부대표는 "언스트앤영 조사결과에 따르면 전 세계적으로 TESCM을 도입한 회사 중 72% 이상이 최소 5%이상의 순익증가 효과를 보았고, 44% 이상이 25% 이상의 유효세율 절감 효과를 얻었다"며 "절세 SCM을 도입하기 위해 지주 회사의 △위치 △유효 법인세율 저감 계획 △재무제표 기능통화(Functional Currency) △법인 설립과 이전에 관련된 이슈 사항 등을 함께 고려해야 한다"고 조언했다. 조직별 운영 프로세스의 권한과 책임을 어떻게 본사와 현지에 배분할 것인지 고민하는 것도 매우 중요하다.

제품보다 콘텐츠, '디지털SCM'

휴대폰 시장이 기능 경쟁에서 애플리케이션과 앱스토어 경쟁으로 빠르게 변하고 있는 모바일 산업에서 볼 수 있듯이 이제는 콘텐츠 공급망의 경쟁력이 제조기업들의 또다른 핵심 역량으로 떠올랐다. 애플리케이션과 앱스토어, 고객을 잇는 디지털 SCM 역량을 갖춰야 하는 것이다.

소비자들의 온라인 시장 의존도가 높아지면서 사진, 음악, 동영상 등 디지털 콘텐츠에 대한 구매가 급증하고 최근 스마트폰의 급속 확산으로 모바일 콘텐츠 시장이 가열되면서 많은 기업들의 수익창출 기반 자체가 실물제품이 아닌 디지털 콘텐츠로 빠르게 옮겨가고 있다.

애플의 아이튠스와 앱스토어가 대표적인 예다.애플은 이같은 온라인 콘텐츠 유통 역량을 통해 재고와 물류가 없는 공급망을 실현했다. 이는 아이폰, 아이팟 같은 자사 제품 판매로 이어지고 있다. 플랫폼 SCM의 강자인 노키아도 휴대폰 판매보다 모바일용 소프트웨어 기업으로 탈바꿈한다는 계획하에 자사의 애플리케이션스토어인 '오비스토어' 등을 통한 온라인 콘텐츠 공급망 향상에 집중하고 있다.

세계적 리서치회사인 AMR리서치는 디지털 SCM을 두고 '창고가 데이터센터로 대체되고, 상자는 비트(Bit) 단위로, 트럭은 대역폭(bandwidth)으로 대체되고 있다'고 표현하기도 했다. 컨설팅회사인 캡제미니가 디지털 SCM 방법론을 개발한 바 있으며 아직 국내에서는 많이 확산되지 않은 개념이다.

디지털 SCM 경쟁력은 혁신적인 아이디어에 기반을 두는 경우가 많다. 따라서 전통적이 제품과 실물 생산에만 치중하고 있는 제조기업들의 경우 기대한 만큼의 성과를 얻기가 쉽지 않다. 웬만큼 혁식적인 비즈니스모델이 아니라면 선발 주자들의 진입장벽을 넘어서는 것이 사실상 불가능할 수도 있다.

【전자신문 : 2010. 5. 3 유효정기자 hjyou@etnews.co.kr】

참 고 문 헌

김창봉, "글로벌 SCM도입요인의 인식에 관한 연구－전기 · 전자기업 중심으로－," 2001.12.

———, 「글로벌 기업의 GSCM 전략」, 보명사, 2006. 2.

A. Morash, Edward, L.M. Cornelia, Droge, and K. Shawnee, Vickery, "Strategic Logistics Capabilities for Competitive Advantage and Firm success," *Journal of Business Logistics*, 17 n.1, 1996, pp. 1-21.

Amanda McMullan, "Supply chain management practices in Asia Pacific today," *Int'l Journal of Physical Distribution & Logistics Management*, Vol.26 No.10, 1996, pp. 79-95.

C. Bechtel & J. Jayaram, "Supply Chain Management: A strategic perspective," *The International Journal of Logistics Management*, 1997, 8(1), pp.15-30.

C.A. Bartlett and S. Ghoshal, "Managing across Borders: New Organization Responses," *Sloan Management Review*, Fall 1987, pp. 43-53.

Coyle, Bardi, Langley, "The Management of Business Logistics : A Supply Chain Perspective," 7e 2003.

D.J. Bowersox, "The Strategic Benefit of Logistics Alliances," *Harvard Business Review*, July-August 1990, pp. 36-45.

Dresner, Martin and Kefeng Xu, "Customer Service, Customer Satisfaction and Corporate Performance in the Service Sector," *Journal of Business Logistics*, 16n.1, 1995, pp. 23-40.

F.R. Dwyer, P.H. Schurr & S. Oh, "Developing buyer-seller relationship," *Journal of Logistics Management.*

H. Thomos, Davenport & E. James, Short, "The New Industrial Engineering : IT and Business Process Redesign," *Sloan Management Review*, Summer 1990, pp. 11-27.

J. Coyle, John, J. Edward, Bardi, and C. John Langley, Jr., "The Management of Business Logistics," 6th ed., St. Paul, MN: West Publishing Company, 1996, pp. 5-11.

J. LaLonde, Richard and F. Richard Powers, "Disintegration and Re-Integration: Logistics of the Twenty-First Century," *The International Journal of Logistics Management*, 4 n.2, 1993, pp. 1-12.

L.M. Ellarm & M.C. Cooper, "Supply Chain Management, Partnerships, and ther Shipper-third party relationship," *International Journal of Logistics Management*, Vol.1 No.2, pp. 1-10.

M. Lieberman, "Industry Reduction and Productivity Growth," *Manufacturing Strategy*, 1989.

M. C. Cooper & L.M. Ellram, "Characteristics of Supply Chain Management and the implications for purchasing and logistics strategy," *Journal of Business Logistics*, 1993, 4(2), pp. 13-24.

R. Crum, Michael and C. Mary, Holcomb, "Transportation Outlook and Evaluation," ch21 in James F. Robeson, William C. Copacino, and R. Edwin Howe, ed., *The Logistics Handbook*, New York: The Free Press, 1994.

R. H. Ballou, "Business Logistics Management," Prentice－Hall, Englewood Cliffs, NJ, Third Edition, 1992.

S. Day, George and Robin Wensley, "Assessing Advantage: A Framework for Diagnosing Competitive Superiority," *Journal of Marketing*, 1988, 52, pp. 1-20.

Sharma, Arun, Chruv grewal, and Michael Levy, "The Customer Satisfaction/Logistics Interface," *Journal of Business Logistics*, 16 n.2, 1997, pp. 349-355.

Tom Davis, "Effective Supply Chain Management," *Sloan Management Review*, Summer 1993 pp. 35-46.

W. Goldsborough, *Global Logistics Management*, Menlo Park: CA, CRI International, 1992, pp. 39-46.

Yoshinobu Hara, "Supply Chain Management Introduction," Diamond Co., Kansai Research Institute, 1999, pp. 57-62.

제 5 장
신속대응시스템(QR)

사례

의류업체 자라의 경쟁력, 빠른 SCM

3주 안에 디자인에서 유통까지 완료

"브룩실즈가 입고 온 그 의상은 2주 후면 전 세계 자라 매장에 깔릴 것입니다." 마이클잭슨의 장례식이 있던 날 TV에 비친 브룩실즈의 의상이 화제가 되자 의류업체 자라리테일코리아 관계자가 한 말이다.

자라(Zara)는 공급망관리(SCM)의 핵심 가치 중 '빠른 시장 대응'을 성공적으로 수행하고 있는 기업으로 꼽힌다. 지난해 우리나라에 처음 매장을 연 이래 올해 초 대구 동성로 매장을 개장하고 부산 등지에 12개점 이상의 매장 확대를 계획하고 있다.

지난 35년 동안 지속적으로 성장해온 자라는 최근 순이익률이 10%가 넘는다. 지난해에도 2007년 대비 10% 가까이 점포를 확대하는 기염을 토했다. 이렇게 자라가 성장해 온 배경에는 선택과 집중에 의한 속도 중심의 SCM 전략이 자리잡고 있다.

대부분의 의류 업체들이 내년 봄·여름 상품을 올해 가을·겨울부터 기획하는 것과 달리 자라는 단 2주, 최대 3주 안에 신제품 기획부터 디자인, 제조, 유통까지 완료한다. 시즌 컬렉션의 단 25%만을 시즌 전에 제작한다.

그리고 시즌 초기에 계획했던 제품들을 잠시 판매하다 판매 정보를 빠르게 수집해 안 팔리는 옷들은 즉시 판매율이 높은 제품들로 대체시킨다. 또 잘 팔리는 의류의 '변형' 디자인을 빠르게 생산하고 다시 유통시켜 판매를 진작시킨다.

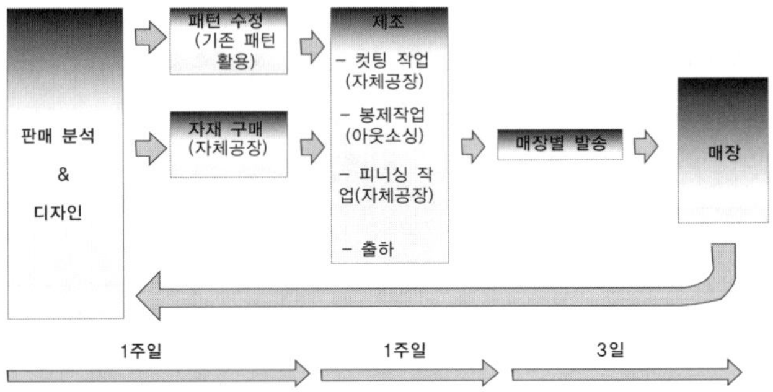

한 주에만 200여 개가 넘는 제품을 기획, 1년에 무려 1만 개가 넘는 의류를 기획해 유통시킨다. 물론 이 과정에는 매장 매니저와 디자인팀간 활발한 소통이 전제돼 있다. 생산 방식 자체도 소량생산을 원칙으로 해 적시생산체제(JIT)를 구현하도록 '속도'에 집중돼 있다. 많은 의류업체들이 자사 제품의 상당부분을 외주 생산을 하고 있는 것과 달리 자라는 65% 이상의 제품을 자가 생산한다. 바로 '속도' 때문이다.

자체 공장 생산량의 85%를 현재 시즌 제품의 생산에 사용해 1주일 만에 생산 과정이 완료하도록 하고 비행기에 실어 전 세계 어디든 36시간 안에 수송할 수 있는 체계를 갖췄다. 이렇게 매주 신제품을 매장에 깔아 소비자들의 재방문율을 높이고 있다.

【2009.9.19 유효정기자 hjyou@etnews.co.kr】

제1절 QR(Quick Response) system의 정의

1980년대 초 호황기를 누리던 미국의 섬유 · 의류 관련 제품의 경쟁력이 악화되었다. 대만, 필리핀, 한국 등 저렴한 인건비를 바탕으로 미국시장에 수입되는 아시아 국가들 및 중남미 국가들의 제품들에 비해 미국제품이 점점 시장경쟁력을 상실하게 된 것이다. 그래서 미국에서 섬유 · 의류산업의 회생방안으로 시작한 것이 QR(Quick Response)이다.

QR은 섬유의 원사메이커로부터 염색, 봉제, 창고, 소매까지의 모든 과정에 일관된 정보체계의 구축으로 미국 KSA(Kurt Salmon Associates)에 의해 처음 그 개념이 도입되었으며 생산 · 유통관계의 거래 당사자가 협력하여 소비자에게 적절한 시기에 적절한 양을 적정한 가격으로 제공하기 위한 시스템이다. 구체적으로 QR은 전자문서교환(EDI) 및 판매시점 정보관리(POS), 유통정보 데이터베이스 등의 정보처리 기술을 활용하여 생산 · 유통기간의 단축 및 재고의 감소, 반품으로 인한 손실의 감소 등 유통관계자와 소비자가

그림 5-1 QR의 기본요소

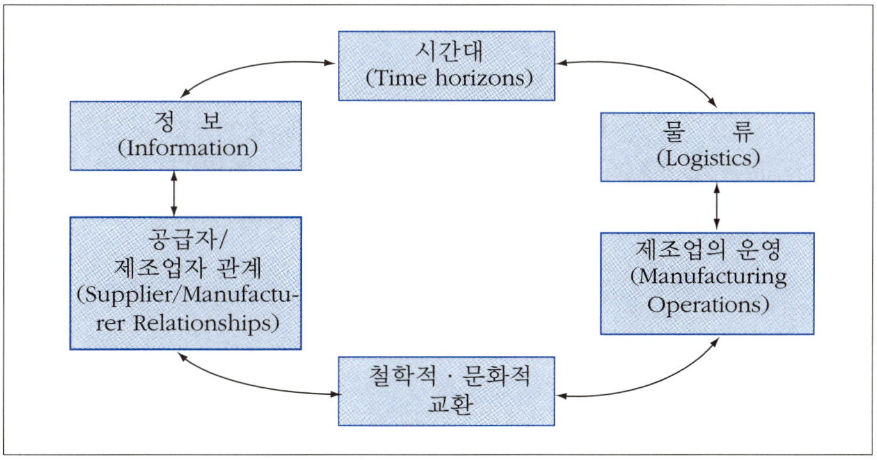

자료: Coyle, Bardi, Langley, "The Management of Business Logistics(A Supply Chain Perspective)."

모두 비용절감 및 업무효율화의 혜택을 얻을 수 있다.

QR은 기존의 전형적인 기업들간의 거래에 있어서 이익과 손실을 상호 이익의 업무 협력관계로 전환하는 것이며, 정보 네트워크를 통해 유통과 메이커 공급자 사이의 파트너십을 확립하는 것이라 할 수 있다.

앞의 [그림 5-1]은 QR시스템의 기본요소를 나타낸 그림으로 시간대(Time horizons), 물류(Logistics), 제조업의 운영(Management Operations), 철학 · 문화적 교환, 공급자 · 제조업자 관계(Supplier/Manufacturer Relationship), 정보(Information) 등이 모두 유기적으로 관련을 맺고 있음을 잘 나타내 주고 있다.

제 2 절 QR system의 개념

QR은 소비자의 구매정보(POS정보)를 사용하여 생산과 판매자의 리드타임을 단축하여 고객의 요구에 신속하게 대응하기 위하여 개발되었다. 특히, 글로벌 네트워크 구축의 섬유산업에서의 대표적인 사례와 POS데이터를 활용하여 생산과 판매의 균형을 이루어 재고관리와 수요예측이 가능하며, 상품의 원활한 공급이 가능하도록 조정하여 기업의 경쟁우위 전략으로 활용되고 있다.

[그림 5-2]는 생산 · 유통관계의 거래 당사자가 협력하여 소비자에게 적절한 시기에 적절한 양을 적정한 가격으로 제공하는 것을 목표로 한 소비자의 개성화나 가격지향 시대에 적응하기 위해 기업의 거래선과 공동으로 실시하는 리엔지니어링의 개념을 나타내는 QR시스템을 도식화한 것이다.

그림 5-2 QR의 프레임워크

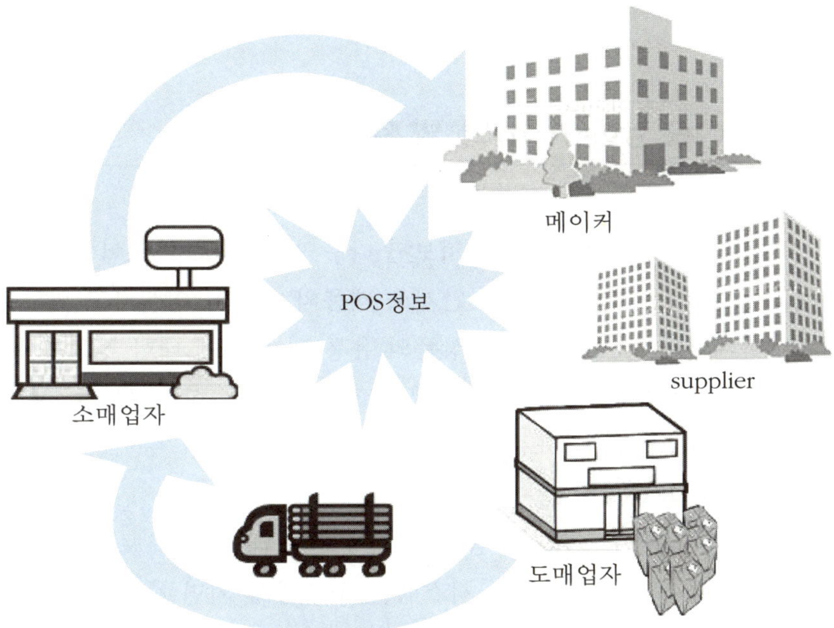

자료: SCM 연구회(일본), "わがる！ eサプイチェーン," ダイアモンド社, 2003.

제 3 절 QR system의 도입배경

QR의 도입배경은 세계 제일의 산업기반과 시장규모를 확보하고 있으면서도 시장변화에 적절히 대응하지 못해 섬유산업이 쇠퇴하였다고 분석한 미국이 1980년대부터 제조업과 유통업을 연계하여 섬유산업의 부흥을 위해 QR을 적극 도입하게 되었다.

1980년대 미국의 섬유업체들은 해외생산을 기반으로 성장하였는데, 그 가운데 미국 섬유제품의 수입은 갑자기 증가하였다. 이에 대해 미국의 섬유업체는 MFA(다자간 섬유협정)에 바탕을 둔 수입규제에 대항하고자 하였으나, 품종 및 생산국의 환경변화가 일어나 그 실효를 거둘 수가 없게 되었다. 이에 QR이 생성되었으며, 발전하게 되었다.

제 4 절 QR system의 발전단계

QR의 발전단계를 살펴보면 다음의 6단계로 나누어 볼 수 있다.

제 1 단계, 표준화의 단계로 제품의 상품을 인식하고 바코드를 부착하는 단계이다. EDI를 통하여 상품의 유통 및 판매에 대한 정보를 교환한다. 우리나라에서는 KAN코드라고 부르고 있는 공동상품코드를 제품에 표시하여(Source Marking) 표준EDI 메시지 등을 이용하여 수·발주하며, 재고와 물류관리에 KAN코드를 이용한다.

제 2 단계, QR시스템을 통하여 판매된 상품의 보충발주를 보다 빠르고 적기에 공급할 수 있는 시스템을 구축하게 되면 중포장재인 출하 카톤박스(carton box)에 물류용 바코드(EAN-128)를 붙이고 관련데이터를 전자문서교환을 이용하여 상대방에게 사전에 통지한다. 따라서 상품인수시 박스를 뜯어서 검품 작업을 할 필요가 없게 되었고, 물류센터 및 소매창고의 재고삭감이 가능하게 되었다. 소매점은 POS시스템을 통하여 일별 · 주별 예측이 가능하게 되었으며, 매장재고를 자동보충하기 위한 자동보충 발주시스템도 실시할 수 있게 되었다.

제 3 단계, 공급업자와 소매업자가 함께 POS 판매데이터를 공유하고 판매에 대한 예측기능을 더욱 강화하여 재고를 감소시킬 수 있다. 전보다 짧은 사이클의 자동보충 발주시스템이 가능해지며 판매요소에 대한 보다 기능적이고 보완적인 상호교관 운영이 가능해져 공동상품을 계획할 수 있게 되는 단계이다.

제 4 단계, POS판매데이터의 정확한 품목별 수요분석이 이루어져 품목별 분류 및 배합, 단위 품목별 보유량 등을 파악하여 소매상별 요구에 맞는 발주를 실현하게 되는 단계이다. 이 단계에서는 회전이 빠른 상품을 개발할 수 있어 가격이 높은 상품에서 큰 QR시스템의 효과를 거둘 수 있다.

그림 5-3 **Dry Grocery Chain ECR실행 전후의 평균 처리량 시간의 비교**

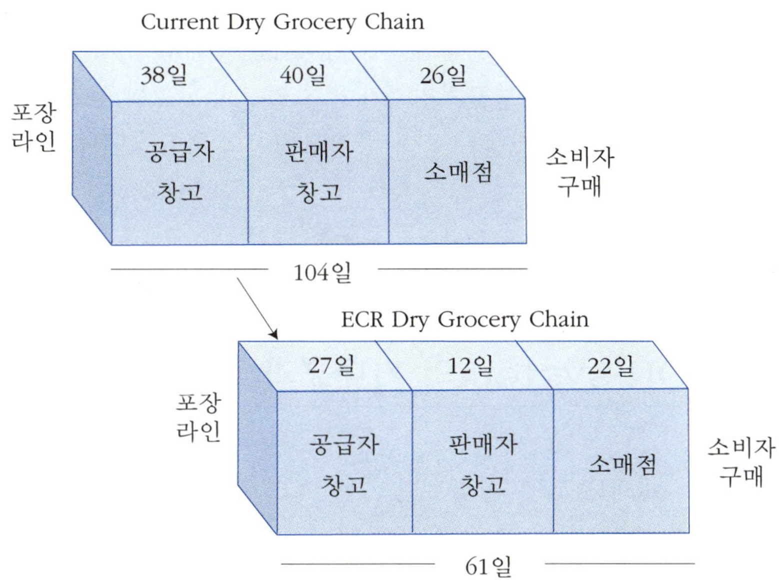

자료: Kurt Salmon Associates, Inc., *Efficient Consumer Response Enhancing Consumer Value in the Grocery Industry*(January 1993).

제5단계, 기본상품과 시즌상품에 유행성이 강한 상품을 첨가하여 신상품에 대한 매장 내 테스트 결과를 정확한 분석과 함께 시장수요에 대응하는 전략으로 사용한다. 이 단계는 QR시스템을 이용하여 유행 변화에 대응, 소량생산 제품의 대응을 효율적으로 수행할 수 있다.

제6단계, 시스템 통합단계라고 볼 수 있다. 이 단계에서는 판매의 활동무대가 점포에서 가정으로 이동하여 가계의 소비동향이나 요구를 여러 가지 방법으로 파악하여 소비자가 필요로 하는 시기에 상품을 가정으로 보내는데, 이것은 소위 무점포 판매의 일종으로 QR 이상의 개념으로 CR(Consumer Response)라고 부른다.

[그림 5-3]은 가공 포장식품(Dry Grocery)의 공급체인을 나타낸 그림으로 QR시스템을 도입하기 전에는 포장라인에서 소비자가 구매하기까지 공급, 판매자 창고, 소매점에서 소비되는 시간이 각 38일, 40일, 26일로 104일

이나 되었다. 그러나 신속대응의 한 가지 방법인 ECR(Efficient Consumer Response), 즉 소비자에게 보다 나은 가치를 제공하기 위해 식품산업의 공급업체와 유통업체들이 밀접하게 협력하는 전략을 사용함으로써 포장라인에서 소비자 구매까지 평균처리시간이 61일로써 ECR의 사용 전보다 43일이나 감소하였다. QR시스템을 통하여 공급체인의 효율을 극대화하였으며 소비자의 만족도도 높였다.

제 5 절 QR system의 기대효과

QR의 효과를 살펴보면, 다단계의 프로세스가 소단계로 전환되기 때문에 공정시간이 대폭 단축되어 납기를 단축할 수 있는 효과를 거둘 수 있다. 또한 생산원가 및 비용의 절감(수익성 증가) 효과도 얻을 수 있다. 재고수준 감소에 따른 관리비용의 절감과 함께 불필요한 생산을 억제하므로 비용의 손실을 막을 수 있고, 물류의 원활한 흐름에 의해 물류비용의 감소효과도 기

그림 5-4 섬유산업에서의 QR시스템의 효과

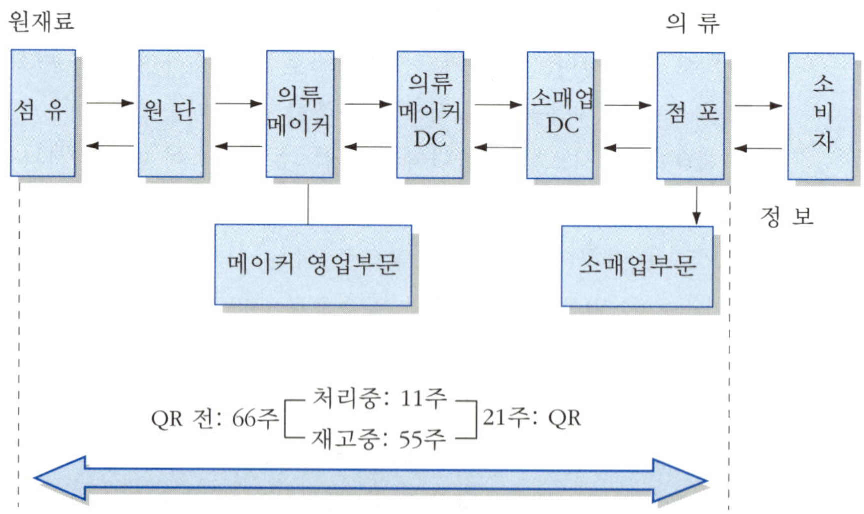

대할 수 있다. 시간이 단축됨에 따라 시장의 변화에 대한 신속한 대응력도 갖는다. 제품생산 및 유통에 소요되는 기간을 단축하여 시장의 변화에 능동적으로 대처할 수 있으며, 소매상에서 발생하는 정보의 신속한 공유와 필요한 상품에 대한 공급을 원활하게 도와준다.

[그림 5-4]는 섬유산업에서의 QR시스템의 기대효과를 도식화한 것으로, 원재료의 섬유가 소비자에게 구매되기 바로 전 단계인 의류의 소매업부문까지 걸리는 시간은 처리기간이 11주, 재고기간 55주를 포함하여 총 66주였는데, QR시스템을 도입함으로써 재고기간이 단축되어 21주면 원재료의 섬유가 점포에 도달하게 되었다. 45주나 되는 기간이 단축됨으로써 고객에게 더 빠른 대응을 할 수 있는 효과를 거둘 수 있게 된 것이다.

제 6 절 CASE-Benetton

1. 베네통의 발전과정

(1) 설립 초기

베네통은 세계에서 가장 많은 매장을 갖고 있는 세계 최대의 의류생산기업이다. 모기업인 베네통 S.P.A를 비롯해 50여 개 계열사와 6,000여 명의 본사 직원을 거느린 베네통 그룹은 2조원 이상의 매출을 기록하며 대형 패션업체로 성장하였다.

1955년 처음 베네통이 스웨터를 만들어 시장에 내 놓았을 당시에는 회색 이외에 스웨터에 과감한 색을 사용하지 않았던 터라 다양한 색상의 스웨터는 젊은이들 사이에서 큰 인기를 끌게 되었다. 이때부터 현재까지 이어지는 베네통사의 색상에 대한 경영이론을 살펴보면 다음과 같다. “색은 우리가 가진 최대특징이다. 우리는 색에 대한 직관을 가지고 있다. 예전에 비해 다른 기업들도 여러 가지 색을 사용하고 있지만 베네통의 색에는 색깔 외에 한 가지가 더 있다.” 그것은 색에 대한 혁신적인 발상을 하는 것이다. 처음부터 지금까지 색에 대한 전략부분에서 변하지 않는 것이 있다. 유행색이 3가지라면, 그 3가지 색뿐 아니라 10가지 색을 제시하여 소비자가 무엇인가 풍성하다고 생각하게 하는 것이다. 이것이 바로 베네통의 지속적인 전략이다. 물론 유행색들은 많은 수량이 판매되어 매상에 도움이 되지만, 주변 색들은 상품의 다양성을 주고 풍부한 영감을 준다. 그래서 매장을 풍성하게 보이게 한다. 이와 같이 베네통 사는 설립 초기부터 색에 대한 전략을 꾸준히 유지하고 지켜나가고 있다. 이외에도 초기 베네통의 강점은 틈새시장을 과감히 공략하고 다른 기업이 시장의 장벽을 넘지 못하도록 한 것이다.

(2) 1970년대 이후

기업이 급속도로 성장하면서 다른 의류기업들이 베네통에 대해서 인식을 하게 되고 경쟁을 함으로써, 본격적인 경쟁사가 등장하기 시작하였다. 국내에서는 스테파넬, 해외에서는 프랑스의 ‘라코스테’, ‘마리테 프랑소와 저버’ 영국에서는 ‘넥스트’ 등 다각적인 경쟁이 시작된다. 그러나 베네통사에서는 시장에서 경쟁사들을 신경 쓰고, 대응하기보다는 자사가 목표하는 방향을 추진하는 데 온 기업의 에너지를 발휘한다. 즉, 시장에서 베네통은 benchmarking을 하는 기업이 아니라 시장을 주도하는 기업의 이미지를 보여 주었다.

(3) 현재와 미래

오늘날 베네통은 120여 개국에 진출해 있고, 창립한지 30년 만에 전 세계 5,000여 개의 매장을 가지고 있다. 베네통은 이제 캐주얼 의류뿐 아니라 화장품과 스포츠의류업체를 인수하여 종합적인 패션기업으로서 새로운 변화를 시도하고 있다. 폭넓고 세계적인 시각을 가져야 패션기업으로서 거듭 성장할 수 있고 성공할 수 있다. 또한 패션분야에 나타난 새로운 변수들을 빠르게 파악하고 변화의 속도에 대해 집중력을 갖고, 대응해 나가야 한다.

베네통은 우선 베네통이 전개하고 있는 사업, 즉 최근 3년 동안 부동산과 금융 등 다양한 분야에 대한 투자를 계속해 나가고, 의류부문의 사업에 전력을 다 할 것이다. 그리고 가장 중요한 계획은 매가스토어(Maga Store)의 계속적인 개점이다. 아름다운 매장은 고객에게 기업의 좋은 이미지를 부여할 수 있으며, 제품을 구매하는 데 촉매제 역할을 할 것이기 때문이다. 베네통 그룹의 모토는 "어떤 것도 필요로 하지 않는 누군가에게 제품을 판매하는 것"이다. 이러한 사훈 아래 기업은 계속 성장해 나갈 것이다.

2. 베네통의 경영환경 변화에 따른 혁신전략

글로벌 환경으로 시장이 급변하면서 베네통도 브랜드 이미지를 강화, 제품군의 확대, 글로벌 시대에 맞는 물류시스템의 필요성 등이 증대되었다. 또한 새로운 경영자들도 등장함에 따라 전략적인 대응을 할 필요성을 느끼게 되었다.

그림 5-5 **베네통의 광고**

자료: 폭력, 인종, 마약, 전쟁 등의 광고를 통해 현실을 직시하게 만드는 베네통의 광고.

(1) 마케팅전략

베네통은 중저가 제품이지만 좋은 품질, 강력한 색상으로 소비자들에게 어필하였다. 매장의 진열방식에도 차별화를 두었는데, 매장별로 상품과 위치를 차별화한 것이다. 또한 많은 상품을 한꺼번에 만들어 놓는 것이 아니라, 판매 대리인으로부터 주문이 발생할 때만 생산을 하였다. 베네통사가 소비자에게 깊은 인상을 심어준 데는 그들만의 별난 광고가 가장 큰 힘으로 작용하였다. 분명 옷 광고이면서 옷에 대한 언급은 단 한 줄도 없으면서, 보는 사람으로 하여금 깊은 인상을 심어주는 강렬한 색상의 대비, 인종차별을 생각하게 하고 인류사회 각 분야의 편견을 생각하게 만드는 그들만의 독특한 광고는 가치중립적인 색상을 이용하여 인류의 가치를 다시 한번 생각하게 만드는 마력을 가지고 있다. 광고 문안인 "all the color in the world"라는 메시지는 "베네통의 옷에는 미래의 전망과 철학, 라이프스타일이 있다"는 이미지를 전세계로 확산시키게 된다. 베네통의 광고는 이탈리아 휴머니즘과 결합하여 베네통사만의 독특한 광고철학을 완성시켰다.

(2) 생산전략

베네통사가 세계적 기업으로 성장한 데는 분명 그들만의 독특한 경영 노하우, 즉 참신한 색채의 개발, 세계 최초의 후염색기법 도입, 제공자 주도형 조직 등이 큰 공헌을 하였다.

1961년 베네통의 창시자 루치아노는 스웨터를 짠 다음에 염색을 하는 '후염색기법'이라는 획기적인 아이디어를 생각해 냈다. 그때까지는 염색되어 있는 모사로 스웨터를 짜는 것이 상식이기 때문에 모두들 나중에 염색하는 것은 무리라고 생각했다. 그러나 이러한 통념을 깨고 베네통은 회색의 실로 스웨터를 대량으로 만들고 마지막으로 염색을 하는 제조법을 성공시켰다. 이 기법을 개발함으로써 소비자의 요구를 충족시킴과 동시에 재고율을 낮추는 두 마리 토끼를 잡을 수 있었다.

Postpone전략은 생산공정의 일부를 채널의 다음 단계로 지연시킴으로

그림 5-6 생산공정 과정

자료: 스웨터를 짠 다음에 염색을 하는 '후염색기법'을 사용한 베네통.

써 보다 유연성 있는 고객화를 위한 전략으로, 수요량의 80%만 미리 판매시기 전에 생산하고, 20%는 판매시점에서 시장상황에 따라 생산하는 것을 말한다.

(3) 물류전략

베네통에서는 중앙정보시스템이라는 각국 판매대리회사의 수주 사항 등이 직접 본사로 전달되는 시스템을 갖추고 있었는데, 이 시스템은 주문접수, 주문상품 생산, 포장, 선적, 배송에 이르기까지의 일련의 모든 과정이 일주일 이내에 완성될 수 있는 시스템이다.

베네통은 이 시스템을 이용하여 단계별 생산, 즉 수요량의 80%만 미리 생산하고, 나머지 20%는 고객의 요구에 따라 다양한 변화를 주어 판매시기에 생산하도록 하였다. 20%의 생산품은 거의 항공운송에만 의존하였다.

이러한 시스템은 최후의 고객이나 미묘한 유행의 변화까지 놓치지 않으려는 베네통의 집념을 보여주며, 그 결과 베네통은 보다 소비자의 니즈에 부합할 수 있으며, 재고량을 효과적으로 감소시킬 수 있게 되었다.

베네통은 중앙과 하부 공장, 본사와 공장 간의 연계를 정보화를 통하여 원활하게 하고 있다. 글로벌이라는 이름의 신청시스템을 통하여 전자주문이 이루어지고 있으며, 글로벌 물류정보시스템은 전세계 30여 개국에 설치되어 기존 데이터베이스와 함께 소비자동향, 제품 스타일, 가격 등이 계속적으로 최신 데이터베이스화되고 있다. 이러한 시스템을 가능하게 하는 것 중의 하나가 EDI(전자문서교환)이고, 이 물류정보시스템을 통해 베네통은 유통구조를 단순화할 수 있게 되었다.

1986년 카스트레트(Castertte)에 설립된 베네통의 대형 자동물류센터는 길이 170m, 너비 83m, 높이 20m, 건축면적은 28만m²이고, 전세계 7천 5백여 가지 품목과 연간 생산량 8천만 피스를 상회하는 규모의 상품을 처리할 수 있는 창고이다. 이 창고 옆에는 폰차노 공장이 있어 지하로 연결된 통로

그림 5-7 대형 자동물류센터

를 통해 완성된 제품을 바로 물류창고로 운반할 수가 있다. 물류창고 시스템의 작동은 크게 3가지의 범주, 즉 정보처리기능, 행정과 문서화 기능, 그리고 물리적인 생산기능으로 구분할 수 있다.

(4) Unit Load System

팔레트(pallet) 및 컨테이너(container)를 규격화함으로써 물동량 흐름의 전과정을 포장단위의 표준화, 즉 유닛로드시스템(Unit Load System)으로 구축할 수 있도록 하는 것이 물류 표준화이다. 여기서 유닛로드시스템(Unit Load System)이란, 화물을 일정한 중량이나 크기로 단위화시켜 기계화된 하역작업과 운송방식으로 물류의 여러 작업과정을 표준화시키는 것을 말한다.

베네통은 제품의 특성을 고려하여 포장단위를 3가지로 구분하여 표준화

그림 5-8 베네통의 물류시스템

자료: 물품을 표준화하여 운송작업의 편리성을 가져온 베네통의 물류시스템.

하고 있다. 50Kg 이하의 평균크기 박스를 위한 창고에는 24개 층의 저장소가 있고, 복층박스를 위한 저장소는 13개 층에 3만 6천 2백 개의 박스를 저장할 수 있다. 최대 크기 박스를 위한 저장소에는 3천 2백 개를 저장할 수 있으며, 이는 주로 팔레트에 의해서 취급되어진다. 박스규격별로 저장하는 이러한 재고관리는 운송작업의 표준화와 편리성을 가져오게 되었다.

또한 베네통은 자회사인 포워딩 업체 Belong사를 활용하여 기존의 분산화된 운송업무를 중앙에서 통제할 수 있게 되었다. 통관업무 수행능력이 뛰어난 Belong사를 통해 베네통에서는 북부 이탈리아는 물론 북유럽에 이르기까지 철도 등을 이용한 복합운송이 가능하게 되었다. 또한 물류 리드타임 단축과 비용의 절감효과도 가져오게 되었다.

(5) Outsourcing 전략

베네통의 성장 비결은 바로 핵심역량을 디자인에 집중하고, 나머지 분야를 적극적으로 아웃소싱하여 효율을 극대화한 데 있다. 즉, 대리점의 주문에 따라 본사에서 생산 · 계획을 작성하고, 실제 생산은 핵심공정을 제외하고는 대부분 콘트랙터(Contractor)라고 불리는 협력업체들에게 아웃소싱하였다. 판매 역시 세계 8,000여 개의 전문 소매점을 통해 아웃소싱하였다.

베네통의 판매 책임자들은 현재 80여 명으로, 이들은 소매점주의 선발, 수요조사, 매장관리, 광고 및 섭외를 담당하고 있다. 이들은 소매점 주주들에게 판매가의 50%가 넘는 마진을 보장하되, 투자위험을 분담하는 전략을 사용하였다. 이러한 전략으로 인하여, 생산과 판매부분을 아웃소싱하였음에도 불구하고 환경변화에 민감하게 반응할 수 있었던 것은 아웃소싱 업체와의 수평적 유대관계를 유지했기 때문이다.

베네통은 디자인과 광고부문에만 주력하고 생산과 판매는 이러한 독특한 신뢰를 바탕으로 아웃소싱함으로써 세계 최고의 경쟁력을 유지할 수 있었다.

3. 베네통 사례의 시사점

베네통은 스웨터를 짠 다음에 염색을 하는 '후염색기법'이라는 획기적인 기법을 통해 소비자의 욕구에 신속하게 대응할 수 있게 되었고, 전략적 지연(postponement)을 통해 의류업체의 가장 큰 문제인 재고과다의 문제를 많은 부분 해결하였으며, 고객들의 수요예측을 통해 그에 대한 부담을 크게 줄이게 되었다.

제 7 절 CRM(Customer Relationship Management)

1. CRM의 정의

글로벌 시장의 심화된 경쟁환경 속에서 새로운 경영환경에 적응하고 경쟁력에서 우위를 점하기 위하여 기업들은 다양한 방식을 통한 고객만족의 극대화를 달성하기 위해 노력하고 있다. 결과적으로 기업경영의 최종 목표

그림 5-9 CRM의 개념

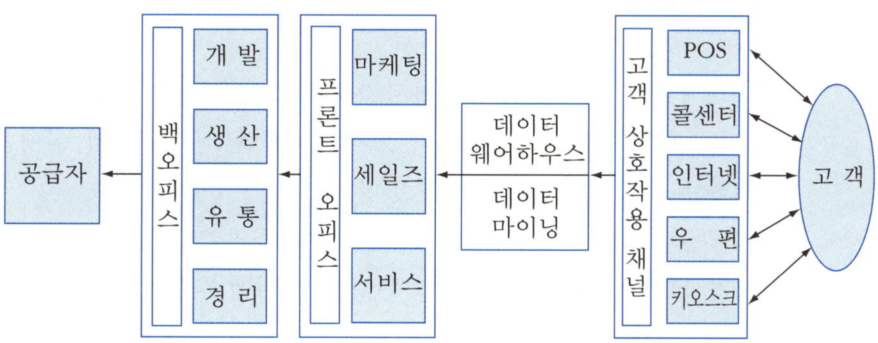

CRM의 정의

CRM이란 고객 관계관리를 뜻하며, 기업에서 고객데이터의 세분화 분석을 통하여 기업의 전략 및 활동을 고객의 가치 극대화에 초점을 맞추어 고객의 특성에 맞는, 마케팅에 전략을 계획 · 수립 · 적용하는 고객중심적 활동이다.

▷ Robinson(2000)은 CRM이란 전사적인 관점에서 통합된 마케팅, 영어 및 고객 서비스 전략을 통해서 개별 고객의 평생가치를 극대화하는 것이라고 정의하였다.

▷ Gartner Group(2001)은 CRM을 신규고객의 획득, 기존고객 유지 및 고객의 수익성을 증대시키기 위하여, 지속적인 커뮤니케이션을 통해 고객 행동을 이해하고, 영향을 주기 위한 광범위한 접근방법이라고 규정하였다.

▷ Kamber(2001)은 CRM은 고객에 대한 정확한 이해를 통하여, 고객 개개인이 원하는 상품과 서비스를 제공하고, 각 고객과의 긴밀한 관계를 형성하고 유지하며, 고객의 요구에 즉시 반응할 수 있는 전략도구라 정의 내렸다.

는 대고객 서비스의 만족을 통한 기업의 이익 및 소득의 극대화를 이루는 데 있기 때문이다.

결국 현재의 시장에서 중점은 소비자의 코드와 요구를 바로바로 읽어 고객이 원하는 바를 즉시 서비스함으로써 자신의 회사의 고객으로 유치하는 고객중심의 서비스를 펼치는 데 있다.

2. CRM의 등장배경

시장이 점점 글로벌화되면서 기업환경은 경쟁이 심화되고, 경영혁신의 새로운 패러다임이 요구되면서 고객중심적인 전략으로의 이행은 기업에게 중요한 문제로 인식되기 시작하였다.

공급이 수요를 초과하게 되고 소비자들의 코드를 맞추는 것이 주요 관심사가 되면서 기업들은 차별화된 품질관리에 힘썼으나 품질관리 경쟁으로는 품질의 차별화가 어려워지는 경쟁심화 속에서 경영자들은 차별화된 고객 서비스 전략을 최선의 전략으로 여기기 시작한 것이다.

그 동안에는 고객의 니즈(needs)를 파악할 수 있는 시스템이 열악하여 고객에게 지속적으로 서비스를 제공할 방법이 부족하였던 것이 사실이다.

그러나 인터넷이 발전하고 정보기술의 발달로 기업들은 인터넷을 기반으로 다양한 정보에 접근이 가능하게 되었다. 또한 기업의 가치를 극대화시킬 수 있는 방법은 고객으로부터 나온다는 인식에 기초하여 정보기술을 이용하여 고객정보를 전략적으로 활용할 필요성이 대두되었다.

CRM은 고객지향적 전략이기 때문에 시장점유율을 늘리는 것에 중점을 두기보다는 고객점유율 향상에, 제품판매보다는 고객과의 관계를 관리하여 최종적인 고객서비스 달성이 그 활동에 주를 이룬다.

• "새로운 고객을 획득하는 비용은 기존 고객을 유지하는 데 드는 비용의 3~5배가 소요된다."

• "미국의 기업들은 5년마다 자사 고객의 절반을 잃는다"(*Havard business Review*).

상위 20%에 해당되는 고객의 매출이 나머지 80%에 해당되는 고객의 매출과 비슷하다는 파레토의 법칙에 의해 CRM은 신규고객을 유치하는 것보다는 기존의 우수고객을 유지하는 데 그 중점을 두고 있다.

[그림 5-10]과 같은 CRM의 고객확보-고객유지-평생고객화의 주기는 고객의 양적 증대에서 질적 고도화로의 전환을 통해 이탈고객을 최소화시킴으로써 그에 따른 손실비용을 방지할 수 있게 해 준다. 또한 소수의 우량 고객화를 중점 전략으로 취함으로써 동시에 수익성 제고에 이바지하기 위해 애쓰고 있다.

위와 같은 일련의 연구결과들을 통해, 기업들이 수익이 되지 않는 고객에게 광고와 마케팅 등의 비용으로 많은 금액을 투자하는 것이 얼마나 비효율적인 것인가를 깨닫게 되었다.

전체 고객 중 기업에게 수익을 가져다 주는 고객은 일부에 지나지 않으며, 이러한 고객은 기업측에서 지속적으로 투자 및 관리를 해야 할 대상이다. 이들 우량고객을 끊임없이 관리 · 유지하는 활동들은, 신규고객을 획득하기 위해 투자하는 것보다 훨씬 적은 비용으로 높은 효과를 얻을 수 있다.

그림 5-10 CRM의 고객관리 주기와 수익성

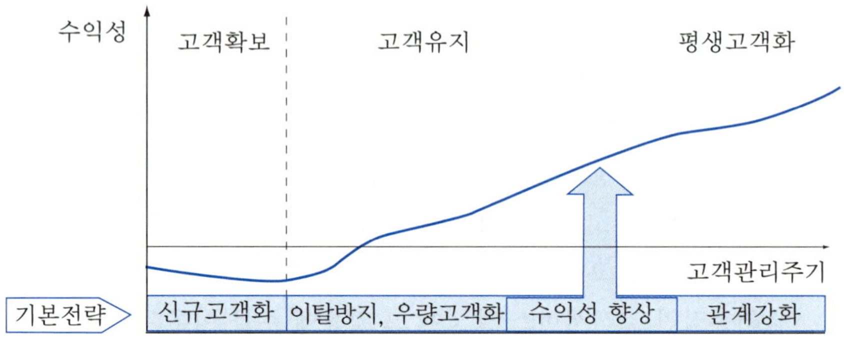

기업들은 점점 더 고객층을 파악하고 세분화해서, 이익을 높이는 방향으로 마케팅활동은 전개되기 시작한 것이다.

3. CRM의 목적

CRM의 궁극적인 목표는 기업의 가치를 극대화시킬 수 있는 고객을 획득하고 획득한 고객을 지속적으로 관리 · 유지하며 장기적인 거래를 통하여 기업의 가치 및 수익성을 극대화시키는 것이라 할 수 있겠다.

즉, CRM은 고객과의 지속적인 관계를 추구하는 고객중심적 경영활동이며, 기업에서 장기적인 관점에서 우량고객과의 관계를 구축하여 기업의 수익성을 제고하는 것이 무엇보다 중요하다.

따라서 CRM의 도입목적은 고객만족 중심의 경영을 달성시키는 것이기 때문에 [그림 5-11]과 같이 목표고객에 대한 고객관계 집중화 활동에 그 초점을 맞추고 있다.

그림 5-11 CRM의 목적

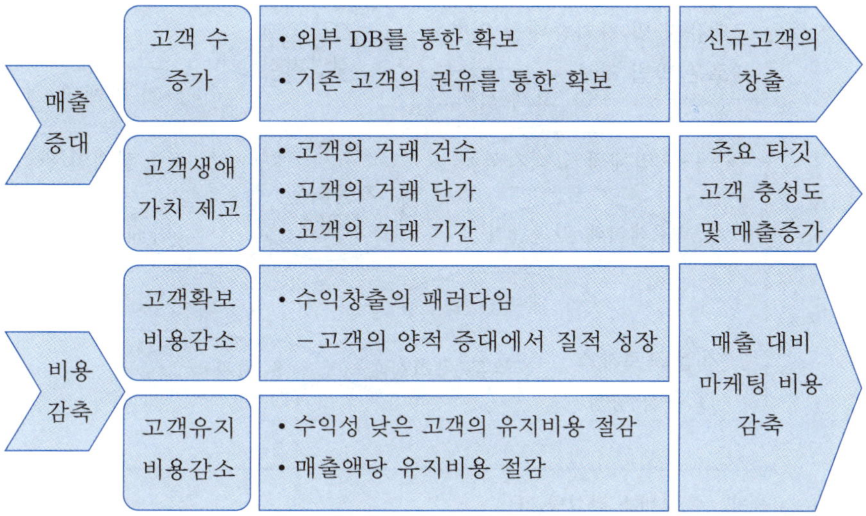

출처: 삼성경제연구소.

4. CRM의 도입효과

[그림 5-12]를 통하여 기업들은 CRM을 활용하여 기업프로세스의 효율성 향상, 시장확장의 기회도출, 고객유지 및 가치증대를 위한 새로운 방법 확보면에서 그 기대효과를 달성한다고 볼 수 있다.

또한 [그림 5-12]를 살펴보면 CRM을 통하여 기업의 평균매출 증가율과 영업비용의 감소를 통하여 기업의 최대목표인 적은 비용을 투입하여 이익 및 소득의 산출 극대화가 달성이 되고 있다는 것을 알 수 있다.

[그림 5-12]와 [표 5-1]을 통해 CRM은 결국 소비자의 코드 파악을 위주로 기업의 가치를 극대화시키고 있다는 것을 볼 수 있다.

즉, CRM은 고객의 관점에서 고객의 니즈를 파악하여 그 고객이 원하는 제품을 만들어 공급하는 것이다. 이러한 CRM의 전략적 방향은 기업의 성공을 제공한다.

그림 5-12 CRM을 통해서 기업이 얻는 혜택

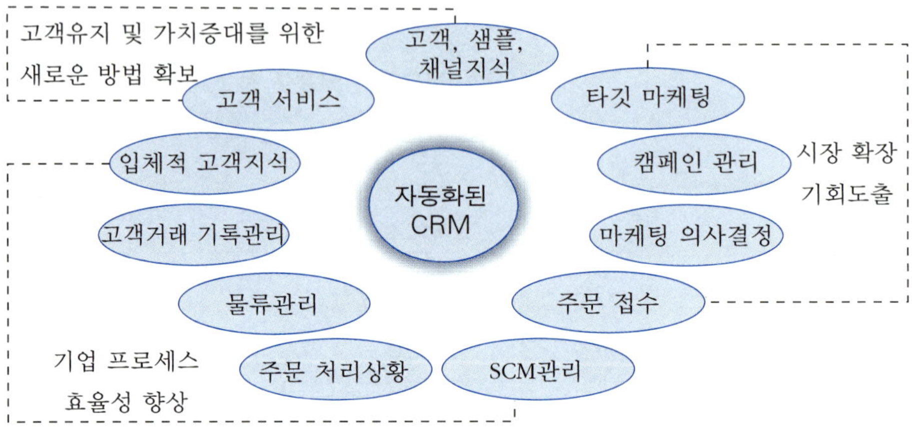

출처: (주)오비츠 컨설팅.

표 5-1 CRM 도입효과

평균매출 증가	42%
평균이익 증가	2%
고객만족 증가	20%
영업비용 감소	35%
영업주기 감소	25%

자료: Insight Technology Group.

5. CRM의 도입사례

[표 5-2]는 국내기업의 각 산업별 부분에서 CRM도입시 기대성과 및 향후 과제에 대해서 명시하고 있다.

CRM을 도입시, 산업별 구별 없이 고객의 니즈를 충분히 반영한 차별화된 고객서비스를 제공할 것으로 예상되고 있다.

CRM의 도입시에 예상되는 향후 과제는 다음과 같다.

첫째, 기업 특성을 고려한 전략과 조직 등 비즈니스 환경에 대한 준비가

표 5-2 국내 기업의 산업별 CRM도입 현황

부 문	접근방식	도입시 기대성과	향후 과제
금 융	• 수익성 높은 VIP 고객군 설별	• 차별화된 고객서비스 제공 • 위험관리, 수익성 관리의 과학화	개인 및 가구세대별 데이터베이스의 통합 관리
통 신	• 통화료 경쟁보다 고객성향에 맞춘 이벤트에 초점	• 고객의 니즈를 사전에 예측해결(SK텔레콤의 TTL 등)	영업(본사)과 판매(대리점)부문을 통합한 CRM적용
유 통	• 가격에 민감한 고객과 관계에 민감한 고객 구분	• 할인점과 백화점간 역할분담 • 광고비 절감과 신상품 행사 프로모션의 적중률 증가	대형 외국업체 상륙에 따른 우수고객 이탈 방지
닷 컴	• 가입자 확보보다 실질적 수익성 확보에 주력	• eCRM으로 실시간 고객관리 • 1 : 1 마케팅을 통한 특화된 서비스 제공	매일 축적되는 많은 양의 데이터의 가공시간 및 비용 극복
가 전 자동차	• 차별화된 고객만족 • 전략적 제휴를 통한 공동마케팅	• 차별화된 고객서비스 제공 • 귀족 마케팅 실시 • 모바일 세일즈 구현	현장(대리점, 영업소)에서 고객테이터를 수집해 정확도 제고

출처: (주)오비츠 컨설팅.

선행되어야 할 것이다.

둘째, CRM전략은 고객과의 관계를 중심으로 이루어지는 활동이니만큼 고객에 대한 충분한 이해가 바탕이 되어야 할 것이다.

마지막으로, CRM의 바탕인 인터넷을 활용한 고객의 데이터 분석이 고객서비스의 토대가 되는 만큼 매일 축적되는 다양한 대량의 정보를 효율적으로 관리할 수 있어야 할 것이다.

사례

현대백화점 CRM

CRM 도입배경

현대백화점은 1977년 8월 현대쇼핑센터 울산 동구점을 개점한 이후, 축적된 경영 노하우를 바탕으로 1985년에 현대백화점 압구정 본점을 개점함으로써 본격적으로 우리나라의 대표적인 백화점으로 자리를 잡았다.

1990년대 후반 IMF 경제위기를 맞아 백화점 시장 내 경쟁이 치열해지고 소비자의 요구가 다양해지면서 백화점의 이익창출을 극대화하기 위해서는 과학적이고 체계적인 고객관리를 해야 한다는 필요성을 절감하게 되었다.

그리하여 현대백화점은 자체 내에서 고객 세분화 작업(Selective Binding System)을 실시하여, 2070의 법칙을 발견하였다.

2070법칙이란, 자체 고객 구성비 조사결과 경기에 상관 없이 상위 20%

그림 5-13 현대백화점 고객구성비(파레토 법칙)

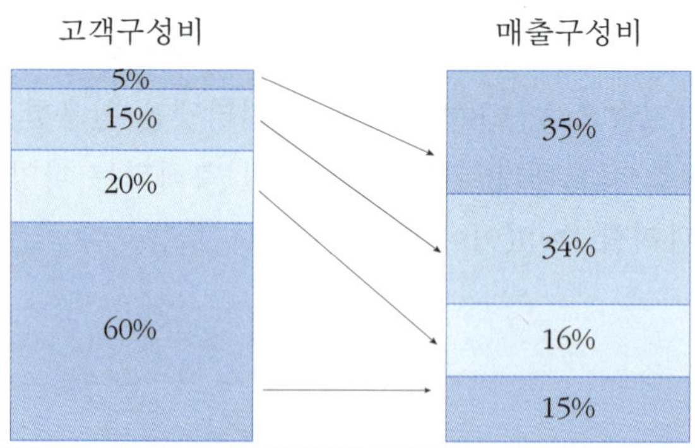

상위 20%의 고객이 69%의 매출을 점유!

의 고객이 70%의 매출을 올린다는 것이다. 상위 20%의 고객이 매출의 70%를 점유한다는 발표에 따라 우량고객에 대한 마케팅에 좀더 집중해야 할 필요성이 대두된 것이다.

CRM 구축

현대백화점은 1999년 7월 CRM시스템을 도입하여 다음 해 2월 서울, 경기지역 6개 점포에 작업을 마쳤으며, 이 중 5개 점포는 자체 개발한 한국식 콘텐츠로 CRM시스템을 가동하였다.

CRM이 제공하는 서비스

백화점은 유통구조의 특징상 'Welcoming 마케팅', 즉 찾아오는 고객들에게 마케팅을 할 수밖에 없는 한계가 있다. 이러한 구조 때문에 백화점들의 공통된 이슈는 백화점 카드고객, 즉 충성도가 높은 고객과 어떻게 지속적인 관계를 유지할 것인가와 새로운 고객을 어떻게 창출할 것인가였다.

이에 따라서 현대백화점에서는 경영전략의 일환으로 맞춤 여행·미술품 관람 등 카드 포인트 혜택을 대폭 강화, 백화점카드 서비스 강화와 고객로열티 제고를 위한 포인트 시스템인 'Top Class Program'을 운영하고 있

그림 5-14 고객마케팅 컨셉의 변화

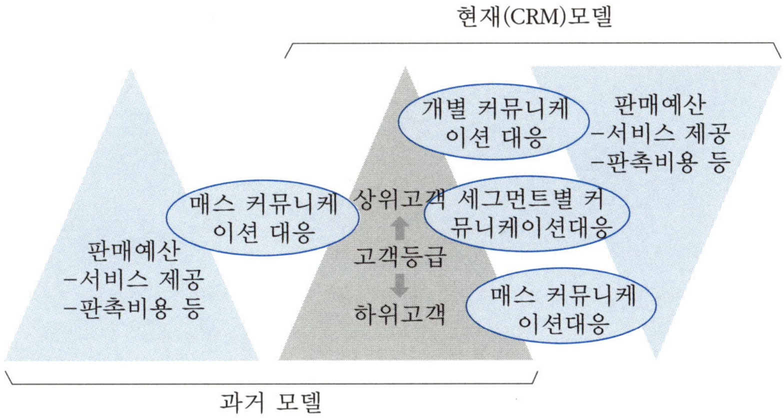

다. 이전까지는 자사카드 사용실적에 따라 상품권만을 지급하였으나, 이제는 해외 맞춤여행, 유명 미술작품 관람, 프로골퍼 동반 라운딩 레슨 등 고급화 및 다양화된 사은품을 고객이 선택할 수 있도록 제공하고 있다.

CRM으로 인한 효과

현대백화점 천호점의 경우 1998년 상반기, 시스템 구축 전과 비교해 보았을 때, CRM시스템 구축 후가 18%의 매출 신장률, 자사 카드 사용률이 14% 신장된 효과를 거두었다. 실제로 CRM시스템의 신장률 기여도를 7.3% 정도로 평가하고 있다고 현대백화점 내부 관계자는 말한다. 또한 현대백화점의 CRM은 내부적으로도 상당한 효과를 거둘 것이라고 말하고 있다.

【출처: 삼성경제연구소】

참 고 문 헌

김영진, "우리나라 섬유산업에서의 QR/SCM의 문제점과 효율적인 도입방안에 대한 연구: 의류제품의 공급사슬을 중심으로," 서강대 대학원, 2000.

류동현, "섬유산업의 QR(Quick Response) 시스템 구축방안," 경북대 경영대학원, 2001.

박진우, "우리나라 섬유산업의 공급체인(SCM)도입 요인에 관한 연구," 한국외국어대학교 경영정보대학원, 2002.

박대식, "섬유산업의 QR 활용에 관한 국내외 사례연구," 한양대학교 경영대학원, 2001.

박은정, "산업 가치사슬을 활용한 성공적인 전략적 제휴에 관한 연구: 섬유산업의 QR system을 중심으로," 한국외국어대학교 세계경영대학원, 2002.

이상우, "중소유통산업의 CRM 구축을 위한 성공요인에 관한 연구," 연세대 공학대학원, 2006.

이상정, "섬유산업의 QR시스템 구축을 통한 생산성 향상 방안에 관한 연구," 한양대학교 경영대학원, 2003.

황인환, "CRM 시스템이 경영성과에 미치는 영향에 관한 연구," 원광대 대학원, 2007.

Comer L & Hinton M., "CRM SYSTEMS: Implementation risks and relationship dynamics. Qualitative Market Research," *An International journal*, 2002.

Coyle, Bardi, Langley, "The Management of Business Logistics (A Supply Chain Perspective)."

Dyche, Jill, "The CRM Handbook, Boston: Addison-Wesley," 2002.

Kurt Salmon Associates, Inc., "Efficient Consumer Response Enhancing consumer value in the Grocery Industry," 1993.

SCM 연구회(일본), "わがる! eサプイチェーン," ダイアモンド社, 2003.

www.benetton.com

www.benetton.korea.co.kr

삼성경제연구소: http://www.seri.org/

(주)오비츠 컨설팅: http://www.ovytz.com/

「하버드 비즈니스 리뷰」: *Harvard Business Review.*

한국 CRM학회 http://www.crm.or.kr/

제 6 장 글로벌 공급체인관리(GSCM)

사례

일본 물류기업의 SCM 대응전략에서 배운다

시장의 드라마틱한 환경변화와 화주의 다양한 니즈, 또한 길고 복잡해지고 있는 화주의 글로벌 공급망에 대한 서비스 역량 제고를 위하여 일본의 물류기업들은 다양한 전략과 전술 하에 치열한 노력을 하고 있다. 이러한 노력들은 국내 물류시장의 선진화와 고도화, 글로벌 시장진출, 화주의 SCM 운영에 대한 파트너로서의 역량 제고가 요구되는 우리 물류업계에 많은 시사점을 주고 있다.

'협업화'를 통한 물류효율성 제고

일본의 물류공동화는 이미 여러 분야에서 다양하게 추진되고 있으며 주목할 만한 사례들도 속속 발표되고 있다. 일본의 물류공동화 특징은 비단 물류 효율성 제고만을 추구하는 것에 머무르지 않고 SCM 참여자간의 협력을 통한 물류협업 성격을 포함하고 있다는 점이다.

또한 일본의 물류공동화는 물량과 시설공동화를 통해 물류효율성을 높이는 것에서 교통 혼잡 및 환경오염 등 사회문제화로 대두되고 있는 도시 내 물류체계를 개선하고자 도심 내 물류거점시설 정비, 수배송구조개선, 공동집배송, 노상하역관리, 새로운 방식의 쓰레기 수송 및 지하물류시스템이 구상 또는 실현단계에 와 있다.

야자키(矢崎)종업의 다하라물류센터의 공동물류사례와 마루와운수(丸和運輸)의 3PL주도형 물류서비스 사례는 물류공동화를 넘어 '물류협업화'의 좋은 사례라 할 수 있다. 물류공동화가 물량 또는 시설공동화에 초점이 맞춰져 있다면 '물류협업화'는 정보공동화에 초점이 맞춰져 있는 것이 특징이라고 할 수 있다. 특히 마루와의 3PL주도형 물류서비스는 화주와 구매, 판매정보 등 모든 정보를 공유하며 벤더들의 물류 및 재고관리를 대행하는 등 화주-물류-벤더간의 중심역할을 수행하며 사전오더를 통해 물류최적화를 도모하고 있다. '물류협업화'를 통한 시너지 효과 중 하나는 용차의 활용성을 극대화한다는 점이다. 일본 트럭협회의 '구화구차' 시스템인 KIT 등 다양한 공차정보망을 활용하여 저 코스트로 안정되게 차량을 확보 운영가능하게 된 것이다.

'녹색화' 통한 사회공헌 추구

녹색유통, 녹색구매 등 Green SCM이 화주의 SCM에 필수불가결한 핵심요소로 등장하는 환경변화에 대응하여 물류서비스의 녹색화를 통해 화주의 경영지원은 물론 신규 비즈니스 찬스로서 위치를 정하고 있는 물류기업들이 늘고 있다는 것에 주목할 필요가 있다.

새롭게 등장하여 각광을 받고 있는 대표적인 비즈니스 중 하나가 도시광산(Urban Mining)사업과 온실가스 기업 인벤토리 구축 관련 컨설팅비즈니스이다. 새로운 광산 개발이 어려워지고 원자재 가격이 뛰면서 특히 일본이 전자폐기물 도시광산업에 주목하여 정부차원의 지원하에 활성화되고 있다. 일본 내에서 회수가능 금속의 양은 금이 6,800t, 은이 6만t, 액정화면(LCD) 제조에 쓰이는 인듐 1,700t으로 추정(일본 물질재료연구소)되며, 이는 전 세계 매장량의 16~61%에 해당하는 양으로서, 특히 금(16%)은 세계 최대인 남아프리카공화국 매장량(14%)보다 큰 향후 새로운 성장동력 사업으로서 손색이 없는 분야이다.

일본 화주-물류기업의 해외시장 동반진출

일본화주기업의 글로벌화에 따라 다국간 공정분업이나 생산기능의 집약화에 의해 최적 생산체제의 정비나 역내시장 개척을 위한 판매 총괄 거점

설치 등 고도의 SCM 구축운영이 필요하게 되었다. 이러한 환경하에서 화주기업의 SCM 구축운영에 있어 핵심요소인 물류기능도 화주의 SCM 전략과 연동하여 제공해야 하는 등 높은 수준의 서비스가 요구되었고 화주와 물류기업간의 커뮤니케이션이 더욱 중시되고 있다. 이러한 배경하에서 일본 제조업을 중심으로 글로벌 시장진출 시 일본계 물류업자와의 동반진출이 활발하게 이루어졌고, 일본통운, 산큐 등 중견/대형 물류업체의 글로벌화가 진전되었다.

본고에서는 가장 많이 진출해 있는 화주-물류업체간 중국시장 동반진출의 특징을 중심으로 살펴보고자 한다.

현재 중국진출 일본계 화주는 약 4,000여사에 달하고 있으며, 물류기업은 300사가 넘는 것으로 조사되고 있다(동양경제신문사, 해외진출기업총람 참조). 앞에서도 언급하였듯이 일본계 물류업체는 대부분 일본화주의 SCM을 지원하는 파트너로서 진출하고 있으며, 경쟁이 치열하고 부가가치가 낮은 판매물류를 피해, 대부분 조달물류를 중심으로 물류서비스를 제공하고 있다.

중국 진출 일본계 물류기업의 면면을 살펴보면 일본통운, 산큐 등 전문물류업체와 함께 이토추, 쓰미토모상사 등 종합상사가 물류 비즈니스를 전개하고 있다. 일본통운, 산큐 등 전문 물류기업들이 포워딩을 중심으로 조달물류에 역점을 두고 물류서비스를 제공하고 있는 반면, 쓰미토모상사 등 상사계열 기업과 야마토운수 등 일부 택배업체들은 경쟁이 치열한 판매물류 부문까지 비즈니스 영역을 넓혀 4PL형의 진화된 물류 비즈니스를 전개하고 있다는 것이 특이한 점이라 할 수 있다.

또한 앞에서도 언급하였듯이 야마토-일본유선 등 물류업체간의 제휴를 통한 중국진출이 활발하다. 이는 중국진출 리스크와 상호 강점을 결합하여 경쟁력을 제고하고자 하는 상호간의 이해가 합치된 결과로 볼 수 있다.

우리 물류기업에 주는 시사점

일본의 물류공동화 사례에서 보듯이 공동화의 성공은 자사의 정보 및 시스템을 외부에 어느 정도 개방하느냐에 따라서 외부자원을 활용 통한 공동화 본연의 목적을 달성할 수 있다. 물류시스템의 개방은 ① 서비스내용의 명확화와 표준화, ② 통일기준에 근거한 물류비의 명확화와 체계화, ③ 상품코드의 표준화, ④ 표준물류심볼(ITS코드)의 채용, ⑤ 일관파렛티제이션의 추진 ⑥ EDI에의 대응 등이 선행되어야 하는 것을 의미한다. 이러한 일련의 활동들은 이해당사자간의 '협업' 관점에서 접근해야 달성될 수 있을 것이다.녹색물류의 보급 확산 및 성공은 일본의 사례에서도 알 수 있듯이 정부의 규제나 지원으로는 한계가 있다는 점이다. 기업들의 녹색물류에 대한 접근이 코스트 관점에서 벗어나 사회공헌 차원, 또는 화주의 경영을 지원하는 필수불가결한 요소로 자리매김되고 새로운 비즈니스 찬스로서 녹색물류의 위치를 정할 때 비로소 녹색물류가 SCM 전반에 적용되고 선순환 구조로 전환될 것으로 생각된다.

글로벌 SCM에 대한 성공요소는 화주와 물류기업간, 물류기업과 물류기업간의 파트너십이 구축되어 상호 시너지를 창출하는 것이다. 일본의 제조나 유통업이 해외에 진출은 대부분 물류기업과 동반진출을 통해 이루어져 물류기업이 물동량 창출에 대한 부담 없이 글로벌화 역량을 키울 수 있었다. 이는 우리 물류기업들의 해외시장 진출의 성공/실패의 관건은 물동량 확보라 해도 과언이 아님을 의미하며, 국내물류기업의 글로벌시장 진출의 실패 성공사례 중 가장 큰 영향을 준 것이 물동량 확보였음을 의미한다. 이는 여러 가지 이유가 있겠으나 첫째는 삼성, LG 등 화주기업의 글로벌 SCM 운영에 있어 파트너로서 국내 물류기업의 역량에 대한 신뢰를 하지 못하는 것이고, 둘째는 화주의 우리 물류기업에 대한 파트너로서의 상생의식 부족에 기인한다고 볼 수 있다. 화주-물류기업간의 협력관계 구축은 일본의 사례와 같이 우리물류기업과의 파트너십 구축이 서로 Win-Win이 될 수 있다는 인식전환이 필요하며 동반진출, 우리기업간의 파트너십 구축 필요성에 대한 지속적인 설득이 필요할 것이다. 우리물류기업들도 화주와의 커뮤니티 구축을 통해 상호 소통을 강화하고, 화주가 요구하는 수준의 물류서비스가 제공 가능하도록 역량강화에 매진해야 할 것이다.

※ 도시광산업이란?

전자제품 쓰레기나 각종 폐기물에서 희귀한 금속 자원을 회수해 재활용하는 신종 산업

【물류신문, 2010.6.1. 임재국 대한상공회의소/물류혁신팀장】

제1절 GSCM이란 무엇인가

GSCM의 정의

GSCM은 원재료의 구입부터 최종 소비자까지의 물류흐름과 정보흐름을 국내에서 확장하여 2개국 이상의 국가에 제품을 조달·생산하여 글로벌 시장으로 판매활동을 계속하는 것으로 정의한다. 즉, 최근 글로벌 기업 특성은 생산, 판매, 운송 전문기업으로 특화하면서 글로벌 기업간 글로벌 네트워크 구축을 통하여 글로벌 소싱(Sourcing), 글로벌 마케팅, 글로벌 물류활동으로 기업의 경쟁우위 확보를 통한 부가가치를 높이고 있다.

제2절 기업의 GSCM 도입배경

GSCM(Global Supply Chain Management)의 도입배경으로는 다국적기업이 Global sourcing(소싱)을 통한 글로벌 지역으로 생산과 판매시장의 확장으로 글로벌 경쟁체제를 갖추고 있다. 기업활동의 글로벌화가 추진되면서 해외법인수 증가에 따른 글로벌 통합의 필요성 증대와 공급자, 고객과의 상호조정을 통한 요구를 충족시키는 정확한 수요예측, 파트너 협력, 효율적 부품조달, 정보의 공유 및 리드타임 단축과 재고 및 물류비용이 증대되고 있다. 이에 대응하여 유연하고 효율적 공급체인 전체를 대상으로 한 연계성 확보의 필요성 증대로 GSCM의 도입 필요성이 증대되고 있다.

1. 해외법인수 증가에 따른 글로벌통합의 필요성 증대

글로벌통합은 근본적인 경쟁우위를 확보하기 위하여 전세계를 대상으로 글로벌 소싱(Sourcing)과 글로벌 마케팅, 글로벌 물류거점 전략의 필요성에 의하여 해외지역으로 법인수를 증가하게 되었다. 글로벌통합은 글로벌지역에 분포하고 있는 글로벌 네트워크를 통합하여 고객에 대한 신속한 대응 및 전체를 최적화하는 글로벌 통합공급체인 전략을 수립하고 있다.

2. 공급자/고객과의 상호조정요구

[표 6-1]에서 글로벌 기업의 전략을 보면, 핵심능력을 제외한 모든 부분을 외부조달(아웃소싱)하는 추세가 증가함에 따라 글로벌 시각에서의 상호조정에 대한 요구가 점차 증가하고 있다. 글로벌 공급체인은, 지리적으로 분산되어 있는 각 체인 활동들의 관리가 효율적으로 조정되어지는 경우에만 경쟁우위가 실현되어질 것이다. 또한 그러한 조정은 단지 각 단계와 위치에서 시장조건들과 경쟁환경의 변화에 대응하는 능동적 활동을 통해서, 기업

표 6-1 글로벌 상호조정과 현지관리

Global	Local
• 생산과 운송 최적화를 위한 네트워크 구성	• 주문이행과 고객 서비스 관리
• 정보시스템 개발과 통제	• 재고관리와 통제
• 재고품 포지셔닝	• 창고관리와 현지 인도
• 조달 결정들	• 고객 수익성 분석과 유통채널 비용 통제
• 국제적인 운송방식과 조달 결정들	• 현지 판매와의 접촉과 마케팅 관리
• 상관관계 분석과 작업처리량 비용통제	• 인적 자원관리

자료: Martin Chistopher, "Logistics and Supply Chain management," *Financial Times*, Pitman Publishing, 1993, p. 123.

들이 그들의 부가가치 활동들을 조절할 수 있는 능력을 가지고 있을 때에만 일어날 수 있다. 따라서 상호 조정과 유연성은 글로벌 공급체인 전략을 수행하는 데에 있어서 핵심적인 개념들이다.

GSCM은 기업의 제품부가가치를 높이는 데 가장 중요한 요소를 갖고 있다. 글로벌 공급체인은 지역적 차이, 현지세율, 해외판매의 능력과 같은 수준에서의 차이를 인식하고, 이용함으로써 글로벌 지역의 상호조정과 현지관리를 글로벌 네트워크시스템을 통하여 조장할 수 있다.

3. 재고 및 물류비용의 증대

글로벌적인 물류정보 시스템은 글로벌 비용 최적화를 추구하면서 현지 서비스 욕구들을 충족시키는 데 있어서 필수불가결한 것이다. Carter와 Narasimhan은 조달 · 생산과 운송기능들의 시스템적인 관점을 채택함으로써 원료관리의 가치체인 접근법을 강조하면서, 국제적인 외부조달의 전략적인 중요성을 조사하였다. 국제적인 외부조달은 조직상의 연계와 상호작용, 복잡성의 증대로 인해 기업들 사이에서 더욱 밀접한 운영관계들을 필요로 한다. 글로벌 기업의 생산전략은 리드타임이 길어지면서 공급체인의 확장을 더욱 요구한다. 그렇기 때문에 SCM의 또 다른 발전은 하나의 자원으로서 시간개념에 초점을 두는 "전략적인 리드타임 관리"에 있다.

4. 글로벌 물류를 위한 조직화

글로벌 기업은 글로벌 지역으로 확장된 생산과 판매의 원활한 국제조달을 위한 글로벌 물류조직을 구성해야 하는지에 대한 문제에 직면하게 되었다. 다른 방법으로 이들 기업은 같은 목적을 향해 움직여 왔으며, 글로벌 물류에서의 유효성은 보다 강화된 중앙집권화의 요소들을 통해서만 이루어질 수 있다는 데에 인식을 같이 한다. 이것은 의사결정 책임이 적어도 전략적 사업단위(Strategic Business Unit: SBU) 수준에서는 양도되고 분권화되어야 한다고 주장하는 기존의 의견과 대치된다. 글로벌 기업에 있어서는 국가별 차이에 의하여 자율적인 의사결정을 가진, 강력한 현지 경영의 형태로 나타난다.

현지의 의사결정이 선호되어지는 많은 업무영역(예를 들면, 판매촉진 전략과 마케팅 커뮤니케이션 전략들)이 여전히 존재한다. 글로벌 전략의 수행은 여전히 국가간의 상이함과 요구들을 고려하여 조절되어야 한다. 그러면 어떻게 글로벌 의사결정과 현지적인 의사결정의 적절한 균형이 물류전략을 조직적으로 계획하고 수행할 수 있을까? 특정한 시장환경들과 산업 특성들은 각 기업마다 서로 다르기 때문에 모두가 받아들일 수 있는 해결책을 제공하는 것이 위험하지만 많은 일반적인 이론들이 다양한 대응방안을 모색하고 있다.

5. 유연하고 효율적인 생산체제

글로벌 기업은 정확한 고객수요에 대한 수요예측이 가능하여지고 판매에 관한 정확한 정보를 확보한다 하더라도 그것을 뒷받침해 주는 생산시스템이 갖추어지지 않으면 위험에 노출되기 쉽다.

많은 글로벌 기업의 전자 · 전기 업체는 3개월 단위로 생산가동률을 결정하였다. 최근 주 단위로 생산가동률을 결정하여 부가가치가 높은 효율화를 추구하고 있지만, 그 정도에 대해서는 아직 개선의 여지가 크다.

6. 파트너협력 효율적 부품조달

최종 조립업체의 생산시스템이 효율화되지 않고서는 부가가치가 창출되는 것은 어려움이 많다. GSCM의 경우 글로벌 지역으로부터 조달과 공급을 하기 때문에 글로벌 지역과 공급업체 사이에 정보공유화를 어느 정도 신뢰 속에서 진행할 것인가? 로지스틱스를 어떤 방식으로 구성할 것인가? Win-Win 관계 형성을 어떤 방법으로 구축할 것인가 등에 관하여 성공할 수 있는 결정적인 요인이 되는 것을 알 수 있다.

제 3 절 GSCM의 개념과 구조

GSCM의 프레임워크

GSCM은 글로벌 기업이 전세계를 대상으로 하는 SCM체계를 확장 구축하는 개념이며, [그림 6-1]과 같이 나타낼 수 있다. 미국 캘리포니아(California)에 위치한 Adaptec기업과 일본과 타이완에 위치한 Water Fabricators 부품생산기업, 홍콩에 위치한 부품조립기업인 ASAT사는 상호간

그림 6-1 GSCM 실행기업의 흐름도

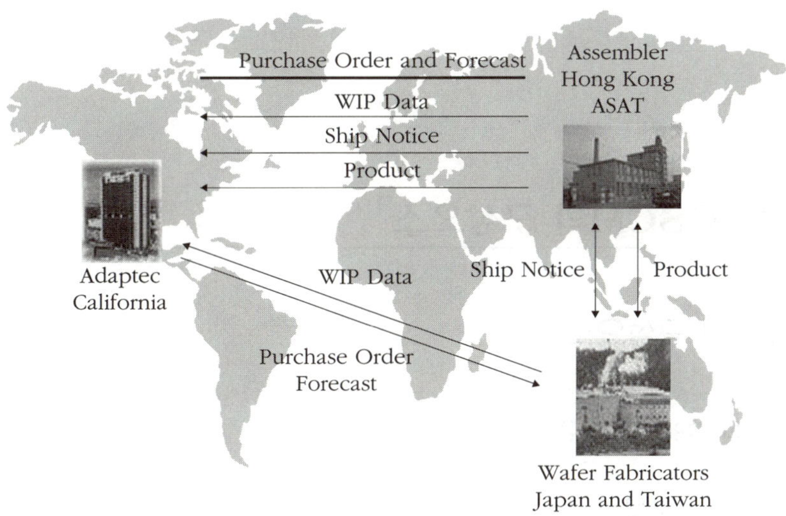

자료: C. Poirier Charles and J. Bauer Michael.

네트워크를 통해서 글로벌 시장에서 경쟁적 우위를 확보하기 위해 개방형 EDI 형태인 글로벌 인터넷(Internet)을 이용해서 기업간의 정보교환과 신속한 수·배송 체계 및 50% 이상 재고감소 및 생산비용 절감, 리드타임의 감소 등을 달성한 것으로 나타났다.

GSCM의 과정은 미국에 소재하고 있는 본사(Adaptec)에서 일본과 타이완에 위치한 부품공장에 구매할 주문량을 예측하여 제공하면 일본과 타이완 공장에서 부품을 생산하여 홍콩에 소재하고 있는 부품조립기업(ASAT)에 보내고, 조립된 부품을 완제품을 생산하는 싱가포르(Singapore)에 수송하여 완제품을 생산하게 된다. 즉, GSCM의 개념은 외부 자원을 활용하기 위하여 전략적 제휴(Strategic Alliance)를 실시하고 국내기업의 한정적인 자원을 효과적으로 이용하여 비용을 최소화하고 고객만족을 최대화할 수 있는 것이다. 하지만, GSCM이 성공하기 위해서는 정보교환 기술과 상호간 네트워크를 구축해야만 한다.

결론적으로 [그림 6-1]은 부품을 생산할 수 있는 기술을 활용하고 인적 자원을 최대한 활용하여 기업의 비용을 감소시킴과 동시에 신속한 운송을 통하여 시간과 공간의 제약이 심한 세계 시장에서 고객에게 만족감을 제공할 수 있는 시스템을 나타낸다.

제 4 절 GSCM의 구성요소

1. GSCM의 구성요소

(1) GSCM의 구조

글로벌 기업의 공급체인관리 구조에서 글로벌 지역에 위치하고 있는 생산공장, RPD, 유통센터 · 판매센터의 관리는 글로벌 전략에 중요한 요인으로 작용한다. 글로벌 기업의 특성인 글로벌 소싱(Sourcing)과 글로벌 마케팅에서 고객의 요구에 신속하게 대응하기 위한 전략이라는 것은 제3자에게 아웃소싱 전략을 취하면서 신속하게 대응하기 위한 네트워크 시스템을 활용하기 위한 통합된 시스템운영에서의 조직구조를 갖는다는 것으로 상당히 중요한 의미를 갖는다.

Roth는 중소기업의 선택적 글로벌화는 2가지 방식으로 적용되어진다고 주장했다.

첫째, 글로벌 기업은 생산, 판매, 물류전문 기업 등으로 하나의 분야에 초점이 맞추어진다.

둘째, 글로벌 공급체인의 광범위한 범위에 걸쳐서 초점을 두지만, 특정 지역에만 초점을 두게 된다.

(2) GSCM과 정보기술 능력

정보기술은 전략적인 촉진자들(strategic facilitators)이 기업의 글로벌 공급체인을 관리하고 조정하게 됨에 따라 더욱 중요해지고 있기 때문에 일부 선진국의 정부는 이러한 실행을 장려하고 있다.

Bowersox는 “거대한 다국적기업들이야말로 컴퓨터 지식이 현지의 공간적인 물류의 개념과 긴밀하게 협력해 감으로써 글로벌화된 제조환경을 가지게 된다”고 하였다. 정보기술능력은 또한, 그 기업의 글로벌 운영전략에 영향을 미칠 것으로 기대된다. 예를 들면, 향상된 정보기술능력들은 새로운 컴퓨터 기술들에 의해 제공되기 때문에, 다수의 공장과 조직상의 조정은 순식간에 진행될 수 있으며 이제 기업이 여러 국가들에서 동시에 제품을 출시할 수 있게 되었다.

또한, Itami와 Numagami는 새로운 정보기술들이 기업의 글로벌 운영전략에 직접적인 영향력을 미친다고 지적하였다. 비록 일반적으로 모든 기업들이 생산성을 향상시키기 위해서 정보기술능력을 이용해야 하지만, 특히 중소기업은 그들의 핵심역량을 이용하기 위해서 더 많이 정보기술능력을 이용해야 할 필요가 있다. 예를 들면, 대기업보다도 중소기업으로부터 더 많은 기술혁신과 혁신적인 활동들이 나온다는 몇몇 증거들이 나타나고 있다.

(3) GSCM 전략 및 운영경험

1) 글로벌 운영전략

기업의 글로벌 운영전략은 그들의 공급체인 구조에 상당한 영향력을 가질 수 있다. 다국적기업은 보통 국가 지향적이고 현지 반응전략을 채택한다. 이들 기업은 때때로, 분권화된 조직을 강조한다. 이러한 형태의 조직은 글로벌 기업에서 사용되어지는 것과는 다르다. 글로벌 기업은 보통 그들의 전체적인 규모와 비용의 우위를 이용하기 위해서, 세계 곳곳에 펼쳐져 있는 사업들에 있어서 중앙집권화된 전략을 추구한다.

반대로, 국제적인 기업은 처음에 본국시장에서 제품들과 기술혁신들이 개발되어진다는 전통적인 제품주기 접근법을 사용한다. 이들 제품들이 성숙단계에 접어들게 됨에 따라, 그들은 다른 글로벌 시장에 적응하게 된다. 이러한 전략을 사용하는 기업은 매우 계층화가 되는 경향이 있다.

한편, Bartlett와 Ghoshal은 다국적 · 국제적 · 글로벌 조직으로 범주화하는 글로벌 조직을 소개하였다. 여기에 속한 기업들은 어떤 특정한 중앙집권화 · 분권화 또는 제품 · 지리적인 접근법에 의존하지 않는다. 대신에, 그들은 어떤 특정한 상황 또는 제품하에 일하는지 여부에 의존한다. 예를 들면, 중앙집권화된 조직은 거대한 규모의 경제를 가지고 있고 제품의 사용이 세계적으로 일치하고 높은 부가가치를 가진 제품들에 적절할지도 모른다는 것이다.

2) GSCM의 운영경험

해외로 사업을 영위하는 데에 있어서, 기업의 과거 글로벌 경험이 그들의 향후 글로벌 활동의 결실에 직접적으로 영향을 미치게 되는 것은 당연한 것이다. 예를 들면, 웁살라(Uppsala) 국제화이론은 해외시장에서 기업의 과거 경험은 이들 해외시장들과 기업의 "심리적인 거리(psychological distance)"를 줄이는 데 도움이 된다고 주장한다. 글로벌 경험은 기업이 다른 해외시장에서의 언어, 문화, 사업관행의 상이함을 해결하는 데 많은 도움을 준다.

GSCM은 국제적으로 습득한 지식을 조정함으로써, 기업의 제품가치를 훨씬 증가시킬 수 있다. 경쟁가격 수준에서 그들의 성과와 품질측면을 볼 때, 이것은 기업들이 연구개발, 엔지니어링, 시장조사에 대한 지식기반과 지적 재산을 완전하게 사용할 수 있도록 만든다. 결국, 글로벌 공급체인은 지역적 차이, 즉 제품과 전문기술 프로세스, 노동력, 투입요소 비용, 현지 세율, 해외 판매인의 능력과 같은 수준에서의 차이를 인식하고 이를 이용함으로써, 국제적인 환경에서의 다양성을 이용할 수 있다.

2. GSCM의 사례연구(Wal-Mart)

Wal-Mart의 창립자는 샘 월튼(Sam Walton, 1918~1992)으로 벤 프랭클린 잡화점을 운영하던 그는 1962년 아칸소의 조그만 도시에 자신의 첫 할인점을 열었다. K마트, 울코, 타깃 등 할인점이 잇달아 문을 연 1962년 월마트는 후발주자로 뛰어들었다. 소비자는 보다 싼 가격의 제품을 원했기 때문에 Wal-Mart는 "우리는 싸게 팝니다(Everyday Low Price: ELP)"와 "고객의 만족을 보증합니다"라는 사업전략을 내세우게 되었다. 소비자의 상점 선택은 가격이 가장 큰 결정요인이다. 보다 싼 가격의 제품공급이 경쟁우위적인 요소임을 인식한 것이다.

처음에는 할인점들이 외면하던 인구 5만 이하의 소도시에 파고들었는데, 지방중심의 월마트의 출점은 대상권인 도시에 비해 경쟁이 거의 없는 지역으로의 진입이었기 때문에 오히려 월마트가 급속한 체인망 확대를 통해 급성장을 할 수 있었던 배경이 되었다.

월마트는 저마진의 현실화를 실현하기 위해 저가전략과 저비용, 공급업체와의 제휴강화를 적절히 연계하였고, 컴퓨터시스템 등 신기술을 적극 도입하여 지속적인 성장을 누려왔다. 이런 Wal-Mart의 물류시스템을 살펴보면 다음 5가지로 요약할 수 있다.

(1) Cross-docking system

고객의 요구를 만족시키고, 효율적이고 저비용의 원가구조의 물류시스템인 Cross-docking은 재고를 최소한으로 유지하면서 계속적으로 물건을 재보충하는 것이다. 물건이 창고에 공급되면 도착상품들을 분류 · 재포장하여 재고로 보관하지 않고 점포로 바로 배송된다. 물건이 창고에 있는 시간이 극히 짧아 물건을 한 적하장에서 다른 적하장으로 옮기는 데 최대 48시간 이상은 소요되지 않도록 하는 것이다.

(2) 전용 운송시스템 구축

Wal-Mart는 직접운송비율이 85% 정도로 높은데, 회사의 직영 트럭을 이용해 48시간 내에 일선매장에 운송을 맡아 상품을 1주 2회씩 보충할 수 있다. 이는 초기 자본투자가 많으나 직접배송을 통해 보다 높은 효율과 유연성을 구축할 수 있었다.

(3) POS시스템과 WSN(Wal-Mart Satelite Network) 구축

POS시스템이란, 판매 시점에서 정보를 관리하는 제도를 말한다. 편의점에서 볼 수 있는 것으로 스캐너를 통해 점포에서 정보를 입수하여 본부로 보내는 것이다. 본부에서는 각종 정보를 처리하고 분석하여 소매점에 필요한 자료를 보내 소매점으로 하여금 재고관리나 진열 등에 활용하게 한다. 이렇게 정보의 처리시간이 빠른 바코드 방식을 선택하여 고객의 대기시간을 30% 가량 줄여 고객서비스의 질을 향상시켰다. 바코드의 부착으로 점포 판매실적이 본사 컴퓨터로 1시간마다 취합되었다. 이 데이터는 공급자에게 바로 전송되어 각 배송센터에서 필요한 공급량을 미리 예측할 수 있게 되어 즉시 납입이 가능하게 되었다.

1985년부터 1987년에 걸쳐 구축된 WAN(위성통신을 이용한 전사통신망)은 본부와 전유통센터 및 전점포간 보다 원활한 커뮤니케이션을 목적으로

그림 6-2 POS System 운용과정

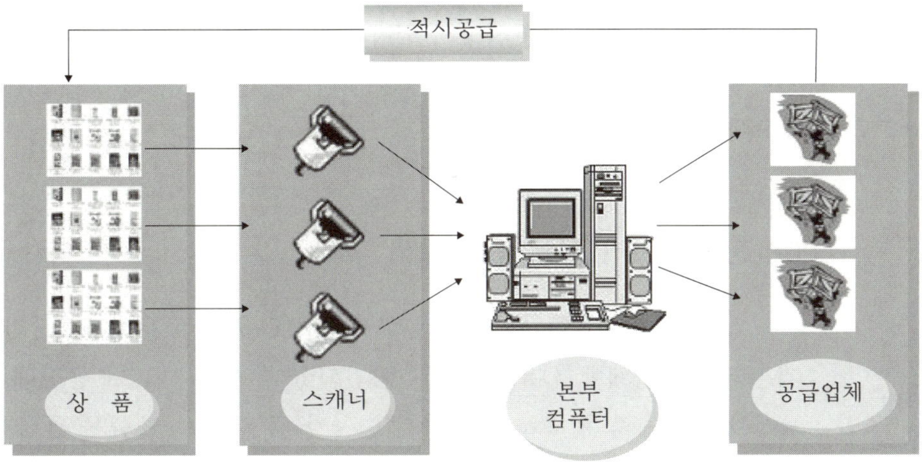

구축하였다. 인공위성을 이용하여 본사, 점포, 유통센터를 한데 묶은 정보네트워크 시스템은 민간기업체로는 최대 규모로 미국 국방부와 견줄 만한 규모이다. 위성통신망을 이용한 Wal-Mart의 정보통신망은 기존의 지상회선 네트워크에 비해 월등히 뛰어난 효과를 보였고, 이를 통해 월마트는 상당한 물류비용을 절감시켰다.

그림 6-3 WSN(Wal-Mart Satelite Network) 구축

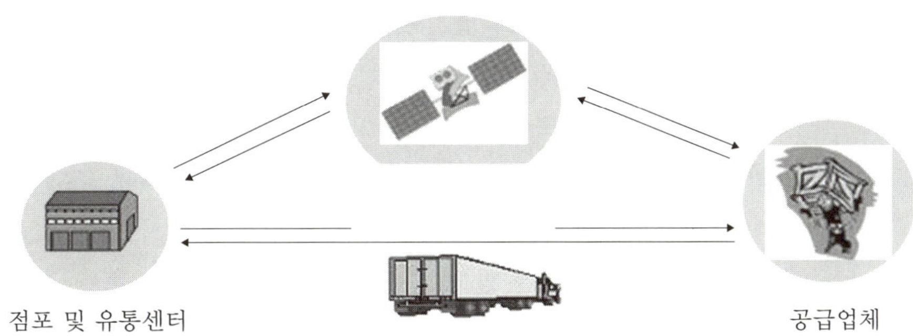

(4) QR시스템 구축

Wal-Mart는 위성통신망의 활용과 POS 시스템의 구축으로 신속한 물류 시스템을 구축하여 제품이 조달되는 기간을 단축시켜 계절 수요에 탄력적으로 대체할 수 있었다.

(5) 공급자와의 파트너십 형성

Wal-Mart는 P&G와 전략적 파트너십 구축으로 유통경로상의 리더십이 기존의 제조업체에서 유통업체로 이전되었다. 이로써 P&G공장에서 지역 배송센터로의 수송은 Wal-Mart의 배송차가 각 점포로 제품을 공급하고 난 후 배송센터로 돌아가는 길에 P&G에 들러 제품을 가져오는 방식을 택하여 재고의 수송의 적재율을 향상시켰다.

정보기술은 유통업체의 저가판매를 가능하게 하는 결정적인 힘이다. 물론 정보기술이 모든 문제를 해결해 주는 것은 아니지만, 소비행태에 대한 정보와 소비자 needs에 정확하게 흐를 수 있도록 하는 데는 기술력의 뒷받침이 필요하기 때문에 정보기술의 중요성이 대두되었다. 월마트의 ELP(everyday low price)와 ELC(everyday low cost)가 가능하도록 해 주는 밑바탕이 된 것은 타 업체보다 한발 앞선 물류정보시스템의 구축과 활용으로 적극적인 정보기술의 도입과 활용을 통해 효율적인 물류시스템 구축이라는 핵심역량을 강화하고, 공급시스템과 수요시스템을 통합 · 관리함으로써 자사의 시스템과 공급업체 그리고 소비자와의 유기적 연결을 가능하게 한다. 이를 바탕으로 유통업무 프로세스 전반의 효율성을 향상시킬 수 있었으며 비용절감을 통한 저가격을 현실화할 수 있었다. 또한, 상품의 품절방지로 고객 서비스를 강화시킬 수 있었다. 결국 정보시스템의 전략적인 활용은 정확하고 신속한 재고관리를 통해 보다 양질의 제품을, 보다 저렴한 가격에, 고객이 원하는 시점에 언제나 공급한다는 월마트의 기업 목표를 효과적으로 달성할 수 있게 해 주었다.

3. GSCM의 사례연구의 교훈

글로벌 기업의 경쟁우위 확보 전략은 파트너십의 신뢰 속에서 핵심을 제외한 아웃소싱으로 기업의 부가가치를 높이면서 고객만족을 통한 기업의 글로벌지역으로 생산과 판매를 확장하는 것을 알 수 있다.

그것은 전통적인 기업의 운영방식에서 발전하여 최근 GSCM의 발전단계에까지 오는 것을 볼 수 있다.

GSCM의 단계별 특성을 살펴보면 다음과 같이 4단계로 구분된다.

생산과 구매 등이 다른 비즈니스 기능으로부터 독립해서 기능하고 있는 제 1단계의 예로서는 완성품 재고수량과 재고관리, 운영자본의 영향을 전혀 고려하지 않고 계획된 긴 생산라인에 의존하고 단위당 생산 코스트를 극대화하려는 것을 들 수 있다.

제 2단계에 있는 기업은 배송과 재고 또는 구매와 원자재 관리와 같은 서로 상호관계가 있는 비즈니스 기능을 통합하는 필요성을 적어도 인식하고 있다.

제 3단계에서는 조달활동으로부터 배송활동까지를 염두에 둔 통합계획

그림 6-4 Wal-Mart의 물류시스템

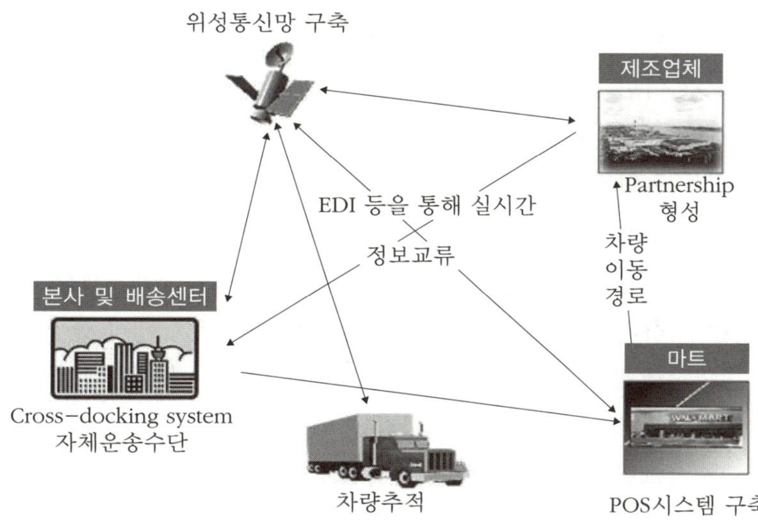

의 프레임워크가 필요하게 된다.

제 4 단계는 제 3 단계에서 도달한 연계와 조화의 개념이 상류의 공급업체에서 하류의 소비자까지 확대된 결과 원래의 공급체인이 되는 과정이다.

로지스틱스는 제품과 정보의 흐름을 컨트롤하는 통합계획을 만들기 위한 프레임워크이다. GSCM은 이러한 프레임워크의 위에서 성립되고 공급업체와 고객과의 파이프라인상의 다른 참가자를 협조시키고 결부시키는 것이다. 예를 들어, SCM 목표의 하나로 공급체인의 조직사항에 존재하는 남은 재고를 수요와 재고수준의 정보공유화로 줄이는 것이다.

GSCM에서는 구매자와 공급업체 사이에 옛날부터 존재했던 적대적 관계가 많이 완화되고 있다는 것은 분명할 것이다. SCM에는 협조와 신뢰, 그리고 "전체적 통합은 부분적 집합보다도 우수하다"라는 인식이 필요한 것이다. 이러한 시각에서 GSCM의 정의를 다시 내려본다면 지역별 현지사정에 맞추어 상류에서 하류까지 공급체인 전체에 낮은 코스트로 부가가치를 창출하는 종합적인 관리활동이라 할 수 있다.

GSCM의 목표는 공급체인의 참가자 전원이 보다 많은 이익을 얻을 수 있도록 상호관계를 구축하는 데 있다. 그러나 참가자의 이익보다도 체인 전체의 이익이 우선되는 경우가 있기 때문에 아주 곤란한 장면에 직면하는 경우도 있다.

SCM의 표현이 현재 일반적으로 사용되고 있는데, 체인이 공급업체 주도가 아니고 마켓 주도임을 생각할 경우 DCM(Demand Chain Management)으로 표현되어야 할 것이다. 같은 의미로 무수한 공급업체와 고객이 존재하고 있는 것이기 때문에 체인보다도 네트워크라는 말로 표현되어야 할 것이다.

공급체인은 상호 의존관계를 유지하면서 공급업체에서 최종 소비자(end user)에 이르는 물건과 정보의 흐름을 제어 · 관리 · 개선하도록 서로 협조하는 조직의 네트워크이다. 이러한 시각에서 철저하게 현장 중심, 고객 중심으로 전세계적인 시간과 공간의 제약을 뛰어넘을 수 있었던 델컴퓨터의 사례는 시사성이 높다고 할 것이다.

[그림 6-5]는 미국을 기점으로 한 GSCM의 구조를 나타낸다. 미국 소매점이 판매사인 도시바가 주문을 받는다. 주문 전에 여러 가지 수요예측정보

그림 6-5 미국을 기점으로 하는 GSCM

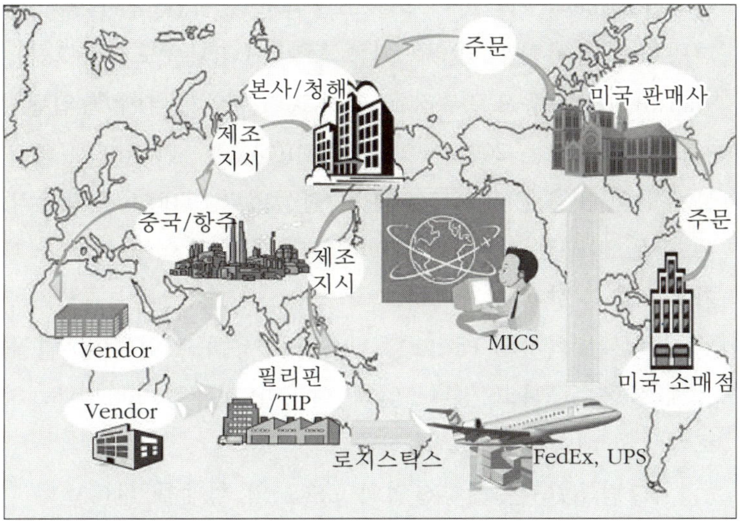

를 수집하지만, 결정적으로 실제요구량과 주문 정도가 중요하다.

미국 소매점의 주문은 일일형태로 행해지고 있고, 주문 정도는 높아지고 있다. 소매점의 판매 데이터를 완전히 공유화할 수 있으면 CPFR(수요예측, 재고보충을 위한 공동사업)이 가능하게 되는데, 2002년 8월부터 시작하고 있다.

도시바는 소매점의 정보를 기초로 일본 본사에 배송주문을 보낸다. 2001년 8월에 미국 소매점은 일일형태의 주문에 대응하여 도시바가 일일형태로 일본 본사에 주문을 보내었다. 미국 소매업이 중시한 것은 일일형태의 주문보다 주문리드타임을 단축시킨 짧은 리드타임에 있다. 2002년 하반기부터는 BTO보다 엄격한 CTO(도시바에서는, "Retail kiosk"라고 부른다)에 몰두하였다.

일본 본사는 MICS에서 파악한 도시바의 재고정보 등을 감안하여, 필리핀의 TIP에 제조지시와 운송지시를 보낸다. 이에 TIP는 도시바와 필리핀의 벤더가 부품, 부품재료의 조달과 생산이 늦지 않도록 주문량을 예측한다.

TIP는 하드디스크나 광디스크, PCB(프린트 기판)를 가지고 있지만, 여러 가지 부품 · 부재를 도시바그룹에 조달하고 있다. 도시바그룹에 LSI(대규모 집적회로) 등의 키디바이스를 조달하고 있지만, 품목형태가 많아져서 멀티벤더방침을 채용하고 있다. 예를 들어, LCD는 도시바그룹의 다른 마츠시타, SHARP, 삼성 등으로부터 조달하고 있다. 벤더에 납입된 부품, 부품재료의 재고에 대해서는 2002년 9월에 VMI(재고는 벤더의 소유와 사용한 분만큼의 지불방식)의 비율을 높여 50%까지 만들었다. TIP이 주형태의 생산체제에 들어온 것은 비교적 이르지만 '일일형태 주문에 어느 정도를 대응할 수 있는가'가 GSCM의 향후 과제이다.

물류는 외부의 FedEx나 UPS를 이용하고 있지만, 일일형태의 주문에 대응해 항공수송하고 있다. 앞서 설명한 것처럼 2002년도 하반기부터는 미국 소매업의 배송센터에 직송한다.

[그림 6-6]은 의류산업의 GSCM의 형태를 나타낸다. 먼저, 계획단계로 미국기업들은 실과 직물 등의 의류제조에 필요한 재료를 멕시코에 제공한다. 이는 1994년의 NAFTA(North America Free Trade Agreement)로 섬유수입

그림 6-6 GSCM 전략

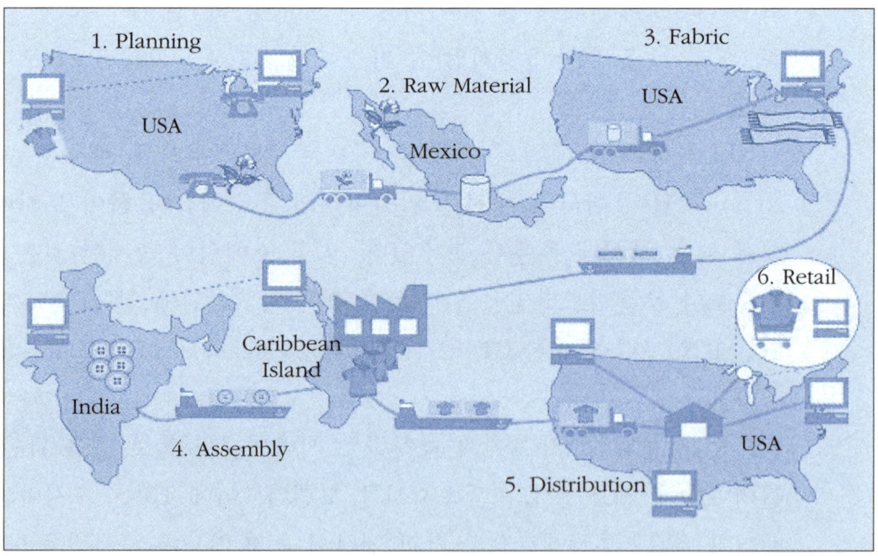

자료: After Kuhel, 2002.

규모를 규제하는 쿼터제도가 없어 비용이 저렴하기 때문에 멕시코에서 실과 직물 등을 가지고 노동력 기반의 작업인 방적과 제직을 하여 원단을 만든다. 이 원단을 캐리비안 섬으로 수송하여 원단을 가공하여 옷을 만든다. 이때 인도에서 원단을 가공하여 옷을 만들 때 필요한 제품을 수입하여 필요한 원재료를 조달하여 가공한다. 마지막으로 옷을 만들어 다시 미국의 배송센터로 보내어져 판매한다. 즉, 글로벌 기업이 상품의 계획단계에서 최종소비자까지의 판매에 이르기까지의 물류의 흐름은 글로벌 네트워크를 구축한다. 이를 통하여 글로벌 시장으로 진출하는 글로벌 기업이 경쟁우위를 확보하는 GSCM전략이라 할 수 있다.

사례

급격한 세계화에 '일그러진 도요타 공급망'

기업의 공급망(supply chain)은 '양날의 칼'로 불린다. 공급망에서 경쟁력을 갖추면 기업이 흥하기도 하지만 여기서 문제가 생기면 순식간에 위기에 빠지기 때문이다. 공급망의 칼날에 베인 대표적 기업이 전대미문의 리콜 사태로 몸살을 앓고 있는 도요타자동차다. 도요타는 공급망 효율화를 통해 세계 최고 자동차업체의 자리를 꿰찼다. 하지만 과도한 글로벌 아웃소싱 과정에서 품질 관리에 실패하면서 창사 이래 최대 위기를 맞았다. 도요타차의 대규모 리콜 사태를 계기로 동아비즈니스리뷰(DBR) 52호(2010년 3월 1일자)는 공급망관리(SCM)의 효율성을 높이기 위한 최신 이론과 방법론을 소개했다. 주요 내용과 시사점을 간추린다.

공급망 세계화의 득과 실…도요타차의 위기

전문가들은 도요타차 리콜 사태의 주 원인 중 하나로 생산과 부품 조달의 글로벌화를 꼽는다. 도요타차는 지난 10년간 비약적으로 성장했다. 1990년대에 매년 470만~480만 대를 생산하던 도요타차는 2000년부터 생산량을 늘려 2007년에는 853만 대를 생산해 미국 GM을 제치고 일약 세계 1위 자리에 등극했다. 1990년대 100만 대에도 훨씬 못 미치던 해외 생산량이 일본 내 생산물량을 초과하기 시작한 것도 바로 이때부터다.

급속한 세계화는 도요타차에 '세계 최고' 타이틀을 선사했지만 동시에 지나친 원가 절감 노력과 결합하며 도요타차의 '품질'을 훼손했다. 1995년 26개였던 도요타차의 해외 생산 공장은 2008년 말 총 52곳으로 정확히 두 배가 됐다. 문제는 급속한 공장 신설로 도요타차의 '린(lean) 생산 방식'을 제대로 토착화할 시간이 부족했다는 점이다. 원가 절감을 위해 해외 생산 차량에 들어갈 부품을 현지 조달했지만 거래업체가 급격히 늘어나면서 협력업체들에 대한 제어 능력에 누수가 생겼다. 제대로 준비하지 않고 과감하게 공급망 세계화를 밀어붙인 도요타차는 치명적인 위기를 맞고 말았다.

공급망 진화와 적자생존…델 컴퓨터의 교훈

공급망 경영 분야의 신화적 기업으로 델 컴퓨터를 빼놓을 수 없다. 1984년 마이클 델이 자신의 대학 기숙사방에서 창립한 델은 창립 20주년인 2004년 세계 PC시장 1위에 등극했다. 고성장 비결은 '직접 판매모델(direct model)'로 불리는 공급망 전략 덕택이었다. 그러나 지난 수년간 델의 시장 점유율은 지속적으로 하락하며 2009년에는 급기야 3위로까지 밀려났다.

이에 대해 허대식 연세대 경영대 교수는 "델의 공급망 전략이 변화하는 시장 환경에 더는 적합하지 않기 때문"이라고 설명한다. 과거 델은 기업과 정부 등 대규모 구매 고객에게 의존해 왔고, 이에 따라 공급망도 이 고객들 중심으로 구축돼 있었다. 하지만 최근 수년간 기업들은 정보기술(IT) 투자를 지속적으로 줄였다. 또 노트북PC, 심지어 넷북 같은 저가 노트북이 인기를 끌면서 PC시장에서 개인들의 수요가 훨씬 커졌다.

하지만 델은 기업 고객들의 구미에 맞게 데스크톱PC를 주로 생산했다. HP 등 경쟁업체들이 컴퓨터 조립을 아시아 업체들에 아웃소싱하며 트렌디한 디자인의 노트북을 재빨리 내놓았다. 하지만 델은 고성능 맞춤형 데스크

톱을 대량 공급하기 위해 조립공장을 직접 소유하고 운영했다.

또 개인 소비자들은 직접 제품을 테스트해 본 후 구입하려는 성향이 강해서 오프라인 유통업체를 선호했다. 하지만 델은 오프라인 소매업체를 통한 거래를 하지 않았다. 결국 2007년 창업자 마이클 델 회장이 경영 일선으로 복귀해 공급망 전략에 변화를 시도하고 있다. 하지만 변화의 속도가 시장 변화의 속도를 쫓아가지 못하고 있다는 평이 있다.

허 교수는 "시장은 계속 변한다"며 "이 변화에 발맞춰 공급망 전략과 공급망 구조도 진화해야 한다"고 강조했다.

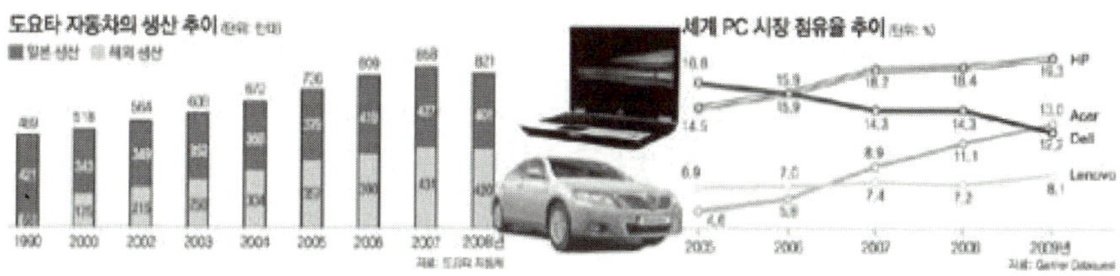

한국 기업의 SCM 전략 수립을 위한 시사점

김정욱 액센츄어 파트너는 "과거의 SCM은 주로 원가 절감에 치중했지만 이제 공급망 전체의 효율성을 높이는 게 중요해졌다"며 "수요 예측처럼 초기 공급망 계획 수립단계에서부터 정확성과 효율성을 높여야 한다"고 강조했다. 그는 특히 기업들의 세계화 전략으로 생산 설비의 해외 이전과 글로벌 부품 조달이 확산되고 있기 때문에 생산부서와 판매부서가 정기적인 협의채널을 가동해 적시 생산 및 배송이 이뤄지도록 유도해야 한다고 덧붙였다.

신기술 및 제품 경쟁력 강화를 위해서는 연구개발(R&D) 관리체계도 대대적으로 정비해야 한다. 제품 수명 주기가 짧아지고 있는 데다 기술 발전 속도도 빨라졌기 때문이다. 기업들은 어떤 제품을 언제 개발하고 한정된 R&D 자원을 어떻게 배분할 것인가에 대한 체계적인 관리 역량을 키워야 한다. 이를 위해서는 개발과 구매, 생산 조직은 물론이고 하청업체와의 협업 체계도 개선해야 한다.

또 도요타차의 대규모 리콜 사태를 반면교사로 삼는 지혜가 필요하다.

김 파트너는 "글로벌 생산 및 구매를 추진하는 기업들은 각 권역 및 국가별 특성과 정부 규제, 자유무역협정(FTA) 등 다양한 요인을 고려해 품질 관리를 해야 한다"고 지적했다.

【2010.3.6. 이방실 기자 smile@donga.com】

※ 공급망 관리(SCM : Supply Chain Management)

원자재 공급부터 최종 소비에 이르는 모든 프로세스와 그 과정에 관련된 이해관계자들의 네트워크를 효율적으로 관리 감독해 가치를 창출하는 경영 활동을 말한다. 제조사와 유통업체가 서로의 생산 정보와 판매 정보를 공유하면서 공동으로 수요를 예측하고 상품을 보충하는 '상호공동계획예측(CPFR : Collaborative Planning, Forecasting and Replenishment)' 등이 최근 각광받는 SCM 기법이다. 국내에서는 삼성전자가 이마트, 하이마트 등과 함께 이 시스템을 가동하고 있다.

참 고 문 헌

김창봉, "글로벌 경영전략에 있어서 정보기술을 활용한 SCM 도입기업에 관한 연구," 국제-e비즈니스학회 「e-비즈니스 연구」, 제3권 1호, 2002. 8.

_____, 글로벌 SCM 도입 요인의 인식에 관한 연구-전기 · 전자 기업 중심으로-, 2001. 12.

_____, 「글로벌시대의 GSCM전략」, 보명사, 2005.

김태현, "21세기를 대비한 SUPPLY CHAIN MANAGEMENT: 개념과 사례," 박영사, 1999, pp. 97-120.

인터넷 월마트 홈페이지: http://www.Wal-Mart.com

山下洋史, "ゲローバルSCM -サプライチェーソマネヅメトの新しい潮流," 2003.

C. Poirier Charles and J. Bauer Michael, "E-Supply Chain," Berrett-Koehler Publishers, Inc., San Francisco, 2000, pp. 11-18.

D. Bowersox, P. Daugherty, et al., "Leading Edge Loistics: Competitive Positioning for the 1990s," *Council of Logistics Management*, Oak Brook, Ⅲ, 1989.

Gillette Homepage: http://www.Gillette.com

INTRAL Homepage: http://www.INTRAL.com

Feitzings, Edward & Hau L. Lee, "Mass Customization at Hewlett-Packard: The Power of Postponement," *Harvard Business Review*, January-February 2002, pp. 116-121.

H. Itami and T. Numagami, "Dynamic Interaction between Strategy and Technology," *Strategic Management Journal*, 13, 1992, pp. 119-135.

K. Roth, "International Configuration and Coordination Archetypes for Medium-Sized Firms in Global Industries," *Journal of International Business Studies*, Third Quarter, 1992, pp. 533-549.

M. Cohen and H. Lee, "Resource Deployment Analysis of Global Manufacturing and Distribution Networks," *Journal of Manufacturing & Operations Management*, 2, 1989, pp. 81-104.

R. Carter, Joseph and Ram Narasimhan, "Purchasing in the International Marketplace: Implications for Operation," *Journal of Purchasing and Materials Management*, 1990, pp. 2-11.

R. Tan and S. Lung., "Automating the Supply Chain in Taiwan," *Long Range Planning*, 27(4), 1994, pp. 99-111.

USA Today, 2002. 12. 15.

Xerox Internet: http://www.xerox.com

제 7 장 항만공급체인 통합(PSCI)

제1절 항만이란 무엇인가

1. 항만의 의의

항만(Harbour)이란 선박이 풍파를 피해 안전하게 정박할 수 있는 곳으로 자연적으로나 인공적으로 선박이 취항할 수 있도록 조성된 장소이다. 일반적으로 항구(port)와 같은 뜻으로 통용되지만 개념상 구분이 필요하다. Port는 화물이 양하 · 선적 · 환적 등을 하는 곳이고, Harbour는 보다 넓은 개념으로, 선박이 안전하게 취항하여 경제활동을 할 수 있도록 보호받는 곳이다. 즉, 해륙운송의 접안지이며 관문으로서 화물의 선적과 운송된 화물의 약력을 원활히 할 수 있는 시설을 갖추고 있으면서 동시에 이러한 산업활동이 이루어지고 있는 주역을 의미한다.

항만의 개념은 경제적 기능에 따라 필요한 시설, 지역 혹은 항만법 기타의 법규로 구성하고 있는 경우가 많다. 예컨대 항만은 다른 동일한 지형에 비해 하나의 경제단위를 형성하고 있는 외항선의 발착을 위한 통로, 안벽, 부두, 창고, 크레인과 같은 자연적이거나 인공적인 시설을 포함하는 해륙영역이다.

그림 7-1 항 만

항만에서 하역과 선박의 입출항이 자유롭게 행해지려면 선박의 안전한 정박을 위한 잔잔한 수면과 해저지질, 넓은 수면 및 보급시설, 수리시설 등이 구비되어야 한다. 근대 문명 이전에는 자연적인 지형인 만곡을 우수한 항만으로 여겼으나 항만건설기술 및 조선기술의 발전으로 항만은 선박의 안전한 정박보다도 신속한 하역에 더 큰 비중을 두게 되었다. 따라서 항만의 배후에 유력한 후방세력권을 가지고 있느냐가 보다 중요한 조건이 되었다.

예를 들면, 부산, 진해, 마산 등은 자연적 지형을 갖춘 대표적인 항구이고, 경인지구의 관문인 인천항, 익산 공업단지의 군산항은 인공적으로 개발된 항만이라 할 수 있다.

또한 항만은 경제발전을 주도하는 중공업 활동의 전진기지로서 중요한 역할을 하기 때문에 지역경제발전에 크게 기여하고, 상공업 활동의 창출을 통해 국제무역 증진에 중요한 역할을 한다.

다시 말해, 항만시설의 확충과 효율적인 항만운영은 상품의 수입가격을 낮추고 수출경쟁력을 강화하는 촉매역할을 하지만, 자국 항만의 비효율적인 운영과 시설의 미비는 수송비용이 상승되어 국제경쟁력을 상실하게 된다. 전자를 예를 들면, 홍콩, 싱가포르, 대만 등은 효율적인 항만관리를 통해 항만을 경제성장의 촉매로 활용하고 있는 나라들이다.

한편, 항만 경제는 근본적으로 항만의 물리적 한계를 규정짓는 항만 내부체계(intra-port subsystem), 항만을 기종점으로 하는 항만 내륙지역을 포함하는 항만 배후체계(port-hinterland subsystem), 항로와 외국의 목적지 및 출발지 항이 포함된 항만 접속체계(port-foreland subsystem)로 구성되어 있다.

2. 항만의 분류

항만은 용도, 위치, 행정, 성인, 기능 등에 따라 분류된다.

(1) 용도에 따른 분류

상업항, 공업항, 어항, 군항, 피난항(避難港), 항공항 등으로 나눌 수 있다. 상업항은 상선에 의한 수출입 화물과 연안화물 및 여객을 주로 취급하는 항으로, 일반적으로 말하는 항만이라 하면 상업항을 가리킨다. 공업항은 임해 공업지역에 있는 공장의 생산원료 · 연료 등을 공급하고, 제품을 적출하는 항이다. 어항은 어업의 근거지로서 어선의 정박, 어획물의 양륙, 어선에 필요한 선용품 · 식료품 등을 보급하는 항이다. 군항은 군사적 목적으로 군(軍)에서 사용 · 관리하는 항으로 해군함정의 기지로 사용하는 것, 육군의 수송기지로 사용하는 것 등이 있다. 피난항은 항해하는 선박이 폭풍우를 피하기 위하여 가박(假泊)하는 데 이용되는 항이다. 항공항은 수상 비행기가 발착하는 곳으로 상업항의 일부를 구분해서 사용되는 명칭이다.

(2) 위치에 따른 분류

연안항(沿岸港), 하항(河港), 하구항(河口港), 호항(湖港) · 운하항(運河港) 등이 있다. 연안항은 해안에 있는 항구로 흘수(吃水)가 깊은 대형선이 출입하기 좋다. 하구항과 하항은 강의 하구 또는 중류에 있는 항으로, 특히 하항은 큰 강이 있는 대륙에 많다. 내륙 깊숙이 있으므로 대형선의 출입은 어려우나, 대형선이 출현하기 이전에는 해상교통을 최대한으로 이용하기 위한 곳이었다. 호항은 북아메리카 대륙의 오대호와 같은 큰 호숫가에 있는 항구를, 운하항은 수에즈 · 파나마 운하 등에 있는 항구를 말한다.

(3) 성인(成因)에 따른 분류

자연항과 인공항이 있다. 자연항은 항만으로서 지형적 조건이 천연적으로 갖추어진 항구이고, 인공항은 방파제를 축조하고 준설을 하는 등 인공적인 방법으로 지형적인 조건을 갖춘 항구를 말한다.

(4) 행정상의 분류

개항(開港)과 불개항(不開港)이 있다. 이것은 관세법에 따라서 외국무역화물의 취급이 인정된 곳을 개항이라 하고, 그 밖의 항을 불개항이라 한다. 한국의 개항은, 인천항 · 장항항 · 군산항 · 목포항 · 여수항 · 삼일항 · 삼천포항 · 충무항 · 장승포항 · 옥포항 · 마산항 · 부산항 · 울산항 · 포항항 · 북평항 · 묵호항 · 제주항 등의 17개 항이 있다.

(5) 기능에 따른 분류

적출항, 연락항, 중계항, 자유항, 검역항 등이 있다. 적출항은 석탄 · 광석 등을 실어내는 항, 연락항은 바다를 사이에 둔 두 지점을 연락하는 항, 중계항은 중계무역 화물을 취급하는 항, 자유항은 항의 구역 내에서는 관세를 물리지 않도록 정해진 항, 검역항은 검역만을 하는 항구를 말한다.

3. 항만시설

항만시설이란 항만의 정박지 부두 및 이에 수반되는 공작물 설비 등을 포함하는 항만의 기능을 충족시키기 위해 필요한 모든 시설을 말한다. 대표적인 시설로는 항로·정박지 등의 수역시설, 방파제·수문·갑문·호안 등의 외곽시설, 안벽·잔교·부잔교·계선부표 등의 계류시설이 있다. 또한, 도로·철도·교량·궤도·운하 등의 임항교통시설, 항로표지·통항신호시설·조명시설·통신시설 등의 항로보조시설, 하역용 크레인 등의 하역시설, 창고·저탄장·저목장·위험물 저치장 등의 보관시설, 선박을 위한 급수·급유·급탄 등의 보급시설, 여객의 승강·대기 등을 위한 여객시설 등이 있다.

(1) 수역시설

1) 항 로

항로의 방향은 지형·기상·해상·기타 자연조건을 고려하여 선박의 안전한 항행에 지장을 주지 않고, 항로의 폭은 그 항로를 통행하는 대상선박의 길이·폭 및 통행량과 지형·기상·해상 기타 자연조건을 고려하여 결정하되, 통행시 선박충돌의 위험이 있는 항로에 있어서는 대상선박의 길이 이상으로 하고, 선박충돌의 위험이 없는 항로에 있어서는 대상선박 길이의 2분의 1 이상으로 한다. 다만, 지형이 특수한 경우 또는 예인선의 사용 등 선박통행의 형태가 특수한 경우에는 선박통행에 지장을 주지 않아야 한다. 파랑·바람·조류 등에 의한 선박의 트림 및 화물의 적재상태 등을 고려하여 대상선박의 만재흘수 이상의 적절한 깊이지만, 선박의 독크 출입을 위한 항로 기타 선박의 특수한 항행을 고려해야 한다. 각종 선박의 통행이 빈번한 항로는 선박의 통행 방향별 또는 선박의 크기별로 별개의 항로를 가지고 있다.

2) 정박지 및 선류장

정박지 및 선류장의 규모는 다음 기준에 적합하여야 한다. 먼저, 정박지는 대상선박의 길이에 지형·기상·해상 기타 자연조건을 고려하여 산출한 수치를 합산한 길이를 반경으로 한 원의 면적으로 한다. 선류장은 선박 계류시설 전면의 지형·기상·해상조건 및 계류의 형태를 고려하여 그 길이 및 폭을 대상선박의 길이 및 폭 이상으로 한다. 정박지 및 선류장의 깊이는 지형 · 파랑 · 바람 · 조류 등에 의한 선박의 동요 정도를 고려하여 대상선박의 만재흘수 이상의 적절한 깊이로 한다. 다만, 의장용 선박 등 특수한 선박의 정박 또는 계류로 사용되는 수역시설에 대하여는 그 깊이를 만재흘수 이하로 할 수 있다. 목재를 실은 선박의 정박 또는 계류에 사용되는 수역시설에는 목재의 유출을 방지하기 위한 시설을 설치하여야 한다.

3) 선 회 장

선회장은 예인선의 유무 또는 바람이나 조류 등의 영향을 고려하여 선박이 안전한 선회를 할 수 있도록 충분한 수면을 확보하여야 한다.

(2) 외곽시설

방파제 · 파제제 · 방조제 · 도류제 · 갑문 · 호안 등 외곽시설은, 지형 · 기상 · 해상 기타 자연조건을 고려해야 그 기능을 충분히 발휘할 수 있다. 또한 지형 · 기상 · 해상 등 자연조건 및 선박의 통행 기타 당해 시설주변 수역의 이용 상황을 고려하여 자중 · 수압 · 파도 및 토압 등에 대비해 안전한 구조여야 한다.

(3) 계류시설

안벽 · 물양장 · 잔교 · 돌핀 · 선착장 · 램프 등이 있으며, 계류시설은 선박이 안전하고 원활히 사용할 수 있다. 지형 · 기상 · 해상 등 자연조건 및 선박의 통행 기타 당해 시설주변 수역의 이용 상황을 고려하여 적절한 장소에 설치하여 자중 · 수압 · 파도 · 토압 · 상재하중 · 선박에 의한 충격력 및 선박의 견인력 등에 대하여 안전성을 구비해야 한다.

제 2 절 항만의 발달사

1. 태동기(1880-1945년)

우리나라 해운항만정책은 1880년에 시작된 개항을 시점으로 시대적 구분을 하면 초기시대인 태동기를 다음과 같이 세분화할 수 있다.

조선시대의 오랜 쇄국정책 끝에 개항되었을 무렵인 1880년부터 1910년까지를 개항 이후의 우리나라 해운 항만발달사에 있어 맹아기로 볼 수 있으며, 1910년 한일합방 이후 1945년 일본식민지 시대에 일본이 민족자본에 의한 우리 해운업을 말살하고 근대적 해운의 발전기운을 상쇄시킨 1945년까지를 우리나라의 자주적 해운항만정책 및 운영이 상실되었던 쇠망기로 구분할 수 있다.

이 시대의 주요 항만으로는 부산항과 인천항이 있었다. 그러나 부산항만이 1만 톤의 접안시설을 갖춘 유일한 항만으로 입지를 구축하고 있었으나, 육상운송과의 연계성은 매우 낮았다. 반면 인천항은 일본의 대륙전쟁 물자공급을 위한 항만확장 계획이 진행되고 있었지만 충분한 기반조성이 미비하여 활용능력이 매우 낮은 항만의 기능을 수행하였다.

2. 재건기(1945-1961년)

1945년부터 경제개발계획이 수립된 1961년까지 우리나라 해운항만정책은 외형적인 면에서 기반이 없는 새로운 출발을 시도해야 하는 재건의 시기로 볼 수 있다. 1945년 당시 개항장으로 설비를 구비하고 있던 항만은 부산항과 인천항을 포함하여 신의주, 진남포, 군산, 목포, 청진, 웅기 등이었으며 제주, 부산, 원산 및 성진항 등은 확장공사가 마무리되지 않는 항만이었다. 당시 항만의 연간 하역능력은 1,500만 톤에 불과한 소규모 항만을 운용하였다.

항만운영의 질서 확립을 위해서 1951년 항만운영법 초안 작성을 통해 법·제도에 근거한 항만운영관리를 시도하였으며, 이는 항만근대화 정책수립의 기반을 마련하는 계기가 되었다.

3. 도약기(1962–1986년)

1962년에 시작한 경제개발계획은 경제성장 이외에 항만개발 및 운영에 관한 정책수립의 활성화를 가져온 계기를 마련하였다. 특히 항만은 도로, 철도, 항공과 더불어 중요한 사회간접자본의 하나로 인식하고 경제발전의 원동력으로 항만의 역할 중요성을 정책수립과정에 전개시킨 시기였다

도약기 시대는 경제발전 목표와 함께 항만개발의 기본정책의 방향을 산업화에 따른 항만개발에 중점화하였고, 국제교역의 증가에 맞추어 항만의 국제화를 지향하며 항만이 지역사회 발전에 이바지할 수 있도록 정책이 운용된 시기로 정리할 수 있다.

4. 성장기(1987–1996년)

성장위주에서 복지와 안정 그리고 지속적인 수익률 창출이라는 경제정책의 변화에 맞추어 해운항만정책에 있어 선진화된 항만기술의 도입을 통한 안정적인 항만건설과 운용의 성장기반을 형성한 시기이다. 군산 · 장항 신항을 비롯하여 제 1 항만의 기능을 수행하는 부산항의 기능을 강화하고 대형선박 작업이 효율적으로 진행되어 다기능적이면서 세계적 수준의 항만기능을 보유한 부두육성을 통한 경쟁력 강화방안이 정책의 핵심이 되는 시기였다. 항만기능 개선의 효과를 보면 부산항의 경우 컨테이너선의 처리능력이 연간 222만 TEU로 향상되어 세계적인 항만시설을 보유한 국가이면서 지역적으로 급성장하는 전기를 마련하게 된다. 이러한 정책적 변화는 새로운 21세기를

맞이하기 위한 우리나라 해운항만정책의 성장진입단계 전략이었다.

그리고 선박의 전용선화 추세에 따라 과거 일반 화물선 내지 다목적 선박을 위한 다목적 부두에서 전용선 기항에 적합한 전용부두 건설과 운영확대를 위한 항만정책의 변화가 가속화된 시기이다.

5. 개방 · 발전기(1996-현재)

이 시기는 세계무역기구의 출범으로 세계 각국이 교역분야의 새로운 경쟁국면을 맞이하면서 해운항만정책도 다른 정책과 동일하게 개방 또는 자율화의 전환이 시도된 시기이다.

정부 재정위주의 항만개발에서 벗어나 역할분담 체제의 확립을 통해 민자유치 등 항만개발 · 운영정책의 변화를 시도하고 있다. 이외에도 효율적 항만운용을 위해 원스톱(One-stop)서비스 체제 구축과 업무전자화, 항만 내 친수공간 확보를 통한 항만관리의 효율성을 극대화하기 위한 정책수립으로 시설중심의 정책에서 인간과 환경을 고려한 항만정책으로, 그리고 경쟁력을 갖춘 글로벌 항만육성정책으로 변화하고 있다.

제 3 절 컨테이너 수송

출현배경

컨테이너 수송의 출현배경은 선박이용증대, 항만생산성 증대의 필요성, 비생산적인 비용의 감소, 노동집약형 탈피, 선박회항시간 단축, 기업이윤의 증대 필요성으로 등장하였다.

새로운 수송패턴의 필요성으로 등장한 컨테이너는 1926년 미국 뉴욕과

그림 7-2 세계 최초의 컨테이너

시카고 간 철도수송에 컨테이너 19개를 적재할 수 있는 철도운송 차량을 제작 투입한 것이 최초의 컨테이너의 사용이었다. 그리고 제2차 세계대전에서 미 육군 군수품 수송에 해상 컨테이너가 최초로 등장하였으며 전후에도 독일주둔 보급창과 본국간 물자수송에 계속 사용하여 왔다. 1956년 미국에서 물건을 배에 올리는 데 들어가는 돈은 톤당 5.86달러에 달했다. 그러나 컨테이너를 도입하자 물건을 배에 싣는 비용은 16센트로 줄었다. 물건을 배에 옮겨 싣는 데 사람이 필요치 않았고, 시간도 단축됐기 때문이다.

1957년 10월 Sea-Land사에서 휴스톤과 뉴욕항 간 연안수송에 소형 탱커선을 개조한 최초의 상업적 컨테이너 해상수송선 “Gate Way City호”를 투입하였다. 1966년 4월에는 뉴욕/유럽항로에 풀 컨테이너선인 “페어랜드호”를 투입하면서 국제 근거리 수송이 시작되었다.

세계적으로 컨테이너 방식에 의한 무역수요는 지속적으로 증대되고 있다. 따라서 해상 운송업자, 무역업자 및 국제물류업자들의 물류비 절감경쟁은 선대의 대형화, 취항하는 항만수의 합리화 및 세계일주 서비스 시스템 도입 등으로 기존의 운송 Network를 변화시키고 있다.

1982년 5개 왕복 컨테이너 전용열차를 운행하여 국내외간 수송체제를 갖춤으로써 본격적인 컨테이너 수송시대가 열렸다. 해상 컨테이너는 선박으로 국제간 운송하는 선박회사 소유의 대형 수송용구이다. 한국의 해상 컨테이너는 ISO 규격에 의해 그 종류 및 제원이 정해져 있다.

제 4 절 항만의 민영화 단계

1991년 신선대부두가 개장되면서 컨테이너 부두간의 경쟁유도, 부두운영 효율화, 항만투자비 조달 등을 위한 항만운영합리화 방안을 강구하기 시작한 결과 컨테이너 부두의 운영권 매각을 중심으로 컨테이너 부두의 민영화가 추진되었다.

1997년에는 일반부두에 대해서도 부두운영회사제가 도입되었다. 2003년 전국 9개 무역항, 52개 부두에 부두 운영회사제가 도입·시행중이다.

부두운영회사(terminal operating company system)제는 항만운영에 민간의 기업운영 방식을 도입함으로써 항만의 효율성 및 생산성을 제고함과 아울러 이용자에 대한 서비스 수준의 향성을 도모하기 위하여 시행되었다. 단위 부두별로 선석, 에이프런(apron), 야적장, 창고, 하역시설 등을 민간기업에 일괄 임대하여 전용으로 사용하게 하는 제도이다.

제 5 절 국제항만물류의 동향

글로벌화는 개도국에서의 공급망 통합의 기폭제 역할을 수행하였으며, 실질적인 개도국경제의 개혁과 통합의 촉매제 역할을 해 왔다. 세계은행에서 1997년에 발간된 *World Development Report*에 따르면 개도국들은 과거보다 빠르게 세계경제로 통합되었다고 한다. 또한 보고서는 세계교역이 급격히 증가하였으며, 이는 전세계 시장의 규제완화에 기인한다고 보았다.

제 6 절 국제항만물류의 공급망 통합

1. 국제항만의 공급망 통합에 관한 논의

공급망 통합이 물류와 SCM의 중심이기는 하지만 그것은 시간의 경과에 따라 변화되는 것이다. 통합(integration)의 초기 정의는 조직 내의 부문간의 통합된 의사결정을 의미하였다. 통합은 자산이라기보다는 물류성과의 향상을 위한 조직구조의 산물이다. 통합에 대한 정의는 기업의 공정단계 측면에서 3단계 중 하나의 상태와 연계된 관련성, 기업 내의 두 가지 또는 그 이상의 물류활동, 기업 내의 물류 프로세스와 다른 기업활동과의 관련성, 공급망의 참여자들과 관련된 부분으로 정의하고 있다. Parson은 통합을 4가지 기능별 긴급성(functional imperatives)의 하나로 생존을 위한 일종의 사회시스템으로 보았다. 공급망 통합(supply chain integration)은 공급망의 통합을 유지하기 위한 일련의 활동이라고 강조하였다.

한편, Lawerence와 Lorch은 통합을 조직구조의 결과로 정의하였다. 즉, 기업간의 협력상태의 질은 각각의 부분들이 환경의 요구에 따라 통일성을 얻기 위하여 노력할 필요가 있을 때 존재한다. 이러한 정의는 "기업 내에서와 공급망간의 물류활동과 과업의 정도는 조정활동으로 관리된다"고 주장하였다.

2. 국제항만의 공급망 통합에 관한 비교

네트워크 통합에서 항만은 중요한 역할을 한다. 개도국에서 국제항만의 역할은 더욱 중요한 위치를 차지하고 있다. 특히 공업국과 개도국 사이 교역의 96%는 항만이 담당한다. 항만은 경제적 · 사회적 · 정치적 · 금융적으로 국가경제에 중요한 역할을 차지한다. 개도국, 특히 내륙국조차도 소비재, 산

그림 7-3 SCI(공급체인 통합)

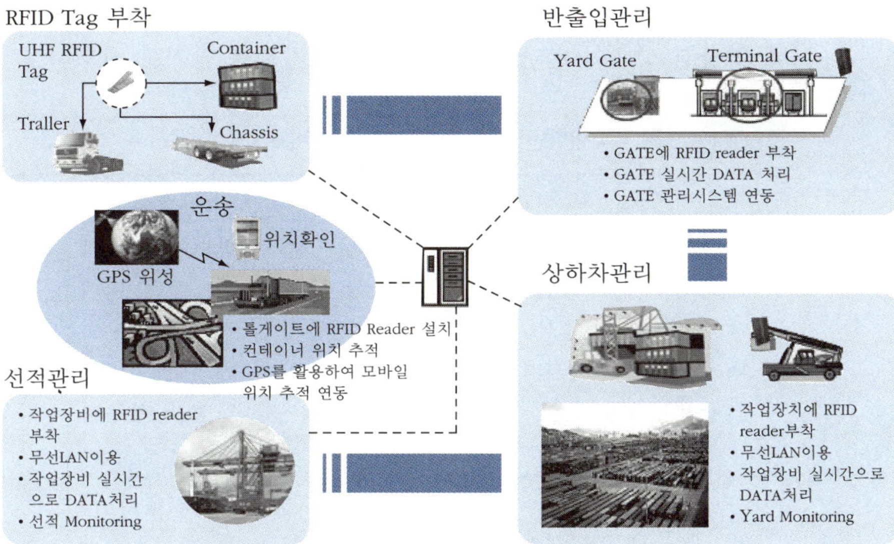

업재, 일용품과 수출재의 수입을 항만에 의존한다. 항만개발은 국가경제에 직업창출, 교역증대, 그리고 국가경쟁력 강화에 이바지한다. 항만은 인구가 많은 지역에 위치하며 산업과 교역의 중심지이다.

Hoyle와 Hilling은 발전단계에서 가용한 항만은 중요한 역할을 차지한다고 하였다. 항만설비의 중요한 역할은 육상과 해운수송 사이의 상품 흐름에 있다. Hilling은 항구를 시스템의 관점에서 보았다. 항구는 다양한 요인들로 구성되어 있으며, 따라서 기능의 전체 집산물이라 할 수 있다. 개도국 항구의 주요 특징 중 하나는 Hinterland의 경제상황이 항구의 운영성과에 영향을 미친다는 것이다. 환경에 대응하는 항구의 운영 역량은 경영의 기능으로서, 기술수준, Hinterland Countries들과의 관계, 그리고 다른 운송체인 관계에 달려 있다. 컨테이너화는 항구운영에 영향을 끼친 가장 중요한 기술적 진보일 것이다. 컨테이너화는 보다 정교한 Cargo Handling Equipment, 카고를 다루는 데 필요한 비숙련 노동자의 감소, 그리고 보다 넓은 공간을 필요로 한다.

컨테이너화와 같은 기술진보와 선박의 크기 증가는 계층적인 항구시스템(hierachical port system)을 가져왔다. 1991년에 개도국은 전 세계 컨테이너 화물 교역의 12~15%를 차지하고 있다. 최근에는 현대화 프로그램에 따라 크게 향상된 상태이며, 세계은행과 IMF의 지원을 받기도 하였다.

표 7-1 **국제항만의 공급망 통합(SCI) 비교**

구 분	민영화의 정도	운영성과	공급망 통합(SCI)	경제적 효율성
Buenos Aires	-민영화/I, 항만 내와 항만간 경쟁력 향상 -민영화시기: 1994	-1991년과 1998년 기간 동안 일관된 생산성 향상	-정보기술의 사용, 항만 내에서의 통관수속, 빈번한 미팅, 인적간 커뮤니케이션 증가	-SCI의 일차적인 목표는 국가경제의 향상, 이러한 목표는 달성되었음
Buenaventura	-민영화/I -민영화시기: 1993	-1995년과 2000년 기간 동안 일관된 생산성 향상	-정보기술의 사용, 주무통관 사무실 설계, 공통의 절차와 공정, 비즈니스 시스템에 접근하기 위한 업무공유	-정부가 경제적 논리차원에서 개혁 유도 -임시방편의 유대관계를 형성하는 것은 어려움 -민영화 이후에 GDP성장률 증가
Catragena	-민영화/I, 항만 내, 터미널 내, 항만간 경쟁력 향상 -민영화시기: 1993	-1995년과 2000년 기간 동안 일관된 생산성 향상	-정보기술의 사용, 주무통관 사무실 설계, 공통의 절차와 공정, 조정자의 SPRC 역할	-정부가 경제적 논리차원에서 개혁 유도 -임시방편의 유대관계를 형성하는 것은 어려움 -민영화 이후에 GDP성장률 증가

구 분	민영화의 정도	운영성과	공급망 통합(SCI)	경제적 효율성
Bangkok and Laem Chabang	-Bangkok: 공영화 -Laem Chabang: 민영화/I (1991년 민간항만 건설)	-Laem Chabang 항만은 1996년과 2000년 기간 동안 일관된 생산성 향상 -Bangkok 항만은 생산성 감소	-정보기술(EDI)의 사용, 공통의 절차와 공정, 비즈니스 시스템에 접근하기 위한 업무공유	-정부는 제7차 국가경제발전 계획의 일안으로 민영화 촉진 (1992~1996년) -국가경제를 향상시키기 위한 중점적 차원에서 항만부문의 민간참여

출처: Lee, Peggy Daniels, "The Role of Port Privatization in Supply chain Integration in Developing Countries: A Case Study Approach, Doctoral Dissertation," The Gorge Washington University, 2001.

3. 국제항만의 경제적 효과

국제항만의 운영성과와 경제적 효과는 항만운영의 민영화에 밀접한 관련이 있다. 1980년대와 1990년대 초에 국제항만을 운영하는 많은 국가들은 구조조정과 경제개혁 프로그램의 일환으로 국영조직의 민영화를 시작하였다. 많은 정부들이 정부지출의 감소 및 예산균형 복원, 시장경제 지향, 민영부분의 전문화와 기술이전을 위한 이상적인 변화, 구조조정 프로그램으로의 Donor Community에 대응 등을 이유로 항만운영의 경제적 효과와 민영화를 주요한 이슈로 인식하였다.

Leeds는 1986년에 말레이시아 Port Klang의 컨테이너터키널을 성공적으로 민영화시킨 사례를 소개하였다. Kent와 Hochestein는 콜롬비아, 코스타리카, 니콰라과를 대상으로 항만의 민영화가 경제적 효과에 중요한 영향을 미친다고 하였다. 또한 Estache와 Carbajo은 아르헨티나 항구의 민영화 노력이 분명하고 공정한 게임의 룰이 정부에 의해 제공될 때 국가 내의 항구들이 효과적으로 경쟁한다는 것을 입증하였다.

Marber는 6개 개도국에서의 해운운송의 민영화를 통한 경제적 효과 측면을 제시하였다. 민영화의 구체적인 효과는 GDP 성장, 정부지출의 감소, 경제적 효율성 등의 요인으로 민영화의 성공과 실패가 거시경제적 관점에서 나타나고 있다.

민영화 프로젝트의 성공과 실패는 기업의 특정 조항들로부터 측정되었다. 세 개의 라틴아메리카 항구의 민영화를 대상으로 운영효율성, 일관된 생산성 향상 등으로 민영화 효과를 측정하였다. Baird는 항만의 민영화 유형과 공급망 통합, 경제효율성, 경쟁력을 기초로 각각의 항만 민영화 모델을 제시하였다. 공급망은 매우 복잡하므로 공급망의 통합을 위해서는 인프라스트럭처의 중요성을 강조하였다.

표 7-2 국제항만의 경제적 효과

연구주제	연구내용	연 구 자
항만운영의 민영화와 경제적 효과	구조조정과 경제개혁 프로그램의 일환	Van de Walle, 1989.
국제항만의 민영화와 경제적 효과 사례	국제항만의 민영화와 항만운영의 경제적 효과	Leeds, 1989; Kent and Hochestein, 1998; Estache and Carbajo, 1996.
	6개 개도국의 해운운송 민영화와 경제적 효과	Marber, 1997.
	사회간접자본에 관한 아프리카의 민영화 사례	Kerf and Smith, 1996; Campel and Bhatia, 1998.
항만운영의 민영화와 생산성	항만운영의 민영화와 국가 및 기업의 생산성과의 관계	Campel, White, and Bhatia, 1989; Kent and Hochestein, 1998.
국제항만의 민영화와 공급망 통합	국제항만의 민영화, 경제효율성, 경쟁력 향상, 인프라스트럭처, 공급망 통합과의 관련성	Baird, 1998; Harrington, 1995; Chiu, 1995; Morash and Clinton, 1997.

4. 국제항만의 경쟁력 향상을 위한 과제

국제항만의 공급망 통합과 경제적 효과에 관한 이론들의 검토와 사례연구를 통해서, 국제항만의 경쟁력 향상을 위하여 국제항만의 민영화를 통한 생산성 향상, 국제항만의 공급망 통합을 통한 경쟁력 강화, 정부의 적극적인 항만운영의 민영화 프로그램 추진 등이 필요하다.

(1) 국제항만의 민영화를 통한 생산성 향상

국제항만의 민영화를 통해서 항만운영의 성과와 생산성을 일관되게 향상시킬 수 있다. Buenos Aires, Buenaventura, Cartagena, Bangkok, Laem Chabang 등 다섯 곳의 국제항만 중 유일하게 민영화가 되지 않은 Bangkok은 항만운영의 생산성이 감소한 것으로 나타났다. 우선 국제항만 운영의 생산성을 향상시키기 위해서 민영화는 필수적이며, 민영화를 하려고 한다면 가급적 빠른 시간 내에 민영화를 하는 것이 항만운영의 성과를 개선할 수 있다. 다음으로, 국제항만 운영의 민영화의 방향은 항만 내(intra-port), 터미널 내(intra-terminal), 항만 간(inter-port) 경쟁력을 촉진하는 방향으로 민영화가 진행되어야 한다는 점이다. 또한 국제항만 운영의 민영화를 시작한 시점에서부터 일관되게 항만운영의 생산성이 향상되었다고 하는 사실이다.

(2) 국제항만의 공급망 통합을 통한 경쟁력 강화

국제항만의 공급망 통합은 정보기술의 사용, 주무통관 사무실 설계, 공통의 절차와 공정, 비즈니스 시스템에 접근하기 위한 업무공유 등의 요인들을 중요하게 고려하여야 한다. 즉, 항만 민영화는 항만운영의 효율성의 성과뿐만 아니라 공급망 통합의 효과도 향상시킨다는 것이다. 또한 공급망 통합을 통해서 한 국가의 경제적인 효율성뿐만 아니라 경쟁력 향상에 기여할 수 있다는 주장을 뒷받침하고 있다. 항만운영사의 효율성은 고객들을 유인하고 항만에서의 경쟁력을 향상시키기 위한 방법으로 활용된다.

(3) 정부의 적극적인 항만운영의 민영화 프로그램 추진

국제항만의 경제적 효율성을 높이기 위해서는 정부의 주도적인 경제적 논리차원에서 개혁 유도, 항만의 민영화 촉진 프로그램, 국가경제의 차원에서 항만부문에 적극적인 민간참여를 중요하게 고려하여야 한다. 국제항만을 효율적으로 운영하는 많은 나라들은 정부의 적극적인 주도하에 항만부문에 민간참여를 유도하고 있다. 개도국 정부들은 국가경제의 향상을 위하여 항만부문을 향상시키는 것으로 나타났다. 특히 Buenaventura, Cartagena, Laem Chabang 항만은 국가경제발전의 차원에서 항만부문의 적극적인 민간참여를 촉진시키는 것으로 나타났다. 또한 항만설비에 대한 민간의 참여는 항만운영의 효율성을 증대시킨다.

5. 국제항만물류의 시사점

국제항만의 공급망 통합과 경제적 효과 측면에서 다음과 같은 시사점을 제공한다.

첫째, 국제항만의 공급망 통합과 운영성과는 밀접한 관련이 있다. 특히, 글로벌 공급망 관리측면에서 국제항만의 공급망 통합이 항만운영의 성과에 직접적인 영향을 미친 것으로 나타났다.

둘째, 국제항만의 민영화를 통하여 경제적 효과를 증진시킬 수 있다. 그 대표적으로 항만운영의 구조조정과 경제개혁 프로그램의 도입, 콜롬비아·코스타리카·니콰라과·아르헨티나를 대상으로 한 항만운영의 민영화 사례, 6개 개도국의 해운운송 민영화 방안, 사회간접자본에 입각한 아프리카의 민영화 사례 등은 국제항만의 민영화가 항만운영의 경제적 효과를 증진시킨 것으로 나타났다.

셋째, 국제항만의 경쟁력을 높이기 위한 성과 모형으로 공급망 통합

그림 7-4 동북아 물류시스템의 환경여건

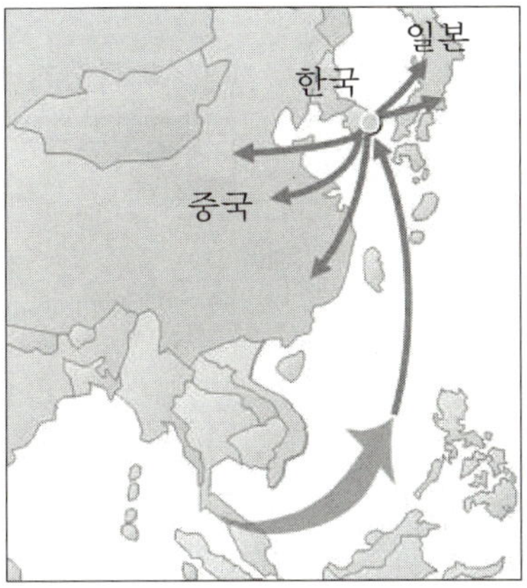

① 한 국
- 동북아의 한 가운데에 위치한 천혜의 지경학적 이점
- 동북아 국가 중 가장 많은 피더 항로를 보유

② 중 국
- 급증하는 수출입화물의 증가로 인한 항만시설의 부족
- 물류시스템의 낙후성

③ 일 본
- 값비싼 내륙운송비 및 보관비

(SCI)이론을 도입하여야 한다. 따라서 국제항만의 경쟁력을 측정하기 위한 성과모형으로 공급망 통합이론을 접목시켜야 하겠다.

'세계의 큰 시장' 으로 변모한 중국의 급속한 경제성장 추세로 인해 중국뿐만 아니라 동북아시아의 물동량은 폭발적인 증가를 가져왔고, 중국효과(China Effect)에 힘입어 동북아 물류시장은 급속히 성장할 것으로 전망되고 있다.

기존의 경쟁과 독자생존형의 폐쇄적인 물류정책, 즉 물량유치 중심적인 사고에서 벗어나 동북아 3국의 물류 및 기타 시설을 통합하는 물류시스템이

그림 7-5 동북아 지역의 새로운 물류시스템 필요성

1990년대 이전

1990년대 이후

- 동북아시아 경제의 역동적인 발전
- 한·중·일 3개국의 경제적 상호의존성의 증가
- 동북아시아를 대상으로 하는 새로운 최적화된 물류시스템이 필요

그림 7-6 부산항의 Global SCM 전략

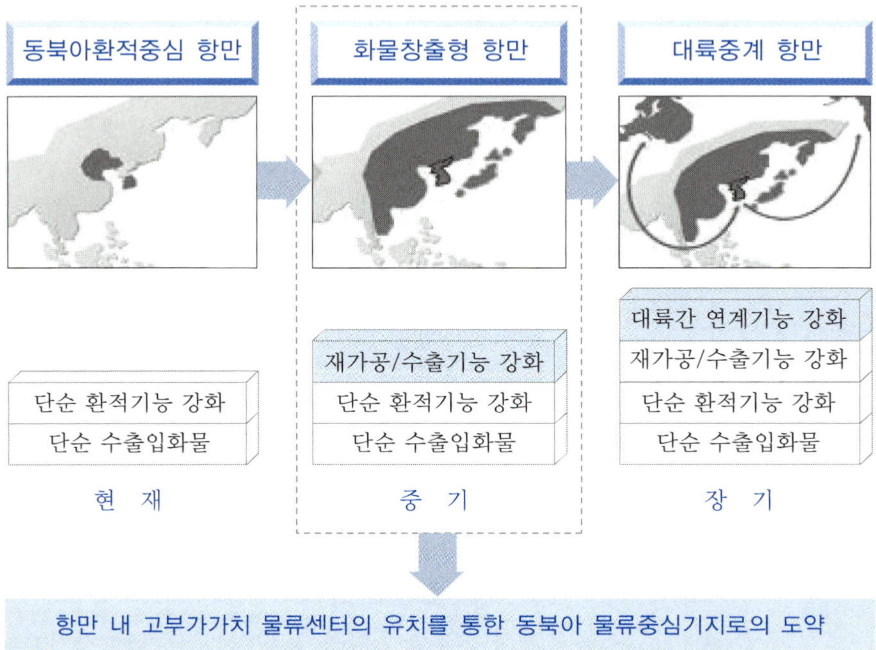

필요하다. 낙후되어 있는 중국 물류시장을 한국 항만과 연계한 비즈니스 모델 개발을 통해 일본을 비롯한 전 세계로 배송하기 위한 시스템은 2005년 6월 '동북아 물류중심추진기획단'에 의해 점점 현실화되고 있다.

부산항의 경쟁력을 살펴보면 동북아 지역의 다른 항보다 입지의 경우, 지리적인 측면에서 우리나라가 중국 동북부 지역을 비롯한 북아시아 지역의 환적화물을 수송하는 데에 매우 유리한 위치에 있으며, 항만 비용 및 정보화에 있어서 부산항이 동북아 지역의 다른 항보다 비교우위에 있기 때문에 동북아의 물류중심기지로 도약할 가능성이 크다. 또한 선사의 영업 전략적인 측면에서 보면 컨테이너 부두 29선석과 다목적 부두 1선석 등 30선석을 건설하여 연간 컨테이너 804만 TEU를 처리할 수 있는 부산 신항만이 완공될 경우 충분한 규모와 기능을 확보할 수 있게 될 것이다.

[그림 7-7]과 [그림 7 -8]은 한국을 물류중심지로 나타낸 그림으로, 물류중심지의 의미를 살펴보면 다음과 같다.

물량중심에서 벗어나 고부가가치를 창출해 내는 곳을 물류의 중심국이라고 볼 수 있으며, 이는 최적의 물류 네트워크 구성을 통해 부가가치를 창출하는 중심항만이 된다는 것을 의미한다. 한·중·일이 공동참여 국제물류 공동협의체를 구성하여 현재 계획을 추진하고 있는 중이다.

그림 7-7 한·중·일 Supply Chain Model

현재 : 세계 각지 → 일본 주요항 → (장거리 국내 배송) → 목적지
미래 : 세계 각지 → 부산항 · 광양항 → 일본 지방항 → (단거리 국내 배송) → 목적지

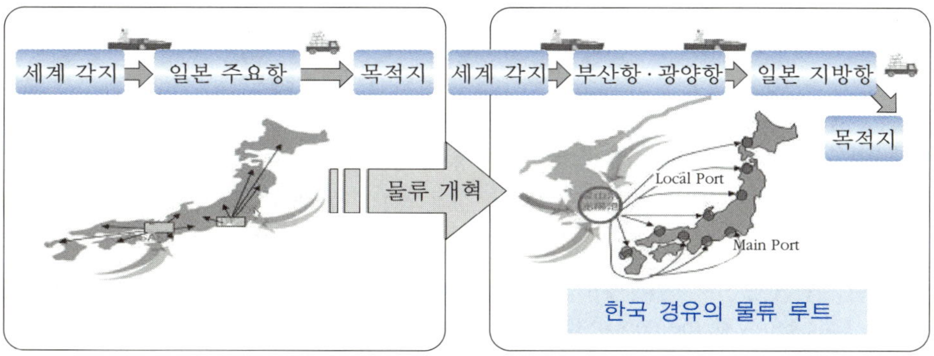

그림 7-8 물류 코스트 절감효과

일본기업의 전체 물류 코스트를 절감

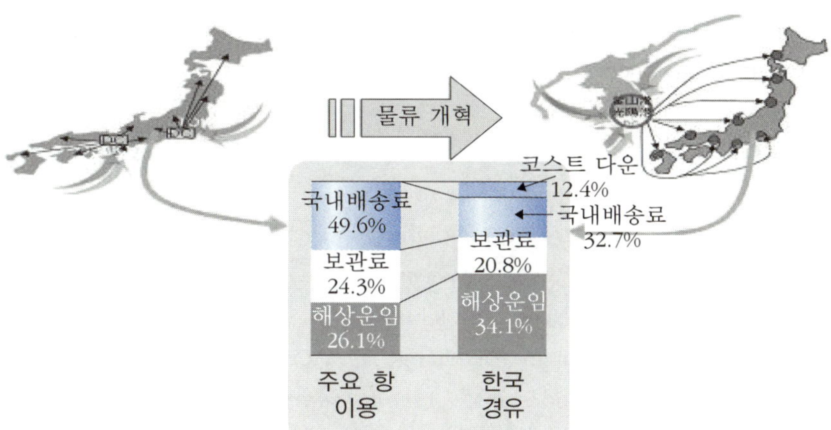

참 고 문 헌

김창봉, 「글로벌시대의 GSCM전략」, 보명사, 2005.

김희용, "컨테이너 수송을 위한 항만시설의 최적화 방안," 경원대 대학원, 1996.

류미현, "우리나라 항만개발에 있어서 친수공간 확보에 관한 연구," 한국해양대 대학원, 2002.

안성종, "한중일 협력 '동북아 물류시스템' 제안," 한국해사문제연구소, 2005.

원동욱 · 성원용 · 안병민, "동북아 물류환경 변화와 물류중심지화 전략의 재정립," 한국교통연구소, 2007.

오일석, "부산 신항의 동북아 중심항 기능 수행을 위한 로지스트레이드 전략에 관한 연구," 경성대 대학원, 2005.

조성제, "우리나라 해운항만운송의 변천과정 및 전략과제," 「창업정보학회지」, 제 9 권 1호, 2006.

홍성욱, "한반도의 동북아물류중심의 가능성과 전략," 한라대학교, 2002.

Bagchi, Prabir K. and Lee, Peggy D., Supply Chain Management in Emerging Market Economies-A Case Study of the Port of Dar Es-Salaam: 50. Washington, DC: The World Bank, 1998.

Bovet, David and Sheffi, Yossi, "The Brave New World of Supply Chain Management", *Supply Chain Management Review*, Spring 1998, pp.14-22.

Cooper, Martha C., Lambert, Douglas M., and Pagh, Janus D., "Supply Chain Management: More Than a New Name for Logistics," *The International Journal of Logistics Management*, Vol.8(1), 1997, pp.1-14.

Chow, Garland, Heaver, Trevor D., and Henriksson, Lennart E., "Strategy, Structure and Performance: A Framework for Logistics Research," *Logistics and Transportation Review*, Vol.31(4), 1995, pp. 285-308.

Creightney, Cavelle D., Transport and Economic Performance: A Survey of Developing Countries, Washington, DC: The World Bank Group, 1993.

Hilling, David, *Transport and Developing Countries*, London: Routledge, 1996.

Hoyle, B. S. and Hilling, D., *Seaport Systems and Spatial Change; Technology, Industry, and Development Strategies*, New York: John Wiley & Sons, 1984.

Levine, Sol and Whithe, Paul E., "Exchange as a Conceptual Framework for the Study of Interorganizational Relationships," *Administrative Science Quarterly*, Vol.5, 1961, pp.583-601.

Marber, Peter N., "Alleviating Motion Sickness: Transportation Privatization Trends in Developing Countries," *Journal of International Affairs*, Vol.50(2), 1997, pp.633-673.

Stevens, Graham C., "Integrating the Supply Chain," *International Journal of Physical Distribution and Materials Management*, Vol.19(8), 1989, pp.3-8.

Van De Walle, Nicholas, "Privatization in Developing Countries: A Review of the Issues," *World Development*, Vol.17(5), 1989, pp.601-615.

제 8 장 관세행정(1)

제1절 관세행정의 기조

최근 관세행정이 새로운 변화를 맞이하고 있다. 수출입 통관 지원, 국가재정수입 확보, 밀수단속과 같은 전통적 관세행정기능이 경제 · 사회적 환경 변화에 따라 FTA 지원, 지식재산권 보호, 원산지 표시단속, 불법 먹을거리 · 의약품 단속, 불법 외환거래 단속 등 보다 복잡하고 다양화되고 있다.

또한 1947년 GATT 출범부터 2000년까지 관세행정의 패러다임은 신속이 최우선 과제였다. 세계교역액의 10% 이상을 물류비용으로 지불하고 있는 무역환경하에서 1973년도에 세관절차의 간소화 · 표준화를 목적으로 Kyoto Convention이 제정되었다. 동 협약은 '세관절차의 간소화와 조화에 관한 국제협약'으로, 세계 각국은 이 협약을 토대로 신속통관을 통한 국제교역의 촉진과 물류비용 절감을 위해 관세행정 절차를 간소화하고 규제 완화에 중점을 두어 왔다. 그러나 2001년 9 · 11테러를 계기로 신속보다는 안전이 관세행정의 최우선 가치가 되었다. 세계관세기구(WCO: World Customs Organization)에서는 2005년에 '무역안전과 원활화 표준규범'을 회원국 만장일치로 채택했다. SAFE(Secure And Facilitate in global Environment) Framework라고 불리는 동 표준규범을 통해 불법화물의 국가간 이동을 차단하였고 각국 세관 당국에 RFID 등 첨단 IT기술을 관세행정에 접목활용할 것을 권고하였다. 9·11테러 이후 최근 진행되고 있는 수출입 물류 국경관리의 신조류는 대략 네 가지로 요약된다.

첫째, 신(迅)에서 정(精)으로의 변화다. 수출입 물류관리에 있어 신속과 안전은 동시에 충족하기 어려운 과제다. 47년 GATT체제 이후 지금까지 50여 년 동안 국제교역에 있어 최우선 과제는 물류비용을 줄이기 위한 신속이었다. 이 기조가 지금은 국민건강과 사회 안전을 위해서라면 물류흐름이 다소간 늦어지더라도 부득이하다는 기조로 바뀐 것이다.

둘째, 물(物)에서 인(人)으로의 변화다. 국경관리의 주 대상이 물품관리에서 기업관리로 바뀌고 있다. 이는 국경관리의 초점이 기업활동의 결과물인 물품에서 이 물품을 다루는 기업의 인성(人性) 즉, 원인 쪽에 맞춰지고 있음을 의미한다. 기업관리의 대표적인 예로 수출입안전관리우수공인업체(AEO: Authorized Economic Operator)제도가 있다.

이는 국가가 수출입 안전을 담보하기 위한 일정한 기준을 정해두고 이 기준을 충족하는 기업을 인증업체로 지정해 수출입 물품에 대해 세관검사를 생략하는 등 각종 혜택을 부여하는 제도다. 두 나라 세관간에 합의가 되면 이런 혜택을 다른 나라에서도 받을 수 있다.

셋째, 점(点)에서 선(線)으로의 변화다. RFID, CSD(Container Security Device)같은 첨단 IT기술을 물품이나 컨테이너에 접목해서 물품이 출발할 때부터 도착할 때까지의 전 과정을 실시간으로 파악하는 것이다. 특정물품이 어느 항만·공항에 장치되어 있는지 같은, 소재(所在)를 중심으로 한 관리에서, 이들 물품의 소재는 물론이고, 대양과 대륙을 이동하는 경로를 실시간으로 들여다보는 동선(動線)에 대한 관리가 빠르게 확대되고 있다.

끝으로, 내(内)에서 외(外)로의 변화다. 세관 영역이 자국 내 세관선에서 상대국 세관선까지 확대되고 있다. 이미 미국은 우리나라를 포함한 세계 58개 항만에 자국 세관직원을 파견해 미국으로 수출되는 물품에 대한 검사를 하고 있다. 이는 미국 세관선의 확대를 의미한다.

지금까지 세관이 수입물품관리에 치중해왔다면, 앞으로는 수출물품에 대한 관리도 못지않게 중요시된다는 것을 뜻한다. 이런 변화는 수입국 세관이 화물정보를 해당물품이 도착하기 전에 수출국 세관으로부터 미리 받아 위험도를 체크해 놓고 물품 도착을 기다리는 글로벌 싱글 윈도우의 구축으로 더욱 확대될 전망이다.

이와 같은 관세국경관리의 기조 변화는 투명성 · 효율성 · 예측가능성 높은 세관행정의 실현을 위해 바람직하다고 생각된다. 세계 11대 교역강국으로 국민소득 10만 달러 실현을 위해서는 바깥으로 눈을 돌릴 수밖에 없는 우리로서는 이와 같은 국제적 논의에 선제적으로 대응할 필요가 있다.

이를 위해 정부는 빠른 시일 내에 관련 제도를 정비해 기반을 마련하고, 기업은 새로운 환경변화에 맞춰 능동적으로 변신하는 자세가 요구된다 하겠다.

이번 장에서는 관세행정의 3대 핵심 업무인 통관행정 · 심사행정 · 조사행정에 대하여 각각 살펴보고자 한다.

제 2 절 관세행정의 3대 핵심 업무

관세행정의 근간을 이루고 있는 관세행정의 3대 핵심 업무 즉 통관행정, 심사행정, 조사행정에 대하여 간략하게 설명해 보고자 한다.

1. 통관행정

통관행정이란 화물 또는 여행자가 국내에서 해외로 또는 해외에서 국내로 이동하는 경우 관세법에 규정한 절차를 이행하여 각종 무역관련 법규에서 규정된 사항과 세관에 신고된 물품이 일치하는지 여부를 확인하여 신고를 유효한 행정행위로 받아들이는 것을 말한다.

통관행정은 대금결제 유무에 따라 유환통관과 무환통관으로 분류되고 통관절차의 편익에 따라 일반통관과 간이통관으로 분류될 수 있으며, 물품의 성질과 이동경로에 따라 수입통관, 수출통관, 반송통관으로 분류되고 있다. 여기에서는 수입통관, 수출통관, 간이통관에 대하여 간략하게 살펴보고자 한다.

(1) 수입통관

수입통관이란 외국물품의 국내반입과 관련하여 각종 법령상의 규제사항을 확인 · 집행하는 것으로 수입승인사항 또는 관련 법규의 인 · 허가사항 등의 제반사항과 세관에 신고된 사항이 일치하는지 여부를 확인하여 수입신고에 대한 수입신고수리라는 유효한 행정행위로 받아들이는 것이다.

광의의 수입통관이라 함은 물품을 수입할 때 입항, 보세구역반입, 관세납부 등 관세법에서 정하는 모든 절차를 말하고, 협의의 수입통관이라 함은 수입신고에서 수입신고수리까지의 세관절차를 의미하고 있으나 일반적으로 통관이라 함은 광의의 절차를 말한다. 또한 수입거래에 있어서 무역의 범위에 따라 협의의 거래와 광의의 거래로 구분할 수 있다. 협의의 거래는 상품거래만을 뜻하고 광의의 거래는 상품거래 뿐만 아니라 용역거래, 자본거래, 기술거래 및 경제적 가치가 있는 모든 대상의 국제간 거래를 의미하고 있다.

통상적으로 관세법에서 물품의 수입이라 함은 협의의 거래인 상품거래만을 뜻하고, 광의의 거래는 상품거래뿐만 아니라 용역거래, 자본거래, 기술거래 및 경제적 가치가 있는 모든 대상의 국제간 거래를 의미한다.

일반적으로 협의의 거래인 상품거래를 할 때 이러한 물품이 외국으로부터 우리나라에 반입하는 것을 수입이라고 관세법에서 정의하고 있는데, 실무적으로는 HS에 의해서 분류될 수 있는 대상의 물품이 외국으로부터 우리나라에 반입되는 것을 수입이라고 말할 수 있으며, 수입통관은 관세법의 통관 법적인 성격에 의해서 관세법에 규정한 절차를 이행하여 외국물품을 내국물품화하는 것이다.

관세법 규정에 의한 수입물품의 통관을 적정히 하고 수입물품의 통관에 대한 처리 규범을 정하여 물품의 관세영역간 이동과 관련하여 각종 법령상의 규제사항에 대한 실효성을 확보하고, 적법 · 정당한 수입신고는 지체 없이 이를 수리함으로써 기업의 물류비용을 절감하고 국가경쟁력을 제고하여야 한다.

수입통관의 기능을 살펴보면 첫째, 관세법 기타 수입과 관련된 각종 법령에서 정한 절차 및 방법에 의해서 적법여부를 확인하여 수입여부를 결정하고 둘째, 수입 관련 법령상 규제내용을 신고내용과 현품에 의하여 확인함으로써 실물에 입각하여 수입내용을 확인할 수 있으며, 셋째, 수입물품에 관세 및 내국세 등을 부과 · 징수함으로써 국가재정수입 확보에 기여한다.

이는 수입통관과정을 통하여 관세법 및 내국세 관련법에서 관세 및 내국세를 납부하도록 정한 물품에 대하여는 그 관세 및 내국세를 납부하도록 함으로써 국가의 재정수입을 확보하는 것이다.

외국물품이 선박 또는 항공기에 의하여 국내에 반입되면 그 시점부터 그 물품은 관세법의 규제를 받게 되고 물품이 내국물품화되기 위해서 일련의 절차를 거쳐야 하는바 그 일련의 절차를 수입통관절차라 하는데, 일반적인 통관절차는 물품이 외국으로부터 국내에 도착하면, 보세구역에 반입→ 수입신고→ 신고수리→ 세액납부→ 사후세액심사 등의 절차에 의해서 내국물품화되는데 이는 수입절차의 일부분인 세관에서 이루어지는 절차를 말한다.

그림 8-1 수입화물 흐름도

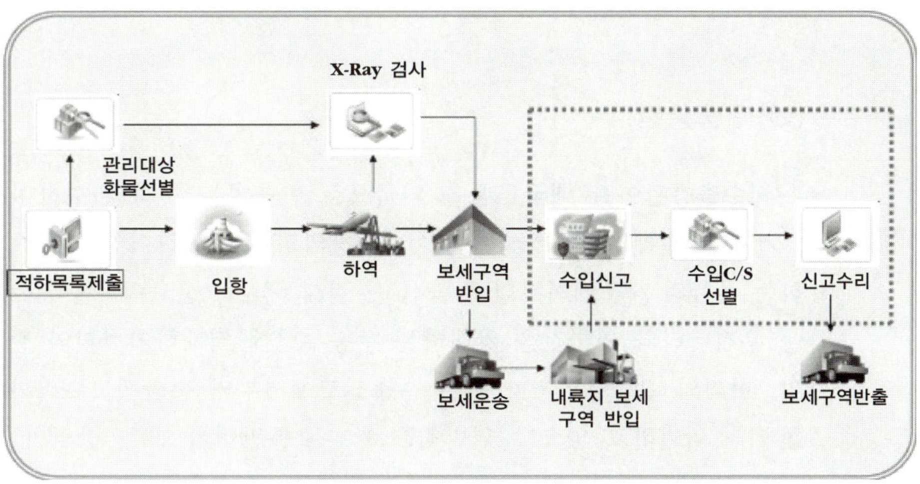

그림 8-2 수입통관 절차

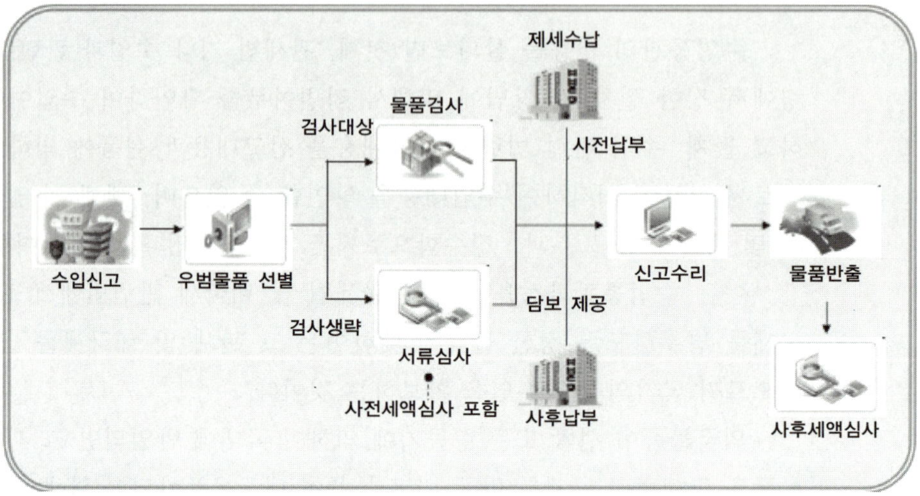

표 8-1 연도별 수입통관 처리현황

구 분	'97	'07	'08	'09
신고(수리) 건수	2.6백만건	5.7백만건	5.8백만건	6.7백만건
통관 소요시간	7시간	1.5시간	1.5시간	1.9시간
검사율	15%	4.2%	3.6%	3.8%
검사 적발률	11%	66.7%	63.4%	68.3%

(2) 수출통관

수출통관이란 내국물품을 외국으로 반출하는 것과 관련하여 법령상의 규제사항을 확인 · 집행하는 것이다. 광의의 수출통관이라 함은 수출하고자 하는 물품의 제조에서부터 수출신고, 검사, 심사, 신고수리를 거쳐 당해물품을 우리나라와 외국간을 왕래하는 운송수단에 적재하기까지의 절차를 말하며, 협의의 수출통관이라 함은 수출신고에서부터 수출신고수리까지의 세관절차를 의미하고 있으나 일반적으로 수출통관이라 함은 광의의 절차를 말한다.

또한 대외무역법상 수출과 비교하여 보면, 대외무역법상 수출이라 함은 수출승인에서부터 대금영수까지 포함하여 일련의 수출절차를 말하고 관세법상 수출이라 함은 국경(관세선)을 중심으로 수출신고수리시점을 기준으로 반출하는 절차를 말하며, 수출이 성립되는 반출시점은 정해진 기간에 운송수단에 적재하는 사실행위에 의해서 이루어진다.

세관에서는 관세법의 규정에 의한 통관절차를 통해서 관세법은 물론 대외무역법 등 각종의 수출규제에 관한 법규의 이행사항을 최종적으로 확인하여 외국으로 반출할 수 있도록 하고 있으며, 현재는 전산방식에 의해 수출물품을 신속하게 통관하고 있다.

수출하고자 하는 물품을 세관에 수출신고를 하고, 신고수리를 받아 우리나라와 외국간을 왕래하는 운송수단에 적재하기까지의 절차를 거쳐야 하는데 이 절차를 수출통관절차라 한다.

표 8-2 2009년도 수출통관 처리현황

P/L대상(자동수리)	서류제출 · 실물검사
5,222,094건(93.4%)	370,851건(서류 : 6.54% 검사 : 0.08%)

※ 1일 평균 처리 현황 : 22,371건, 14.5억 달러(근무일 250일 기준)

그림 8-3 수출통관 절차

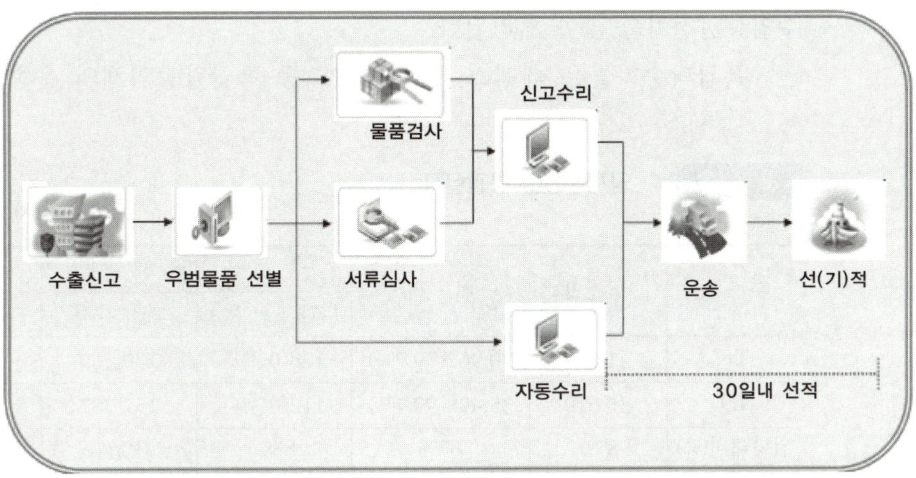

일반적인 통관절차는 수출계약을 체결하고 신용장을 접수하여 수출물품을 자가 생산을 하거나 완제품을 구매하여 수출할 물품을 확보하면, 수출신고→ 수출신고수리→ 선적항 운송→ 적하목록제출(적재신고로 갈음)→ 적재신고수리→ 적재→ 출항절차를 거친다.

(3) 간이통관

간이통관은 크게 이사화물, 국제우편물, 특급탁송화물통관으로 나누어지는데 우선 이사화물통관과 관련하여 해외에서 우리나라로 주거를 이전하는 자로서 해외체류 1년 이상(이사자) 또는 가족을 동반하고 해외체류 6월 이상(준이사자)인 자가 반입하는 물품 중 해외에서 3개월 이상 사용한 물품은 원칙적으로 면세통관이 된다. 다만 외국산 자동차, 선박, 항공기, 귀금속 등은 사용하던 물품이라 하더라도 과세가 된다.

2009년도 이사화물 통관현황을 보면 총신고건수가 41,724건이고 과세건수가 2,226건이며 관세 등 총징수액은 16,741백만원이다. 세관별 처리현황을 보면 인천세관이 42%, 인천공항세관이 32%, 용당세관이 12%, 기타세관이 14%이다.

국제우편물은 우편물의 총과세가격이 15만원 이하로서 자가사용물품인 경우 현장에서 면세통관하고 15만원 초과물품은 간이통관절차가 아닌 정식수입통관절차를 밟아 처리된다.

특급탁송화물은 페덱스, DHL, UPS 등 특급탁송업체의 운송으로 반입

표 8-3 국제우편물 통관실적

(단위:천 건, 백 만원)

구 분	반 입	면 세	과 세 내 역		
			과세건수	과세가격	징수액
'08	41,090	40,962(99.7%)	128(0.3%)	170,569	30,048
'09	35,610	35,498(99.7%)	112(0.3%)	157,787	26,687
전년대비(%)	87%	87%	88%	93%	92%

되는 물품으로서 US$100 이하의 자가사용물품은 통관목록에 의하여 신속하게 면세처리되고 US$100 초과 US$2000 이하 물품은 일반수입신고보다 간이한 방식으로 신고를 허용하고 있으며 US$2000 초과 물품은 간이통관절차가 아닌 정식 수입통관절차를 밟아 처리된다.

표 8-4 특급탁송화물 통관실적

(단위:천건, 백만$)

구 분	목록통관		간이신고		일반신고		합계	
	건수	금액	건수	금액	건수	금액	건수	금액
'08년	6,593	244	812	383	660	5,058	8,065	5, 685
'09년	5,336	163	779	378	1,743	4,785	7,858	5, 326
전년대비(%)	81%	67%	96%	99%	264%	95%	97%	94%

여행자 휴대품은 해외여행자가 국내 입국 시 휴대하여 반입하는 물품으로서 1인당 US$400, 주류 1L 1병, 궐련 200개비, 향수 60ml 1병은 면세가 되며 초과물품에 대하여는 관세 등을 징수한다. 현재 9개 공항(인천, 김해, 제주, 광주, 대구, 청주, 서울 김포, 양양)과 8개 항만(부산, 인천, 속초, 평택, 제주, 군산, 목포, 동해)에서 여행자 휴대품 통관 업무를 수행한다.

표 8-5 일반수입화물과 여행자휴대품 차이

구 분	일반수입화물	여행자휴대품
수입신고방법	「수입신고서」 EDI 제출	「여행자(승무원)세관신고서」 제출
과세 방법	신고 납부	부과고지
세율 적용	기본세율	간이세율(통상적으로 20%수준)
평가 방법	구입가격에 운임, 보험료를 포함	구입가격을 기준
검사대상선정	C/S(Cargo Selectivity)	X-ray투시기, APIS, 동태관찰 등
세관장확인대상	30개 법령	9개 법령

세관에서는 APIS(Advance Passenger Information System : 여객명부)정보와 PNR(Passenger Name Record : 승객예약정보)정보 등 각종 여행자정보를 항공사로부터 사전에 전송받아 이를 분석하여 우범여행자를 선별·검사하고 있다.

그림 8-4 여행자 통관절차

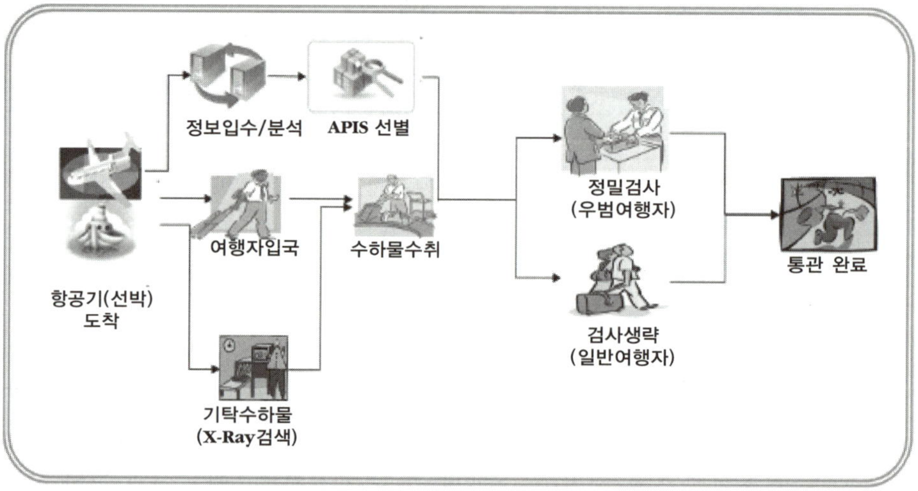

2. 심사행정

1996년 7월 이전의 수입면허제에서는 세관에서 수입물품 통관 전에 납부세액의 정확성을 확인하였으나 수출입 물량이 지속적으로 증가함에 따라 통관의 신속성과 정확성을 동시에 달성하는 데 한계에 도달하였다. 1996년 7월에 수입신고수리제가 새롭게 도입·시행됨에 따라 통관단계에서는 외형적인 수입 구비요건만 확인하여 신속하게 수입신고수리하고, 납부세액의 정확성은 통관 후에 심사토록 보완하였으나 수입통관부서에서 심사를 병행함에 따라 심사기능이 약화되는 역기능을 초래했다.

따라서 2000년 1월 심사정책국을 신설하여 사후세액심사기능을 강화하는 동시에 건별 심사기능과 업체별 심사기능을 부여하여 납세신고의 정확성 제고에 노력하였다. 2009년 5월에는 성실기업의 효율적 관리를 위하여 AEO[1]제도와 심사업무를 통합하였으며 2009년 5월 세액뿐만 아니라 국민적 관심이 높은 통관적법성 준수여부에 대해서도 함께 심사하는 통관적법성 심사를 도입하기에 이르렀다.

심사행정은 크게 시기에 따라서 수입신고된 물품에 대하여 신고수리 전에 세액심사를 실시하는 사전세액심사와 수입신고수리 후에 실시하는 사후심사로 구분되고, 사후심사는 다시 그 방법에 따라 보정심사 · 종합심사 · 법인심사 · 기획심사로 구분된다.

(1) 사전세액심사

수입신고수리 전에 세액의 정확성을 확인하는 것으로 전국세관의 수입통관부서에서 담당하고 있으며 사전세액심사 대상물품은 관세 또는 내국세를 감면하고자 하거나, 관세를 분할납부하고자 하는 물품, 관세 체납자가 수입신고하는 물품, 물품의 가격변동이 큰 물품, 마늘 · 생강 · 조미오징어 · 다이아몬드 · 녹용전지 · 2천cc 이상 중고자동차 등 기타 수입신고수리 후에 심사하는 것이 부적합하다고 인정하여 관세청장이 정하는 물품이다.

표 8-6 연도별 사전세액심사 실적

(단위: 건, 억 원)

구 분	2006년	2007년	2008년	2009년
추징건수	59,695	2,220	3,035	1,427
추징금액	14	40	58	512

1) Authorized Economic Operator: 안전관리기준 등에 대해 관세당국으로부터 인증받은 업체로서 신속통관 등 혜택 부여

(2) 사후심사

우선 보정심사는 관세법 제38조의2 규정에 따라 세관에서 신고납부한 날부터 6개월 이내(보정기간)에 납부세액의 적정성 여부를 심사하는 제도로서 납세의무자가 보정신청을 하거나, 전산선별기준(R/S)에 의하여 선별된 건, 세관 심사공무원에 의한 수작업에 의하여 선별된 건이 보정심사대상이 되며 심사결과 신고납부세액에 오류가 있는 경우 신고납부 후 6월 이내에는 우선 세관에서 보정신청 안내를 하며 만약 안내통지일로부터 10일 이내에 보정신청을 하지 않는 경우 세관장이 경정조치를 하며 신고납부 후 6월 이후에는 세관에서 과세전통지 후 경정조치를 하게 된다.

표 8-7 건별심사와 보정심사 비교

구 분	건별심사	보정심사
심사대상	수리 후 2~5년	수납 후 6월 이내
세액정정	부족세액에 대한 수정 · 경정	납부세액 보정
가산세	부족세액의 15~45%	보정이자(약 5%)
심사기한	15일/확장 심사시 30일	15일/확장 심사시 30일
결과통지	자료제출요구 건만 결과통지	모든 심사건 결과통지
담당부서	심사부서(통관지 제한 없음)	통관지세관 심사부서로 제한 (단, 기획심사 · 종합심사부서 포함)

* '09.5월 보정심사가 도입되기 이전 건별심사와의 비교

종합심사는 AEO제도 시행에 따라 종합심사제도가 AEO 업체의 사후관리 개념으로 재정립되고 심사대상과 범위가 변경되었다. 우선 심사대상은 수출입업체에서 관세사, 물류업체로 확대(공인 후 2년 경과)되었고 심사범위도 통관적법성심사에서 내부통제, 재무건전성, 안전관리심사까지 포괄하게 되었다. 또한 종합심사의 기본방향을 단순한 추징 · 적발 위주에서 자율적 법규준수 제고 중심으로 전환하고, 세액중심에서 관세 · 무역법규 전반의 준수여부 확인으로 전환하였다.

종합심사의 세부절차 및 심사방법을 보면 본청 심사정책과에서 AEO 공

그림 8-5 **AEO 공인 및 종합심사 흐름**

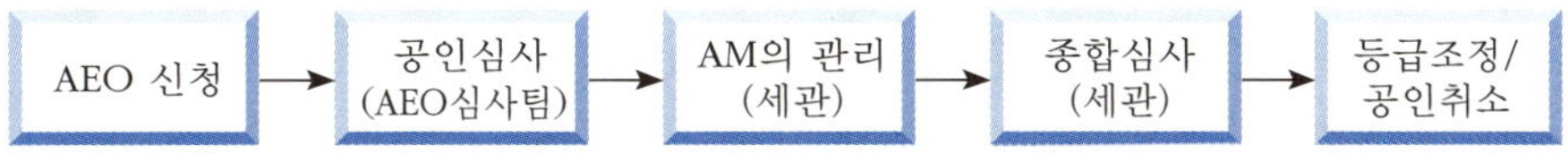

인업체 중 매년도 일괄 또는 수시로 종합심사 대상업체를 선정하여 세관에 배정하면 세관에서는 세부심사계획을 수립하여 본청에 보고한 후 업체유형, 규모를 고려한 적정인원 투입하여 심사를 실시한다(수출입업체는 20일, 기타는 10일 이내 실시 원칙).

세관에서의 업체평가 및 심사결과 법규준수도만 미흡한 경우 법규준수 개선계획 요구하고 관리하며, 자율법규준수 역량 제고를 위한 컨설팅을 실시한다. 또한 AEO위원회에서 등급조정을 한다.

법인심사는 일정규모 이상의 업체(법인심사 후보군)에 대해 정기심사를 실시함으로써 법규준수 제고를 지원하는 한편, 장기적으로 AEO제도로 편입을 유도하기 위한 것으로서 법인심사 후보군은 AEO 공인업체를 제외하고, 내부통제가 어느 정도 갖추었다고 판단되는 기업(약 500여개)이며 법인심사 후보군 중 당해 연도 심사대상은 '법인심사 대상 선정 심의위원회(가칭)' 에서 선정하게’ 되는데 정기심사 주기는 4~8년이다. 법인심사 후보군이라 하더라도 일제 기획심사 또는 혐의가 명백한 경우에는 기획심사팀에서 기획심사를 실시하게 된다.

기획심사는 수출입업체에 대하여 관세법, 대외무역법 등 통관 · 무역관련 법령에서 규정한 적법성(세액 포함)에 대하여 서면심사 또는 실지심사하는 것으로서 본부세관 심사부서에서 담당한다. 통관적법성 기획심사 대상은 크게 세액심사와 외환검사, 원산지 · 지재권 단속 및 세관장 확인사항을 포

그림 8-6 **정기법인심사 기본 프로세스**

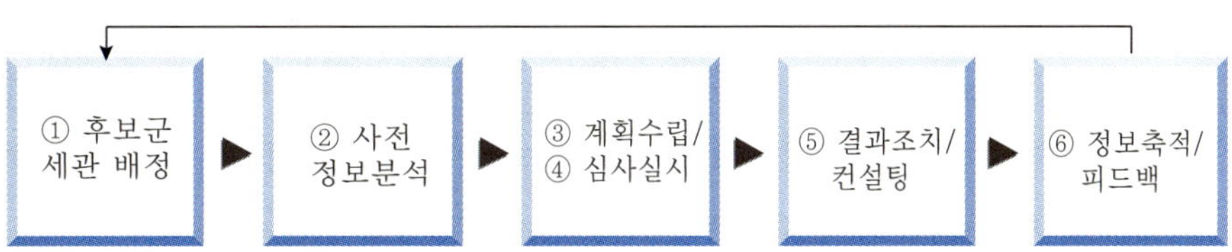

함한 통합공고 사항으로 구분된다.

- 과세가격에 관한 사항
- 품목분류(세율 및 통관요건 포함)에 관한 사항
- 수출입 신고물품에 대한 품명 · 규격 · 수량 · 중량 등 신고의 적정성에 관한 사항
- 관세 환급(소요량계산 포함)에 관한 사항
- 관세감면 및 사후관리에 관한 사항
- 개별소비세 등 내국세에 대한 신고 및 납부에 관한 사항
- 원산지 또는 협정관세 적용 및 증빙서류에 관한 사항
- 지식재산권 침해 및 원산지표시에 관한 사항
- 기타 통관, 외환거래 및 수출입 물품과 관련한 법령 위반 사항

기획심사절차를 보면 우선 심사기간은 실지심사의 경우에는 20일 이내, 서면심사의 경우에는 30일 이내에서 심사하는 것을 원칙으로 하고 기획심사 7일 전까지 사전통지하는 것을 원칙(예외적으로 범칙사건에 대하여 조사하는 경우, 또는 사전통지를 하는 경우 증거인멸 등으로 심사 목적을 달성할 수 없다고 판단되는 경우에는 실지심사 개시 당일에 심사개시 통지)으로 한다.

기획심사를 종결한 후에 탈루세액 및 통관적법성 위반사항 등에 대하여 업체와 이견이 있는 사안은 세관별 품목분류협의회 · 관세평가실무협의회 · 추징결정전자문위원회 · 심사종결회의 등을 거친 후 처분을 결정하며 「기획심사 결과통지서」에 의하여 심사결과를 통지한다.

심사결과 처분과 관련하여 납부세액에 부족이 있는 경우에는 경정(추징)하고 관련 법령에서 정하고 있는 과태료 대상인 경우에는 과태료를 부과하며 대외무역법에 의한 원산지표시 위반의 경우에는 과징금을 부과한다.

관세법에 의한 범죄의 확증을 얻은 경우에는 통고처분을 하고 범죄의 정상이 징역형에 처하여질 것으로 인정되는 경우에는 고발의뢰하며, 원산지표시 위반 물품 등의 경우 보세구역반입명령을 한다. 또한 관세청 소관이 아닌 법령 위반사항을 발견한 경우에는 관계기관에 통보한다.

그림 8-7 통관적법성 기획심사 절차

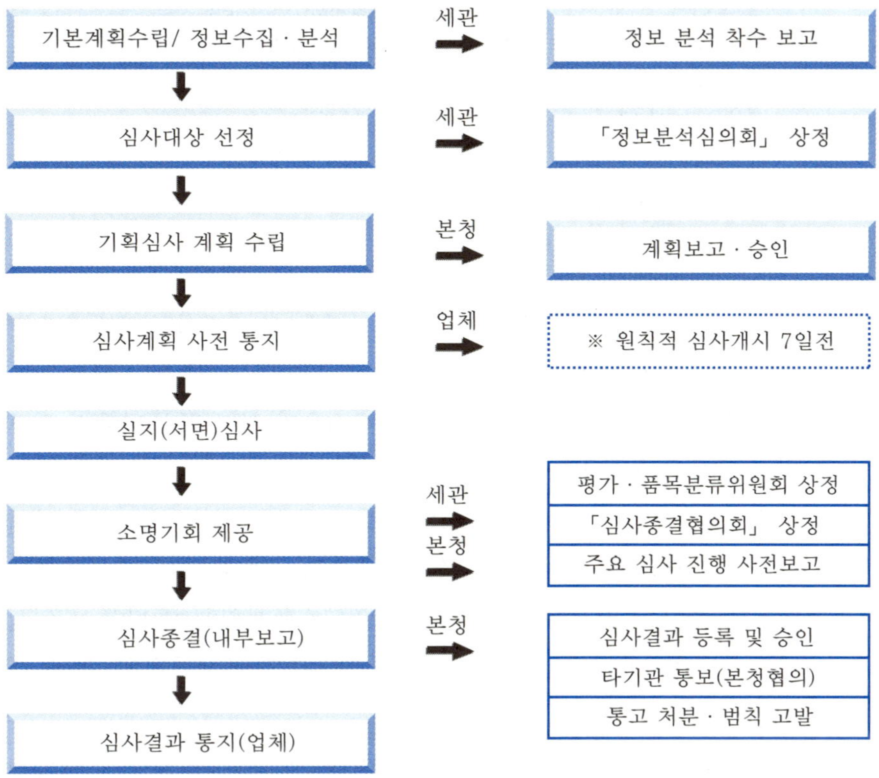

표 8-8 연도별 기획심사 실적

(금액단위: 억 원)

구 분	'06년	'07년	'08년	'09년
심사업체	657	811	697	487
추징업체	519	598	515	351
추징금액	1,229	1,653	942	1,937

표 8-9 심사행정 수행체계

<table>
<tr><th colspan="3">기업심사</th><th colspan="2">건별심사</th></tr>
<tr><td>AEO공인업체</td><td colspan="2">非AEO업체</td><td rowspan="2">사전세액심사</td><td rowspan="2">보정심사</td></tr>
<tr><td>공인/종합심사</td><td>법인심사</td><td>기획심사</td></tr>
</table>

<table>
<tr>
<td>• 공인심사 실시 후 AEO로 공인
• AEO공인업체 대상 종합심사 실시(3년 주기)
• 자율법규준수
• 민·관 파트너십</td>
<td>• 수입규모 상위 500대 기업
• 정기심사 (4~6년 주기)
• 타율법규준수
• AEO 편입유도</td>
<td>• 고위험업체
• 수시심사 (정보 분석)
• 타율 이행강제
• 조사부서 공조</td>
<td>• 채권확보우려물품
• 농산물 등 36개 품목</td>
<td>• 일반 수입신고물품
• 납부일부터 6월 내에 심사</td>
</tr>
</table>

심사행정의 또 다른 중요한 업무에는 관세평가(과세가격결정)와 평가분류업무가 있다. 전 세계에서 거래되는 각종 수출입물품은 세계관세기구(WCO)가 정한 국제통일상품분류체계(HS)에 의거 품목번호가 결정되며 품목번호별로 관세율이 정해져 있다.

국제적으로 통용되는 품목번호는 6단위이며 총 5,052개 품목이 정해져 있다. 우리나라에서는 이를 좀 더 세분화하여 10단위 품목번호를 사용하고 있는데 총 11,729개 품목이 정해져 있다. 품목분류에 다툼이 있는 경우에는 민간전문가, 관계기관 공무원으로 구성된 품목분류위원회에서 품목번호를 결정하고 있다.

수입물품에 대한 제세(과세가격×품목번호별 세율)를 산출하기 위해서는 품목번호와 함께 수입물품에 대한 과세가격이 결정되어야 한다. WTO관세평가협약에 의거, 국제적으로 통일된 6가지 과세가격 결정방법을 적용하고 있는데 우선 판매자와 구매자간 당해물품의 실제거래가격을 기초로 과세가격을 결정하는 방법(제1방법)을 가장 많이 사용하고 있다.

다만, 예외적으로 당해물품의 거래가격을 인정하기 곤란한 경우에는 동종동질물품의 거래가격(제2방법). 유사물품의 거래가격(제3방법), 당해물품의

표 8-10 2007년도 평가방법별 적용비율

평가방법	제1방법	제2방법	제3방법	제4방법	제5방법	제6방법
건수	469,849건	17,951건	562건	892건	853건	23,247건
비율	91.5%	3%	0.1%	0.2%	0.2%	4.5%

국내판매가격을 기초로 역산한 가격(제4방법), 당해물품의 제조원가를 기초로 산정한 방법(제5방법), 합리적 기준에 의한 방법(제6방법)을 순차적으로 적용하고 있다.

3. 조사행정

관세범이라 함은 관세법 또는 관세법에 의한 명령에 위배하는 행위로서 관세법에 의하여 처벌되는 것을 말한다(관세법 제283조 제1항).

좁은 의미에서의 관세범은 형법상에 규정된 형명의 형벌이 과해지는 범죄를 말하며, 형벌이 과해지는 점에서 일반형사범과 동일하지만 관세행정의 특수한 성격으로 인하여 여러 가지 다른 특성을 지니고 있다.

관세범은 「관세의 부과 · 징수」와 「수출입물품의 통관」을 적정하게 하고 「관세수입을 확보」 함으로써 국민경제의 발전에 이바지하고자 하는 관세행정목적 달성의 실효성 확보를 위해 관세행정벌이 과하여지는 비행(非行)으로서, 행정적 합목적성이 강조되는 행정범(行政犯)이며 경제범(經濟犯)의 일종이다.

일반적으로 범죄를 자연범(自然犯)과 법정범(法定犯)으로 구분한다. 자연범이란 법규범의 설정에 상관 없이 행위 그 자체가 반윤리적이고 반사회적인 범죄라고 설명하고 형사범이라고도 하며 법정범과 구별된다. 반면 법정범이란 행위 그 자체는 반윤리적이거나 반사회적인 것은 아니지만 국가의 행정적 목적에 따라 어떤 행위를 명령 · 금지시키는 구성요건이 설정됨으로써 그 행위의 반사회성이 인정되는 범죄로 행정범이 이에 분류된다.

양자의 구별성은 자연범은 윤리성이나 도덕성이 강조되고, 법정범은 행정의 합목적성(合目的性)이 강조되고 있으나, 양자 모두 국가행정목표의 달성을 위한 법적안정성을 지도 원리로 하고 있다는 점에서는 다를 바 없다. 이러한 구별에도 불구하고 법정범도 사회적 · 경제적 여건의 변화에 따라 자연범화되는 경향에 있다.

자연범과 법정범의 구별은 역사적이고 상대적일 뿐 불명확하여 이러한 구별을 부인하는 견해도 있다. 아울러 실정법체계에서는 형법전에 규정된 범죄를 형사범(刑事犯)이라 하고 행정법규에 규정된 범죄를 행정범(行政犯)이라고 하는데 현대사회의 다양화에 따른 국가기능과 행정영역의 확대에 따라 행정범은 늘어나는 추세이다.

관세범은 본래 행정범 중의 재정범이므로 정부수립 후 최초로 제정된 관세법의 벌칙규정은 재산상의 부당이득박탈을 주목적으로 하여 벌금형 및 과료형에만 국한되었으나, 밀수범이 점차 격증하고 그 범죄수법이 교묘·흉악하게 되어 국가재정을 혼란케 하고 국민경제에 큰 해악을 끼치게 되면서 그에 대한 사회통념 및 도덕적 평가가 변화하게 되었고 따라서 그 벌칙규정에 있어서도 일반 형사범처럼 자유형까지 과할 수 있게 하였으며, 1966년에는 특정범죄가중처벌 등에 관한 법률의 대상범죄에 포함하였다. 이리하여 오늘날의 관세범죄는 행정범적 성격과 형사범적 성격을 병유(倂有)하여 혼성적(混成的) 범죄성격을 띤 범죄로 변화되었다.

(1) 관세범의 특징

관세범은 단순한 행정범과는 달리 경제범죄로서 영리성·조직성·전문지식성·상습성 등 특징이 있다.

첫째, 관세범은 영리획득(영리성)에 그 목적이 있다. 절도범 등이 빈곤을 타개하기 위하여 법익을 침해하는 이른바 곤궁범(困窮犯)인데 반하여 밀수범은 단순한 빈곤타개가 목적이 아니라 보다 나은 경제적인 욕망의 충족을 위하여 범행하는 이욕범(利慾犯)이다. 밀수를 자행하려면 밀수자금이 필연적으로 소요되기 때문에 관세범은 일반절도범과 같이 곤궁을 동기로 범행하는 것이 아니라 보다 나은 경제적인 욕망의 충족을 위한 것이라 하겠다.

둘째, 조직성으로 밀수는 예외적으로 해외여행 중에 단독으로 고가품을 은닉하여 밀수입하는 경우도 있지만, 일반적으로 자금·운반·보관·판매 등 조직화되고 분업화되어 있다.

셋째, 전문지식성으로 밀수는 외국과 연결된 범죄이기 때문에 고도의 전문성과 지능성을 요구한다. 관세범이 관세를 포탈하고 국가의 금지·제한을 돌파하려면 국내·외 사정에 관한 광범위한 지식을 가지고 있어야 하고 국제간의 물품이동을 규제하고 있는 법규는 물론이고 그 외에 국제상품에 관하여도 전문적인 지식을 가지고 있어야 할 것이므로, 관세범은 범죄의 유형중 고도의 지능과 전문적인 지식을 요한다는 경제범 중에서도 가장 지능적이고 전문적인 성격이 강한 범죄라고 말할 수 있다.

특히 교묘히 합법을 가장하여 거래가격의 조작, 차액의 이면결제 등에 의한 밀수나 마약 · 외환 · 보석 · 고급전자제품 등 특수한 물품의 밀수에는 그 분야에 전문적인 지식이 없이는 아무나 접근할 수가 없다고 하겠다.

넷째, 상습성으로 밀수는 환금성과 수익성에 있어 다른 어떤 일에 종사하는 것보다 유리하다고 보기 때문에 이를 청산하기가 쉽지 않아 상습화되고 직업화되는 경우가 많다.

(2) 처벌법규의 구조

기본적 사항은 관세법에 규정되어 있는데, 이는 관세범죄와 형벌을 규정한 벌칙(제11장)과 그 처벌절차를 규정한 조사와 처분(제12장)으로 구분되어 있다. 그리고 벌칙은 다시 총칙에 해당하는 규정(법 제278조 내지 제282조)과 각칙에 해당하는 규정(법 제269조 내지 제277조)으로 구성되어 있는데, 벌칙은 특별한 규정(법 제278조)이 있는 경우를 제외하고는 형법총칙의 규정이 적용된다. 또한 조사와 처분은 관세범의 조사방법과 처벌절차를 규정한 것으로서 관세법에 규정된 것 이외에는 형사소송법을 준용하도록 하고 있다(법 제319조).

(3) 관세행정벌

각종 행정법규에는 그 행정목적을 실현하기 위하여 여러 가지 의무규정을 두고 이를 위반하였을 때에는 처벌하는 규정을 두고 있는바, 이와 같이 행정법규상의 의무위반에 대하여 일반통치권에 근거하여 일반사인에게 과하는 제재로서의 벌을 행정벌이라고 하고, 이러한 행정벌이 과하여지는 비행을 행정범이라 한다.

관세법 역시 동법 제 1 조에서 규정하고 있는 바와 같이 「관세의 부과 ·

징수 및 수출입물품의 통관을 적정하게 하고 관세수입을 확보함으로써 국민경제의 발전에 이바지함」을 목적으로 하고 있고, 그와 같은 관세행정목적달성의 실효성을 확보하기 위하여 각종의 명령, 금지 등의 규정을 두고 이를 위반한 경우에는 처벌하도록 하고 있는바, 관세법상 의무위반에 대한 제재로서 과하는 처벌을 관세행정벌이라고 한다.

이는 직접적으로는 과거의 의무위반에 대하여 제재를 가하는 것이나, 간접적으로는 이를 통해 의무자에게 심리적 압박을 가하여 의무자의 관세법상의 의무의 이행을 확보하는 기능도 아울러 가진다.

죄형법정주의의 원칙은 행정벌에도 적용된다. 그러므로 법률에 의하지 아니하고는 행정벌을 과할 수 없다. 그리고 법률은 행정벌 규정의 정립권을 명령에 위임할 수 있으나, 이때에 처벌의 대상인 행위의 기준 · 행정벌의 최고한도 등을 구체적으로 정하여 위임하여야 한다. 따라서 관세행정벌도 관세법과 관세법의 명시적인 위임에 근거한 명령에 근거해서만 과할 수 있다.

관세행정벌은 처벌내용에 따라 관세행정형벌과 관세행정질서벌로 구분되는데 편의상 관세형벌, 관세질서벌이라고 한다. 관세형벌을 규정하고 있는 법규로는 관세법 이외에 특별법으로 특정범죄가중처벌 등에 관한 법률, SOFA임시특례법, 국제물류기지 육성을 위한 관세자유지역의 지정 및 운영에 관한 법률, 자유무역지역의 지정 등에 관한 법률이 있고, 기타 관계법규로서는 대외무역법과 외국환거래법이 있다.

관세형벌은 관세법상의 의무위반에 대한 제재로서 형법 제41조에 정하여져 있는 종류의 형을 과하는 것을 말하는데, 관세법 제269조 내지 제276조가 이에 해당한다. 이에 대해서는 관세법상 특별한 규정이 없으면 형법총칙이 적용되며, 과벌절차도 관세법상 특별규정이 없으면 형사소송절차에 의한다.

관세질서벌은 관세법상의 의무위반에 대한 제재이긴 하나 과태료를 과하는 경우를 말하는데, 관세법 제277조가 여기에 해당된다. 이 경우 원칙적으로 형법총칙은 적용되지 않기 때문에 고의, 과실, 착오 등을 고려할 필요가 없이 관세법 위반사실 그 자체에 대하여 부과된다. 과벌절차는 관세법상 특별한 규정이 있는 것을 제외하고는 비송사건절차법이 정하는 바에 의한다.

표 8-11 세관공무원의 수사권한

부 문	관계법령	주요 수사권 내용	비 고
관세사범 (CITES, SOFA 관련사범 포함)	- 관세법 - 특정범죄가중처벌법 - 환급특례법 등	- 금지품수출입, 밀수출입, 관세포탈, 부정수출입, 부정감면 · 환급, 밀수품의 취득 · 양여 · 운반 · 보관 · 알선 · 감정 등 위반사항 - 수출입 허위신고, 신고수리전반출 등 기타 관세법 위반사항 - SOFA 면세물품 불법 유출 - 환급특례법 위반사범	'49.11.23
대외무역 사범	- 대외무역법	- 수출입물품 가격조작 - 소속관서의 관할구역안에서 발생하는 수입물품의 원산지표시 단속	'95. 1. 5 '97.12.13
지식재산권 침해사범	- 상표법, 저작권법, 디자인보호법 등	- 소속관서 관할구역안에서 발생하는 수출입 물품의 통관과 관련된 지식재산권침해사범	'95. 1. 5
마약류 사범	- 마약류관리에관한법률 - 특정범죄가중처벌법	- 소속관서 관할구역 중 우리나라와 외국을 왕래하는 항공기 또는 선박이 입 · 출항하는 공항 · 항만과 보세구역안에서 발생하는 마약 · 향정신성의약품 및 대마사범	'90. 8. 1
외환사범	- 외국환거래법	- 공항만 또는 보세구역내의 외국환 · 귀금속 또는 증권의 불법수출입사범 - 관할구역내의 외국환거래법 위반사범 중 • 외국환, 귀금속, 증권의 불법수출입사범 • 수출입거래 및 이와 직접 관련된 용역거래에 관한 외국환거래법 위반사범 - 수출입거래와 직접 관련된 자본거래에 관한 외국환거래법 위반사범	'95. 1. 5 '97. 12. 13 '08. 6. 13
자금세탁 사범	- 범죄수익은닉규제법	- 마약류 범죄를 제외한 상기 범죄에 대한 범죄수익은닉규제법 위반사범	'01.11.28
재산 국외 도피사범	- 특정경제범죄가중처벌법	- 마약류 범죄를 제외한 상기 범죄에 대한 특경법 제4조의 재산국외도피사범	'08. 6.13

참 고 문 헌

관세국경관리연수원, 「관세법개론」, 관세국경관리연수원, 2010.

________________, 「무역거래실무」, 관세국경관리연수원, 2010.

________________, 「FTA통관실무」, 관세국경관리연수원, 2010.

________________, 「수출입통관 및 보세제도」, 관세국경관리연수원, 2010.

________________, 「심사 · 조사기법」, 관세국경관리연수원, 2010.

관세청, 「관세용어해설집」, 관세청, 2002.

__________, 「미국 관세청 국제무역용어집」, 관세청, 2004.

김기인, 「개정판 한국관세법」, 한국관세무역개발원, 2007.

성윤갑, 「FTA관세특례해설」, 한국관세무역개발원, 2007.

정재완, 「2010 관세법」, 무역경영사, 2010.

한국관세포럼, 「관세법강의」, 삼일인포마인, 2004.

한국원산지정보원, 「손에 잡히는 FTA 실무」, 한국원산지정보원, 2009.

제 9 장
관세행정(2)

제1절 관세행정의 동향

관세행정이 새로운 변화를 맞이하여 전통적 관세행정기능이 복잡하고 다양화되면서 신(迅)에서 정(精), 물(物)에서 인(人), 점(点)에서 선(線), 내(內)에서 외(外)로의 4가지 수출입 물류 국경관리의 신조류가 나타나게 되었다.

관세행정의 주요의제는 무역공급망 안전과 무역원활화로 무역안전을 위해 통관요건을 까다롭게 하면 당장 통관이 지체되고 시간과 인력이 과다 소요되어 수출활동에 차질이 생기며, 그 반대로 대폭 완화하면 수출입 물류는 신속하게 처리되나 사회 안전을 저해할 수 있는 물품의 반입이 급증할 수 있다.

2001년 9 · 11테러를 계기로 신속보다는 안전이 관세행정의 최우선 가치가 되면서 미국은 무역공급망 안전과 무역원활화를 동시에 충족시키기 위한 민 · 관 협력프로그램으로 2002년 C-TPAT을 마련하였고, 이에 WCO에서도 각 세관당국과 민간업계가 무역안전 및 원활화에 관한 국제적 표준인 WCO Safe Framework 2.0을 제시하였다.

2009년 11월 기준으로 WTO에 통보된 지역무역협정(Regional Trade Agreement: RTA)은 206건이며 이 중 1970년대 이전 5개, 1970년대 12개,

1980년대 10개에 불과하였던 것이 1990년대 64개, 2000년 이후 115개가 체결되어 최근 국가별로 지역무역협정이 광범위하게 체결되고 있음을 여실히 보여준다.

우리나라는 1990년 말까지는 FTA가 GATT 24조에 근거한 예외규정일 뿐이며, FTA는 다자무역체제보다 효율적이지 않으며 다자무역자유화의 대안일 수도 없다는 입장을 견지하였으나, 1993년에 출범한 유럽연합(European Union: EU)과 1994년에 발효된 북미자유무역협정(North America Free Trade Agreement: NAFTA)이 성공적인 결실을 맺으면서 1990년대 후반부터 세계무역질서에 근본적인 변화가 초래되었다.

아울러 2001년 WTO가 의욕적으로 개시한 도하개발어젠다(Doha Development Agenda: DDA)협상은 주요국간 대립 양상에 따라 상당기간 지연됨에 따라 다자무역체제의 신인도가 크게 떨어진 틈을 타 지역간(間) 자유무역거래인 FTA가 득세하고 있으며 이와 같은 현상은 WTO의 극적 타결이 없는 한 대세로 자리매김하고 있다.

이번 장에서는 최근 새로이 중요성이 부각되고 있는 관세행정의 핵심업무인 FTA와 AEO제도에 대하여 언급해 보고자 한다.

제 2 절 FTA

1. FTA의 정의

자유무역협정(FTA: Free Trade Agreement)은 특정국가간에 배타적인 무역특혜를 서로 부여하는 협정으로서 가장 느슨한 형태의 지역 경제통합 형태이며, 지역무역협정(RTA: Regional Trade Agreement)의 대종을 이루고 있다. 지역경제통합에는 [그림 9-1]과 같은 다양한 형태가 있다. 실질적으로 모든 무역을 대상으로 하며, 특정한 분야를 전면적으로 제외해서는 아니 되며, 관세 및 기타 상업적 제한의 합리적 기간 내(원칙적으로 10년 이내)에 철폐하여야 한다.

또한 외국에 대한 관세 및 기타 상업적 제한이 협정 체결전보다 더 후퇴해서는 아니 된다. FTA가 포함하고 있는 분야는 체약국들이 누구인가에 따라 상당히 다른 양상을 보이고 있으며 전통적인 FTA와 개도국간의 FTA는 상품분야의 무역자유화 또는 관세인하에 중점을 두고 있는 경우가 많다. 그러나 최근 WTO 체제의 출범(1995년)을 전후하여 FTA의 적용범위도 크게 확대되어 대상범위가 점차 넓어지고 있다. 상품의 관세 철폐 이외에도 서비스 및 자 자유화까지 포괄하는 것이 일반적인 추세이다.

그 밖에 지적재산권, 정부조달, 경쟁정책, 무역구제제도 등 정책의 조화 부문까지 협정의 대상범위가 점차 확대되고 다자간 무역협상 등을 통하여 전반적인 관세수준이 낮아지면서 다른 분야로 협력영역을 늘려가게 된 것도 이 같은 포괄범위 확대의 한 원인이라고 할 수 있다.

그림 9-1 RTA형태

<table>
<tr><th>역내관세 철폐</th><th>역외공동관세부과</th><th>역내생산요소
자유이동보장</th><th>역내공동경제
정책수행</th><th>초국가적기구
설치 · 운영</th></tr>
<tr><td>① 자유무역협정
(NAFTA, EFTA 등)</td><td></td><td></td><td></td><td></td></tr>
<tr><td colspan="2">② 관세 동맹
(베네룩스 관세동맹)</td><td></td><td></td><td></td></tr>
<tr><td colspan="3">③ 공동시장
(EEC, CACM, CCM, ANCOM 등)</td><td></td><td></td></tr>
<tr><td colspan="5">④ 완전경제통합
(마스트리히트조약 발효이후의 EU)</td></tr>
</table>

FTA로 대표되는 지역주의(regionalism)는 세계화와 함께 오늘날 국제경제를 특징짓는 뚜렷한 조류가 되고 있으며, WTO 출범 이후 오히려 확산 추세에 있다. 예컨대, 47년간의 GATT 시대에 GATT에 통보된 지역무역협정이 91건인데 비해, WTO 초기 9년간 이보다 많은 숫자(120)의 지역무역협정의

통보가 이루어졌다.

그렇다면 이와 같이 지역무역협정이 확산되고 있는 이유는 무엇일까? 학자들은 아래와 같은 원인을 들고 있다.

- FTA가 개방을 통해 경쟁을 심화시킴으로써 생산성 향상에 기여한다는 측면에서 무역부문의 중요한 개혁조치로 부상
- 무역 및 외국인 직접투자의 유입이 경제성장의 원동력이라는 데 대한 인식 확산과 FTA체결이 외국인 직접투자 유치에 큰 도움이 된 사례(NAFTA 이후 멕시코 등)가 교훈으로 작용
- WTO 다자협상의 경우 장기간이 소요되고, 회원국수의 급증으로 컨센서스 도출이 어렵다는 데 대한 반작용
- 특정국가간의 배타적 호혜조치가 실익 제고, 부담 완화 및 관심사항 반영에 보다 유리할 수 있다는 측면 고려
- 연내 국가간의 보다 높은 자유화 추진이 다자체제의 자유화를 선도할 수 있다는 명분론(주로 선진국)
- 지역주의 확산에 따라 역외 국가로서 받는 반사적 피해에 대한 대응 필요

지역무역협정에 대한 WTO의 규정이 불명확하고, 불충분하여 특정 지역무역협정이 WTO 규정에 합치하는지를 판단하는 것은 현재로서는 매우 어려운 실정이다. WTO 지역무역협정위원회(CRTA: Committee on Regional Trade Agreements)를 중심으로 지역무역협정에 관한 WTO 규정을 명확히 하고 보완하기 위한 협상이 진행되고 있으나 논의속도는 매우 부진한 편이다. FTA를 포함한 지역무역협정의 이익은 가시적이고 직접적인 반면, 역기능을 억제하기 위한 다자적인 감시기능이 제대로 작동하기 어려운 상황에서 지역주의는 앞으로도 확산될 것으로 전망된다.

2. FTA 현황

FTA(Free Trade Agreement)는 양국간 또는 지역간의 제반 무역장벽을 완화하여 무역자유화를 실현하기 위한 지역경제통합의 초보적 단계로서 WTO 출범 후 무역원활화를 위한 최초의 다자간 무역협상인 WTO DDA 협상이 어려워짐에 따라 양자간 신속한 협상을 통해 교역조건을 개선하고 수출시장을 확보할 수 있어 세계 각국이 경쟁적으로 추진하고 있다.

FTA업무는 크게 협상업무와 집행업무로 나누어지는데 협상에는 외교통상부, 재정기획부, 지식경제부, 농림수산식품부, 관세청 등 총 20여개 이상의 부처가 참여하는 데 비하여 FTA 협상 후의 복잡·다양한 집행업무는 100% 관세청(세관)의 미션이다. 따라서 무역의 최일선에 있는 세관에서 복잡·다양한 FTA업무를 효과적으로 집행하지 못할 경우 어렵게 체결된 FTA가 성공적으로 정착하지 못할 가능성이 있다.

2010년 6월 현재 FTA 발효국(16개국)과의 무역거래규모는 총 교역량의 14%이며 조만간 발효되는 EU, 미국 등 포함 시 향후 80%까지 급증할 것으로 전망된다.

표 9-1 FTA 교역국 현황과 교역비중

구 분	발효(16개국)	협상완료(28개국)	협상중(22개국)	여건조성(7개국)
FTA 상대국가	칠레, 싱가포르 EFTA, 아세안, 인도	미국, EU	콜롬비아, GCC, 페루, 호주, 뉴질랜드 등	터키, 일본, 중국, 러시아, Mercosur
교역비중	14%	22%	24%	24%
교역비중	14%	36%	60%	84%

이와 같이 FTA 발효국과의 교역은 지속적으로 확대되고 있으나 기업의 FTA 특혜관세 활용률은 저조한 실정이며 수출입에 사용되는 여러 종류의 원산지증명서가 통합관리·유통될 수 있는 제도 및 인프라 구축에 소홀하고 피해산업 구제 등 무역정책 수단으로서 원산지 검증역량 강화를 위한 조직·인력 투자가 부족한 실정이다.

표 9-2 2009년도 FTA 특혜관세 활용률

구 분	한-칠레	한-EFTA	한-ASEAN
수 입	56.5%	27.5%	28.7%
수 출	(자율발급)	(자율발급)	5.7%

또한 FTA 관련 정보제공, 설명회, 교육 등 활용지원 서비스가 각 기관(9개: 재정기획부, 외교통상부, 농림수산식품부, 지식경제부, 고용노동부, 관세청, 중소기업청, 중소기업진흥공단, 무역협회)별로 중복·산발적으로 제공되어 기업의 정보 탐색에 애로가 발생하고 있다.

주요교역상대국인 미국(교역비중 10%), EU(교역비중 12%) 등 거대경제권과의 FTA 발효를 앞둔 시점에서 신성장 추진동력으로서 FTA에 대한 철저한 이행준비가 필요하며 특히 FTA 통관제도 운영, 원산지 심사 및 검증, 세관인증수출자 지정, 원산지증명서 발급기관 관리 등 FTA 집행업무의 핵심기관인 관세청 주도의 FTA 활용도 제고를 위한 대책마련이 필요하다고 생각한다.

이에 따라 관세청에서는 우선 금년 3월 관세청 FTA 이행본부와 국제원산지정보원을 통합한 대국민 FTA 종합지원센터(FTA 글로벌센터)를 설립하여 수출입기업에게 FTA 관련 연구·컨설팅·교육·정보제공·홍보 등 One-stop 서비스를 제공하고 있고, FTA 종합포털사이트를 구축하여 국내외의 FTA 추진현황·FTA 법령 및 통관절차·다양한 형태의 FTA 비즈니스 모델·FTA 원산지증명서 발급절차 및 원산지 충족여부 확인 등 다양한 정보를 제공하고 있으며, 또한 섬유, 안경, 시계산업 등 각종 산업별로 특화된 다양한 형태의 맞춤형 FTA 비즈니스 모델을 개발하여 수출입업체에게 컨설팅 서비스를 제공하고 있다.

앞으로도 FTA 집행조직을 확대 개편하고 주요 FTA 교역상대국에 관세관 파견을 추진하며 표준원산지관리시스템을 구축하여 영세·중소기업이 별도 프로그램을 개발할 필요 없이 쉽고 효율적으로 원산지를 관리할 수 있도록 무료로 배포할 계획이다.

한국은 첫 FTA 추진 대상국으로 칠레를 선정하였는데 그 이유는 칠레가 다수국가와 FTA 체결하여 경험이 풍부했기 때문이며 1999년 12월 칠레와

표 9-3 2009년도 미국, EU와의 FTA 발효 시 주요 품목별 연간 관세절감 효과

품 목	자동차	자동차 부품	화공제품	섬유제품	컬러TV
관세절감액(백만불)	555	171	113	114	39

FTA 협상을 개시한 이후 거의 3년 만인 2002년 10월에 협상을 타결하기에 이르렀다.

그러나 한국 농업계의 반발과 국회의 정치적 지연에 따라 국회비준 절차는 양국간 공식 서명 후 1년 후 2004년 2월에 마무리되었다(2004년 4월 발효).

한국이 칠레와 FTA 타결 후 한 · 싱가포르 FTA(2006년 3월 발효), 한 · EFTA[1] FTA(2006년 9월 발효), 한 · ASEAN[2](2007년 6월 상품협상 발효, 2009년 5월 서비스협상 발효, 2009년 9월 투자협상 발효) 등으로 현재 효력이 유효하고 한 · 미국(2007년 6월 서명), 한 · 인도 CEPA[3](2009년 8월 서명), 한 · EU FTA(2009년 10월 가서명)는 협정서명을 맺은 상태로 국회 비준이 남은 상황이다. 또한 한 · 페루 FTA, 한 · 캐나다 FTA, 한 · 멕시코 FTA, 한 · 호주 FTA, 한 · GCC FTA[4]는 협상이 진행중이고 한 · 일 FTA, 한 · 중국 FTA, 한 · MERCOSUR[5] FTA, 한 · 이스라엘 FTA, 한 · 터키 FTA, 한 · 콜롬비아 FTA,

1) 유럽자유무역연합(European Free Trade Association)으로 스톡홀롬조약에 의해 1960년 5월에 발효되었으며 현재 회원국은 아이슬란드, 리히텐슈타인, 노르웨이, 스위스이다.

2) 동남아시아국가연합(Association of Southeast Asian Nations)은 동남아시아 경제성장 및 사회 및 문화 발전을 가속시키고 동남아시아 지역의 평화와 안전을 추진하기 위해 1967년 8월 8일 인도네시아, 말레이시아, 필리핀, 싱가포르, 타이 정부에 의해 설립된 국제기구로 1984년 브루나이, 1995년 베트남, 1997년 라오스와 미얀마, 1999년 캄보디아가 추가로 가입함으로써 가입국은 모두 10개국으로 늘어났다.

3) 포괄적 경제동반자 협정(Comprehensive Economic Partnership Agreement : CEPA)은 시장 개방보다는 경제협력에 무게를 두고 있다. 그러나 상품 및 서비스 교역, 투자 등 실제 내용은 FTA과 큰 차이가 없는 것으로 파악되고 있다.

4) 걸프협력회의(Gulf Cooperation Council : GCC)는 페르시아만 연안의 산유국이 정치, 경제, 군사 등 각 분야에서 협력하여 종합적인 안전보장체제를 확립하기 위해 1981년 5월 설립한 기구로 사우디아라비아, 쿠웨이트, 아랍에미리트, 카타르, 오만, 바레인이 가입되어 있다. 1982년에는 통일 경제협정을 조인하여 이후 6개국의 역외관세를 통일했고, 6개 국가간(間) 인력, 상품, 자본 등의 이동을 거의 자유롭게 했다. 이후 2003년 1월 1일부터 5%의 단일 관세율을 적용하는 관세동맹을 출범시켰으며 2007년 공동시장(Common Market)을 창설하였다.

5) 메르코수르(Mercosur)는 브라질, 아르헨티나, 우루과이, 파라과이 등 남미 4개국 공동시장으로

표 9-4 한국의 FTA 체결 및 추진 현황

연도		발효일 및 서명일	상대국 GDP와 상대국 무역 규모	
발효된 FTA	한 · 칠레 FTA	2004.04.01 발효	1,695억 달러	수출 : 664억 달러 수입 : 576억 달러
	한 · 싱가포르 FTA	2006.03.02 발효	1,819억 달러	수출 : 3,427억 달러 수입 : 3,096억 달러
	한 · EFTA FT	2006.09.01 발효	9,631억 달러	–
	한 · ASEAN 상품FTA	2007.06.01 발효	1조 4,881억 달러	무역규모 : 약 1조 7,000억 달러
	한 · ASEAN 서비스 FTA	2009.05.01 발효		
	한 · ASEAN 투자 FTA	2009.05.01 발효		
서명/협상 타결된 FTA	한 · 미 FTA	2007.06.30 서명	14조 4,414억 달러	수출: 1조 1,480억 달러 수입: 1조 9,680억 달러
	한 · 인도 CEFA	2009.08.07 서명	1조 2,070억 달러	수출: 1,507억 달러 수입: 2,316억 달러
	한 · EU FTA	2009.10.15 가서명	18조 3,877억 달러	수출: 1조 1,952억 달러 수입: 1조 7,690억 달러
협상중인 FTA	한 · 캐나다 FTA 한 · 멕시코 FTA 한 · GCC FTA 한 · 뉴질랜드 FTA 한 · 페루 FTA[6]	협상 중	캐나다 GDP: 1조 5,000억 달러 멕시코 GDP: 1조 880억 달러 GCC GDP: 6,405억 달러 뉴질랜드 GDP: 1,284억 달러 페루 GDP: 1,275억 달러	
협상준비 또는 공동연구 FTA	한 · 일본 FTA 한 · 중국 FTA 한 · MERCOSUR FTA 한 · 터키 FTA 한 · 러시아 FTA 한 · 콜롬비아 FTA 한 · 이스라엘 FTA[7]	공동연구 중	일본 GDP: 4조 9,110억 달러 중국 GDP: 4조 3,270억 달러 MERCOSUR GDP: 1조 8,000억 달러 터키 GDP: 7,300억 달러 러시아 GDP: 1조 6,770억 달러 콜롬비아 GDP: 2,408억 달러 이스라엘 GDP: 2,021억 달러	

* 자료 : 외교통상부 FTA자료실 웹사이트(www.fta.go.kr), 국제통화기금(International Monetary Fund) 웹사이트(www.imf.org), 미국 센서스(www.census.gov), 한국무역협회 통계자료실(stat.kita.net), 기획재정부(2009.02.27)「주요 경제지표」자료를 참고.

1991년 4개국 정상들이 남미 공동시장을 결성키로 협의, 1995년 1월 1일부터 모든 관세를 철폐하여 명실상부한 자유무역지대를 출범시켰다.

6) 2008년 기준, 캐나다의 무역규모(수출: 4,312억 달러, 수입: 3,866억 달러), 멕시코의 무역규모(수출: 2,719억 달러, 수입: 2,819억 달러), GCC의 무역규모(2008년 기준 경상수지 흑자: 2,500억 달러), 뉴질랜드 무역규모(수출: 272억 달러, 수입: 290억 달러), 페루 무역규모(수출: 278억 달러,

한국 · 일본 · 중국 FTA는 공동 연구를 진행중이다.

제3절 AEO

1. AEO제도의 정의

무역자유화에 편승한 불법 · 우범화물의 증가와 특히 미국의 9.11 테러 이후 테러 등으로부터 무역거래, 국민의 안전을 보호해야 한다는 중요성이 커짐에 따라 미국에서 시작된 물류공급체인망 안전관리 정책이 점차 국제화 되었으며, 세계관세기구(WCO)도 세관과 무역업계간 협력모델을 통해 이를 해결할 수 있는 권고안을 제시하고 있다.

9.11테러 이후 미국은 테러방지를 위한 세관과 무역업계와의 협력프로그램(C-TPAT: Customs - Trade Partnership Anti-Terrorism, 2002년 창설)을 마련하였고 WCO에서도 미국의 세관 및 민간협력프로그램을 수용하여 2002년부터 무역안전을 확보하면서 동시에 교역흐름을 저해하지 않는 이른바 안전(Security)과 무역원활화(Trade Facilitation)라는 2가지 목표를 달성하기 위한 제도를 마련하기 시작하였다.

미국 무역업계와 관세청(CBP)이 탄생시킨 테러방지를 위한 세관과 무역업계 협력제도(C-TPAT)는 업체가 자신들을 안전하고 신뢰할 수 있다는 것을 입증하고, 세관이 이를 인증하는 제도로, 경제에 큰 손실을 입히지 않으면서도 화물 흐름을 좀 더 효율적으로 통제할 수 있게 되었다.

수입: 196억 달러)로 집계되고 있다(http://www.imf.org/external/pubs/ft/weo/2009/02/index.htm).

7) 2008년 기준, 일본의 무역규모(수출: 6,781억 달러, 수입: 5,733억 달러), 중국의 무역규모(수출: 1조 4,350억 달러, 수입: 1조 74억 달러), MERCOSUR의 무역규모(교역액: 약 5,000억 달러), 터키(수출: 1,154억 달러, 수입: 1,620억 달러), 러시아의 무역규모(수출: 3,544억 달러, 수입: 2,235억 달러), 콜롬비아의 무역규모(수출: 305억 달러, 수입: 311억 달러), 이스라엘의 무역규모(수출: 500

WCO에서도 각 회원국가의 세관당국과 민간업계가 무역안전 및 원활화에 관한 각종 표준을 좀 더 쉽게 이해하고 적용할 수 있도록 전담팀(Task Force)을 구성하고, 고위전략그룹(High Level Strategy Group)이라는 조직을 만들어 여러 가지 표준과 프로그램을 하나로 집대성할 수 있는 작업을 하게 되었고 이런 노력에 따라서 2004년 SAFE Framework 버전 1.0이 나왔고 회원국가와 민간 국제기구의 컨설팅을 받은 후 일부 내용을 수정해서 2005년 6월에 현재의 SAFE Framework 버전 2.0이 만들어지게 되었으며 WCO에서 이를 반영하여 탄생시킨 제도가 AEO이다.

AEO제도는 물류공급체인망 안전과 무역원활화를 동시에 추구하기 위하여 시행되는 무역업계와 관세청의 협력 프로그램으로 9 · 11테러 이후 강화된 미국의 무역안전조치를 세계관세기구(WCO: World Customs Organization) 차원에서 수용하면서 무역안전과 원활화를 조화시키기 위해 마련한 개념으로 수출입화물의 안전성과 법규준수도 등이 우수한 업체를 세관이 인증하고 자국뿐만 아니라 외국에서도 통관절차상의 혜택을 부여하는 제도를 말한다.

또한 국가간 AEO 상호인정협정 체결을 통해 물류공급체인망 전체에서 수출입화물의 무결성을 확보한다. 위험기반 접근방식에 따라 물류공급체인망에서 고위험 화물과 기업에 물적 · 인적자원을 집중함으로서 효율적인 통제와 물류공급체인망 안전이 확보되며 무역도 촉진될 수 있다.

AEO제도는 신청업체가 제출한 서류를 토대로 서류심사 및 현장검사를 거쳐 공인심사위원회에서 공인여부를 결정하고 있으며 AEO업체에 대하여는 수출입통관 시 서류제출대상 및 물품검사대상 선별에서 제외하고 신용담보를 확대하는 등 수출입통관상 다양한 혜택뿐만 아니라 기타 기업상담전문관(AM: Account Manager)에 의한 관세관련 컨설팅 제공, 과태료 · 과징금 경감, 원칙적 세액심사 면제 등의 혜택을 부여하고 있다.

그림 9-2 AEO 공인 절차

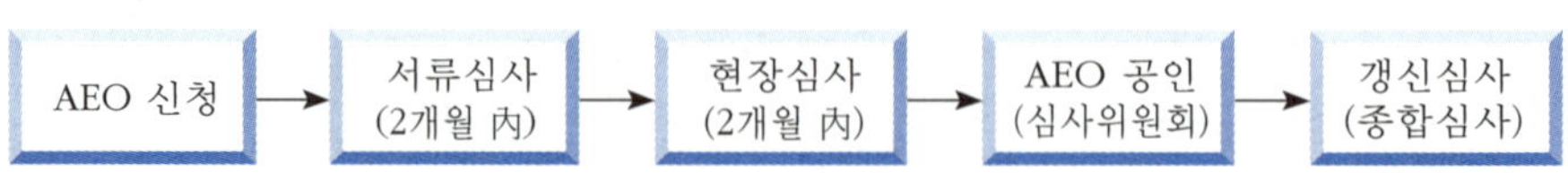

표 9-5 각국의 AEO제도 도입현황

국 가	프로그램 명칭	특성	공인업체수 ('09.6월)	시행시기
미국	C-TPAT (Customs-Trade Partnership Against Terrorism)	안전	9,386개	'02년
싱가포르	STP-Plus (Secure Trade Partnership)	안전	20개	'08년
뉴질랜드	SES (Secure Exports Scheme)	원활화 & 안전	116개	'04년
일본	AEO	원활화 & 안전	354개	'07년
E U	AEO	원활화 & 안전	1,459개	'08년
중국	CACC (Customs Administration Classified Companies)	원활화 & 안전	1,140개	'08년

미국의 C-TPAT(Customs-Trade Partnership Against Terrorism) 및 WCO의 AEO제도 도입 이후 EU, 일본 등 세계 각국은 경쟁적으로 AEO제도를 도입하고 있는바 2010년 5월 현재 159개 국가가 WCO에 AEO제도 이행의향서(Letter of Intent)를 제출한 상태이며, 45개 국가가 AEO제도를 도입 · 운영 중이다.

또한 WCO에서는 자국의 AEO와 상대국 AEO를 동등하게 인정하는 협정인 상호인정협정(MRA: Mutual Recognition Arrangement)을 양국간에 체결하여 상대국 AEO 공인업체에게도 동일한 혜택을 줄 것을 권고하고 있으며 이에 따라 AEO제도 도입국가는 자국 수출물품이 해외에서 받을 불이익을 최소화하기 위하여 관세당국간 MRA체결에 노력하고 있다. 특히 2009년 11월 싱가포르에서 개최된 APEC 정상회담에서 AEO 상호인정노력이 선언문에 채택됨에 따라 향후 MRA 체결은 더욱더 가속화될 전망이다. 2009년 5월 현재 미국-일본, 미국-뉴질랜드, 미국-캐나다, 미국-요르단, 일본-뉴질랜드, EU-스위스, EU-노르웨이 등 7개 MRA가 체결되었다.

2. 우리나라의 AEO제도

우리나라가 AEO제도 도입 배경으로는 첫째, 글로벌 관점으로 관세청이 세계관세기구(WCO: World Customs Organization)에 2005년 6월, WCO Framework 이행의향서를 제출함으로써 국제표준규범의 도입 약속을 이행하기 위함에 있다. 둘째, 국민적 관점으로 테러, 마약 등 불법물품 반입을 차단하고 업체별 성실 기업의 확대로 무역거래 및 물품의 신뢰성을 높이기 위함이다. 셋째, 새로운 비관세 장벽인 '수출입안전' 장벽을 극복하고 기업 경쟁력 제고를 강화시켜 우리나라의 국제경쟁력 강화에 있다. 넷째, 기업 관리를 통한 선제적 위험관리를 통해 수출입 공급망 전체 관리를 도모하고자 함에 있다.

우리나라의 경우 캐나다, 싱가포르, 미국과 MRA 체결을 추진중인데 2006년 6월에 벨기에 브뤼셀에서 개최될 WCO 총회에서 최종 서명할 예정이며 일본, EU 등 거대경제권과 MRA도 본격 추진할 계획이다.

우리나라 정부 부처 가운데 관세청은 국제무역환경 패러다임의 변화에 대응하고 수출업체를 적극 지원하기 위해 2009년 4월 15일부터 AEO(종합인

표 9-6 AEO 상호인정협정 추진단계

1단계	상호 공인기준 비교(Side-by-side Comparison) • 양국 공인기준을 세부기준으로 1 : 1 방식 비교
2단계	상호방문 합동실사(Joint Validation Visit) • 상대국 공인심사의 적정성 점검(상대국 공인심사 참관)
3단계	상호인정 운영절차 논의(Operational Process) • 특혜부여, 정보교환 방법 등을 논의 • 협정문 작성
4단계	양국 관세청장 서명(Signing) • AEO 상호인정협정문 서명

증우수업체)공인인증 제도를 본격 시행하였다.

한국의 종합인증우수업체 제도의 주요 당사자는 수출업체, 수입업체, 관세사, 보세구역운영인, 보세운송업자, 하역업자, 화물운송주선업자, 선박회사, 항공사 등 9개 범주의 사업자[8)]로 구비서류를 갖추어 공인을 신청하면 서류심사 및 현장심사에서 4개 기준(법규준수도[9)], 내부통제시스템 적합성, 재무건전성,[10)] 안전성 등)에 대한 평가를 실시하고 공인심사위원회의 심의를 거쳐 공인등급(A,[11)] AA,[12)] AAA[13)])을 부여받게 된다.[14)]

2010년 현재 우리나라의 AEO공인현황은 [표 9-7]과 같다.

---

8) 관세청 고시 제2009-11호 제1장 제3조(적용대상업체), 2009.04.15.

9) 관세청 고시 제2009-11호 제1장 제2조(정의), 2009.04.15.("법규준수도"란 이 고시의 적용대상업체가 법, 대외무역법, 외국환거래법 등 수출입관련 법령에 정하는 사항의 준수여부와 관련하여 관세청장이 별도로 정한 기준에 따라 측정한 법규준수 점수를 말한다.)

10) 관세청 고시에서 명시된 재무건전성 평가는 일정 수준의 기업 규모를 아래의 표 〈최근 3년간 매년 평균〉에서 나타난 바와 같이 요약되며 이에 추가하여 국제의 완납, 회계감사 결과 적정업체로서 부채비율 200% 이하거나 외부신용 평가기관의 신용평가 등급이 투자적격 이상으로 되어야 한다.(관세청 고시 제2009-11호, 「별표1」 참조)

일정 수준의 기업 규모	최근 3년간 매년 평균	
	• 수출업체	- 수출통관 50건 이상
	• 수입업체	- 수입통관 50건 이상
	• 관세사	- 수출입신고건수 3,000건 이상
	• 화물운송주선업자	- 화물주선 건수 3,000건 이상
	• 보세운송업자	- 보세운송 1,500건 이상
	• 보세구역운영인	- 보세화물 반입 1,500건 이상
	• 선박회사	- Master B/L 발급 10,000건 이상
	• 항공회사	- Master B/L 발급 10,000건 이상

11) A등급은 법규준수도 평가점수가 85점 이상인 업체로서 관세청장이 공인한 업체이다.

12) AA등급은 법규준수도 평가점수가 90점 이상인 업체로서 관세청장이 공인한 업체(이 등급에서는 수입시 제공해야 할 제세담보 완전면제로 인해 관세부문 자금운용계획 불필요하다).

13) AAA등급: AA등급 종합인증우수업체 중 제18조에 따른 종합심사 결과 법규준수도가 95점 이상이면서 법규준수도 제고 등과 관련하여 다른 업체에 확대 적용할 수 있는 모범 사례를 보유하였다고 인정되어 관세청장이 공인한 업체(이 등급에서 해당 업체는 세관의 각종 위험선별절차에서 배제, 입출국시 최상급 대우를 받게 된다).

14) 관세청 고시 제2009-11호 제1장 제5조(등급), 2009.04.15.

표 9-7 2010년 5월 현재 우리나라 AEO 공인현황

연번	업체명	공인부문	등급	관할세관	공인일자
1	삼성전자(주)	수출업체	AA	인천	'09.4.15
2		수입업체	AA	인천	〃
3	엠코	수출업체	AA	서울	〃
4		수입업체	AA	서울	〃
5	코오롱 유화부문	수출업체	AA	서울	〃
6		수입업체	AA	서울	〃
7	다산네트웍스	수출업체	A	서울	〃
8		수입업체	A	서울	〃
9	삼성전자로지텍	복합운송주선업자	A	인천	〃
10	조양국제종합물류	복합운송주선업자	A	서울	〃
11		보세운송업자	AA	서울	〃
12		관세사	AA	서울	'09.12.1
13	쉥커코리아	복합운송주선업자	A	서울	'09.4.15
14	부산신항만	보세구역운영인	AA	부산	〃
15	고려해운	선박회사	A	서울	〃
16	하이닉스반도체	수출업체	A	서울	'09.12.1
17		수입업체	A	서울	〃
18	하나로 TNS	복합운송주선업자	A	인천	〃
19		보세운송업자	AA	인천	〃
20		보세구역운영인	A	인천	〃
21	삼원산업사	보세구역운영인	A	서울	〃
22	LG전자	수출업체	AA	서울	'10.2.1
23		수입업체	AA	서울	〃
24	삼성전기	수출업체	AA	인천	〃
25		수입업체	AA	인천	〃
26	삼성SDI	수출업체	AA	서울	〃
27		수입업체	AA	서울	〃
28	두산인프라코어	수출업체	AA	서울	〃
29		수입업체	AA	서울	〃
30	BMW코리아	수입업체	A	서울	〃
31	현대상선	선박회사	AA	서울	〃
32	코오롱글로텍	수출업체	A	서울	'10.6.1
33		수입업체	A	서울	〃
34	GM대우	수출업체	A	인천	〃
35		수입업체	A	인천	〃
36	S-LCD	수출업체	AA	서울	〃
37	신한관세법인	관세사	A	서울	〃
38	새신한관세법인	관세사	A	서울	〃
39	에이원관세법인	관세사	A	서울	〃
40	스카이매스터	복합운송주선업자	AA	서울	〃

한국의 상호인정 제도 추진 성과로 공인경제운영자(AEO)제도는 국가간 상호인정이라는 속성도 지니고 있는바, 이 사실은 우리나라에서 인정된 공인경제운영자(AEO)는 그 신뢰성이 국제적으로 추인될 수 있는 효과를 가진다.[15)]

관세청은 2009년 4월 미국과 상호인정절차를 개시하였고, EU, 일본, 중국과 상호인정절차 개시를 합의했으며 우리나라의 국가별 상호인정 추진의 구체적인 성과는 [표 9-8]과 같이 요약된다.

표 9-8 한국의 상호인정 추진 현황

국 가	추진현황
미국, 캐나다	• 1단계 (기준비교) : 완료(2009.03 ~ 2009.04) • 2단계 (합동현장심사) : 2009년 10월 1차 실시 완료 및 12월 2차 실시 예정 • 3단계 (운영절차협의) : 2단계와 동시 실시
싱가포르	• 1단계 (기준비교) : 완료 또는 마무리 단계(2009.02 ~ 현재) • 2단계 (합동현장심사) : 2009년 11월 실시 예정
중국, 일본	• 상호인정 협상에 3국 공동 착수
EU, 뉴질랜드	• 제도 연구 중

15) 관세청 고시 제2009-11호 제5장 제22조(상호인정의 개시), 2009.04.15.

참 고 문 헌

관세국경관리연수원, 「관세법개론」, 관세국경관리연수원, 2010.
________________, 「무역거래실무」, 관세국경관리연수원, 2010.
________________, 「FTA통관실무」, 관세국경관리연수원, 2010.
________________, 「수출입통관 및 보세제도」, 관세국경관리연수원, 2010.
________________, 「심사 · 조사기법」, 관세국경관리연수원, 2010.
관세청, 「관세용어해설집」, 관세청, 2002.
__________, 「미국 관세청 국제무역용어집」, 관세청, 2004.
김기인, 「개정판 한국관세법」, 한국관세무역개발원, 2007.
성윤갑, 「FTA관세특례해설」, 한국관세무역개발원, 2007.
정재완, 「2010 관세법」, 무역경영사, 2010.
한국관세포럼, 「관세법강의」, 삼일인포마인, 2004.
한국원산지정보원, 「손에 잡히는 FTA 실무」, 한국원산지정보원, 2009 .

제10장 무역계약체결과 거래조건

제1절 무역계약의 체결

1. 무역계약의 정의

일반적으로 무역계약(貿易契約)이란 매도인이 매수인에게 물품의 소유권을 양도하여 물품을 인도할 것을 약속하고 매수인은 이를 수령하고 그 대금을 지급할 것을 약정한 계약을 말한다. 무역계약은 매도인의 소유권 이전과 이에 대한 대가로 매수인의 대금지급이 그 핵심으로 요약된다.

대부분의 무역거래는 일반적인 상품매매를 목적으로 하고 있어 무역계약이라고 하면 상품을 중심으로 한 국제물품매매계약을 지칭하는 것이 보통이다. 그러나 최근 국제거래의 대상이 물품은 물론 기술 및 각종 서비스, 자본, 해외건설 및 플랜트 등 다양화되고 있어 광의의 무역계약은 국제물품매매계약뿐만 아니라 판매점 또는 대리점계약, 차관계약, 국제라이슨싱계약, 국제합작투자계약, 국제입찰, 건설공사계약, 플랜트수출계약 등 모든 국제계약을 포괄하는 개념으로 쓰이는 경우도 있다.

2. 무역계약의 법적 성격

(1) 낙성계약(諾成契約, consensual contract)

무역계약은 일방의 계약체결을 위한 의사표시인 청약(請約, offer)에 대해서 상대방이 이를 승낙(承諾, acceptance)함으로써 성립된다. 이와 같이 무역계약은 당사자의 합의만으로써 성립하게 되는 낙성계약적 성격을 지닌다.

(2) 쌍무계약(雙務契約, bilateral contract)

쌍무계약은 계약의 성립과 동시에 양 당사자가 상호 채무를 부담하게 되는 계약을 말한다. 무역계약의 경우 수출업자인 매도인은 계약체결과 동시에 계약에 일치하는 물품의 공급의무를 부담하게 되며, 수입업자인 매수인은 대금지급의무를 지게 된다.

(3) 유상계약(有償契約, renumerative contract)

유상계약이란 계약당사자가 상호 대가관계에 있는 급부(給付)를 할 것을 목적으로 성립되는 계약을 말한다. 이는 채무이행 측면에서 본 무역계약의 성격으로 수출업자의 물품지급의 급부에 대해 수입업자는 화폐 또는 물품으로 반대급부를 해야 한다는 것이다.

(4) 불요식계약(不要式契約, single contract or informal contract)

불요식계약이란 계약체결에 있어서 어떠한 방식도 요구하지 않는 계약을 의미한다. 무역계약은 구두 또는 서명으로 계약을 체결할 수 있고, 양자를 혼용해도 계약이 성립되기 때문에 이러한 이유로 무역계약은 불요식계약이라는 성격을 지닌다.

3. 무역계약의 법리

(1) 개　념

무역계약의 법리란 무역계약 이행의 기본적인 법리(法理)를 의미한다. 당사자의 합의에 의하여 성립한 무역계약은 매도인이 약정물품을 인도하고, 매수인은 이를 수령하고 대금을 지급함으로써 이행된다. 무역계약의 이행시에 매도인은 약정물품의 소유권과 점유권을 매수인에게 이전하고 물품에 대한 위험부담을 이전시켜야 한다.

(2) 소유권의 이전

1) 소유권의 개념

소유권이란, 법률이 정한 범위 내에서 그 물품을 처분하는 권리를 말한다.

2) 소유권자의 위험부담

통상적으로 물품의 소유권자는 그 소유물에 대한 위험과 비용을 부담한다.

3) 소유권의 이전

계약내용에 일치하는 현물(물품)을 인도함으로써 계약상의 인도의무를 완수하는 현실적 인도에서는 양 당사자간 특별한 약속이 없는 한 물품의 인도와 대금의 지급이 동시 이행조건이므로 물품의 인도시에 대금의 지급이 이루어지지 않으면 매도인은 대금을 수취할 때까지 소유권을 유보할 수 있다.

(3) 점유권의 이전

1) 점유권의 개념

점유권이란 물품을 현실적으로 지배할 수 있는 권리로서 점유권자는 물품을 사용 또는 수익할 수 있는 권리가 있어야 한다.

2) 소유권과 점유권

소유권과 점유권이 반드시 동일인에게 귀속되는 것은 아니다.

3) 점유권의 이전

물품에 대한 권리를 화체한 권리증권인 선하증권을 인도함으로써 매도인이 인도의무를 완수하는 상징적 인도에서는 권리증권을 인도함으로써 점유권이 이전된다. 특약이 없는 한 매도인은 선하증권의 인도와 상환으로 대금을 청구할 수 있다. 대금지급을 받지 못한 경우에는 선하증권 소지자가 유치권 및 재매각의 권리를 갖는다.

(4) 위험의 이전

1) 위험의 개념

위험이란 물품이 멸실 또는 손상을 입은 때에 당사자 일방이 그 손실을 입을 가능성을 의미한다.

2) 위험부담의 원칙

물품에 대한 위험은 소유권자가 부담하는 것이 원칙이다.

3) 위험의 이전

물품에 대한 위험은 특약이 없는 한 물품이 매도인의 보관을 이탈할 때 매수인에게 이전되지만, FOB나 CFR, CIF와 같은 정형거래조건을 채택하기로 합의한 경우에는 물품이 본선의 난간을 통과하는 때에 매수인에게로 이전된다.

제 2 절 무역계약의 성립절차

1. 의 의

계약이 성립하기 위해서는 기본적으로 계약 당사자간의 합의(Agreement)가 있어야 한다. 일반적으로 매매계약은 기본적으로 매도인이 물품의 인도를 약속하고 매수인은 그 대가를 물품대급지급을 제공할 것을 조건으로 체결되는 계약이므로 일방 당사자의 청약과 상대방 당사자의 승낙에 의해 계약이 성립한다.

2. 매매계약의 성립요건

(1) 합의(Agreement): 의사의 합치

계약은 매매 당사자간 의사의 합치만으로 성립되는 것은 아니지만 의사의 합치가 계약성립의 가장 중요한 요소가 되며, 합의가 성립하기 위해서는 실무적으로 청약과 그것에 합치되는 승낙이 있어야 한다. 대륙법계와 영미법에 있어서 계약성립의 제 1 요건은 당사자간의 합의이다. 여기서 합의는 당사자간에 의사표시의 합치(A Meeting of Mind)를 말한다.

(2) 법정방식 또는 약인

영미법상 유효한 계약이 되기 위해서는 법정방식에 의해 행해졌거나 법정방식이 아닌 경우 약인이 수반된 것이어야 한다.

1) 법정방식

법정방식에 의한 계약이란 당사자의 날인이 포함된 날인계약 또는 일정한 방식에 의하여 이루어진 요식계약을 말한다. 일반적으로 날인증서라고 하는 일정한 방식에 의하여 이루어지는 계약을 요식계약(Formal Contract) 또는 날인계약이라고 하는데, 이러한 계약은 날인증서 작성이라는 요식성에 계약성립의 근거를 둔 계약을 말한다.

2) 단순계약(불요식계약)

불요식계약의 경우 약인이 필요한데, 약인이란 약속과 교환하여 약속자가 받는 권리 이익, 이윤 편의 또는 수약자가 부담하는 약속을 말한다. 즉, 약속의 대가로 제공되는 행위, 대가의 상호교환을 말한다.

(3) 법률적 효과를 발생시키는 의사

성립된 계약이 유효하기 위해서는 다음과 같은 요건을 만족해야 하며, 이러한 요건을 만족하지 못하는 경우 계약은 유효하지 않게 된다. 즉, 당사자는 유효한 계약을 체결할 능력을 갖고 있어야 하고, 당사자의 의사표시가 진정성이 있어야 하며, 계약의 목적이 적법해야 하고, 계약은 강행성을 지녀야 한다.

① **행위능력의 존재** 계약당사자가 법적으로 효과 있는 의사표시를 할 수 있는 행위능력이 있어야 한다.

② **적 법 성** 계약의 내용이나 거래방법이 합법적이어야 한다.

③ 허위계약이 아니어야 한다.

④ 사기 · 강박에 의한 거래가 아니어야 한다.

⑤ 착오에 의한 의사표시가 아니어야 한다.

제 3 절 청약(請約, Offer)과 승낙(承諾, Acceptance)

1. 청 약

(1) 청약(Offer)의 의의

청약(Offer)이란, 청약자(offeror)가 피청약자(offeree)에게 특정한 물품을 특정한 조건에 매도하거나 매입하겠다는 확정적인 의사표시를 말한다. 청약자가 수출업자인가 아니면 수입업자인가에 따라 Selling Offer(Export Offer)와 Buying Offer(Import Offer)로 구분할 수 있으나, 무역거래에 사용되는 Offer는 대개 Selling Offer이다. 따라서, 우리나라의 대외무역관리규정에서는 Offer를 '물품매도확약서(物品賣渡確約書)'로 지칭하고 있다.

(2) Offer의 종류

Offer의 종류에는 그 효력의 확정성 여부를 기준으로 Firm Offer, Free Offer, Conditional Offer 등이 있으며, 청약(Offer)에 대한 새로운 청약(Offer)인 반대 청약(Counter Offer)이 있다.

1) Firm Offer(확정 오퍼)

확정청약이란, 청약에 확정력이 내재된 청약을 말한다. 이러한 확정력은 청약자가 청약내용에 대하여 승낙회답의 유효기간(Validity of Offer)을 지정하거나 명시적으로 확정적(Firm) 또는 취소불능(Irrevocable)이라는 표시를 통해 표현한다. 이는 엄격한 의미의 청약으로 청약자의 매도확정의사가 있는 청약이다. 흔히 계약이 청약(Offer)과 승낙(Acceptance)으로 성립된다고 할 때 청약(Offer)은 Firm Offer를 말한다.

2) Free Offer(불확정 오퍼)

유효기간이 확정되어 있지 않고 언제라도 취소나 변경이 가능한 오퍼를 말한다. 청약을 승낙과 함께 일정한 내용의 계약을 성립시킬 것을 목적으로 하는 일방적 의사표시로 보았을 때 이러한 불확정청약은 엄격한 의미에서 청약은 아니다.

3) Conditional Offer(조건부 오퍼)

Firm Offer와 Free Offer의 중간형태로 일정한 조건을 충족시킬 경우에 한해서 계약상의 의무를 부담하게 된다. 빈번하게 볼 수 있는 조건으로는 다음과 같은 것들이 있다.

① offer subject to our final confirmation 청약자의 최종확인을 조건으로 하는 청약으로 가장 많이 이용되는 조건부 청약이다.

② offer subject to prior sale 승낙이 있을 때 해당물품의 재고가 있어야만 청약이 유효한 오퍼로써 "offer subject to being unsold"라고도 표시된다. 일명 선착순 조건부 청약이라고 한다.

③ offer subject to sale or return(반품 조건부 오퍼) 위탁판매방식에 의해 무환으로 물품을 송부한 후 약정기간 동안 판매된 물품에 대해서만 대금지급을 하고 나머지 판매되지 않은 물품은 반품이 가능하다는 조건의 청약이다.

④ Offer on approval(승인 조건부 오퍼) 청약과 함께 현품을 보내서 상대방이 사용해 보고 만족하면 승낙하라는 청약으로 승인부청약 또는 점검부청약이라고 한다. 신제품이나 해외시장 개척시에 이용되는 청약이다.

4) 반대오퍼(Counter offer)

피청약자가 청약자에게 일부 조건을 변경하여 다시 역으로 제시하는 오퍼를 말한다. 실무상 이와 같은 역오퍼가 수 차례 왕래 후 승낙이 이루어져 계약이 성립된다. 반대청약은 원래의 청약(Original Offer)에 대한 거절이면서 새로운 청약이 된다. 따라서 원래의 청약은 반대청약에 의해 소멸된다.

5) 교차청약(Cross Offer)

교차청약이란 청약자의 청약에 대하여 피청약자 상호간에 동일한 내용의 청약이 상호 교차되는 청약을 말한다. 현실적으로 극히 희소하지만 양 당사자의 청약이 우연히 완전 일치하는 경우가 있을 수 있다. 이런 경우 계약의 성립 여부가 문제가 될 수 있는바, 청약과 승낙의 관계를 중시하는 영미법계에서는 계약의 성립을 불인정하며, 행위자의 의사를 중시하는 대륙법계에서는 계약의 성립을 인정한다.

(3) 청약의 방법 및 대상

1) 청약의 방법

청약이 유효하게 효력을 발생하기 위해서는 청약은 통지되어야 한다. 그 이유는 상대방에 통지할 의도가 없는 의사표시는 단순한 하나의 의사를 가지고 있는 것에 불과하기 때문이다. 청약의 통지는 법률상 또는 당사자간의 계약에 의하여 별도로 정한 바가 없는 한 특정의 방법을 필요로 하지 않는다. 즉, 청약은 구두 또는 서면과 같은 행위에 의해서도 가능하다. 대체로 무역거래에서 청약은 우편, 전보, 전화, 텔렉스, 면담 등에 의하여 행해진다.

2) 청약의 대상

청약의 대상은 통상 특정의 1인이나 하나의 법인을 대상으로 하지만 일정범위 내의 다수를 대상으로 할 수도 있다.

(4) 청약의 효력발생

청약의 효력발생 시기는 일반적으로 청약이 피청약자에게 도달하여야 한다는 도달주의를 취하고 있다. 따라서 청약의 불착 및 연착에 의한 불이익은 청약자가 부담한다. 다시 말해, 청약이 상대방에게 도달하기 이전에는 청약은 청약으로서 효력이 발효되기 이전의 상태에 있는 상태에 있는 것이므로 철회할 수 있으나, 청약이 일단 상대방에 의하여 승낙된 경우는 물론이고, 승낙 이전이라도 청약자가 일단 통지하여 상대방에게 도달한 청약은 청약자 임의대로 취소할 수 없어 청약자는 자신이 행한 청약에 의해 일정한 구속을 받게 된다. 청약의 효력은 청약이 유효하게 성립된 때 그 장소에서 발생한다.

(5) 청약의 유효기간

청약의 유효기간(Validity of Offer)이란 청약의 효력이 존속되는 기간을 말하는 것으로 이러한 기간 내에 승낙해야 계약이 성립된다. 유효기간은 다음과 같이 정해진다.

1) 유효기간을 정하지 않은 경우

유효기간이 명시되지 않은 청약의 경우에는 무한정 효력을 인정할 수 없기에 합리적인 기간(Reasonable Time) 또는 상당한 기간 이내에 승낙을 하면 계약이 유효하게 성립되는 것으로 인정하고 있다. 그러나 이것은 "사실의 문제"이므로 사후분쟁의 소지가 있으므로 청약자와의 접촉을 통해 나중이라도 유효기간을 정하는 것이 좋다.

2) 유효기간을 정한 경우

청약의 유효기간을 명시적으로 정하는 경우 명시한 기간 동안 청약의 효력이 있다. 하지만 이러한 기간 내에 승낙의 의사표시가 청약자에게 도달되어야 할 것인지, 아니면 발신만으로 효력이 있는가에 대하여 각국의 법에서 달리 규정하고 있으므로 승낙의 효력발생시점과 연결지어 확약을 해 두는 것이 좋다.

(6) 청약의 효력소멸사유

1) 청약의 철회(Withdrawal)

청약의 철회란 청약으로서 효력이 발생하기 이전의 상태에서 청약자가 임의로 청약의 효력을 소멸시키려는 의사표시를 말하는 것으로, 도달주의에서의 논의대상이다. 이것은 반드시 상대방에게 통지되어야 하고, 그 통지는 청약의 효력이 발생하기 전에 상대방에게 도달하여야 한다.

2) 청약의 취소(Revocation)

청약의 취소란 청약이 일단 상대방에 도착하여 효력을 발생시킨 후 승낙의 통지를 보내기 전에 취소시킬 수 있는 요인에 의하여 소멸하게 되는 것을 말한다. 일반적으로 청약의 효력이 발생되고 승낙되기 전까지 취소가 가능하다.

3) 청약의 거절 또는 반대청약

청약의 거절이란 청약자의 청약에 대하여 승낙하지 않는다는 명시적 의사표시를 말하는 것으로 청약이 피청약자에 의하여 거절되면 효력이 소멸된다. 반대청약의 경우 청약의 내용에 조건을 붙여 그 일부만을 승낙하므로 최초의 청약에 대하여 거절하는 효과를 나타내며 새로운 청약이 되는 것이다.

4) 청약의 실효: 시간의 경과

청약의 유효기간 내에 승낙의 통지가 청약자에게 도달하지 않을 때에는 청약은 그 효력을 잃게 된다. 이러한 유효기간은 전술한 바와 같이 유효기간을 명시적으로 정한 경우 그러한 기간이며, 유효기간을 정하지 않은 경우 상당한 기간의 경과로 실효되고 상당한 기간의 결정은 사실문제로서 많은 고려사항이 필요하다.

5) 당사자의 사망

청약자가 청약이 승낙되기 전에 사망하면 피청약자가 청약자의 사망인식 여부를 불문하고 효력은 상실된다. 이 경우 계약상 완전히 합의에 도달할 수 없기 때문이다. 청약이 승낙된 후에 청약자가 사망한 경우에는 청약의 효력에는 아무런 영향을 주지 않는다.

6) 후발적 위법

청약 이후에 매매계약이행이 위법이 된 이른바 후발적 위법일 경우에는 청약의 효력은 소멸한다. 계약성립 후에 전쟁의 발발과 같은 후발적 위법인 이행불능, 계약목적의 좌절도 계약을 자동 소멸시킨다.

2. 승 낙

(1) 승낙의 의의

승낙이란 청약자의 오퍼와 결합하여 그 오퍼의 내용대로 계약을 성립시키려는 피청약자의 동의의 확정적 의사표시이다. 승낙에는 어떠한 조건이나 제약이 있어서도 안 되며, 조건부 승낙은 반대오퍼가 된다. 모든 매매계약은 일방의 청약에 대해서 상대방의 승낙이 있어야 비로소 유효하게 성립된다. 승낙은 청약에 정해진 방법대로 하면 되며, 정해지지 않은 경우 가능한 한 신속한 방법으로 하면 된다.

(2) 유효하지 않은 승낙

1) 반대청약

반대청약은 원청약을 거절하고 새로운 청약을 하는 것이다.

2) 승낙통지의 연착과 불착

청약의 유효기간이 경과되어 행해진 승낙은 효력이 발생되지 않는 것이며 각 국가의 입법례에서 동일한 입장을 취하고 있다.

3) 승낙의 침묵

상대방의 청약에 대하여 아무런 회신을 하지 않는 경우인 승낙의 침묵은 각국 법과 국제협약에서 달리 규정되나 승낙에 대한 회신이 없을 때는 주로 효력이 상실되어 계약이 성립되지 않는다. 그러나 거래관행상 침묵을 승낙으로 간주하거나 승낙회신을 피청약자의 의무사항으로 규정한 경우에는 유효할 수 있다.

4) 모호한 승낙

승낙은 청약조건에 대하여 모호하지 않게, 조건 없이 청약조건의 동의로 표출되어야 하기에 중요한 조건에 대하여 합의를 하지 않는 모호한 승낙에 대해서 유효한 계약이 성립될 수 없다.

5) 부분적 승낙

부분적 승낙은 청약의 대상으로 되고 있는 상품수량의 일부만을 승낙하는 것을 말한다. 영미법상 부분적 승낙은 청약의 조건 중에서 가장 중요한 수량조건을 변경하는 것으로 보기 때문에, 이는 전형적인 반대청약으로 승낙을 인정하고 있지 않다. 대륙법계에서는 대체적으로 승낙한 부분에 대해서는 승낙으로 인정하고, 그 이외의 부분에 대해서는 새로운 청약으로 보고 있다.

(3) 승낙의 방법

1) 의　　의

승낙의 방법은 원칙적으로 자유롭다. 따라서 별도의 약정이 없는 한 서면이나 구두에 의하거나 또는 행위에 의할 수도 있다. 승낙은 청약에 확정된 방법대로 하면 되며, 확정되지 않은 경우 일반적으로 가능한 한 신속한 방법으로 하면 된다.

2) 승낙의 방법

일반적으로 승낙은 문서나 구두에 의해서 하지만 청약에서 승낙의 내용으로서 행위의 이행을 요구하고 있을 경우에는 그 행위 자체가 승낙이면 별도의 승낙통지를 할 필요가 없다. 승낙은 청약시 승낙의 방법이 지정된 경우 그 지정된 방법에 따라야 한다. 우편 · 전보 · 텔렉스 · 팩시밀리 · 전화 등으로 지정되었다면 그것에 따라야 한다. 승낙의 방법이 지정되어 있지 않다면 합리적인 방법과 수단에 의해야 한다. 일반적으로 청약이 전보 → 승낙도 전보, 청약이 텔렉스 → 승낙도 텔렉스와 같이 상응하는 수단에 의해 승낙의 통지를 하면 된다.

(4) 승낙의 원칙

경상의 원칙(Mirror Image Rule)

승낙은 피청약자가 청약자에 대하여 그 청약에 응하여 계약을 성립시킬 목적으로 행하는 의사표시이다. 청약이 승낙된 경우는 상호의 동의가 성립하는 것이므로 그 동의에 대한 의사표시가 승낙이다. 승낙의 조건내용은 청약의 조건내용과 일치해야 한다. 승낙은 본질적으로 청약의 내용과 완전히 일치해야 한다는 완전일치의 원칙인 경상의 원칙(mirror image Rule)을 따르고 있다. 승낙은 본질적으로 무조건적이어야 하며 청약의 조건과 반드시 일치하여야 하고 적극적인 행위로 승낙에 대한 의사표시를 하여야 한다. 즉, 무수정 · 절대적 · 최종적 · 무조건적이어야 한다.

(5) 승낙의 효력소멸사유

1) 승낙의 철회

일반적으로 승낙은 청약자에게 의사표시를 할 때까지는 완전하지 않기 때문에 승낙의 의사가 도달하기 전에는 철회될 수 있다. 그러나 승낙은 그 의사표시가 청약자에게 도달하여 일단 승낙으로 효력이 생긴 이후에는 원칙적으로 이를 소멸시킬 수 없다.

2) 취소 · 해제

승낙에 의해 계약의 효력이 발생된 후, 계약의 취소 또는 해제사유가 발생한 경우 계약을 해제토록 하여야 하며, 이 경우에도 승낙의 유효성은 부인할 수 없으며 다만 계약 자체의 취소 및 해제에 관한 문제가 발생한다.

3. 계약서의 작성

무역계약에서 계약서는 별도의 형식을 요하지 않으며 구두 또는 서면으로 가능하다. 그러나 무역거래에서 발생될 수 있는 분쟁을 예방하거나 발생시 신속히 해결하기 위해서는 당사자의 합의를 명문화하고 이를 확인하는 서명을 담은 계약서를 작성하는 것이 바람직하다. 계약서 작성시 다음과 같은 방법들이 이용되고 있다.

(1) Offer Sheet에 의한 방법

물품매도확약서(Offer Sheet)에는 매도인과 매수인이 합의한 거래조건이 기재되어 있다. 따라서 별도의 계약서를 작성하지 않고 물품매도확약서를 그대로 계약서로 이용하는 가장 간단한 방법이다. 이 경우 매도인이 발행한 물품매도확약서(Offer Sheet)에 매수인이 승낙의 표시로 서명한 후 이를 각자 한 통씩 보관한다.

(2) Sales Note(매약서)에 의한 방법

매약서(Sales Note or Sales Contract)는 매도인이 작성하여 매수인에게 보내는 특정 물품에 관한 매매계약서이다. 매도인이 당사자간에 합의된 거래조건을 모두 담은 판매서 2통을 작성하여 정식으로 서명을 한 후 매수인에게 보내면 매수인은 이를 검토한 후 이의가 없으면 반대서명을 한 후 1통은 자신이 보관하고, 나머지 1통은 다시 매도인에게 보낸다. 통상 주문확인서

(Confirmation of Order)라고도 지칭한다.

(3) 구매주문서(Purchase Order)에 의한 방법

구매주문서(Purchase Order)는 작성하는 당사자가 매도인이 아니라 매수인이라는 것일 뿐 계약서의 내용이나 형식은 매약서(Sales Note)와 동일하다. 매수인이 자신이 필요한 물품에 관한 구매조건을 담은 구매주문서를 2통 작성하여 정식으로 서명을 한 후 매도인에게 보내면 매도인은 이를 검토한 후 이의가 없으면 반대서명을 한 후 1통은 자신이 보관하고, 나머지 1통은 다시 매수인에게 보낸다. 이것이 곧 계약서이다.

(4) 일반계약서(Sales Agreement)에 의한 방법

매매당사자가 한곳에 모여 모든 매매조건에 대해 구체적으로 합의를 한 후 이를 정식계약서로 작성하여 양당사자가 서명을 한 후 한통씩 보관하는 방법이다. 지속적인 거래관계를 개설하고자 할 경우 이용되는 방법이다.

(5) 주문승낙(Acknowledgement)

주문승낙(Acknowledgement)이란 매수인의 주문에 대해 매도인인 피청약자가 주문내용을 확인하고 계약을 성립시킨다는 의사표시로 볼 수 있다.

제 4 절 무역계약의 기본조건

무역계약에서 조건(terms or conditions)이란 계약체결에 반드시 필요한 사항으로 계약당사자에 의해서 반드시 지켜져야 하는 약속을 의미한다. 따라서 매매당사자 중 어느 한 당사자가 이러한 조건을 지키거나 이행하지 못한다면 다른 당사자는 계약을 해제하거나 손해배상을 청구할 수 있다. 이와 같은 무역계약조건은 개별 무역거래시 합의되어야 하는 개별거래조건과 매매당사자들의 모든 거래에 공통적으로 널리 적용되는 일반거래조건(general terms or conditions)으로 구분되기도 한다.

무역계약의 기본조건인 품질, 수량, 가격, 운송 및 보험, 대금결제 등 개별거래조건은 통상 계약서의 앞면에 기재하게 된다. 매매당사자의 기본의무, 물품의 검사, 클레임 제기방법 및 시기, 불가항력, 중재 및 분쟁의 해결, 준거법 등에 관한 일반거래조건은 계약서의 뒷면에 인쇄되어 있다. 일반적으로 무역계약의 기본조건으로 품질조건, 수량조건, 가격조건, 선적조건, 보험조건, 결제조건, 포장조건, 분쟁해결조건 등을 들 수 있다.

1. 품질조건(品質條件)

당사자가 합의한 무역계약 내용에서 가장 분쟁이 많이 발생하는 분야가 품질문제이다. 따라서 무역계약의 체결을 위해서는 무엇보다도 먼저 품질조건과 관련하여 품질의 결정방법, 품질의 결정시기, 품질의 증명방법 등에 대한 합의가 선행되어야 한다.

(1) 품질의 결정방법

1) 견본매매(見本賣買, Sale by Sample)

견본매매(Sales by Sample)란 실제 매매될 물품의 품질을 매도인이 제시한 견본(sample)과 일치시켜 인도할 것을 약정하는 거래방법이다. 일반적으로 견본은 최상품을 선택하는 것이 아니라 보통의 평균적(fair and average) 품질을 선택하여 제시하는 것이 바람직하다.

2) 표준품매매(標準品賣買, Sale by Standard)

동일한 모양과 형태로 생산되는 공산품과는 달리 농수산물과 같이 수확

이 예상되는 물품 등 견본의 제공이 곤란한 물품에 대하여 그 표준품을 정하여 거래를 하는 방법이다. 표준품 표시방법으로는 F.A.Q(Fair Average Quality)와 G.M.Q(Good Merchantable Quality)가 있다.

① F.A.Q(Fair Average Quality) 이 조건은 주로 곡물이나 과일 등 농산물에 사용되는 품질조건으로 선적지에서 해당 계절 출하품의 평균중등품질을 사용하는 조건이다.

② G.M.Q(Good Merchantable Quality) 판매적격품질조건은 물품이 도착시 그 품질이 일반적인 상품의 성질과 상관습에 비추어 판매가 가능한 상태일 것을 매도인이 보증하는 조건이다. 외관상 품질을 판정하기 어려운 목재나 냉동어류 등에 주로 적용된다.

3) 명세서매매(Sale by Specification)

명세서매매(Sale by Specification)란 선박이나 기계류 등 견본이나 상표만으로는 품질을 결정하기가 어려우므로 상품의 재료, 구조, 성능, 규격 등을 상세히 알려주는 명세서, 설명서, 청사진(blue print), 도해목록(illustrated catalogue) 등이 품질결정시 기준으로 한다.

4) 상표매매(Sale by Trade Mark or Brand)

상표매매는 세계적으로 널리 알려진 물품에 대해서 견본을 제시할 필요없이 상표에 의하여 품질을 기준으로 삼고 이루어지는 거래를 말한다. 무역거래에서는 상표거래가 많이 이루어지고 있다.

5) 점검매매(Sale by Inspection)

무역거래에서 매수인 또는 그 대리인이 품질을 직접 확인한 후 실제 거래가 이루어지는 방식이다. 국내거래에서는 자주 이용되고 있으나 국제거래에 있어서는 보세창고도거래(Bonded Warehouse Transaction: BWT) 등에 한정되고 있다.

(2) 품질의 결정시기

동일한 상품이라 할지라도 선적시와 양륙시의 품질에는 상당한 차이가 있을 수 있다. 따라서 무역계약의 당사자들은 어느 시점에서 상품의 품질상태를 결정할 것인가 하는 품질결정시기에 대해서도 합의를 해야 한다. 통상 시점은 선적시와 양륙시로 구분되며 무역계약체결시 정형거래조건에 따라 결정된다.

1) Tale Quale(T.Q)

이 조건은 선적품질조건으로 매도인은 계약체결시 약정한 물품의 품질을 선적할 때까지만 책임을 지는 조건이다.

2) Rye Terms(R.T.)

이 조건은 호밀(rye)거래에 이용되면서 물품이 도착시에 손상되어 있는 경우에 그 손해에 대하여 매도인이 보상하는 제도에서 파생된 것으로 양륙품질조건(landed quality terms)이다.

(3) 품질의 증명방법

일반적으로 품질의 가치를 인정하는 방법은 수출업자의 자체검사에 의한 검사합격증을 기준으로 하는 경우와 LIoyd's Surveyor 등 국제적으로 공신력 있는 품질검사기관에서 발급하는 품질분석증명서(Certificate of Quality and Analysis)에 의한 방법이 있다. 품질과 관련한 분쟁발생시 거래상품의 품질이 계약체결 당시 합의한 조건과 일치함을 증명할 의무는 품질결정시기에 따라 달라진다. 즉, 선적품질조건의 경우에는 매도인이 품질의 계약적합성 여부를 입증하여야 하나, 양륙품질조건의 경우에는 매수인이 이러한 입증책임을 지게 된다.

2. 수량조건(數量條件)

수량조건을 결정하는 경우에 수량의 결정방법, 수량의 결정시기, 수량의 증명방법 등이 매도인과 매수인 사이에 합의되어야 한다. 또한 수량의 경우에는 계약수량과 실제 인도수량에 차이가 있는 경우 이러한 과부족(過不足)을 어떻게 처리할 것인가에 대해서도 사전논의가 필요하다.

(1) 수량단위

인도수량을 결정하는 수량단위는 상품에 따라 달라지나, 대개 중량, 용적, 길이, 포장단위, 개수 등이 기준이 된다. 대표적인 수량단위로는 다음과 같은 것들이 있다.

1) 중량(weight)

중량은 kg, pound, ton 등이 그 단위로 사용되는데, 나라마다 중량의 기준이 다르다.

① 영 국 계　English Ton(Long Ton; Gross Ton) = 2,240pound = 약 1,026kgs

② 미 국 계　Short Ton(American Ton; Net Ton) = 2,000 pound = 약 907kgs

③ 프랑스계　Metric Ton(French Ton; Kilo Ton) = 2,204 pound = 1,000kgs

2) 용　적

액체나 목재의 측정은 용적을 기준으로 하는데, 목재의 용적을 표시할 때에는 S.F.(Superfoot)로 표시되며, 1S.F. = 1평방 feet × 1inch로서 480 S.F.가 1 용적톤이 된다. 그러나 선박에 선적할 때 1용적톤(Measurement Ton: M/T)이라면 40cubic feet를 말한다.

3) 개 수

일반 잡화의 수량단위는 piece, dozen, set 등이 사용된다. 연필과 양말 등은 dozen(12개), pin이나 조화(artificial flower) 등 값싼 잡제품의 경우에는 gross(12×12=144), small gross(12×10=120), great gross(12×12×12=1,728개)를 단위로 한다. 개별품목이나 포장물품(packing units)은 구체적인 수량을 명시해야 한다.

(2) 수량의 결정시기

수량의 결정시기는 선적수량조건(shipped quantity terms)과 양륙수량조건(landed quantity terms)으로 구분된다. 수량의 결정시기는 무역계약체결시 정형거래조건에 따라 결정된다. 따라서 FOB조건이나 CIF조건에 의한 거래는 선적지 인도조건이므로 선적수량조건에 따르며 DES조건이나 DEQ조건 등 도착지 인도조건은 양륙수량조건이다.

(3) 과부족용인조항(More or Less Clause)

광산물이나 곡류와 같이 장기간 운송도중 감량이 예상되는 Bulk Cargo의 경우에는 계약시 일정비율의 과부족을 인정받는 조건으로 계약을 체결해야 분쟁을 막을 수 있다. 즉, More or Less 5%로 계약하면 계약수량에서 5% 이내의 과부족이 발생해도 계약을 제대로 이행한 것으로 간주하게 된다. 이와 같은 맥락에서 신용장통일규칙에서는 신용장상의 금액 또는 수량과 관련하여 "about," "approximately," "circa" 또는 이와 유사한 표현이 쓰인 경우에는 그러한 금액이나 수량의 10% 이내의 과부족을 허용하고 있다.

3. 가격조건

가격조건을 매매당사자가 결정하기 위해서는 두 가지 관점에서 약정해야 한다. 첫째, 매매가격의 표시통화, 둘째, 수출입에 따르는 각종 비용 및 위험을 누가 부담하는가 하는 정형거래조건에 관한 것이다.

먼저 거래통화에 있어서는 국제적으로 널리 통용되는 안정적인 통화로 표시하여 환위험을 최소로 해야 한다. 우리나라는 지정통화제도를 채택하고 있어 원칙적으로 대외거래에는 이들 통화만을 이용하도록 제한하고 있다. 한편 가격산정의 기초가 되는 무역거래조건에 있어서는 국제상업회의소(International Chamber of Commerce: ICC)에서 제정한 "무역거래조건의 해석에 관한 국제규칙(International Rules for the Interpretation of Trade Terms: Incoterms)"이 매매당사자간의 최소한의 의무를 밝히는 데 전세계적으로 이용되고 있다.

4. 포장조건(包裝條件)

(1) 포장의 기능과 요건

포장(packing)의 기능은 제품의 보호와 판매촉진으로 요약된다. 따라서 포장이란 물품을 운송하고 보관하고 판매하는 데 있어 그 내용물과 외형을 보호하고 상품으로서의 가치를 유지하기 위하여 적절한 재료나 용기로 둘러싸는 작업 및 상태를 말한다. 특히, 수출포장은 적은 재료와 비용으로 안전하고 확실하게 물품을 포장하여 장기간의 운송에 적합한 내항성이 있어야 한다. 만약 포장이 잘못되어 일어나는 손상은 운송인이나 보험자 모두에게 면책이 되므로 수출업자에게 포장은 중요하다.

(2) 포장의 종류

포장에는 재질과 단계에 따라 여러 가지 종류가 있다.

1) 개장(個裝, Unitary Packing)

개장은 물품의 최소 소매단위를 낱개로 포장한 것을 의미한다.

2) 내장(內裝, Interior Packing)

내장은 낱개로 포장된 물품을 수송 또는 취급하기에 편리하도록 일정한 양을 묶어 재포장한 것을 의미한다.

3) 외장(外裝, Outer Packing)

외장은 수송중 화물의 변질, 파손, 도난, 유실 등을 방지하고 하역에 편리하도록 몇 개의 내장을 목재나 골판지상자 등으로 최종적으로 다시 포장한 것을 의미한다.

(3) 화인(貨印, cargo mark)

운송관계자 또는 매수인이 계약물품을 쉽게 식별하거나 취급할 수 있도록 바깥 포장에 한 여러 가지 표시를 통틀어 화인이라고 한다. 구체적으로 화인에는 타 화물과의 식별을 위해 그려지는 갖가지 도형이나 문자를 의미하는 주화인(主貨印, main mark), 화물번호(case number), 원산지표시, 목적지표시, 중량표시, 주의표시 등이 있다.

5. 선적조건

선적조건에 있어서는 운송수단의 선택, 구체적 인도시기 및 방법 등이 문제가 된다. 우리나라의 경우 무역화물은 대부분 해상운송방식을 택하게 되므로 선적시기(time of shipment), 선적지연(late shipment) 및 선적불이행(non delivery), 분할선적(partial shipment) 및 환적(transshipment)의 허용 여부 등에 대한 합의가 중요하다.

(1) 선적시기

1) 특정일 또는 특정월 지정

가장 많이 사용되는 방법으로 계약서나 신용장상에 선적기일을 'June 30, 2007' 과 같이 표기하는 것이다. 이런 식으로 선적일이 표기되면 최종일, 즉 2007년 6월 30일까지만 선적하면 된다.

특정월을 선적기일로 지정하는 방법으로 단월조건과 연월조건이 있다. 단월조건은 'June Shipment' 또는 'Shipment during June' 과 같이 표시되며 연월조건은 'May-July Shipment' 또는 'Shipment during May, June, July' 와 같이 표시하는 방식이다.

2) 조건부 선적기일 지정

선적기일을 특정 조건이 이행되는 시점을 기준으로 하여 정하는 경우로 'Shipment within 30 days after receipt of L/C', 'Shipment within 60 days after contract', 'Shipment within 10 days after obtaining export license' 등과 같이 표시된다.

3) 즉시 선적 지정

'prompt shipment', 'immediate shipment', 'shipment as soon as possible' 등으로 표시된다. 신용장거래의 경우 이러한 표현이 사용될 경우 과거에는 신용장 개설 후 30일 이내에 선적하면 되는 것으로 간주되었으나, 1993년 제5차 개정 신용장통일규칙에서는 이런 표현이 사용될 경우 은행은 이를 무시하도록 규정하고 있다.

(2) 선적지연 및 선적불이행

일반적으로 매매당사자의 고의, 과실 또는 태만 등에 의한 선적지연 및 선적불이행에 대해서는 물론, 매매당사자가 정한 범위 내에서 책임을 져야 한다. 그러나 천재지변(Act of God), 파업, 전쟁, 수출금지 등의 불가항력이나 기타 수출업자의 통제가 불가능한 사유에 의한 선적지연은 면책될 수 있다.

(3) 분할선적 및 환적

1) 분할선적

매매계약체결시 분할선적(partial shipment)을 허용하느냐의 유무는 보통 "Partial shipment are allowed" 또는 "Partial shipment are prohibited" 등으로 약정하면 된다. 분할선적에 있어서는 분할횟수, 수량 그리고 각 분할분의 선적시기 등에 대하여 계약 및 신용장에 미리 결정되어야 한다. 신용장에 분할선적을 금지하는 문언이 없을 경우에는 분할선적이 허용되는 것으로 간주한다.

2) 환적(Transshipment)

환적은 화물이 중도에서 다른 배로 옮겨져 목적지까지 가는 경우를 말하며 최근 복합운송이 발달함에 따라 선박이 아닌 다른 운송수단에 옮겨 싣는 것도 환적이라고 할 수 있다. 화물을 한 번 옮겨 싣는 데는 화물의 훼손 및 멸실 등 여러 가지 위험이 뒤따르기 때문에 보험료도 높아 매매당사자가 공히 가능하면 환적을 피하려고 한다. 그러나 직항선이 없는 경우에는 환적을 허용하게 되는데, 이런 경우에는 계약서상에 "Transshipment is permitted"라고 표시해야 한다.

6. 보험조건(保險條件)

해상운송시 선박의 좌초(stranding), 침몰(sinking), 충돌(collision) 등과 같은 해상고유의 위험(perils of the seas)이나 전쟁 또는 해적 등을 우연히 조우할 가능성이 있으므로 만약에 대비해서 적화보험(cargo insurance)에 부보(cover)하여 만일의 손해에 대비해야 한다. CIF · CIP와 같은 계약조건을 채택할 경우에는 매도인이, FOB · CFR 조건에서는 매수인이 각각 적화보험계약을 체결해야 한다.

7. 대금결제조건

무역거래에서 수출업자의 가장 큰 관심사는 자신은 매매계약에 따라 물품을 인도하려 하나 수입업자가 과연 대금을 지급할 것인지에 관한 것이다. 이에 비해 수입업자의 가장 큰 관심사는 자신은 매매계약에 따라 물품대금을 지급하려 하나 수출업자가 과연 물품을 인도할 것인지에 관한 것이다. 따라서 무역계약의 체결에 대금결제조건(terms of payment)은 선적조건과 함께 무엇보다도 중요한 조건이라 할 수 있다.

(1) 선적 전 지급

이 방식은 물품이 선적이나 인도되기 전에 미리 대금을 지급하는 조건인데, 여기에 속하는 것으로는 상품의 구매를 위한 주문과 동시에 현금결제가 이루어지는 CWO(Cash with Order) 방식, 주문과 함께 T/T(Telegraphic Transfer) 등에 의해 송금하는 이른바 단순송금방식(remittance base) 그리고 신용장의 수익자인 매도인의 신용장 수취와 더불어 미리 대금부터 결제되는 선대용장(red clause L/C, packing L/C) 방식 등을 들 수 있다.

(2) 동시지급(Concurrent Payment)

물품의 선적 또는 인도나 물품을 화체화(貨體化)한 운송서류의 인도와 동시에 대금결제가 이루어지는 동시지급조건에는 현물인도와 동시에 현금결제가 일어나는 조건인 COD(Cash On Delivery: 현물상환 지급)와 선하증권을 위시한 보험증권(insurance policy), 상업송장(commercial invoice) 등의 운송서류인도와 동시에 현금결제가 이루어지는 조건인 CAD(Cash again Documents: 운송서류상환지급)가 있다. 또한 신용장에 의한 거래에서는 어음발행인(drawer), 즉 매도인에 의해 발행된 어음이 어음지급인(drawee), 즉 매수인에게 제시되면 매수인이 이를 일람함과 동시에 어음대금을 지급해야 하는 일람출급어음(sight bill, sight draft, demand draft)으로 결제되는 일람지급방식(at sight base)과 어음을 추심(collection)해서 대금을 회수하는 경우, 무신용장거래(transaction without L/C)에서 어음이 매수인(drawee)에게 제시되었을 때 어음대금지급이 있어야 운송서류가 그에게 인도되는 지급인도방식(documents again payment base: D/P) 등이 있다.

(3) 후지급(연지급, Deferred Payment)

후지급(연지급, 연장지급)은 물품의 선적 또는 인도나 운송서류의 인도가 있은 후 일정한 기간이 경과되어야 대금결제가 이루어지는, 말하자면 외상거래조건이다.

후지급에는 단기연지급과 중장기연지급의 두 가지로 구분할 수 있는데, 단기와 중장기의 구분기준이 일정하지 않아 통일적으로 말하기는 어려우나, 통상적으로는 물품의 선적이나 인도 후 또는 운송서류의 인도 후 1년 이내에 결제가 이루어지면 단기연지급, 그 이상의 기간, 즉 1년 초과 10년 이내(때로는 20년까지)의 기간에 결제되면 중장기연지급이라 한다.

(4) 혼합지급(Mixed Payment)

혼합지급은 선지급, 동시지급 및 후지급방식을 혼합한 결제조건으로 대표적인 것으로는 누진지급(progressive payment basis)방식이 있다. 이 지급방식은 대금을 일시에 결제하지 않고 계약시 · 선적시 · 도착시 등으로, 또는 공정에 따라 분할해서 지급하는 방식으로 분할지급(instalment payment)의 형태를 취하는 것이므로 앞에서 말한 중장기연불방식은 분할지급을 택하므로 누진지급의 일종이라 볼 수 있으나, 어디까지나 후지급(연불) 부분이 주이므로 연불수출로 분류하는 것이 일반적인 것이다.

8. 분쟁해결조건

국제무역은 본질적으로 언어, 관습, 법률, 통화 등이 다른 나라의 멀리 떨어져 있는 계약상대방과의 거래를 의미하므로 국내거래에 비해 상대적으로 계약불이행 또는 사기 등으로 인한 분쟁이 발생할 가능성이 높다. 이러한 무역분쟁의 발생가능성을 최소화하거나 이미 빚어진 무역분쟁을 신속하고 경제적으로 해결하기 위해서는 계약조건의 공통적인 해석기준이 될 준거법조항 및 클레임의 제기시기 및 방법에 관한 조항, 분쟁해결을 위한 중재조항, 재판관할조항 등을 미리 계약서에 삽입해 두는 것이 바람직하다.

일반적으로 중재조항을 약정할 때에는 중재기관과 중재장소, 준거법 등을 포함시키는 것이 바람직하다. 또한 재판관할조항에 포함되는 내용으로 재판을 관할할 구체적인 법원을 약정하는 내용이 포함되어야 한다.

특히 준거법조항은 무역계약의 성립과 이행, 해석에 관하여 어느 나라 법을 적용할 것인가를 약정하는 것이며 국가별로 법제의 해석기준이 다르기 때문에 어느 국가의 법을 준거법으로 할 것인가 명확히 약정해야 한다.

제 5 절 인코텀즈(Incoterms)

1. 인코텀즈의 의의

(1) 인코텀즈(Incoterms 2000)의 제정배경

무역거래는 세계적으로 통일된 법이 존재하지 않아 오랫동안 형성되어 온 무역관습에 의해 수행되고 있다. 보편화된 무역관습으로 Incoterms가 있

표 10-1 인코텀즈(Incoterms 2000)의 구성

Terms	약 어
Group E Depature (E그룹: 적출지인도조건)	EXW(Ex Works: 공장인도조건)
Group F Main Carriage Unpaid (F 그룹: 운송비 미지급 인도조건)	FCA(Free Carrier: 운송인인도조건) FAS(Free Alongside Ship: 선측인도조건) FOB(Free On Board: 본선인도조건)
Group C Main carriage Paid (C그룹: 운송비지급 인도조건)	CFR(Cost and Freight: 운임포함 인도조건) CIF(Cost, Insurance and Freight: 운임 · 보험료포함 인도조건) CPT(Carriage Paid To: 운송비지급 인도조건) CIP(Carriage and Insurance Paid to: 운송비 · 보험료지급 인도조건)
Group D Arrival (D그룹: 도착지인도조건)	DAF(Delivered at Frontier: 국경인도조건) DES(Delivered Ex Ship: 착선인도조건) DEQ(Delivered Ex Quay: 부두인도조건) DDU(Delivered Duty Unpaid: 관세미지급인도조건) DDP(Delivered Duty Paid: 관세지급인도조건)

다. Incoterms는 정형거래조건의 해석에 관한 국제규칙(International Rules for the Interpretation of Trade Terms)으로 국제상업회의소(International Chamber of Commerce: ICC)가 제정하였다. 또한 정형거래조건은 매매가격의 산출근거가 되는 가격조건으로서의 역할과 위험의 이전, 제공해야 하는 서류 등을 규정함으로써 매매당사자의 의무를 명시한 인도조건으로서의 역할을 하고 있는 점이다.

(2) 정형거래조건(Incoterms 2000)의 효과

매도인과 매수인은 Incoterms를 채택함으로써 서로 다른 국가에 소재하는 당사자들 사이에서 사용되는 조건에 대한 상이한 해석으로 인한 불확실성을 제거 내지 감소시킬 수 있다. 또한 동일한 조건의 통일적인 해석을 통하여 분쟁발생을 회피하고 시간과 비용의 낭비를 회피하거나 최소화할 수 있다. 무역거래시 어떤 법을 준거할 것인가 하는 것이 장애요인으로 해결하는 데 정형거래조건을 채택하고 인코텀즈를 채용함으로써 이런 준거법의 불확실성을 해소할 수 있다.

그러나 계약당사자의 합의에 의하여 계약이 정형거래조건(Incoterms)에 따라 해석한다는 취지의 조항을 명시적으로 규정하는 경우에 한하여 당사자를 구속하게 된다.

2. Incoterms의 13개 조건

(1) 공장인도조건(Ex Works: EXW)

1) 의 의

공장인도조건은 계약물품을 매도인이 자신의 작업장 구내 또는 다른 지정된 장소에서 수출 통관되지 않은 상태로 그리고 일체의 집화차량에 적재 이전의 상태로 매수인의 임의처분하에 적치하는 때에 매도인이 인도를 이행하는 것을 의미한다.

2) 특 징

매수인이 목적지까지 운송함에 있어서 모든 비용과 위험을 부담하므로 이 조건은 매도인의 최소한의 의무(seller's minimum obligation)를 나타낸다. 수출에 따른 수출지에서의 통관절차 및 관세, 제세 등 모든 비용을 매수인이 부담한다. 매도인의 입장에서는 국내매매와 동일하기 때문에 외국무역에 익숙하지 못한 생산자가 직접 수출하는 경우 또는 매수인의 지점 또는 출장소 등이 수출국에 설치되어 있어 수출지의 사정에 능통한 경우에 이용되고 있다.

(2) 운송인인도조건(Free Carrier: FCA)

1) 의 의

운송인인도조건(FCA)은, 매도인이 약정물품을 매수인이 지정한 운송인(Carrier)에게 인도함으로써 매수인에 대한 물품 인도의무를 완료하는 조건이다.

2) 특 징

운송인인도조건(FCA)은 철도, 도로, 내수로, 해상 및 복합운송 등 어떠한 운송형태에도 이용할 수 있는 정형거래조건으로 현대적인 운송방법, 특히 컨테이너 운송방식이나 "roll on－roll off" 수송방식과 같은 복합운송방식에 부응하기 위해 고안된 것이다.

운송인인도조건(FCA)에서 운송인(Carrier)은 실제 운송인이나 운송주선인(Freight Forwarder)과 같은 운송 관계인으로서 운송계약에 의하여 철도, 도로, 내수로, 해상, 항공운송 및 이와 같은 여러 가지 운송수단을 결합한 복합운송을 수행하거나 주선하는 자를 말한다.

1980년에 FCA 조건의 도입 후 1990년 개정에서는 당시까지 시행되어 왔던 화차인도조건(FOR & FOT)과 공항인도조건(FOA)이 운송인인도조건에 흡수 통합됨으로써 이 조건의 비중이 한층 커졌다. 또한 2000년 개정에서는 매도인의 영업소 구내와 기타 장소에서 인도함을 규정하여 현실상관습의 변화에 지속적으로 대응하였다.

(3) 선측인도조건(Free Alongside Ship: FAS)

1) 의 의

선측인도조건(FAS)은 계약물품이 지정된 선적항의 본선의 선측에서 매수인의 임의처분하에 적치될 때 매도인의 인도의무가 종료된다.

2) 특 징

선측인도조건(FAS)은 물품을 해상운송 또는 내수로운송에 의하여 운송할 경우에만 쓰이는 조건이다. 선측인도조건(FAS)은 매도인이 선적항에서 물품을 본선상에 적재하는 의무를 부담하지 않은 조건으로 원맥, 원목 및 원면 등과 같이 선적비용이 많이 소용되는 대량의 산물거래에 자주 이용되는 조건이다. 선측인도조건에서 주요 사항은 선측에 관한 개념이다. 선측이란 본선이 부두에 정박하고 있거나 부두 밖에 있거나를 불문하고 또한 거리나 방향에 관계없이 양화기(winch), 양화구(tackle) 기타의 선적을 위한 작업용구가 도달할 수 있는 장소를 말한다. 장소적으로는 부두에 접안해 있을 때는 부두상(on the quay)이며, 해상에 정박해 있을 때에는 부선 내(in lighters)이다.

(4) 본선인도조건(Free on Board: FOB)

1) 의 의

FOB 조건은 선적항에서 약정물품이 본선의 난간(ship' s rail)을 통과하는 때에 매도인의 인도의무를 이행하게 되는 정형거래조건으로, 매도인은 그때까지 물품의 멸실이나 손상에 대한 위험을 부담한다.

2) 특　　징

본선인도조건(FOB)은 주운임 미지급조건에 해당하며 매수인이 운송계약을 체결할 의무를 부담하고, 매도인은 운송계약을 체결한 매수인이 지정한 운송인에게 약정물품을 인도함으로써 인도의무를 완수하는 조건이다.

FOB 조건은 다음과 같은 특징이 있다.

첫째, 선적항에서 물품인도를 조건으로 하는 대표적인 선적지 매매조건이다.

둘째, 매도인은 계약내용에 합치하는 물품을 인도함으로써 인도의무를 이행하는 현물인도조건으로서 현실적 인도방식에 해당한다.

셋째, FOB 조건은 해상운송이나 내수로운송에만 사용되어야 하며, 만약 당사자가 본선의 난간을 통과하여 물품을 인도하는 것을 의도하지 않는다면 FCA 조건이 사용되어야 한다.

본선인도조건(FOB)의 특징은 현실적 인도조건으로써 매도인이 매수인 또는 그의 대리인(운송인)에게 현물을 직접 인도하고 그에 대해 대금을 지급받는 동시이행조건임을 말한다. 그러나 무역거래에 사용되는 FOB 조건은 이러한 현물인도와 대금지급이 동시에 일어나기가 곤란한 경우가 많으므로 당사자간의 특약에 의해 매도인이 선하증권을 취득하여 제공하고 이와 상환으로 화환어음을 결제하는 방식을 채용하여 현물인도의 어려움을 해결하고 있는 것이 현실이다. 따라서 FOB 조건은 현실적 인도를 본질로 하고 있지만 무역거래의 경우 대금지급에 관한 특약을 함으로써 CIF 조건의 거래와 유사한 절차를 취하고 있다.

(5) 운임포함조건 CFR

1) 의　　의

CFR 조건은 매도인이 지정된 목적지까지 계약물품을 운송하는 데 필요한 비용과 운임을 지급하여야 하지만 계약물품이 선적항에서 본선의 난간을 통과한(pass over the ship's rail) 이후로 계약물품의 멸실 또는 손상에 관한 위험은 물론 일체의 비용 부담이 매도인으로부터 매수인에게로 이전되는 정형 거래조건이다.

2) 특　　징

매도인은 운송계약을 체결하여야 하는 의무를 가지고, 운송에 소요되는 일체의 비용을 부담하여야 한다. 물품이 선적된 이후에 수출항에서 동 화물이 멸실되었을 경우에도 이는 매수인의 위험부담이다. 따라서 CFR 조건은 선적지에서 인도의무의 완료시점으로 하는 선적지인도조건이다. CFR 조건은 매도인의 위험부담의 분기점과 비용부담의 분기점이 불일치하는 조건이다. CFR 조건은 매도인으로부터 제시된 운송서류와 상환으로 물품의 대금을 지급하여야 하는 서류인도조건, 즉 상징적 인도(symbolic delivery)조건이다. CFR 조건은 해상운송이나 내수로운송에만 사용되는 조건으로, 만약 당사자가 본선의 난간 너머로 물품을 인도하는 것을 의도하지 않는다면, CPT 조건이 사용되어야 한다.

(6) 운송비 · 보험료 지급조건 CIF(운임 · 보험료 포함 인도조건)

1) 의　　의

CIF 조건이란 선적항에서 계약물품의 선적원가(Cost)와 목적항까지의 보험료(Insurance Premium), 그리고 목적항까지의 운임(Freight)을 매도인이 부담하는 조건으로, 물품이 본선의 난간을 통과할 때까지의 멸실이나 손상에 관한 일체의 위험을 매도인이 부담하는 조건이다.

2) 특　　징

매도인은 운송계약을 체결하여야 하는 의무를 가지고, 운송에 소요되는 일체의 비용을 부담하여야 한다. 물품이 선적된 이후에 수출항에서 동 화물이 멸실되었을 경우에도 이는 매수인의 위험부담이다. 따라서 CIF 조건은 선적지에서 인도의무의 완료시점으로 하는 선적지인도조건이다. CIF 조건은 매도인의 위험부담의 분기점과 비용부담의 분기점이 불일치하는 조건이다.

CIF 조건은 매도인으로부터 제시된 운송서류와 상환으로 물품의 대금을 지급하여야 하는 서류인도조건, 즉 상징적 인도(symbolic delivery)조건이다. CIF 조건은 해상운송이나 내수로운송에만 사용되는 조건으로, 만약 당사자가 본선의 난간 너머로 물품을 인도하는 것을 의도하지 않는다면, CIP 조건이 사용되어야 한다.

(7) 운송비지급조건 CPT

1) 의 의

CPT 조건은 매도인이 약정물품을 운송인에게 인도하는 때에 인도의무를 완수하고 지정된 목적지까지 운송을 위해 소요되는 일체의 비용을 부담하지만, 인도 이후에 발생하는 일체의 위험뿐만 아니라 인도완료 이후에 발생하는 비용 및 운임 이외의 추가 비용은 매수인이 부담하는 조건을 의미한다.

2) 특 징

CPT 조건이 선적지인도조건에 포함되는 것은 매도인이 약정물품을 자기의 위험과 비용으로 운송인과 목적지까지 운송계약을 체결하고 운임을 지급하고 무사고 운송서류만 발급받으면 매도인의 의무가 선적지에서 종료되기 때문이다. CPT 조건은 위험부담의 분기점과 비용부담의 분기점이 일치하지 않는다. CPT 조건은 운송형태에 관계없이 채용이 가능한데, 특히 복합운송에 알맞은 조건이다. 즉, 이 조건은 복합운송방식과 컨테이너수송 또는 트레일러 및 roll on－roll off 수송을 포함하여 모든 운송방식에 있어서 채용될 수 있는 조건이다. CPT 조건에 있어서 매도인의 인도의무는 운송인에게 현실적 인도로서 이행된다.

(8) 운송비 · 보험료지급조건 CIP

1) 의 의

CIP 조건은 매도인이 약정물품을 운송인에게 인도하는 것에 추가하여, 지정된 목적지까지 운송계약을 체결하고 운송비를 지급하며, 운송중의 위험에 대비하여 보험계약을 체결하고 보험료를 납부하는 조건을 말한다. 하지만 물품의 인도 이후에 발생하는 일체의 위험 및 운임 이외의 비용은 매수인이 부담하는 조건이다.

2) 특 징

CIP 조건이 선적지인도조건에 포함되는 것은, 매도인이 약정물품을 자기의 위험과 비용으로 운송인과 목적지까지 운송계약을 체결하고 운임을 지급하고 무사고 운송서류만 발급받으면 매도인의 의무가 선적지에서 종료되기 때문이다. CIP 조건은 위험부담의 분기점과 비용부담의 분기점이 일치하지 않는다. CIP 조건은 운송형태에 관계없이 채용이 가능한데, 특히 복합운송에 알맞은 조건이다. 즉, 이 조건은 복합운송방식과 컨테이너수송 또는 트레일러 및 roll on－roll off 수송을 포함하여 모든 운송방식에 있어서 채용될 수 있는 조건이다. CIP 조건에 있어서 매도인의 인도의무는 운송인에게 현실적 인도로서 이행된다. 매도인은 보험업자와 보험계약을 체결하고 보험료를 지급하여야 한다. 부보의 범위에 관해서는 매도인은 별도의 합의가 없는 한 최소부보조건으로 부보하면 된다.

(9) DAF(국경인도조건)

1) 의 의

국경인도조건은 지정된 국가의 일정 지점에서 수출통관된 물품이 매수인의 임의처분하에 적치되는 때에 매도인이 인도의무를 완수하는 조건이다.

2) 특 징

DAF 조건은 매도인이 수입국의 일정 지점(국경의 지정된 인도장소)에서 매수인의 임의처분하에 약정물품을 적치하는 때에 인도를 이행하는 도착지 인도조건이다. DAF 조건은 매도인이 약정물품을 매수인의 임의처분하에 적치하여야 하는 의무를 부담하므로 현실적 인도방식에 속한다. DAF 조건은 계약물품을 철도나 육로로 운송할 때 채용되도록 의도된 것이지만, 운송방식에 상관없이 채용될 수 있다. 즉, 철도나 육로로 운송하는 방식에만 적용되는 것은 아니며 과거 유럽 및 소련과 동구제국과의 교역에 많이 이용되었다.

(10) DES(착선인도조건)

1) 의 의

착선인도조건은 매도인이 지정된 목적항에서 수입통관되지 않은 물품이 본선상에서 매수인의 임의처분하에 놓여 졌을 때 인도를 이행하는 조건으로, 매도인은 지정된 목적항에서 양륙 전까지의 물품의 운송과 관련된 모든 비용과 위험을 부담한다.

2) 특 징

DES 조건은 매도인이 수입국 목적항의 본선상에서 매수인의 임의처분하에 약정물품을 적치하는 때에 인도를 이행하는 도착지인도조건이다. DES 조건은 약정물품을 목적항의 본선상에서 매도인으로부터 매수인에게 직접 점유이전시키는 현물인도조건이다. DES 조건은 목적항의 본선상에서 인도하므로 해상운송이나 내수로운송 또는 목적항에서 본선상으로부터 양륙되는 것을 조건으로 한 복합운송에서만 쓰일 수 있다.

(11) DEQ(부두인도조건)

1) 의 의

부두인도조건이란 매도인이 물품을 지정된 목적항의 부두에서 매수인에게 수입통관이 안 된 상태로 매수인의 임의처분하에 놓여졌을 때 인도하게 되는 조건으로, 매도인은 지정된 목적항까지 물품을 반입하는 데 그리고 부두상에서 물품을 양륙하는 데 관련된 비용과 위험을 부담해야만 한다.

2) 특 징

DEQ 조건은 매도인이 수입국의 일정 지점(목적항의 양륙장소)에서 매수인의 임의처분하에 약정물품을 적치하는 때에 인도를 이행하는 도착지인도조건이다. DEQ 조건은 약정물품을 목적항의 부두에서 매도인으로부터 매수인에게 직접 점유이전시키는 현물인도조건이다. DEQ 조건은 부두상에서 인도하므로 해상운송이나 내수로운송 또는 목적항에서 본선으로부터 부두상으로 양륙되는 것을 조건으로 한 복합운송에서만 쓰일 수 있다.

(12) DDU(관세미지급인도조건)

1) 의 의

관세미지급인도조건은 매도인이 물품을 수입국의 지정된 목적지에서 수입통관되지 않은 상태로 매수인에게 인도하는 조건으로 매도인은 적용 가능한 경우에 일체의 관세[1]를 제외하고 물품을 매수인의 임의처분하에 인도하기까지의 비용과 위험을 부담한다.

2) 특 징

DDU 조건은 매도인이 수입국의 일정 지점에서 매수인의 임의처분하에 약정물품을 적치하는 때에 인도를 이행하는 도착지인도조건이다. DDU조건

1) 관세(Duty): 인코텀즈상 이 용어는 통관절차를 이행하는 것에 대한 책임과 위험 및 목적국에서 수입을 위하여 절차, 관세, 조세, 기타 경비 수입에 대한 지급을 포함한다.

은 매도인이 계약과 일치하는 물품을 매수인의 임의처분하에 적치하여야 하는 의무를 가지므로 현실적 인도방식이다. DDU 조건은 물품의 인도가 운송형태에 관계없이 채용될 수 있는 정형거래조건이다.

(13) DDP(관세지급인도조건)

1) 의 의

관세지급인도조건은 매도인이 물품을 수입국의 지정된 목적지에서 수입통관된 상태로 매수인에게 인도하는 것을 의미한다. 매도인은 적용 가능한 경우에 목적국에서 수입을 위한 일체의 관세를 포함하여 그 곳까지 물품을 반입하는 관련된 모든 위험과 비용을 부담해야 하는 조건이다.

2) 특 징

DDP 조건은 매도인이 수입국의 일정 지점에서 매수인의 임의처분하에 약정물품을 적치하는 때에 인도를 이행하는 도착지인도조건이다. EXW가 매도인의 최소 의무를 나타낸다면, DDP 조건은 매도인에 대한 최대 의무를 나타낸다. DDP 조건은 매도인이 계약과 일치하는 물품을 매수인의 임의처분하에 적치하여야 하는 의무를 가지므로 현실적 인도방식이다.

참 고 문 헌

구종순, 「무역실무」, 박영사, 2006.
김성훈, 「국제협약과 계약서 작성」, 두남, 2003.
김정건, 「국제법」, 박영사, 2004.
남풍우, 「무역실무」, 두남, 2006.
서헌제, 「국제법거래법」, 법문사, 2000.
오원석, 「무역계약과 결제」, 삼영사, 2004.
이용근, 「인코텀즈 2000과 무역관습」, 동성사, 2000.
______, 「무역실무」, 삼영사, 2006.
______, 「무역학개론」, 삼영사, 2006.
전순환, 「무역실무」, 한올출판사, 2007.
한국무역협회, 「무역실무매뉴얼」, 한국무역협회 편집부, 2005.

제11장 대금결제

제1절 신용장(Letter of Credit)

1. 신용장의 의의

신용장(Letter of Credit: L/C)이란 개설의뢰인(고객)의 요청과 지시에 따라 개설은행이 신용장조건과 일치하는 소정의 서류에 대한 상환으로 수익자가 발행한 환어음을 지급 · 인수 또는 매입하겠다는 조건부 지급확약서를 말한다.[1)]

2. 신용장의 거래원칙

(1) 독립성의 원칙

신용장은 본질적으로 그것이 기초를 두고 있는 매매계약 또는 기타 계약과는 별개의 거래이다. 따라서 은행은 그러한 계약에 대한 어떠한 참조사

1) ICC, Uniform Customs and practice for Documentary Credit, 1993, ICC Publication No. 500(이하 UCP 500이라 칭함), Article 2.

항이 신용장에 포함되어 있다 하더라도 결코 그러한 계약과는 무관하며 또한 이에 구속되지 아니한다(UCP 제3조). 따라서 독립성의 원칙이란 신용장은 일단 발행되면 신용장의 발행근거가 되는 계약(underlying contract)과는 독립된 별개의 계약으로 존재한다는 것이다. 따라서 근거계약이 취소되거나 변경된다 하더라도 이미 발행된 신용장에는 아무런 영향을 미치지 못하며, 원인관계인 채권 · 채무가 소멸된다 하더라도 그러한 원인관계로부터 아무런 영향을 입지 않는다.

(2) 추상성의 원칙

신용장 거래에서 모든 관계당사자는 서류로 거래하는 것이지, 그 서류에 관련될 수 있는 물품, 서비스 및/또는 기타 채무이행으로 거래하는 것이 아니다(UCP 제4조). 다시 말해서, 추상성의 원칙이란 신용장에 의한 대금지급에 있어서는 계약물품을 대상으로 하는 것이 아니라, 계약물품을 체화(體化)한 추상적인 운송서류를 대상으로 한다는 것이다. 따라서 신용장 거래에서는 실제 거래물품의 인도 여부 또는 물품의 상태에 관계없이 신용장상에서 요구하고 있는 제반 서류만을 기준으로 대금지급이 이루어지게 된다.

3. 신용장의 당사자

신용장의 당사자는 기본 관계당사자와 기타 관계당사자로 나눌 수 있다.

기본 관계당사자란 신용장 거래의 직접적인 권리와 의무를 갖게 되는 당사자들로서, 발행의뢰인, 발행은행, 수익자를 지칭한다. 만일 확인신용장인 경우에는 확인은행도 기본 관계당사자에 추가된다. 취소불능신용장은 이러한 기본 관계당사자 중 발행은행, 수익자, 확인은행(있는 경우) 전원의 합의가 없이는 신용장의 변경이나 취소가 불가능하다. 기타 관계당사자는 신용장 거래의 직접적인 권리와 의무는 갖고 있지 않지만, 원활한 거래를 위하여 간접적으로 협조하거나 대행하는 역할을 맡고 있다. 통지은행, 지급은행,

인수은행, 매입은행, 상환은행 등이 기타 관계당사자들로서 각기 역할을 하고 있다.

(1) 신용장 발행의뢰인(Applicant)

신용장 발행을 발행은행에 지시 · 요청하는 자로서 보통 매매계약서상의 매수인(Buyer)이며 수입업자(Importer)가 된다. 환어음지급인(Drawee)이라고도 불리며, 화물의 실질적인 수령인이 된다는 관점에서 수하인(Consignee)이라고 불리기도 한다. 신용장통일규칙에서는 "Applicant"로 통일하여 부르고 있다.

(2) 발행은행(Issuing Bank)

발행의뢰인의 요청과 지시에 따라 신용장을 발행하여 수익자가 제시한 서류와 상환으로 지급하거나 또는 발행한 환어음을 지급 또는 인수할 것을 확약한 은행이다. Opening Bank, Grantor 등으로도 불리며 신용장통일규칙에서는 Issuing Bank로 부르고 있다.

(3) 수익자(Beneficiary)

발행은행이 발행한 신용장에 의거 대금의 지급을 받아 이익을 받게 되는 자로서 수혜자라고 불리기도 한다. 수익자는 매매계약서상의 매도인(Seller)인 수출업자(Exporter)가 된다. 신용장의 수신인(Addressee), 사용자(User)라고도 불리며, 신용수령인(Accreditee)으로 불리기도 한다. 신용장통일규칙에서는 Beneficiary라고 부르며, 신용장에서는 "In favor of…" 또는 "F/O…"라고 약하여 표시된다.

(4) 확인은행(Confirming Bank)

신용장에 의해 발행된 환어음의 지급, 인수 또는 매입을 추가로 확약하는 은행을 확인은행이라 한다. 확인은행에 의한 지급과 매입 등은 환어음발행인이나 선의의 소지자에게 상환청구권을 행사하지 않는 조건이므로 수익자로서는 발행은행 외에 다른 은행으로부터 이중으로 확약을 받게 되는 이익을 갖게 된다. 대개 통지은행이 동시에 확인은행이 되고 있다.

(5) 통지은행(Advising Bank)

발행은행에 의하여 개설된 신용장은 대부분이 수익자의 소재지에 있는 그 발행은행의 본·지점이나 환거래계약은행을 경유하여 통지되어지는데, 이 통지를 행하는 은행을 통지은행(Advising · Notifying · Transmitting Bank)이라 부른다.

(6) 지급은행(Paying Bank)

지급은행은 발행은행 자신이나 발행은행의 예치환거래은행 또는 발행은행이 대금의 결제를 위하여 미리 전액을 위탁시켜 둔 은행만이 되어질 수 있다. 지급은행은 신용장에서 요구된 서류와 상환으로 전 금액을 지급하거나 자신 앞으로 발행된 환어음의 액면가액을 확인함이 없이 전부 지급하게 된다.

(7) 인수은행(Accepting Bank)

자신 앞으로 발행되어진 기한부환어음을 인수함으로써 그 어음의 만기일에 지급할 의무를 지게 된다. 은행에 의하여 인수된 어음은 인수한 은행의 무조건 지급책임이 어음법에 따르게 된다.

(8) 매입은행(Negotiating Bank)

발행은행에 의하여 일람급 또는 기한부어음을 매입(Negotiation)하도록 지정받은 은행이 있는 경우는 그 은행, 특별한 지정이 없는 신용장의 경우는 아무 은행이나 매입은행이 될 수 있다. 매입은행은 발행은행 또는 발행의뢰인 앞으로 발행된 환어음이 규정된 서류와 함께 제시되면 소정기간의 이자를 받고 그 환어음을 사들이게(매입) 된다.

4. 신용장의 종류

(1) 일반신용장

일반신용장은 상업적 거래가 아닌 일반 해외여행자가 현지 환거래 은행에 가서 서명만으로 현금을 조달할 수 있는 소위 여행자신용장을 말한다. 이 여행자신용장은 여행자 자신이 발행의뢰인과 동시에 수익자가 되는 데 반해, 상업신용장의 경우에는 수입상이 발행의뢰인, 수출상이 수익자가 되는 점이 상이하다.

(2) 상업신용장

무역거래의 결제를 위해 사용되는 신용장을 총칭하여 보통 상업신용장이라고 하며, 이 상업신용장에는 무담보신용장과 화환신용장이 있다.

1) 무담보신용장

무담보신용장(clean L/C)은 신용장에 의하여 발행된 어음에는 운송서류가 첨부되어 있지 않다.

2) 화환신용장

화환신용장(documentary L/C)은 정확히 말해 상업화환신용장(commercial documentary L/C)이며, 이 신용장에 의하여 발행된 환어음에는 운송서류가 그 담보로서 반드시 첨부되어 있다. 즉, 신용장의 수익자인 수출상이 선적 후에 발행한 환어음(bill of exchange, draft)과 이에 첨부되어 있는 운송서류가 신용장의 기재조건과 일치될 경우에 한해서 개설은행이 그 어음의 지급·인수를 보증하고 있는 신용장이다.

(3) 상업화환신용장

1) 취소불능신용장과 취소가능신용장

취소불능신용장(Irrevocable Credit)은 신용장상에 "irrevocable"의 명시가 있거나 또는 취소 여부에 대한 아무런 명시가 없는 신용장은 모두 취소불능신용장에 속하는 것으로 UCP500 제6조에 규정되어 있다. 이 신용장이 개설되어 수익자에게 통지된 이상 신용장상의 유효기간 내에는 신용장 관계당사자 전원의 합의 없이는 신용장을 취소하거나 신용장의 조건변경이 불가능한 것을 말한다.

취소가능신용장(Revocable Credit)은 신용장상에 "revocable"의 명시가 있는 신용장으로서, 신용장을 개설한 은행이 수익자에게 사전 통지 없이 일방적으로 신용장 자체를 취소하거나 신용장의 내용을 변경할 수 있으므로 신용장으로서의 가치가 없다고 할 수 있다. 그러나 취소가능신용장도 개설되어 통지은행을 통해서 일단 수익자에게 통지된 후 당해 신용장의 취소나 조건변경의 통지가 은행에 접수되기 전에 원신용장 조건대로 지급·인수·매입이 이루어진 경우에 또 연지급(deferred payment)을 목적으로 서류를 인수한 은행에 대하여는 개설은행이 상환의무를 진다.

2) 확인신용장과 무확인신용장

확인신용장(Confirmed Credit)이란 신용장에 개설은행 이외의 제3은행의 확인, 즉 수익자가 발행하는 어음의 인수 · 지급 또는 매입에 대한 제 3 은행의 추가적 확약이 있는 신용장을 말한다. 이는 수익자가 이중의 지급확약을 받게 되므로 신용도가 높아지고, 만약의 경우 개설은행이 지급불능상태에 빠지면 확인은행이 개설은행을 대신하여 지급하여야 한다. 그리고 무확인신용장(Unconfirmed Credit)이란 제 3 의 은행에 의한 추가확인이 없는 신용장을 말한다.

3) 양도가능신용장과 양도불능신용장

양도가능신용장(Transferable Credit)이란 수익자가 신용장 금액의 전부 또는 일부를 제 3 자(제 2 의 수익자)에게 양도할 수 있는 권한을 부여한 신용장을 말하고, 수익자가 신용장을 제 3 자에게 양도할 수 없는 신용장을 양도불능신용장(Non-transferable Credit)이라고 한다.

4) 상환청구가능신용장과 상환청구불능신용장

상환청구가능신용장(With Recourse Credit)이란 신용장에 의하여 발행된 어음이 개설은행의 도산 등에 의하여 인수 또는 지급불능이 되었을 경우, 또는 지급인의 지급불능은 아니더라도 그 어음이 신용장조건과 일치하지 않을 경우에 지급인은 지급을 거절할 수 있는데, 이 경우에 어음의 소지인인 매입은행이 어음발행인에게 매입대금의 상환청구, 즉 소구할 수 있는 신용장을 말한다. 그리고 이러한 경우에도 매입은행이 상환을 청구할 수 없는 신용장을 상환청구불능신용장(Without Recourse Credit)이라고 한다.

5) 매입제한신용장과 매입개방신용장

매입제한신용장(Restricted Credit)이란 신용장상의 수익자가 선적을 완료한 후 수출대금의 회수를 위하여 발행하는 환어음의 매입은행을 신용장에서 금융관계, 자금의 수배 또는 업무상의 연락 등으로 특정 은행에 한정하고 있는 것을 말하며, 이를 특수신용장(Special Credit)라고도 한다. 매입개방신용장(Open Credit)이란 신용장에서 어음의 매입을 특정한 은행으로 제한하지 않고 아무 은행에서나 매입할 수 있도록 된 조건의 신용장을 말하며, 이를 보통신용장(General Credit) 또는 자유매.입신용장(Freely Negotiale Credit)이라고도 한다.

6) 일람출급신용장과 기한부신용장

일람출급신용장(Sight Credit)이란 신용장에 의해서 발행되는 어음이 지급인에게 제시되면 즉시 대금이 지급되는 일람출급환어음(Sight draft)일 경우를 말하고, 기한부신용장(Usance Credit)이란 신용장에서 발행되는 어음이 지급인에게 제시된 후 일정기간이 경과한 후에 지급받는 기한부환어음(Usance draft)인 경우를 말한다. 따라서 기한부신용장을 이용하는 수익자, 즉 수출상은 수출화물을 선적하고 기한부어음을 발행하여 소정의 기간이 경과한 후에 어음금액의 지급을 받아야 한다. 그러나 실제로는 환어음을 발행하여 외국환은행에 어음할인의 형식으로 매각함으로써 수출대금을 선적한 즉시 회수할 수 있다.

7) 매입신용장 · 지급신용장 · 인수신용장

지급신용장(Payment Credit)은 신용장에 의한 환어음의 매입 여부에 대하여는 아무런 명시가 없이 신용장개설은행 또는 그가 지정하는 은행에 환어음을 제시하면 지급하겠다고 확약하고 있는 신용장을 말한다. 그러나 지급신용장의 경우에도 신용장에 의한 환어음의 매입이 불가능한 것이 아니기 때문에 수익자의 거래은행이 매입할 수는 있으나, 이 경우에는 매입신용장의 경우와 같이 매입은행이 개설은행으로부터 지급확약을 받고 있는 것이 아니므로 수익자의 신용도에 따라 매입은행의 계산과 위험으로 매입을 하는 것이다.

인수신용장(Acceptance Credit)은 일반적으로 개설은행이 예치환거래은행으로부터 인수편의를 제공받을 때 사용된다. 인수편의(Acceptance facility)란 수입상이 기한부수입을 하고자 하는 경우 해외에 있는 예치환거래은행이 개설은행을 위하여 신용장대금을 대신 지급하여 주고 어음의 만기에 대금을 개설은행으로부터 받는 신용장 공여형태를 말한다. 그리고 매입신용장(Negotiation Credit)이란 신용장에 의해서 발행되는 어음이 매입될 것을 전제로 하여 어음발행인은 물론이고 어음의 배서인이나 선의의 어음소지인에게도 지급을 확약하고 있는 신용장이다.

(4) 특수신용장

1) 회전신용장

회전신용장(Revolving Credit)이란 동일한 거래처와 동일한 물품을 계속적으로 거래할 경우 거래할 때마다 매번 신용장을 개설하려면 개설의뢰인의 많은 시간과 노력 및 경비가 들게 되고, 또한 이 경우 거래예상액 전액을 한꺼번에 개설한다면 일시에 많은 자금이 소요되므로 이러한 불편과 경비 등을 제거하기 위하여 일정한 기간 동안 일정한 금액의 범위 내에서 신용장 금액이 자동적으로 갱신되도록 되어 있는 신용장을 말한다.

2) 전대신용장

전대신용장(Red Clause Credit)이란 수출상이 수출에 따른 수출물품의 생산 · 가공 · 집하 · 선적 등에 필요한 자금을 수입상이 미리 융통해 주기 위하여, 매입은행으로 하여금 일정한 조건하에 신용장 금액의 일부를 수익자 앞으로 전대하여 줄 것을 허용하고 그 전대금상환을 보증하는 신용장을 발행할 수 있는데, 이와 같이 수출전대를 인정하고 있는 신용장을 수입상의 입장에서 보아 전대 또는 선대신용장이라고 한다. 이 신용장은 수출전대를 허용하는 문언이 일반적으로 적색으로 인쇄되어 있기 때문에 Red Clause Credit 라고 하며, 수출상은 전대받은 대금으로 수출상품을 제조 또는 구매하여 포장한다는 뜻에서 Packing Credit라고도 한다.

신용장의 거래과정

① 국내의 수입상(신용장발행의뢰인)이 외국의 수출상인 매도인과 매매계약을 체결하면서 일반거래조건 협정서나 매매계약서에 대금결제방법으로서 신용장에 의한 대금지급이 이루어지도록 합의한다.

② 수입업자는 외국환은행에 수입승인을 신청하여 수입승인서(I/L)를 받는다.

③ 수입업자는 자기 거래은행을 통하여 매도인 앞으로 수입신용장을 발행해 주도록 의뢰한다. 이 때 매수인은 발행될 신용장의 조건을 신용장발행신청서(application)에 명확하게 기재하여야 한다.

④ 발행을 의뢰받은 매수인의 국가에 있는 외국환은행(발행은행)은 의뢰인의 지시를 준수하여 수익자 앞으로 신용장을 발행하여 수출상 소재의 외국의 환거래은행(통지은행)에 신용장을 송부하여 신용장통지를 요청한다.

⑤ 수익자 소재지의 수출지의 통지은행은 신용장의 외관상의 진정성을 확인하여 수출업자에게 신용장 도착을 통지한다. 이 경우 통지은행이 발행은행으로부터 확인의 추가를 요청받은 경우에는 별도의 확약문언을 기재한 통지은행 양식의 신용장을 통지한다.

⑥ 신용장을 수취한 수출업자는 그 신용장조건이 매매계약조건과 일치하는가를 반드시 확인하고, 이를 토대로 해당되는 경우 수출승인을 신청하여 수출승인서(E/L)를 받는다.

⑦~⑨ 신용장을 받은 수출업자는 물품을 제조 또는 집하하여 선적한 후, 신용장에서 요구한 선적서류와 환어음을 준비하여 신용장에서 지정된 지급, 인수 또는 매입은행 또는 개방매입신용장의 경우에는 자신에게 유리한 은행에 이를 제시한다.

⑩ 수출지의 매입은행은 환어음 및 제시서류와 교환하여 수출업자에게 어음대금을 지급한다.

⑪ 매입은행은 수출업자에게 지급한 어음대금을 결제받기 위하여 신용장 발행은행에 어음 및 서류를 송부함과 동시에 어음대금을 상환 청구하여 수출대금을 상환받는다. 상환은행(결제은행)이 별도로 있을 경우에 매입은행은 선적서류를 발행은행 앞으로 송부하고 상환은행으로부터 수출대금을 상환받는다.

⑫ 발행은행은 매입은행으로부터 운송서류나 환어음이 도착하면 수입업자에게 운송서류 도착을 통지한다.

⑬ 발행은행은 수입상으로부터 수입대금을 결제받고 운송서류를 인도한다. 만일 수입상이 발행은행에 대금을 불입하지 않고 선적서류를 먼저 인수하고자 한다면 발행은행에 수입담보화물보관증의 성격을 가지고 있는 대도증서(Trust Receipt: T/R)를 제공한다.

⑭ 선박회사는 화물이 도착하면 수입업자에게 통지한다.

⑮ 화물 도착통지를 받고 선적서류를 인수한 수입업자는 선박회사에 선하증권을 제시하고 화물을 수령한다. 이때 매수인은 물품이 계약과 일치하는지의 여부를 검사하여야 하며, 만약 물품이 계약에 부적합할 때에는 클레임을 제기한다.

물품은 이미 도착하였으나 선적서류가 도착하지 않았을 경우에는 발행은행으로부터 수입화물선취보증장(Letter of Guarantee: L/G)을 발급받아 운송인으로부터 미리 물품을 수령할 수 있다.

그림 11-1 신용장의 거래과정

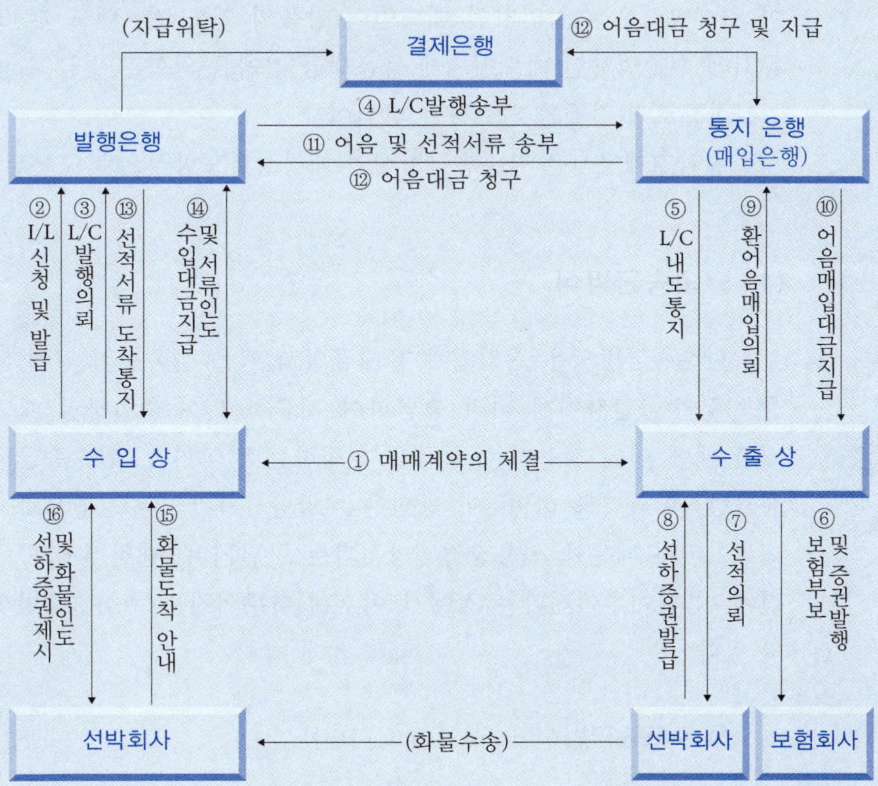

제2절 무신용장

1. 송금결제방식(remittance base)

송금결제방식은 신용장방식 또는 추심결제방식 이외의 대금결제방법으로서 물품대금의 전액을 외화로 영수 또는 지급하는 조건을 의미한다. 즉, 이 결제방식은 수입업자인 매도인이 상품의 인도 전, 인도 후 또는 인도와 동시에 수출업자인 매도인에게 물품대금 전액을 외화로 송금(remittance)하여 지불함으로써 결제를 완료하는 방식이다.

송금결제방식은 단순송금방식과 대금상환도방식으로 구분된다.

(1) 단순송금방식

단순송금방식은 수입업자가 대금의 전액을 물품선적 전에 외화나 수표 등으로 수출업자에게 미리 송금하여 지불하고, 수출업자인 매도인은 일정 기간 내에 이에 상응하는 상품을 선적하는 방식이다. 단순송금방식은 사전송금방식이라고도 하며, 이 방식은 계약당사자간의 주문만으로 대금결제가 이루어지기 때문에 신용장결제방식과는 구별되며, 대금결제가 물품의 인도 전에 미리 이루어진다는 점에서 이후에 다루어지는 추심결제방식과도 차이가 있다.

1) 수표송금방식(demand draft : D/D)

수표송금방식은 수입업자가 미리 물품대금에 상당한 현금을 은행에 불입하고 은행이 송금수표(demand draft : D/D)를 발행해 주면, 이를 수입업자가 수출업자 앞으로 직접 우송하여 결제하는 방식이다.

2) 우편 송금환(Mail Transfer: M/T)

우편송금환은 수입자가 대금 송금시에 송금수표를 발행해 교부해 주는 대신 지급은행에 대해 일정금액을 지급해 줄 것을 지급 지시서(payment order)를 발행해 송금은행이 직접 우편으로 송달하면 그 지급은행은 동 지급 지시서에 의해 수취인의 예금계정의 송금대전을 입금시킨 후 수취인에게 통지해 지급하게 되는 것이다. 이 방법은 대금결제가 신속하지 않아도 되는 경우와 소액송금의 경우 많이 사용된다.

3) 전신 송금환(Telegraphic Transfer: T/T)

전신 송금환은 송금인(수입자)의 의뢰에 따라 은행이 지급지은행에 지급 지시서를 보낸 것이다. 지시 방법이 우편이 아닌 전신(cable)이라는 점이 M/T와 구별된다. 이 송금방식은 안전하고 신속 · 정확하기 때문에 많은 금액을 송금할 때도 자주 이용된다. 이런 특성 때문에 수출대금 결제에서 전신송금환 이용도는 신용장 방식 다음으로 많이 이용된다.

(2) 대금상환도방식

대금상환도방식은 단순송금방식과는 달리 수입상이 물품 또는 서류가 인도될 당시 그 인도된 후에 대금을 외화로 지급하는 것을 조건부로 수출입하는 방식을 의미한다. 이를 대금상환도 조건부 수출입방식이라고도 하며 후송금방식(later remittance)이라 부르고 있다.

1) 상품인도결제방식(Cash On Delivery: COD)

이 방식은 수출업자가 상품을 선적한 후 선적서류를 수출업자의 대리인(주로 수입업자의 국가에 소재함) 또는 지사에게 송부하여 상품이 목적지에 도착하면 수입업자가 품질이나 수량을 직접 검사 후에 상품을 인도받으면서 대금을 현금으로 결제하는 방식이다. 이 결제방식은 수입업자가 대금을 지급하기 전에 미리 물품의 품질을 직접 검사할 수 있다는 장점이 있기 때문에 상품가격이 고가인 보석류나 귀금속 상품 등의 거래에 이용된다.

2) 서류인도결제방식(Cash against Documents: CAD)

이 방식은 수출업자가 상품을 선적한 후 이를 증명하는 선적서류를 수입업자의 대리인(주로 수출업자의 국가에 소재) 또는 거래은행에 제시하여 선적서류와 상환으로 대금을 결제하는 방식을 의미한다.

3) 사후 송금방식(Open Account)

유럽을 중심으로 한 서구에서 보편화된 결제방식으로, 단순송금방식과는 정반대로 수출자가 일방적으로 먼저 물품을 보내고 상업송장(commercial invoice)을 보낸 후 계약에 따른 수입자의 결제를 기다리는 방식이다. 이 방식은 거래가 빈번한 거래당사자간에 있어서 계속적으로 발생하는 채권 및 채무를 거래가 발생할 때마다 결제하지 아니하고 일정기간 동안의 모든 채권과 채무를 상쇄하여 순차액만을 결제하는 무역거래 방식이다. 또한 이 방식은 외상판매방식으로 수출업자는 수입업자의 신용에만 의존하여 거래하는 것이기 때문에 본지사간, 신용거래가 보편환된 서유럽국가들 사이 단골 거래선끼리만 이용하는 거래방식이다.

사례

수출입 결제 신용장 → 직접송금 '대세'

수출입 결제방식이 신용장에서 직접 송금으로 크게 바뀌고 있는 것으로 나타났다.

한국무역협회가 8일 발표한 '수출입 결제방식 변화 요인 및 시사점'에 따르면 수출입 과정에서 신용장에 의한 결제는 크게 감소한 반면 송금에 의한 결제는 대폭 늘었다.

수출의 경우 신용장 결제 비중은 지난 97년 43%에서 지난해 22%로 감소한 반면, 송금에 의한 결제 비중은 같은 기간에 29%에서 53%로 증가했다.

수입의 경우 신용장 결제 비중은 97년 76%에서 지난해 39%로 감소했으나 송금 결제는 10%에서 50%로 늘었다.

대기업보다 중소기업의 송금결제가 더 늘어 수출결제 방식 변화를 주도하였다.

중소기업은 1997-2003년 중 신용장 결제가 27%포인트 하락하고 송금방식이 22%포인트 증가했으나 대기업은 신용장 결제가 16%포인트 하락하고 송금이 20%포인트 상승했다.

국가별로는 인도네시아, 대만, 말레이시아, 일본 등 아시아 국가들과의 거래에서 송금결제 비중이 크게 늘었다.

품목별로는 반도체, 영상기기, 자동차부품 등 소량으로, 빈번히, 신속하게 거래되는 품목 거래시 송금결제가 증가했다.

보고서는 이에 대해 ▲수출상품 구조가 경박단소형의 정보통신(IT) 관련 제품중심으로 바뀜에 따라 절차, 비용면에서 유리한 송금방식이 선호되고 ▲국내 대기업과 해외법인간 누적 거래가 증가하는 데다 ▲해외 바이어의 송금결제 요구가 높아지고 있기 때문이라고 분석했다.

또 거래관계 지속에 따라 국내 수출기업과 해외 바이어 사이에 신용도가 높아지고 내외 금리차 축소에 따라 신용장 거래의 이점이 사라졌기 때문이라고 보고서는 덧붙였다.

보고서는 "수출 결제가 이른바 선진국형으로 바뀌고 있으나 대금 미회수 위험이 증가할 우려가 있다"며 "바이어 신용조사 강화, 수출보험 활용 등의 보완책이 뒤따라야 한다"고 지적했다.

【연합뉴스, 한경숙기자】

2. 추심결제방식

추심결제방식은 매매 당사자간의 계약에 의해 수출물품의 선적 후 수출업자가 환어음을 발행하여 관련 선적서류를 첨부하여 대금을 받기 위한 절차를 말한다.

이 경우 신용장에 의한 방식과의 차이는 은행의 지급보증을 하지 않는다는 점이 크게 차이가 나타난다. 추심결제방식은 신용장 없이 단순히 매매 당사자간의 계약에 의거하여 수출업자가 상품을 선적한 후 관련서류를 첨부한 화환어음을 수입업자에게 제시하면 수입업자가 그 어음에 대한 지급 또는 인수를 하여 결제하는 방식이다. 또한 추심결제방식은 실제 자금의 이동방향은 수입업자로부터 수출업자로 이동되지만, 환어음의 이동방향은 수출업자가 환어음을 발행하여 수입업자로 넘겨주기 때문에 서로 반대방향이다. 따라서, 이를 역환방식이라고도 하며 추심결제방식은 역환방식에 포함된다.

(1) D/P(지급인도조건, Documents against Payment)

D/P거래는 무신용장방식 지급인도조건으로서 수출업자가 수출물품을 선적한 뒤 수입업자를 지급인으로 하는 일람불(at sight)을 발행하여 선적서류와 함께 거래외국환은행에 추심을 의뢰하면 추심은행(수입업자 거래은행)은 어음지급인(수입업자)의 대금지급과 상환으로 선적서류를 인도하고 그 대금을 추심의뢰은행(수출업자 거래은행)에 송금하여 수출업자가 수출대금을 영수케 하는 거래방식이다.

(2) D/A(인수인도조건, Documents against Acceptance)

D/A거래는 무신용장방식 인수인도조건으로서 추심절차는 D/P와 유사하나 추심은행이 수입업자에게 수출업자가 발행한 기한부어음(usance draft)을 제시하여 수입업자가 어음상에 "Accept"라는 표시와 함께 서명하면 추심은행은 선적서류를 인도해 주고 어음의 지급만기일에 어음지급인이 되는 수입업자로부터 대금을 받아 추심의뢰은행에 송금, 수출업자가 그 대금을 영수하는 거래방식이다.

참고문헌

김성훈, 「신용장 종류별 분석」, 두남, 2002.
김한수 · 이대우, 「상업신용장」, 국제금융연구원, 1996.
남풍우, 「무역결제론」, 두남, 2006.
배정한, 「국제무역대금결제」, 삼영사, 2000.
신군재, 「신용장과 대금결제」, 대진, 2006.
신황호 외 2인, 「무역결제론」, 동성사, 2000.
우성구, 「무역신용장론」, 홍익출판사, 2002.
윤광운 외 2인, 「국제무역상무론」, 삼영사, 2004.
이대우, 「신용장론」, 두남, 2006.
이용근, 「무역실무」, 삼영사, 2006.
이정하, 「무역금융실무」, 한국재정경제연구소, 1998.
전경태, 「무역신용장론」, 동성사, 1995.
최두수, 「무역대금결제론」, 두남, 2001.
한주섭, 「최신신용장론」, 동성사, 1998.
______, 「국제상학」, 동성사, 1992.

제 12 장 국제물류

제1절 해상운송(Transportation)

무역계약이 체결되면 매도인 또는 매수인은 선박 또는 기타 운송수단에 의하여 계약물품을 원거리에 떨어져 있는 최종목적지까지 적절한 운송업자를 채택하여 운송계약을 체결하여야 한다. 일반적으로 무역거래에서 해상운송은 가장 중요한 운송수단으로 활용되어 왔고, 오늘날에도 세계무역량의 거의 80% 이상이 해상운송에 의존하고 있을 만큼 국제무역과 해상운송은 상호 밀접한 관계를 맺고 있다. 그러나 최근 항공운송에 대한 수요가 증가하고 있는 추세이며, 또한 복합운송방식도 빈번하게 이용되고 있다.

해상이란 사회통념상 바다로 인식하는 해양을 의미한다. 또 하천 · 호수 등 내수(內水)에서 이루어지는 선박운송은 수운(水運)이라고 부르며 해운과는 구별된다. 일반적으로 내수에서 이루어지는 선박운송은 육상운송에 관한 규정이 적용된다. 그러나 내수운송이 항만과 해양에 계속하여 이루어지는 경우 해상운송에 포함된다. 해상운송은 그 기업의 수단이 선박이나 해상에서 실행되므로 기업보호 및 해상위험이란 견지에서 육상운송과 다른 특이성을 가진다.

1. 정기선 운송

(1) 정기선 운송의 등장배경

근대 해운은 주체가 범선(帆船)에서 기선(汽船)으로 바뀐 19세기부터 시작되었다. 즉, 19세기 후반기의 세계무역 항로의 주축은 여객선이었는데, 이 여객선이 화물선을 겸하여 정기항로에 여객과 화물을 정기적으로 수송하였다. 이러한 여객선의 정기적인 운항이 정기선(定期船) 운항의 시초였다. 따라서 당시의 순화물선은 주로 부정기선으로 운항되다가, 19세기 말경에 이르러 정기선 운항이 시작되었다. 여객운송을 중심으로 하는 정기여객선의 운항은 20세기에 접어들면서부터 대량 이민(移民)의 시대가 막을 내리게 됨으로써 서서히 쇠퇴의 기색을 보이기 시작하였고, 세계 해운시장에서 여객과 화물의 수송에 관한 수요관계(需要關係)에 변화를 일으킨 제1차 세계대전 이후에 와서는 마침내 화물정기선이 여객정기선보다 더 크게 발전하였다.

(2) 정기선 운송의 특징

정해진 항로(航路)를 일정한 운항계획표(schedule)에 따라 규칙적으로 반복 운항하는 선박을 정기선이라 한다. 일반적으로 화물(general cargo)을 운송하는 데 많이 이용되고 있으며, 컨테이너선박(Container Ship)의 등장으로 인하여 급격히 발전하였다. 정기선 운송은 다음과 같은 특징이 있다.

첫째, 주로 공업제품 등의 소량화물과 컨테이너화물 등 일반잡화(general cargo)를 운송하는 데 이용된다.

둘째, 대개 운임동맹이 결성되어 있어 여기서 공표된 운임표(Tariffs)에 의해 운임이 결정된다.

셋째, 화물의 다수에 관계없이 고정된 항로를 반복 운항한다. 따라서 일정에 따라 규칙적으로 운항하기 때문에 많은 선박이 필요하며 경영조직규모도 거대하다. 정기선은 국제무역량의 폭발적인 증가와 함께 해상운송의 핵심영역으로 자리매김하고 있다.

(3) 개품운송계약

일반적으로 정기선로에 취항하는 정기선(liner)에 의한 운송의 대부분은 개개의 화물을 운송하는 계약하에, 여러 화주로부터 화물을 모아 혼합 적재하여 운송하는 방식을 취하고 있다. 이것이 개품운송계약(contract of affreightment in a general ship)이다. 개품운송계약은 송화인이나 그 대리인이 운송인인 선박회사 또는 그 대리점 등에 운송을 신청(shipping request)하여 운송인이 이를 승낙(booking)함으로써 운송계약이 체결된다. 일단 물품을 선적하면 선하증권(Bill of Lading)이 발행되는데, 선하증권은 엄밀한 의미에서 운송계약서는 아니며 단지 운송계약이 있었다는 가장 좋은 증거일 뿐이다.

(4) 해상운임

일반적으로 정기선 운임은 운임부담력에 근거하여 운임을 정하고 있는데, 상품의 가격에 따라 운임부담력이 다르다는 전제하에 고가화물은 운임을 높게, 저가화물은 낮게 하는 종가운임을 적용한다.

운임산정의 기준을 보면 1,000kg의 중량을 1Metric Ton(M/T)으로 하는 중량톤(weight ton)과 1입방미터(CBM)를 1톤으로 하는 용적톤(measurement ton) 중에서 운임이 더 많이 나가는 쪽으로 계산된다. 따라서 중량과 용적으로 계산된 운임 중 더 많이 나오는 운임을 수익톤(revenue ton) 또는 운임톤(freight ton)이라고 한다.

운임의 지불시기에 따라 선적과 동시에 송화인(shipper)이 지불하는 선불운임(freight prepaid)과 양륙지에서 수화인(consignee)이 화물을 수령할 때 지불하는 후불운임(freight collect)이 있다. CFR계약이나 CIF계약에서는 선불운임이며 FOR계약에서는 후불운임이다.

(5) 해운동맹

해운동맹은 운임에 관한 협정이 가장 중요한 과제이기 때문에 이를 운임동맹이라고도 한다. 이 동맹에는 항로에 따라 구주 · 극동항로동맹, 뉴욕항로동맹 등의 명칭이 있다. 가맹을 희망하는 선박회사에게 무조건으로 가입을 인정하는 개방적 동맹(open conference: 미국식)과 일정한 조건을 붙여 가입을 인정하는 폐쇄적 동맹(closed conference: 영국식)이 있다.

해운동맹은 비동맹선(outsider)과의 경쟁상 적하화물 전부를 동맹선에 싣겠다고 계약한 하주에 대해서는 비교적 값이 싼 계약운임률(contract rate)을 적용하고, 동맹선이나 비동맹선의 구별 없이 아무 선박이나 이용하는 하주에게는 비계약운임률(non conference rate)을 적용하여 비싼 운임을 받는 이중운임제(dual rate system)를 채택하고 있다.

2. 부정기선 운송

(1) 부정기선 운송의 특징

부정기선(tramper)은 정기적인 항로가 없는 선박이다. 운송 수요자의 요구에 따라 수시로 어느 곳이나 운항하는 선박으로 주로 산물(bulk cargo)인 광석, 곡물, 원당, 원면, 원목, 비료 등이 주된 운송대상이 된다.

부정기선 운송의 특징은 다음과 같다.

첫째, 부정기선에서 운임은 계약당시의 수요와 공급에 의해 결정된다. 부정기선 운임이 수요와 변동에 따라 운임이 결정되기 때문에 운임변동폭도 정기선 운송에 비해 상당히 크다.

둘째, 정기선 운송은 개품운송계약에 의해 성립되고 선하증권이 발행되는 데 비해, 부정기선 운송은 용선계약(charter party)에 의해 성립되고 용선계약서를 작성하는 것이 그 차이라고 할 수 있다. 또한 특정 화물만을 운송할 목적으로 건조된 특수전용선(specialized carrier) 운송도 부정기선의 한 부분이다.

(2) 용선계약

용선운송계약(contract of sea carriage by charter party)이란 선주(ship owner)가 화주인 용선자(chapter)에게 선복(ship's space)을 제공하고 그 대가로 용선료(charterage)를 받는 계약을 말한다. 용선운송계약은 다시 일부용선계약과 전부용선계약으로 구별되고, 전부용선계약은 항해용선계약과 기간용선계약으로 구분되며, 특수한 형태의 나용선이 있다.

1) 항해용선계약(voyage charter, trip charter)

항해용선계약(voyage charter)은 어느 항구에서 어느 항구까지 1항차 또는 1항차 이상에 걸쳐 선박을 용선하는 계약이며 이를 항로용선계약이라고도 한다. 또한 항해용선계약은 동일한 선복(ship's space)을 계속적으로 반복이용할 수 있는 계약이기 때문에 정기용선계약이나 나용선계약과는 다르다. 항해용선계약의 경우 선적량과는 관계없이 본선의 선복을 대상으로 하여 1항해에 대한 운임을 포괄적으로 약정하는 선복운임(lump-sum freight)에 의한 방식을 선복 혹은 총괄용선계약(lump-sum charter)이라고 한다.

2) 정기용선계약(time charter)

정기용선계약이란 선박을 일정한 기간을 정하여 용선하는 계약으로 용선료도 기간과 선박의 재화중량톤수(Dead Weight Ton: DWT)를 기준으로 정해진다. 이 경우 선주는 일체의 선박부속용구를 갖추고 선원을 승선시키는 등 선박의 운항상태를 갖추어 선박을 소정의 항구에서 용선자에게 인도하여야 하므로 전부용선이 된다. 정기용선을 하는 목적은 주로 정기선 선사가 모자라는 선박을 보충할 목적으로 용선하거나 국내 정유회사나 철강제조업체가 외국에서 원유나 철강 등 원재료를 장기적으로 공급받고자 할 때 사용된다.

표 12-1 개품운송계약과 용선운송계약의 비교

구 분	개품운송계약	용선운송계약
운송형태	불특정다수의 화주로부터 개별적으로 운송요청을 받은 개개 화물 형태로 운송함	특정의 단일화주의 특정 화물을 선적하기 위해 선박의 선복을 빌려주는 형태로 운송함
운송형태	정기선(liner)	부정기선(tramper)
화 물	주로 컨테이너 화물 및 기타 유니트 화물	원유, 철광석, 석탄, 곡물 등 대량 산화물(bulk cargo)
계 약 서	선하증권(B/L)이 발급됨으로써 최종적으로 확실한 계약서 역할	화주가 직접 여러 가지 조건을 운송인과 협의하여 용선계약서(C/P)를 교환
운 임	Tariff Rate(공표된 운임)	Open Rate(수급관계에 따라 변동)
운임조건 (선내하역비)	Berth Term=Liner Term(정기선 운임에 선적과 양륙비용 포함)	FIO, FI, FO(선주와 화주간 선적과 양륙비용 부담)

사례

한국 선박 최대고객 '아프리카 소국'

조선 강국인 우리나라가 건조한 선박을 가장 많이 수입하는 나라는 어딜까? 언뜻 머스크 라인(덴마크), MSC(스위스), CMA-CGM(프랑스) 등 세계적인 해운사들이 몰려 있는 유럽지역의 어느 한 국가라고 생각할 수 있으나 정답은 인구 330만 명의 아프리카의 작은 나라, 라이베리아이다. 16일 산업별 분석정보(ISTANS)에 따르면 2005년 국내 조선업계의 총 수출액은 172억 3천만 달러로, 이 중 라이베리아 수출액이 19억 9천만 달러로 가장 높았다. 이어 독일이 16억 8천만 달러, 바하마 15억 7천만 달러, 앙골라 14억 5천만 달러, 파나마 13억 2천만 달러 순이었다. 라이베리아, 바하마, 파나마 등 해운업과 관련이 없어 보이는 나라들이 이처럼 선박을 많이 수입하는 것은 이들 나라가 편의치적 국가이기 때문이다. 편의치적(便宜置

籍)이란 선주가 세금과 선원, 안전규정 등이 유리하다고 판단되는 나라에 자신의 배를 등록하는 제도로, 이 제도를 활용하고 있는 선주가 발주한 선박을 만들어 수출하면 수출 대상국이 라이베리아나 바하마 등 편의치적국으로 잡히게 된다. 그러나 실질 선주를 기준으로 따져 보면 그리스, 독일, 노르웨이, 덴마크 등 유럽 국가가 전체 80%를 차지하고 나머지가 홍콩, 중동, 미국, 일본 등으로 구성된다. 한편 우리나라의 조선산업 분야 주요 수입국은 일본이다. 2005년 기준 총 수입액 11억 4천만 달러 가운데 일본 수입액이 4억 2천만 달러로 40%에 이른다. 일본으로부터 수입하는 주요 선박은 중고 화물선, 중고 레저선박 등이며, 모터보트 수입도 127만 달러가 이뤄졌다.

【연합뉴스, 2007. 4. 16.】

3) 나용선계약(bare boat charter)

나용선계약(bare boat charter, demise charter)은 선박만 빌려와 용선자가 선장 및 선원을 고용하고 선용품비, 항해비, 항만비, 보험료 등 모든 비용을 부담하는 계약이다. 따라서 나용선계약에서는 오직 선박만 임대차해 주기 때문에 선박임대차계약(demise charter)이라고도 한다. 용선료는 통상 1개월을 기준으로 하여 재화중량톤수당 얼마로 정하고 1개월마다 선불하는 것이 원칙이다.

3. 컨테이너 운송

(1) 컨테이너 운송의 의의

컨테이너(container)는 반복적으로 사용이 가능하도록 규격화된 수송도구이며 화물의 단위운송(unit load)을 실현시켜 주는 혁신적인 수송용구이다. 이와 같은 용기의 발명은 이른바 수송혁명(transport innovation)이라고 불리우는 컨테이너 운송을 실현하며 또한 컨테이너 운송은 경제성 · 신속성 · 안정성을 최대한 충족시키고 운송서비스의 궁극적 목표인 "문전에서 문전으로

(door to door)"를 실현시키는 운송수단이다. 컨테이너 운송은 육·해·공을 연결하는 일관운송방식(Unit Load System)과 복합운송(multimodal transport)을 가능하게 한 운송방식이며 정기선운송의 한 분야이다.

(2) 컨테이너의 분류

1) 크기에 의한 분류

우리나라에서 사용되고 있는 컨테이너에는 크기에 따라 ISO(International Standardization Organization)[1] 20feet, 40feet 등의 종류가 있다. 여기서 20feet의 의미는 길이가 20feet를 의미한다.

2) 구조 및 사용목적에 의한 분류

① Dry Container 온도조절이 필요 없는 일반 잡화수송에 많이 이용되는 대표적인 컨테이너(container)이다.

② 냉동(reefer) Container 과일, 야채, 육류 등과 같이 보냉 및 보열이 필요한 화물을 수송하기 위한 컨테이너이다. 온도는 +26℃에서 −28℃까지 유지된다.

③ Solid Bulk Container 소맥분 등의 수송에 적합하게 만든 것으로 천장에 세 개씩 맨홀이 있다.

④ Open Top Container dry container의 지붕과 옆면의 위 부분이 열려 있어 위 부분에서의 하역이 가능하다. 주로 중량물이나 장척물(長尺

1) ISO(International Organization for standardization)는 1946년 제네바에 설립된 전문국제기구이다. 전기공학 · 전자공학을 제외한(이들은 국제전기표준회의에 속함) 기술적 · 비기술적인 모든 분야에 걸친 표준화작업을 수행한다. 회원국은 80개국이 넘고, 각 회원국에는 각 나라의 표준화를 관장하는 대표적인 단체가 있다. 서구의 공업국가에서는 보통 민간조직으로서 미국표준협회(ANSI) · 영국표준협회(BSI) 등을 두고 있으나, 대부분의 다른 나라에서는 정부기관이 이 일을 하고 있다. 표준화는 측정단위, 각국 언어의 음역과 알파벳화, 부품 · 재료 · 외양 · 공정 · 공구 · 검사방법 · 기계 등의 항목화, 심지어는 항목들을 표현하는 방식까지도 포괄한다. ISO는 필요에 따라 국제 '기술위원회'를 조직해서 표준화에 대한 특정 주제를 연구하고 의결하여 그 결과를 '국제표준'(IS)으로 발표한다. 과학기술이 발전함에 따라 ISO에서 정한 표준은 5년마다 재검토되며 필요하다면 개정되기도 한다.

그림 12-1 일반 건 컨테이너

그림 12-2 냉동 컨테이너

그림 12-3 천장개방 컨테이너

物)을 적입한다.

(3) 컨테이너화물의 운송형태

1) CY/CY(FCL/FCL)

1명의 송화인이 자신의 FCL화물을 1명의 수화인에게 일괄 운송하는 형태로 송화인의 문전(door)에서 최종목적지의 수화인 창고(door)까지 수송하는 방법이다. 이는 컨테이너의 장점을 최대한 이용한 운송방법으로 운송도중 컨테이너의 개폐 없이 수송된다. FCL(Full Container Load)의 의미는 1개의 컨테이너에 화물을 가득 채운 경우를 의미한다.

2) CFS/CFS(LCL/LCL)

선적항의 CFS(Container Freight Station)에서 목적항의 CFS(Container Freight Station)까지 컨테이너로 운송되는 방법으로 여러 화주의 소량 컨테이너화물(Less than Container Load: LCL)을 CFS에서 혼재(consolidation)하여 선적하고, 목적지의 CFS에서 컨테이너를 개봉하여 화물을 분류하여, 여러 수입업자에게 인도된다.[2] 또한 수출지역에서는 CFS에서 혼재시 적입(stuffing)하는 과정, 수입지역에서 CFS에서 적출(devanning)하는 과정의 업무는 프레이트 포워더(freight forwarder) 등이 담당한다.

3) CFS/CY(LCL/FCL)

선적항 CFS에서 여러 송화인의 화물을 혼재하여 수입국 목적지에 있는 1명의 수화인에게 인도하는 형태이다. 운송인이 여러 송하인들로부터 화물

---

2) ICD는 내륙에서 항만기능을 담당하는 역할을 한다. 우리나라에는 경남 양산과 경기도 의왕에 ICD가 있다. 항만 또는 공항이 아닌 내륙시설로서 공적권한(public authority)을 지니고 있으며, 고정설비를 갖추고 여러 내륙운송수단에 의해 미통과된 상태에서 이송된 여러 종류의 화물(컨테이너 포함)의 일시적 저장과 취급에 대한 서비스를 제공하고, 세관의 통제항 수출 및 연계운송을 위하여 일시적 장치 창고보관, 재수출(re-export), 일시상륙(temporary admission) 등을 담당하는 단체들이 있는 장소를 말한다. ICD는 본래 내륙통관기지(inland clearance depot)를 뜻하는 것이었으나 화물유통에 있어 컨테이너화의 급속한 확산과 복합운송의 발달에 따라 내륙 컨테이너 터미널 또는 내륙 컨테이너 기지로서 성장 · 발전하였으며 통관을 핵심적으로 수행하고 있다.

을 CFS에서 집하하여 목적지의 수입업자 창고 또는 공장까지 운송하는 것을 말한다. 이를 Buyer's Consolidation이라 한다.

4) CY/CFS(FCL/LCL)

선적항의 CY에서 목적항의 CFS까지 컨테이너에 의해서 운송되는 방법으로서, 여러 하주의 소량 컨테이너화물(LCL)을 CFS에서 혼재(consolidation)하여 선적하고 목적지의 CFS에서 컨테이너를 개봉하여 화물을 분류하여 여러 수입업자에게 인도된다.

4. 복합운송

(1) 복합운송의 개념

복합운송(multimodal transport)이란 복합운송인이 어느 한 국가의 화물 수탁지점에서 다른 국가의 화물 인도지점까지 해상, 내륙수로(inland waterway), 항공, 철도, 도로운송 방식 중 적어도 두 가지 이상의 운송방식에 의한 운송을 의미한다.

복합운송은 이종(異種) 운송수단의 결합에 의해 이루어져야 하고 복합운송인(Multimodal Transport Operator: MTO)이 계약운송인되어 전구간 운송을 인수하고 여러 명의 실제 운송인(actual carrier)에게 하청을 주는 형태로 운영되고 있으며 복합운송증권(multimodal transport document: MTD)이 발행된다.

(2) 대표적 복합운송 경로

복합운송은 대륙을 하나의 교량으로 이용하는 랜드 브리지(land bridge) 방식이 주로 이용되고 있다. 랜드 브리지(land bridge)서비스는 전 구간 해상운송(all water service)서비스보다 운송경비를 절감하고 운송시간을 단축한다는 개념 아래 도입된 것으로 대륙횡단의 육상운송을 이용하여 해상과 해상을 연결하는 운송서비스라고 할 수 있다. 랜드 브리지의 대표적인 경로로 극동지역에서 유럽지역으로 해상운송시 스웨즈 운하나 파나마 운하를 경유하는 전 구간 해상운송에 의하지 않고 Siberia Land Bridge(SLB), American Land Bridge(ALB) 등을 이용하는 방법이 있다.

1) 북미항로

대표적인 북미항로로 ALB(American Land Bridge)가 있다. 이는 해상운송으로 극동지역을 출발해서 미국 대륙의 태평양 연안에 도착하여 그 이후에는 철도운송이나 도로운송을 통해 미국 대서양 연안까지 운송한 후 다시 미국 대서양 연안에서 유럽으로 해상운송하는 방식이다. ALB(American Land Bridge)는 유럽을 목적지로 하고 있다. ALB(American Land Bridge)의 축소형으로 MLB(Mini Land Bridge)가 있다. MLB(Mini Land Bridge)는 극동에서 미 태평양 연안 항구로 해상운송하고 그 후 철도나 트럭으로 미대륙을 횡단하여 미 대서양 연안의 동부지역(보스턴, 뉴욕, 뉴저지, 필라델피아, 발티모어, 찰스턴 항 등)과 걸프만 지역(마이애미, 뉴올리언즈, 휴스턴 등)까지 운송된다.

그림 12-4 ALB(American Land Bridge)

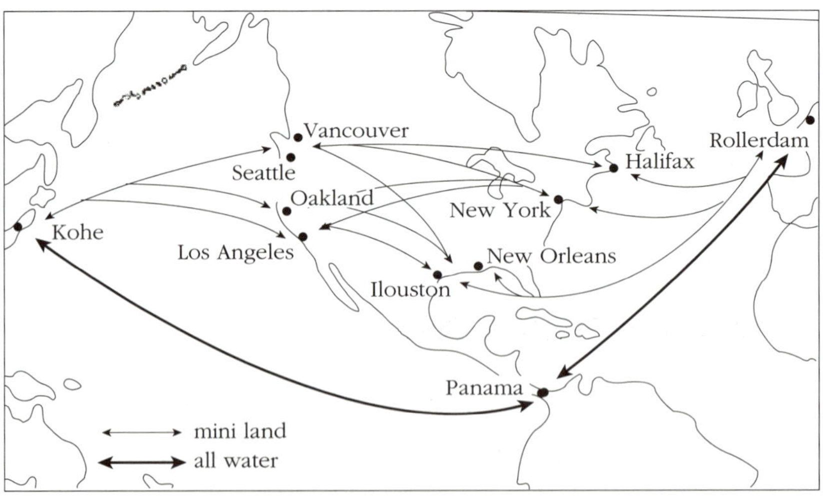

ALB(American Land Bridge)가 유럽을 목적지로 하지만 MLB(Mini Land Bridge)는 목적지가 대서양 연안의 항구도시로 랜드 브리지의 축소판이라는 의미에서 미니 랜드 브리지라고 한다.

2) 시베리아 랜드 브리지

SLB(Siberia Land Bridge)는 부산 또는 일본지역으로부터 러시아의 보스토니치항까지 컨테이너선으로 해상운송을 하고 그 곳에서 시베리아 횡단철도(Trans Siberia Railroad: TSR)에 의해 운송하여 유럽과 중동, 지중해 연안까지 운송하는 복합운송 경로이다.

SLB(Siberia Land Bridge)는 스웨즈 운하를 통과하는 전 구간 해상운송(all water service)보다 운임면에서 15~30% 가량 저렴하고 수송시간이 단축되는 장점을 가지고 있다. 그러나 영하 40도가 넘는 추운 지역을 운송하는 데 부적합한 화물이 있고, 화물정보시스템의 미구축으로 아직까지는 그 이용이 제한적이다.

그림 12-5 **시베리아 랜드 브리지**(Siberia Land Bridge: SLB)

제 2 절 해상보험(Marine Insurance)

1. 해상보험의 기본 개념

(1) 해상보험의 의의

해상보험(海上保險)이란 해상운송 과정에 발생될 수 있는 사고에 대해서 보험자(insurer)가 보험금(insured amount)의 지급을 통해 손해를 보상해 줄 것을 약속하고, 피보험자(insured)는 그 대가로서 보험료(insurance premium)를 지불할 것을 약속하는 손해보험의 일종이다. 영국해상보험법 제1조에는 "해상보험계약은 보험자가 피보험자에 대하여 그 계약에 의해 합의된 방법과 범위 내에서 해상손해, 즉 해상위험에 수반하는 손해를 보상할 것을 약속하는 계약이다"라고 명시되어 있으며, 제2조에는 "해상보험계약은 그 명시된 특약 또는 상관습에 의해 그 담보의 범위를 확장해서 해상항해에 수반하는 내륙수로(inland water) 또는 육상위험의 손해에 대하여서도 피보험자를 보호할 수 있다"라고 규정하여 사고가 발생하는 지점이 반드시 해상영역은 아니라도 됨을 시사하고 있다.

(2) 해상보험의 당사자

1) 보험자(insurer)

보험자(insurer)란 보험계약을 인수하고 보험료를 받고 담보위험으로 인해 사고가 발생하면 그 손해의 보상을 약속한 자이며 보험계약에 의해 보험료를 받고 위험을 담보하며 담보위험으로 인하여 손해가 발생하면 보상할 것을 약정한 개인 혹은 회사를 말한다.

2) 보험계약자(insurance policy holder)와 피보험자(insured, assured)

보험계약자란 보험자와 보험계약을 체결하고 보험료(insurance premium)를 지급하기로 약속한 자이다. 피보험자란 피보험이익(interest insured)을 갖는 자, 즉 피보험목적물이 손해를 입었을 때 보험자로부터 보험금을 지급받는 자를 말한다. 피보험자는 보험사고의 발생시 보험자로부터 손해의 보상으로 보험금을 영수하는 자이다. 보험계약자와 피보험자의 관계에서 FOB계약이나 CFR계약일 경우에는 수입업자인 매수인이 자기를 피보험자로 하여 보험계약을 체결하므로 보험계약자인 동시에 피보험자가 된다. 그러나 CIF계약에서는 매도인이 자기를 피보험자로 하여 보험계약을 체결하고 보험자로부터 보험증권을 입수한 후 배서에 의해 보험증권을 매수인에게 양도해 줌으로써 매수인이 피보험자가 된다.

(3) 해상보험의 관련 용어

1) 보험가액(insurable value)

보험가액은 피보험목적물의 평가액으로 보험사고 발생시 피보험자가 당할 수 있는 손해의 최고한도액이다. 보험자가 보상할 최대한의 손해액으로 보험자의 보상책임에 대한 한도액을 말한다. 일반적으로 보험가액은 일반적으로 CIF가격에 10%를 가산한 금액으로 하고 있다.

2) 보험금액(insured amount or sum insured)

보험사고가 발생하여 손해를 입었을 경우 손해보상금으로 지급되는 금액을 보험금(claim amount)이라 한다. 보험금액과 보험가액과의 관계에서, 보험금액과 보험가액이 동일한 경우를 전부보험(full insurance)이라 한다. 보험금액이 보험가액보다 적은 경우를 일부보험(partial insurance, under insurance), 보험금액이 보험가액보다 큰 경우를 초과보험(over insurance)이라 한다.

2. 해상위험과 해상손해

(1) 해상위험

1) 위　　험

위험(perils, risk, hazards)은 손해를 초래할 사고발생의 가능성을 말하는데, 해상에서 발생하는 위험은 해상위험(maritime perils)이라 하고 보험자가 담보(보상)하는 위험은 담보위험(risk coved, perils insured against), 보험자가 담보하지 않은 위험은 부담보위험 혹은 면책위험(exclusions)이라 한다.

2) 해상위험

해상위험(maritime perils)이란 해상보험의 대상이 되는 위험으로서 "항해에 관한 사고"라고 정의하고 있다. 따라서 항해상의 위험뿐만 아니라 항해에 부수되는 위험, 즉 하천 및 항만에서의 위험, 화물의 선적 · 환적 · 양륙 중의 위험도 포함된다.

(2) 해상손해(loss, damages)

해상손해(maritime loss or damage)란 해상위험이 발생한 결과로 피보험목적물의 일부 또는 전부가 멸실(loss) 또는 손상(damage)되는 것을 말한다. 해상손해는 손해의 정도와 성격에 따라 물적 손해, 비용손해 및 배상책임손해로 크게 구분된다. 물적 손해(physical loss)는 선박 · 화물 등과 같은 피보험목적물의 자체의 직접적인 손해를 의미하며, 손해의 정도에 따라 전손과 분손으로 구분된다. 비용손해는 피보험목적물의 멸실이나 손상과 관련하여 부수적으로 발생하는 손해방지비용, 구조비용, 특별비용 등 간접손해가 있으며, 배상책임손해는 손해를 발생케 하는 당사자가 부담해야 하는 손해보상금을 보험자가 대신 보상해 주는 손해를 말한다.

1) 전 손(total loss)

① **현실전손**(Actual Total Loss) 선박이나 선박에 적재한 화물이 실제로 전멸한 것을 말한다. 이에 반해, 실제로 완전전손한 것은 아니나 피해의 정도가 심하여 경제적 손실이 완전전손과 비슷한 경우를 추정전손 또는 위부전손이라고 한다. 현실전손의 경우는 보험금액의 전액이 지급되고 추정전손의 경우는 피보험물품에 대한 일체의 권리를 보험자에게 넘겨줌으로써 전손신청이 가능하다.

② **추정전손**(constructive total loss) 보험의 목적의 현실전손이 불가피하다고 보이거나 비용을 지출한 후의 보험의 목적의 가액을 초과하는 비용의 지출 없이는 현실전손을 면할 수 없기 때문에 보험의 목적을 정당하게 포기한 경우에 추정전손이 있다. 이 경우 피보험자는 그 손해를 분손으로 처리할 수도 있고, 보험의 목적에 대한 일체의 권리를 보험자에게 이전하고 보험금액 전액을 청구, 즉 위부(abandonment)하여 현실전손에 준하여 처리할 수도 있다(MIA 제61조).

2) 분 손

① **단독해손** 단독해손(particular average: PA)은 손해를 입은 당사자가 단독으로 부담하는 손해를 말하며 공동해손이 아닌 모든 분손이 여기에 속한다.

② **공동해손** 선박이나 선박에 적재된 화물이 운송 도중 재난을 당하였을 때, 그 재난을 피하거나 그 정도를 경감하기 위하여 선장이 일정한 조치를 취하는 경우 발생하는 해손을 가리킨다. 이러한 손해는 재난을 면한 당사자의 공동이익을 위하여 발생한 해손이므로 이렇게 불리운다. 해손의 주요한 것으로는 선복을 가볍게 하기 위하여 화물을 바다에 던지는 투하, 임의의 좌초, 선내화재방지, 화물 또는 선구를 연료로 함으로써 발생하는 손해, 피난지에서 발생한 여러 비용, 양륙시 발생하는 화물의 손해, 선박의 구조나 구원 때문에 발생한 손해 또는 비용을 들 수 있다. 이러한 해손은 손해를 면한 선박회사와 화물소유주가 공동으로 부담하며, 요크 앤트워프 공동해손규

칙(York-Antwerp Rules of General Average)에 따르고 있다.

3. 신 협회적하약관

(1) 구 협회적하약관

구 약관에는 적화보험의 기본조건으로 첫째, All Risks(A/R: 전위험담보조건), 둘째, WAIOP(With Average Irrespective of Percentage)조건을 포함한 WA(분손담보건), 셋째, FPA(Free from Particular Average: 단독해손부담보조건)가 있다. 이와 같은 세 가지 기본조건은 각각 14개 약관으로 구성되어 있는데, 14개 약관 가운데 제5조(담보범위)만 서로 다르고 나머지 13개 조항은 동일하다.

그림 12-6 구 약관상의 담보범위

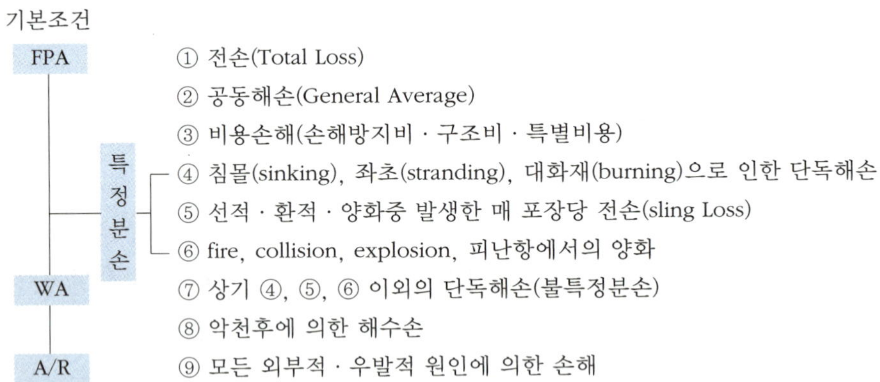

(2) 신 협회적하약관

새로 개정된 ICC(A): A Clause(구 A/R조건), ICC(B): B Clause(구 W/A조건), ICC(C): C Clause(구 FPA조건)는 8개의 그룹약관으로 구성되어 있다. 또

한 신 약관은 19개의 개별약관으로 구성되어 있고 담보위험을 명기하는 제1조 위험약관(risks clause)만 다르고 기타 조항은 내용이 동일하다. 각 조항별 내용은 다음과 같다.

표 12-2 신 협회적하약관에서 위험담보약관(Risk Covered)과 면책약관

약관조항	담보위험	A	B	C	비 고
제1조	1. 화재 · 폭발	○	○	○	좌기의 사유에 상당인과 관계가 있는 멸실 · 손상
	2. 선박 · 부선의 좌초 · 교사 · 침몰 · 전복	○	○	○	
	3. 육상운송용구의 전복 · 탈선	○	○	○	
	4. 선박 · 부선 · 운송용구의 타물과의 충돌 · 접촉	○	○	○	
	5. 조난항에서의 화물의 양화	○	○	○	
	6. 지진 · 분화 · 낙뢰	○	○	×	
	7. 공동해손의 희생	○	○	○	좌기 사유로 인한 멸실 · 손상
	8. 투 하	○	○	○	
	9. 갑판유실	○	○	×	
	10. 해수 · 조수 · 하천수의 운송용구 · 컨테이너 · 지게자동차 · 보관장소에의 침수	○	○	×	
	11. 적재 · 양화중의 수몰 · 낙하에 의한 짐꾸림 1개당의 전손	○	○	×	
	12. 상기 이외의 일체의 위험	○	×	×	
제2조	공동해손조항	○	○	○	
제3조	쌍방과실충돌조항	○	○	○	

※ ○는 보상되는 담보위험, ×는 보상되지 않는 담보위험의 표시임.

표 12-3 신 협회적하약관에서 면책위험(exclusions)

약관조항	면책위험	A	B	C
제4조	1. 피보험자의 고의적인 불법행위	×	×	×
	2. 통상의 누손, 중량 또는 용적의 통상의 감소, 자연소모	×	×	×
	3. 포장 또는 포장준비의 불완전 · 부적합	×	×	×
	4. 물품고유의 하자 · 성질	×	×	×
	5. 지 연	×	×	×

제4조	6. 선박소유자 · 관리자 · 용선자 또는 운항자의 지급불능 또는 채무불이행	×	×	×
	7. 어떤 자의 불법행위에 의한 의도적인 손상 또는 파괴	○	×	×
	8. 원자핵무기에 의한 손해	×	×	×
제5조	9. 피보험자나 그 사용인이 인지하는 선박의 내항성결여 · 부적합	×	×	×
제6조	10. 전쟁위험(War Exclusion)	×	×	×
제7조	11. 동맹파업(SRCC)	×	×	×

(3) 부가위험담보조건

해상운송중 화물은 기본조건인 전 위험담보조건(A/R)으로 부보하는 것이 가장 바람직하지만, 보험료가 상대적으로 비싸므로 화물의 종류, 포장방법, 운송방법 등을 고려하여 기본조건인 F.P.A, W.A나 ICC(C), ICC(B)에 [표 12-4]에 열거된 보험조건을 추가하여 부보함으로써 보다 저렴한 보험료로서 전 위험담보조건으로 부보한 것과 동일한 효과를 거둘 수도 있는데, 이러한 조건을 부가위험담보조건이라고 하며, 그 종류를 살펴보면 [표 12-4]와 같다.

표 12-4 부가위험담보조건과 종류

부가위험	내 용
T.P.N.D(theft, pilferage & non-delivery)	보험가입화물이 도난 또는 포장 단위당의 불도착으로 인한 손배를 담보하는 조건
R.F.W.D(rain and/or fresh water damage)	빗물, 담수로 인한 손해(W.A.조건하에서 sea water damage는 보상이되나 rain/fresh water damage는 보상되지 않음)를 담보하는 조건
C.O.O.C(contact with oil and/or other cargo)	유류나 다른 화물과 접촉하여 발생된 손해를 담보하는 조건
Breakage	해상위험 이외의 위험으로 인한 파손으로 발생한 손해를 담보하는 조건(F.P.A., W.A., ICC(C), ICC(B)조건에서도 해상위험으로 인한 파손은 담보됨)

Leakage and/or Shortage	보험가입화물의 누손, 화물의 수량, 중량 부족으로 인한 손해를 담보하는 조건
Sweat & Heating	선창, 콘테이너 내벽에 응결된 수분에 접촉함으로써 일어난 손해(ship's sweat), 직접 화물의 표면에 응결한 수분에 의한 손해(cargo sweat) 및 이상온도의 상승에 의하여 화물이 입은 손해(heat damage)를 담보하는 조건
J.W.O.B(jettison & washing over-board)	해난사고시 갑판상에 적재된 보험가입 화물을 투하하거나 풍랑으로 유실된 손해를 담보하는 조건
Hook & Hole	하역작업중 갈구리에 의한 손해를 담보하는 조건
Denting & Bending	외부적 · 우발적 원인으로 화물에 발생한 구손 및 곡손을 담보하는 조건

제 3 절 무역계약의 종료

클레임과 해결(Claim & Adjustment)

(1) 무역클레임의 의의

클레임(claim)이란 용어는 ① 당연한 권리로서의 요구나 청구 혹은 주장, ② 그러한 청구를 할 수 있는 권리 또는 자격(right of title), ③ 그러한 청구의 목적물 등을 포괄적으로 지칭하는 단어이지만, 현재에는 당사자간의 거래계약에 따라 이행하면서 그 계약의 일부 또는 전부의 불이행으로 말미암아 발생되는 손해를 상대방에게 청구할 수 있는 권리를 포괄하여 "클레임"으로 부르고 있다.

클레임은 일상적인 무역용어로서 "상거래상의 트집(말썽) · 불평 · 불만 · 항의," "손해배상청구" 또는 "배상청구의 액수" 등을 의미하기도 하지만, 넓게는 수출업자 및 수입업자의 일방이 계약의 내용에 따라 이행을 하지 않았을 때, 그로 인하여 입은 손해를 상대방에게 청구하는 무역거래상의 클레임(business claim)을 의미한다.

(2) 무역클레임의 형태

1) 손해배상청구

손해배상청구는 저질품 인도, 선적 불이행, 부당한 계약해제, 신용장발행 지연이나 미발행, 선박지정 지연 또는 지정치 않을 경우, 선B/L 발급, 대금결제지연, 화물의 부당한 인수거절, 계약물품의 상이 등과 같은 사유로 발생한 손해를 금전으로 계산하여 청구하는 것을 말한다.

2) 대금감액요청

도착된 물품의 품질이나 포장불량, 하인이나 상표불량 등 계약내용과 일치되지 않은 상품이 도착했을 때나 상품가액을 감액하여 인수하고자 할 때는 대금감액 요청을 할 수 있다.

3) 화물의 인수거절

화물이 도착한 후 매수인이 그 상품의 품질상의 흠, 손상 등을 발견하였을 때 그 화물의 일부 또는 전부를 인수거절할 수 있다. 이 경우 매매계약에 인수거절에 대한 특별약정이 있는 경우와 없는 경우로 나눌 수 있다.

(3) 무역클레임의 내용

1) 품질에 관한 클레임

무역클레임은 품질, 수량, 포장 및 하인, 선적, 운송, 보험, 결제 등 여러 가지에서 발생하지만, 가장 기본적이고 가장 많은 건수는 품질에 관한 클레임이다. 여기에 해당하는 것은 품질불량(inferior quality), 품질상위(different quality), 부정품질(wrong quality), 규격상위(mistype), 등급저하(inferior grade) 등이 있다.

2) 수량에 관한 클레임

수량에 관한 클레임은 수량감소(diminution)나 감량(light weight), 부족(short weight), 중량계산 상위(miscalculation of weight) 등이 있다.

3) 포장 및 하인에 관한 클레임

포장클레임으로는 포장불량(wrong packing), 부정포장(false packing), 포장결함(defective package) 등이 있고, 하인클레임은 하인누락(no mark), 하인의 혼합(mark mixed) 등이 있다.

4) 선적에 관한 클레임

선적클레임에는 지연선적(delayed shipment) 혹은 부적(non-delivery), 불량적재(bad stowage), 적재불량(short shipment), 상위선적(wrong shipment) 등이 있다.

(4) 무역클레임 제기의 필요 서류

무역클레임을 제기하고자 하는 자는 계약서에 명시된 클레임 제기기간 내에 반드시 ① 클레임 사실진술서, ② 청구금액에 대한 손해명세서, ③ 검사보고서(survey report), ④ 기타 거래사실을 입증할 수 있는 계약서나 선하증권 그리고 신용장 등을 상대방에게 제출하여야 한다.

(5) 무역클레임의 해결방법

무역거래에서 최선의 방법은 클레임발생을 사전에 예방(prevention of legal disputes)하는 것이지만, 클레임이 발생하면 당사자가 서로 우호적으로 해결하는 것이 가장 바람직하다. 그렇지 못할 때는 제3자를 통하여 해결하게 된다.

1) 매매당사자간의 해결

매매당사자간의 해결방법은 당사자간에 직접 교섭하여 우의적으로 해결하는 방법을 말한다. 무역클레임은 당사자간에 해결함이 가장 바람직하다.

왜냐하면 당사자는 무역클레임 내용을 잘 알고 발생원인과 상황을 누구보다 잘 알며 당사자간의 해결에 있어서는 상대방과의 장래의 거래관계를 충분히 고려하기 때문에, 비록 양 당사자가 각각 자기의 입장에서 충분한 이유가 있다고 생각하더라도 서로 타협하거나 또한 장래 거래를 위하여 양보로써 해결할 수가 있다.

2) 제3자의 개입에 의한 해결

① **알선**(intermediation) 클레임 해결을 위하여 당사자의 일방 또는 쌍방의 의뢰에 의해 제3의 기관이 개입하여 그 기관의 알선에 의해 원만한 해결을 보도록 하는 방법이다. 알선은 쌍방의 협력이 있어야 가능하며 강제력은 없으나 공정한 위치에서 합리적인 해결을 제시하는 기관에 의해 성공사례도 높다.

② **조정**(conciliation, mediation) 조정은 당사자 쌍방이 타협으로 완전하게 해결을 할 수 없는 경우에, 양 당사자가 공정한 제3자를 분쟁해결의 조정인으로 선임하고 조정인(conciliator, reconciliator, mediator)이 제시하는 해결안(조정안)에 양 당사자가 자주적으로 합의함으로써 분쟁을 해결하는 방법이다.

한편 조정은 다음과 같은 특징을 가지고 있다.

첫째, 양 당사자가 조정에 의하여 분쟁을 해결할 것이라는 것을 사전에 합의되어야 하며, 당사자 일방이 당사자 마음대로 조정에 붙일 수 없다.

둘째, 당사자는 조정안을 수락해야 할 의무가 없다. 즉, 어느 한 쪽이 조정안에 불만이면 조정은 실패하기 때문에 절대적 승복을 전제로 한다.

셋째, 조정은 비교적 단시일 내에 해결(중재원의 중재규칙에는 30일 이내에 하도록 규정)된다.

③ **중재**(arbitration) 중재란 당사자간의 합의로 사법상의 법률관계를

법원의 소송절차에 의하지 아니하고 제3자인 중재인을 선임하여 그 분쟁을 중재인에게 맡겨 중재인의 판단에 양 당사자가 절대 복종함으로써 최종적으로 해결하는 방법이다.

그러므로 중재는 당사자간 중재합의가 있어야 하고, 중재인의 판정에 절대 복종하여야 하며 그 결과는 강제성을 가질 뿐만 아니라 그 효력도 법원의 확정판결과 동일하다. 또한 중재에 관한 뉴욕협약(New York Convention: 외국중재판정의 승인 및 집행에 관한 유엔협약)에 가입한 외국에서도 그 집행을 보장해 주고 승인해 주므로 소송보다도 더 큰 효력이 있다.

조정과 중재는 첫째, 제3자의 개입에 의한 해결, 둘째, 소송보다 신속하고 비공식적인 해결방법, 셋째, 단심제로서 상소절차가 없다는 유사점을 가지고 있다.

조정과 중재가 서로 상이한 점은 조정의 경우는 조정안의 수락여부를 당사자의 의사에 따르지만, 중재의 경우는 중재인이 제시한 중재판정을 당사자가 거부할 수 없다. 따라서 중재의 경우는 당사자의 일방이 중재의 판정에 따르지 않을 때에는 법원에 신청하여 상대방에 대하여 강제집행이 가능하다.

④ **소송**(litigation, suit) 소송은 무역클레임이 상호간의 대화와 타협으로는 해결할 수 없는 경우에 이용되며, 중재와 비교하여 복잡한 소송절차, 3심제도, 비용의 과다, 자국의 판결이 상대국에도 미칠 수 있느냐 하는 효력상의 문제 등 단점을 가지고 있지만 확실한 해결을 볼 수 있다는 장점도 있다.

이 해결방법은 무역클레임이 상호간의 대화로는 도저히 해결할 수 없는 경우에 이용되며, 중재와 비교하여 복잡한 소송절차, 3심제도, 비용의 과다, 공개주의 원칙의 단점을 가지고 있는 분쟁해결방법이다.

사례

무역협회, 지난 해 무역클레임 15조원

— 중도포기한 클레임 미수금액 1.8조원… 중국 거래시 클레임 가장 많아 —

지난 한 해 무역과 관련한 클레임이 15조원에 달했던 것으로 조사됐다. 무역클레임을 미연에 방지하기 위한 세심한 관심 및 지원책이 시급하다는 지적이다.

대한상사중재원은 한국무역협회와 공동으로 지난 6월부터 8월까지 무역클레임에 대한 실태조사를 벌인 결과, 전체 무역거래 건수의 3%, 전체 무역액의 2.9%인 15조원 가량의 무역클레임이 발생한 것으로 추산됐다.

이번 조사는 연간 30만 달러 이상 무역액 실적이 있는 무역업체를 모집단으로 그 중 1,002개 업체를 대상으로 조사한 결과다.

무역클레임 중 합의해결한 비율은 62.7%이며 합의되지 않은 클레임은 37.3%로 조사됐다.

합의되지 않은 클레임은 중재나 소송을 이용해 해결하는 경우보다 중도포기 등의 경우가 많았다(63.9%).

중도포기한 클레임의 미수금액은 약 1조 8,000억원으로 추산됐다.

무역업체의 42.7%가 최근 3년간 무역클레임을 1번 이상 경험했고 수출업체는 44.8%, 수입업체는 42.4%가 클레임을 경험한 것으로 나타났다.

지역별로는 아시아(57.7%), 북미(23.3%), 유럽(13.8%) 순으로 무역클레임이 많이 발생했고, 국가별로는 중국(25.9%), 미국(22.6%), 일본(20.3%) 순으로 나타났다.

중국의 경우 국내 수입업체의 클레임 비율이 높고, 품질불량이 주요 원인으로 나타났다. 수출클레임의 원인은 약 64%가 품질불량 및 수량문제인 것으로 나타났다.

무역클레임 해결에 소요되는 기간은 평균 3개월, 소요되는 비용은 평균 655만원이었으며 소요비용이 1,000만원 이상의 고액이 소요된 경우도 11.4%로 조사됐다.

클레임에 대해 업계에서 희망하는 지원책은 일시적 자금지원(25.8%),

교육기회의 제공(23.6%), 대한상사중재원 홍보 및 이용확대(16.8%)로 나타났다.

무역업계 관계자는 "계약단계에서부터 클레임을 미연에 방지하도록 세심한 관심이 필요하고, 필요한 경우 무역클레임 해결 전문기관인 대한상사중재원에 도움을 요청하는 것도 좋은 방법이다"며 "정부, 무역유관기관에서도 클레임 교육사업의 확대를 포함한 무역클레임에 관한 종합적 지원체제 마련이 시급하다"고 말했다.

【머니투데이, 최명용 기자】

참 고 문 헌

김웅진, 「국제운송물류론」, 두남, 2005.
노부호 외 10인, 「국제물류의 종합적 이해」, 형설출판사, 1998.
박명섭, 「해상보험의 이해」, 우용출판사, 2003.
방희석, 「국제운송론」, 동성사, 1999.
방희석 · 이규훈, 「국제물류론」, 동성사, 1999.
신한동, 「무역분쟁과 상사중재」, 두남, 2004.
이시환, 「국제운송론」, 대왕사, 2005.
______, 「신무역보험론」, 대왕사, 2005.
이용근, 「무역실무」, 삼영사, 2006.
이은섭, 「해상보험론」, 신영사, 2006.
이철영, 「항만물류시스템」, 효성출판사, 1998.
임석민, 「국제운송론」, 삼영사, 2006.
전순환, 「국제운송 물류론」, 한올출판사, 2004.
최장호, 「상사분쟁관리론」, 두남, 2003.
홍성규, 「국제상사 중재」, 두남, 2004.
한낙현, 「국제운송과 화물해상보험」, 두남, 2005.

제 13 장
전자무역의 이해

1. 전자무역의 정의

(1) 전자무역의 도입 배경

무역은 기본적으로 유 · 무형 상품 및 서비스의 거래를 전제로 한다. 무역이 일반적인 상거래와 다른 점은 국경을 넘어선 상거래라는 것이다. 따라서, 무역은 국가와 국가 사이의 국경을 넘어선 거래라는 부분이 일반적인 국가 내부에서 수행되는 일반적인 상거래보다 복잡한 과정 및 절차를 발생하게 한다.

한편 정보통신기술의 발달과 함께 국가간 무역의 업무처리에 있어서도 정보통신기술을 이용한 업무처리에 관심을 가지게 되었으며, 이는 국내 및 국가간 무역과 관련된 각종 무역 서류 및 무역절차를 표준화하고 이를 자동화하려는 노력으로 가시화되었다.

1980년대부터 UN/CEFACT를 중심으로 추진된 무역절차 간소화 및 전자문서 표준화 노력에 발맞추어 우리나라도 1991년 한국무역정보통신(KTNET)을 출범시켰으며, VAN/EDI망을 구축하고 단계적으로 무역자동화서비스를 확장해왔다.

이후 1990년대 중반부터는 인터넷의 확산과 관련 기술의 발전을 통해 무역거래 계약체결 전의 무역거래알선, 인터넷 마케팅 등의 과정뿐만 아니라 무역거래절차 후의 결제처리까지 정보통신기술의 힘을 빌려 처리할 수 있게 되었다.

그림 13-1 경제사회의 발전방향

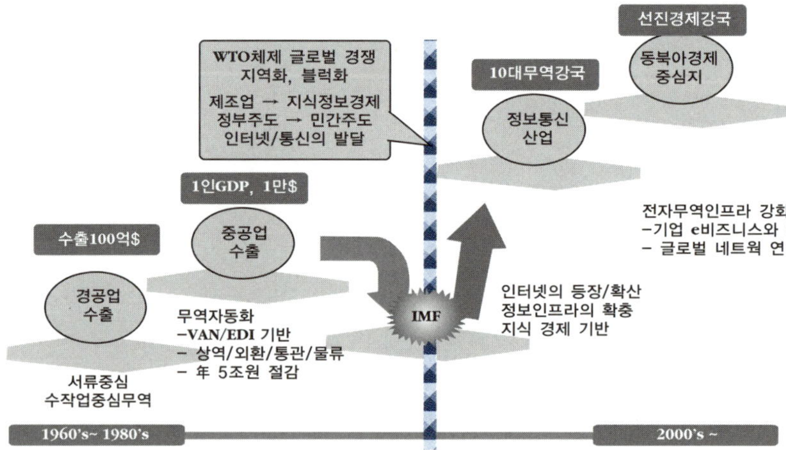

또한 e-비즈니스라는 새로운 개념의 등장으로 기업 내부 정보시스템과 외부 정보시스템을 연동하여 업무의 편의성을 높이고, 기업의 경쟁력을 제고하려는 움직임이 나타났고, 이는 전통적인 무역에 있어서 기존의 무역관행을 전자적으로 처리할 수 있도록 하는 전자무역(e-Trade)을 탄생시켰으며, 이를 통해서 기업의 업무처리 과정 중 무역업무 처리의 효율성과 경제성, 편리성 등을 크게 향상시킨 바 있다. 또한 기술적으로는 기존의 폐쇄형인 VAN/EDI를 기반으로 보다 저렴하고 손쉬운 확장이 가능한 XML기반의 개방형 EDI로 전환하고 있으며 이미 어느 정도 가시적인 성과를 가져오고 있다.

(2) 전자무역의 정의

전자무역이란 시장조사, 마케팅, 통관, 결제 등 무역절차의 전부 또는 일부를 컴퓨터, 통신망 등 정보통신기술을 활용하여 가상공간(cyber space)에서 전자적으로 처리함으로써 무역의 흐름을 편리하고 신속하게 처리하는 형태의 무역을 말한다.

'전자무역'이란 용어는 2000년 대외무역법이 개정되고 이를 사용하면서 공식화되었는데, 그 당시 대외무역법에서는 전자무역에 대해 다음과 같이 정의하고 있다.

> 〈대외무역법 제2조 6항〉 - 이후 전자무역촉진법으로 이관
>
> "電子貿易"이라 함은 貿易의 전부 또는 일부가 컴퓨터 등 情報處理能力을 가진 裝置와 情報通信網을 이용하여 이루어지는 거래를 말한다.

즉, 전자무역은 '컴퓨터 등 정보처리능력을 가진 장치'와 인터넷 등 '정보통신망'을 통해 무역거래의 전부 또는 일부를 처리하는 것을 의미한다. 또한 대외무역법에서는

> 〈대외무역법 제2조 1항〉
>
> "貿易"이라 함은 物品과 대통령령이 정하는 전자적 형태의 무체물(이하 "物品 등"이라 한다)의 수출 · 수입을 말한다.

와 같이 규정하고 있다. 따라서 전자무역의 개념에는 무역거래의 절차만이 포함된 것이 아니며 무역거래의 대상 자체도 포함하는 의미로 받아들여지고 있다. 즉, 무역거래의 대상물에는 일반적인 상품만이 아니라 디지털 컨텐츠(예: 게임, 애니메이션, 음악, 전자서적 등)와 같은 전자적 형태의 무체물의 수출입도 포함된다는 것이다. 따라서 전자무역은 인터넷, VAN, EDI 등의 컴퓨터 네트워크와 컴퓨터 등의 정보처리기기를 통하여 무역거래와 관련된 활동을 수행하는 포괄적인 개념으로 무역자동화, 사이버무역, 인터넷무역 등을 모두 포괄하는 개념으로 이해될 필요가 있다. 즉, 전자무역은 재화 또는 서비스의 국가간 거래인 무역행위의 본질적 업무를 인터넷을 포함한 IT수단을

활용하여 전자적 · 정보집약적 방법으로 수행하는 무역활동으로 정의할 수 있다. 그러나 2005년 12월, 「무역자동화법」을 「전자무역촉진법」으로 개정하여 인터넷 기반의 개방적인 전자무역의 틀을 확립한 이후부터는 대외무역법에 나타난 내용이 전자무역촉진법으로 전자무역의 개념이 이관되었다.

이와 같이 전자무역은 근본적으로 제품과 서비스의 수출입에 관련된 전통적 무역프로세서에서 발생하는 방대한 정보를 전자적 방식(주로 전자문서)으로 교환함으로써 무역프로세서를 획기적으로 전환시킨다. 또한 전자무역은 궁극적으로 다수의 관련 기업 및 공공기관의 개별프로세서가 전자무역 프로세서라는 일관된 프로세서로 융합되는 과정으로 e-business화의 핵심부분을 구성한다고 할 수 있다. 따라서 전자무역은 정보기술 인프라, 전자무역의 관련산업 그리고 전자무역을 뒷받침할 수 있는 법 · 제도 등 기반적인 요소와 이를 토대로 하는 전자무역의 행위주체로서의 여러 유형의 기업 그리고 이들간의 프로세서로 파악이 가능하다.

일반적으로 전자무역에서의 프로세서는 기업이 수출 또는 수입과정에서 수행하는 일련의 활동(통관/물류, 결제 등)에서 각각의 활동과 관련된 기업들과 주고받는 정보의 흐름으로 정의될 수 있다. 전자무역 인프라는 이러한

그림 13-2 전자무역 활동 프로세서 및 관련기관

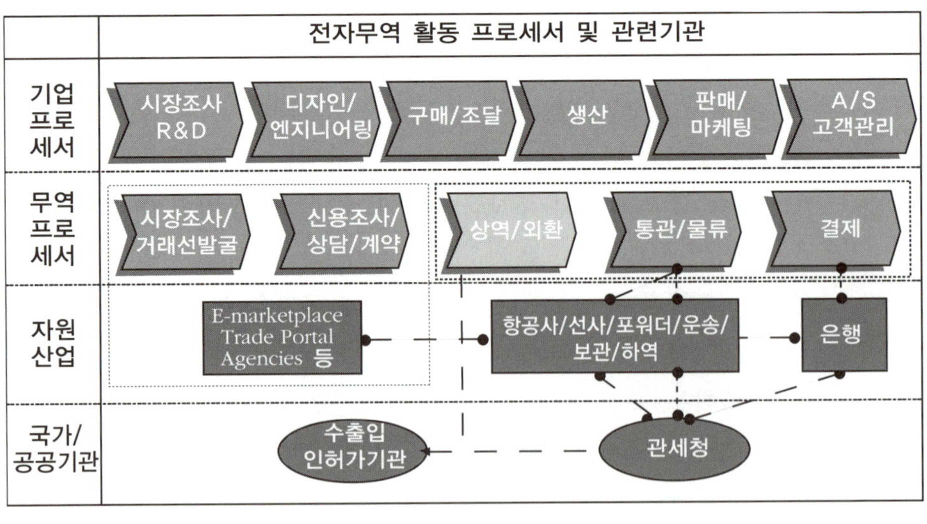

정보의 교환행위를 전자적 방식으로 처리해 주는 기능을 제공하며 전자무역의 관련 산업은 전자 무역인프라에 의해 매개되는 무역프로세서상의 다양한 기업들, 즉 금융 · 물류 · 보험 · e-marketplace 등을 포괄한다고 할 수 있다. 전자무역 프로세서 및 관련 당사자는 [그림 13-2]와 같다.

전자무역은 무역이라는 특수성을 감안하여 전자상거래와의 차이점을 살펴볼 수 있다. 첫째, 전자무역은 전자상거래가 포괄하고 있는 거래유형 중에서 국가와 국가사이의 기업간 거래에 한정된 전자상거래의 특정화된 개념이고 둘째, 무역절차의 사이버화를 통해 생산성 향상이라는 절차적인 개념이며 셋째, 국제무역에서 경쟁우위를 확보하기 위해 정책적 육성이 필요하다는 점을 강조하였다.

전자무역은 무역프로세서를 중심으로 정부 또는 유관기관과 기업의 e-business를 포괄하는 측면에서 살펴볼 필요성이 있다. e-business가 인터넷 및 관련 IT를 기반으로 하는 전통기업 프로세서의 변환이라면 전자무역은 무역프로세서에 관련 무역유관기관과의 e-business화, 즉 전자정부라는 측면과 무역기업 및 관련산업 내 기업의 e-business화, 전자정부와 기업 e-business 간의 정보교환을 효율적이고 일관되게 매개할 수 있는 전자무역 인프라 측면을 강조한 것이라고 할 수 있을 것이다. 이와 같이 e-business와 전자무역은 별개라기보다는, 양자간 관계나 상대적 중요성 또는 논의의 중심과 상황에 따라 달리 해석하여야 한다. 즉, 관세자유지역 내의 국가들이면 전자무역은 기업간 e-business로 흡수될 수 있으나 무역의존도가 높고, 무역프로세서와 관련된 규제환경이 복잡한 경우에는 상대적으로 전자무역의 중요성이 e-business와 독립적으로 부각될 수 있을 것이다. 따라서 대외무역 의존도가 높고, 상대적으로 복잡한 무역규제환경 등은 e-business 프로세서에서 무역프로세서의 중요성을 부각시킬 것이며 무역프로세서를 구성하는 다수 중소기업의 e-business화가 더딘 상황에서 전자무역의 발전을 위해서는 전자무역 프로세서 완결을 위한 e-business화 사업이 필요한 것이다.

(3) 전자무역과 유사용어들과의 비교

전자무역이라는 용어가 등장하기 이전에는 이러한 무역업무의 자동화 및 인터넷 활용을 의미하는 단어로 '무역자동화', '사이버 무역', '인터넷 무역', 'e-비즈니스', '전자상거래' 등의 용어가 많이 사용되었으나 2000년 개정된 대외무역법에서 전자무역이라는 용어가 사용되면서 '전자무역' 또는 'e-Trade' 라는 단어가 공식 용어로 자리잡게 되었다. 전자무역과 유사한 용어들이 남용되고 있는데, 전자무역과 유사 용어들과의 공통점과 차이점을 비교해 보자.

첫째, 무역자동화와 전자무역을 비교해 볼 수 있다. 대체적으로 무역자동화는 VAN 중심의 EDI와 관련하여 사용된 용어로 무역거래의 전체적인 프로세스 중 내국의 표준화되고 정형화되기 쉬운 업무를 중심으로 발전해 왔다. 국내에서는 주로 KTNET이 주축이 되어 무역자동화 업무를 수행해 왔는데 무역과 관련된 국내의 유관기관 및 금융망, 보험망, 물류망 등을 하나의 네트워크로 연동시켜 무역과 관련된 각종 문서의 제출 및 회신, 결제처리를

그림 13-3 무역자동화의 효과

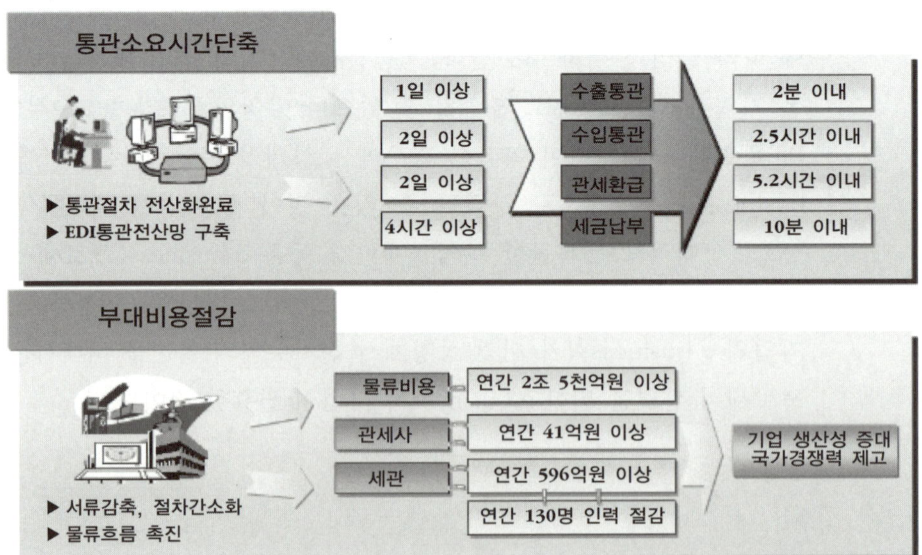

전자문서를 통해 주고받도록 함으로써 무역업무를 자동화시켰으며 무역업무의 편의성을 증진시켰다. 뿐만 아니라 해외 VAN 등과의 연동을 통해 해외의 거래선과 무역업무를 처리할 수도 있도록 무역자동화의 업무 범위를 확장시켜왔다.

따라서, 무역자동화는 주로 VAN/EDI 기반의 무역거래와 관련된 전자문서교환시스템 및 서비스를 말하는 것으로 우리나라 전자무역의 시초가 되었으며, 현재의 전자무역의 핵심적인 역할을 수행하고 있다고 볼 수 있다.

둘째, 인터넷 및 사이버 무역에 관한 개념이다. 인터넷 및 사이버무역은 전자적으로 거래가 이루어진다는 측면에서 전자상거래와 유사한 측면이 있다. 그러나 전자상거래의 경우 국제간에 이루어지는 무역프로세서보다 제품정보의 검색, 물품주문, 물품주문과 서비스에 대한 대금지불, 고객서비스 등의 영역이 온라인에서 이루어진다는 측면에서 차별성이 있다. 또한 인터넷무역은 인터넷을 매개로 창출된 무역거래 알선 사이트 등을 통해 무역이 전개되며 무역과 관련된 정보 및 전자문서 등이 주로 인터넷을 통해 유통되는 면에서 정보의 유통 측면을 강조한 용어로 협의의 개념으로 정의하였다. 혹자는 인터넷 무역을 제반 통신 네트워크를 통해 이루어지는 국제간의 다양한 상품과 서비스의 거래로 이해되는 사이버무역 또는 전자무역의 일부라고 하여 이러한 인터넷무역, 사이버무역 및 전자무역의 구분은 전자상거래와 인터넷 상거래에 대한 일반적인 구분을 국제무역에 적용한 것으로 보고 있다. 또한 인터넷, EDI 등 각종 정보기술을 활용하는 사이버 무역 내지 전자무역이 국내는 물론 해외와의 무역업무 전과정을 포함하고 있다면, 인터넷 무역은 해외홍보, 마케팅, 거래선 발굴, 신용조사, 정보검색, 거래협상 등 해외거래처와의 비정형화된 무역업무와 일부재화의 국제간 거래에 적용된다고 보고 있다.

셋째, e-비즈니스와 전자무역의 관계이다. e-비즈니스는 e-Business가 원어로서 컴퓨터 및 통신망을 의미하는 Electronic과 사업 또는 사업경영이라는 개념의 Business의 합성어로 기업 내 정보시스템 활용과 기업간의 영업 및 마케팅 활동 등을 포괄하며, 더 넓게는 정부 기관 및 소비자와의 인터넷을 통한 연결 등의 개념까지도 포함하는 개념이다. 따라서, 넓은 의미의 e-

비즈니스에는 전자상거래도 포함된다고 할 수 있다. 참고로 세계무역기구(WTO)는 e-비즈니스를 통신 네트워크를 통해 제품을 생산 · 광고 · 판매 · 유통시키는 것으로 정의하고 있으며, 여기에는 전자적 정보교환 활용 비즈니스 제품과 서비스의 기업간 전자상거래, 금융지불 등까지 포함된다.

이와 같은 맥락에서 전자무역을 정의한다면 무역과 관련된 주체들이 컴퓨터와 네트워크를 이용해서 국제적인 거래를 수행하는 것을 말하는 것이며, 전자무역은 글로벌 전자상거래 및 글로벌 e-비즈니스의 일부분으로 볼 수 있다.

2. 전자무역의 중요성과 비전

(1) 전자무역의 중요성

전자무역은 한국경제의 중추산업인 무역의 구조적 혁신을 통해 국가경쟁력을 획기적으로 증대시킬 수 있는 국가핵심전략이다. 전자무역은 단순히 거래방식의 변화가 아니라 전통무역산업을 포함한 국민경제구조와 프로세스의 혁신을 포함하는 혁명적인 변화를 내포하고 있으며, 한국무역이 안고 있는 여러 문제를 근본적으로 해결할 수 있는 기회를 제공한다.

전자무역은 정보통신기술의 급속한 발전과 함께 무역거래방식 역시 과거와는 전혀 다른 구조와 방식으로 변화하여, 모든 무역프로세스가 전자화되고 있다. 또한 전자무역은 단기적으로 무역프로세스 혁신을 통해 무역관련 제비용을 혁신적으로 절감함으로서 한국무역의 고비용 구조를 획기적으로 개선할 수 있는 기회를 제공한다.

전자무역을 통해 한국기업이 새로운 시장 개척과 신제품 창출을 가능케 하여 수출경쟁력을 획기적으로 제고할 수 있는 전기를 제공할 것으로 기대되고 있다. 전자무역은 기업 · 산업 · 정부의 IT화와 e-비즈니스화의 노력으로 수출경쟁력이 향상되어 국가경쟁력 제고로 직결시킬 수 있는 가장 효과적인 방안이다. 수출중심형 한국경제의 특성을 고려할 때, 기업과 산업의 IT

화, e-비즈니스화는 결국 전자무역을 통해 수출의 양적 증대와 고부가가치화로 연결될 때 가치창출이 가능해진다.

또한 전자무역은 거래규모 측면에서도 향후 10년 내에 전 세계 무역의 30%를 점유하게 될 것으로 예측될 만큼 잠재력을 가진 새로운 흐름으로 평가되고 있다. 특히 한국의 경우 해외시장정보와 영업망이 취약한 중소기업들이 전자무역의 활용에 적극적인 관심을 기울이고 있다.

그림 13-4 한국 전자무역 네트워크

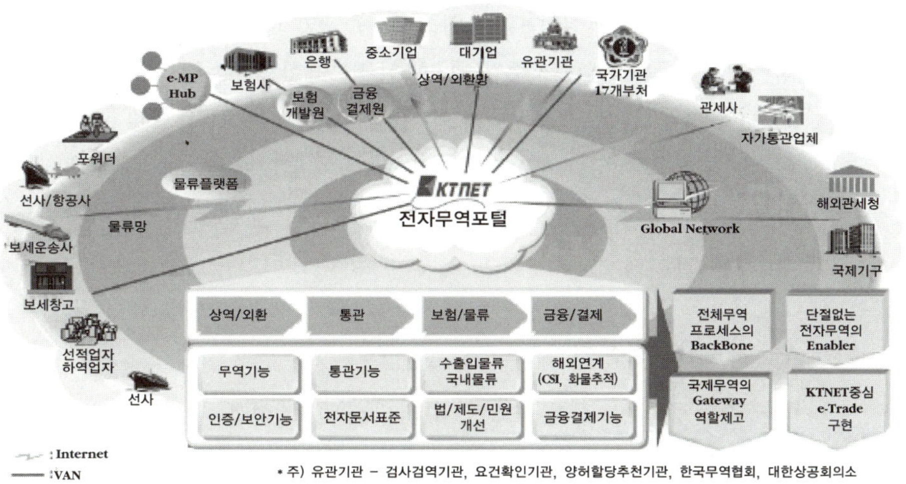

(2) 전자무역의 기대효과

1) 무역 부대비용의 획기적 절감

우리나라는 2000년 기준 세계 12위의 무역국이라는 양적 성장에도 불구하고 무역구조에 있어서 고비용구조에 따른 부가가치 저하라는 근본적인 문제에 직면하고 있다. 무역 부대비용만 하더라도 총수출입금액의 평균 12%에 이르러 수출 제품의 가격경쟁력 약화, 수입 원자재의 원가 상승 등을 초래하고 있는 것으로 분석되고 있다. 이러한 문제와 관련하여 전자무역은 무역 프로세스의 혁신을 통해 무역 부대비용을 획기적으로 절감함으로써 우리나라

무역의 고비용구조를 근본적으로 개선할 수 있을 것으로 기대된다. 사실 현재 운영중인 무역자동화(EDI) 네트워크만으로도 국가 전체적으로 연간 5조원 이상의 무역 부대비용절감효과가 있음을 감안할 때, 향후 전자무역이 본격화될 경우 엄청난 비용절감효과를 기대할 수 있다.

2) 수출 확대기반 제공

전자무역은 기존 전통무역과는 다른 새로운 수출상품과 시장 창출을 통해 우리의 수출경쟁력을 제고하고 수출확대 기반을 제공할 수 있다. 즉 전자무역은 21세기 핵심 수출산업으로 주목받고 있는 디지털 재화를 포함한 지식서비스 등의 수출 증대에 핵심적 역할을 수행할 것이며, 전자장터(e-Marketplace) 등을 통해 세계의 모든 바이어를 대상으로 24시간 무역거래를 할 수 있는 기반을 제공한다. 결국 전자무역을 통해 창출되는 새로운 사업모델과 신 시장 개척은 우리 무역이 제2의 도약을 이루는 전기를 마련해 줄 수 있을 것이다.

3) 국가경쟁력 제고

수출중심형 경제구조인 우리나라의 특성을 감안할 때, 개별 기업과 산업의 IT, e-비즈니스 시스템은 전자무역과 연계될 때 비로소 전체 프로세스의 IT화, e-비즈니스화가 달성될 수 있을 것이다. 즉, 기업과 산업의 e-비즈니스화 노력이 전자무역이라는 연결 고리를 통해 수출의 양적 증대와 고부가가치화로 이어지고 이로 인해 실질적인 국가경쟁력 제고로 직결된다. 이와 관련하여 2002년 8월 산업자원부가 주관한 21세기 글로벌 무역강국실현을 위한 전자무역 비전 발표회에서 보고된 자료에 따르면 우리나라가 전자무역을 차질 없이 추진할 경우 기대되는 효과로는 2005년 기준 연간 145억 달러 이상의 국가적 비용절감 및 이에 따른 79억 달러의 추가적 수출 증대, 12만 명 이상의 신규 고용창출이 가능할 것으로 전망되고 있다.

3. 전자무역의 특징과 장점

(1) 전자무역의 특징

1) 전세계를 대상으로 하는 무역 마케팅 가능(Global Marketing)

기존의 마케팅은 막대한 비용과 소비자 분석 등의 어려움이 있었으나 이제는 인터넷이라는 새로운 매체를 이용함으로써 문자와 그림은 물론 음성과 동화상 등 다양하고 효과적인 방법으로 회사나 제품을 소개할 수 있게 되었다. 따라서 전세계를 대상으로 한 광고 및 마케팅을 염두에 두어야 한다.

2) 시장의 단일화 및 가격의 하락

기존의 개별적이고 독립적으로 운영되던 시장이 인터넷이라는 거대한 인프라를 기반으로 단일시장으로 통합되고 있다. 또 인터넷에서는 전문정보 검색엔진을 이용하여 특정 상품을 어느 나라의 어떤 기업이 공급하고 있는지를 쉽고 빠르게 찾아 볼 수 있기 때문에 기업과 소비자간에 철저한 시장원리가 적용되어 가장 경제적이고 합리적인 기준에 의한 거래가 이루어지게 된다. 따라서 인터넷에서는 가격구조는 평준화되고 제품에는 차별화가 이루어져 전반적으로 서비스나 제품의 가격 하락이 자연스럽게 진행된다.

3) 신규 거래선 발굴의 효율 극대화 및 정보의 획득 용이

인터넷을 이용하면 적은 비용으로 효율적인 거래선 발굴이 가능하다. 인터넷에서는 각국의 정부와 무역유관기관 그리고 개별 기업들이 올려 놓은 무역에 관련된 수많은 정보들을 정보검색엔진이나 Web Site를 이용하여 손쉽게 찾아 볼 수 있어서 기존 무역에 비해 신규 거래처 발굴과 정보 획득이 용이하다.

4) 자사 상품의 국제적인 홍보활동 가능

인터넷은 국가간 장벽이나 지리적 제한이 존재하지 않는 글로벌 네트워크로 상품홍보의 범위가 넓은 만큼 기업 활동의 무대를 세계로 넓히는 데 좋은 수단이 되고 있다.

5) 잠재적인 구매자와 판매자 확보

기존의 무역은 거래 상대방이 다소 국한되어 있었던 점에 비해 인터넷 무역은 인터넷에 등록해 놓은 정보를 불특정 다수가 시간적 공간적 제약없이 접할 수 있게 되어 잠재적인 구매자와 판매자 확보가 가능하고 지속적인 광고효과를 거둘 수 있다.

6) 시장 반응에 대한 즉각적인 대응 가능

온라인 네트워크로 제품에 대한 시장반응을 수집, 분석하여 제품의 홍보나 마케팅에 반영할 수 있다. 이는 기존 무역거래로는 손쉽게 얻을 수 없는 인터넷 무역의 효용으로 쌍방향 커뮤니케이션이라는 인터넷의 특징이 무역거래에 적용되어 기업의 이익창출에 크게 기여할 수 있는 부분이다.

7) 획기적인 거래비용의 절감

판매자와 구매자간에 상담이나 상품에 대한 정보의 취득, 거래 성사 시 오고 가던 각종 종이서류의 교환형태가 이제는 인터넷을 이용한 전자서류로 대체되어 감에 따라 판매자는 상품에 대한 정보를 별도의 홍보용 책자나 전단으로 만들지 않고 인터넷에서 곧바로 전시할 수 있고 구매자는 다양한 상품정보를 쉽게 얻을 수 있게 되어서 거래 비용의 획기적인 절감을 가져올 수 있다.

8) 대금결제의 전자화

기존 무역에서는 신용장이나 D/A, D/P, T/T송금 등의 방법으로 국한되었던 대금결제방식이 인터넷 무역에서는 전자화폐나 새로운 전자결제시스템을 이용한 새로운 방식으로 전환됨에 따라 시간과 비용의 획기적인 절감을 가져올 수 있게 되었다.

9) 새로운 국제운송물류시스템 도입

구매자의 Needs에 맞춘 지능수송시스템이 구축되어 물품의 배송을 인터넷을 통해 의뢰하고 선적 후 화물추적기능을 통하여 배송과정을 확인할 수 있으며 인터넷의 특성인 공동구매 원리를 적용, 물류비용을 획기적으로 절감할 수 있다.

10) 중소기업에게 성장기회 제공

인터넷을 통한 거래는 기업의 규모나 인지도보다는 소비자의 욕구를 충족시킬 수 있는 제품이나 서비스 제공에 그 성공여부가 달려 있으므로 좋은 제품, 탁월한 서비스 능력, 창의적이고 진취적인 마인드를 가지고 있다면 어느 기업이라도 국제적인 수준의 기업이 될 수 있다. 현지 거점이 없어도 글로벌한 사업 전개가 가능하다는 점에서 대기업, 다국적 기업, 중소기업이 대등한 위치에서 경쟁할 수 있는 여건이 조성되어 중소기업에게는 얼마든지 성장의 기회로 작용될 수 있다.

(2) 전통적 무역거래와 전자무역의 비교

전자무역을 무역계약체결 이전까지의 과정에 주로 관심을 두고 있다고 본다면, 이는 전통적인 무역계약체결 과정과 많은 차이점을 보이고 있다. 먼저 무역을 행하기 위한 아이템의 선정과정에서 종전에는 문서형식의 각종 통계자료나 정보지를 이용하여 국내의 공급업체를 확보하였으나, 사이버 무역에서는 관세청의 통관정보시스템, 무역협회, 각종 언론 사이트로부터 정보를 취득할 수 있다. 해외시장조사를 시행함에 있어서도 전통적으로는 직접 현장방문 또는 각종 2차 통계자료를 이용하였으나, 전자무역에서는 국가별로 제공되는 통계 사이트, 무역유관기관 또는 전문 시장조사기관의 사이트를 통해 정확한 정보를 취득할 수 있다. 해외홍보 및 마케팅 홍보를 함에 있어서도 전통적인 방법에 의할 경우, 각종 브로셔의 제작 및 전시회나 무역박람회 등에 참가함으로써 많은 경비와 시간을 소모하였으나, 전자무역에서는 홈페이지를 통해 비용을 절감할 수 있고 각종 거래 알선 사이트나 무역박

람회의 홈페이지에 광고를 함으로써 자사를 널리 홍보할 수 있게 되었다.

그림 13-5 전통적 무역거래와 전자무역의 비교

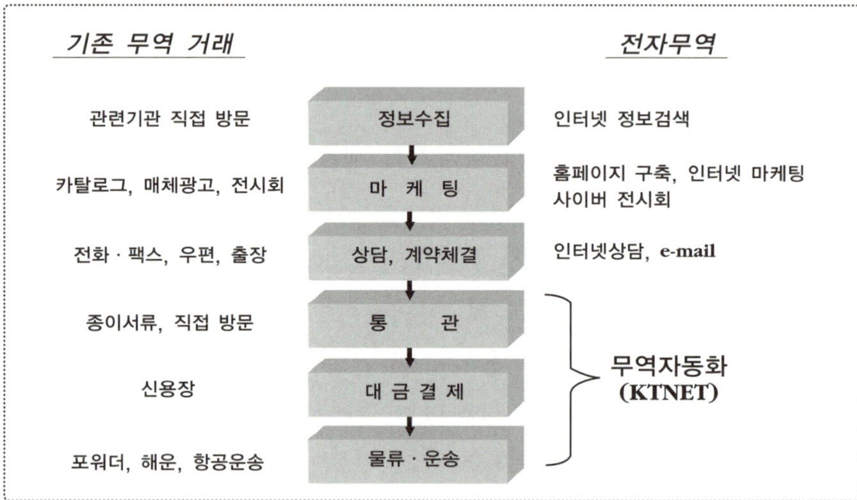

4. 전자무역결제와 결제수단

(1) 전자무역결제의 개요

전자무역결제는 무역거래에서 수출업자와 수입업자 사이에서 발생하는 지급채무를 전통적인 방식의 환어음을 이용하지 않고 전자방식으로 결제함으로써 거래를 완결하는 시스템을 말한다. 무역거래 중 인터넷을 비롯한 전자네트워크를 통한 전자거래형태가 점점 증가하는 추세에 있으며, 전자무역결제시스템은 국제무역거래에서 필수적인 요소로 등장하고 있다.

국제 B2B(전자무역)거래 확산에 따라 기존의 결제방식에 대한 변화의 요구가 커지고 있다. 그에 따라 오프라인상에서 이용되는 주요 결제수단의 전자화가 각 국마다 추진되고 있다. 아직 충분한 검증이 되지 않았고 따라서 세계적으로 그다지 많이 확산되지는 않고 있는 실정이지만 전자무역에 있어 결제방식의 변화를 추구할 수밖에 없는 이유는 기존의 가장 보편적인 신용장방식을 비롯하여 대부분의 결제방식이 철저히 서류(Paper)에 기반을 두고 있기 때문에 전자메시지를 수용하는 데 적지 않은 어려움을 안고 있기 때문이며, 이를 대체할 수 있는 새로운 방식이 출현하지 않으면 전자무역의 전체 흐름이 종결되지 않기 때문이다.

국제전자상거래가 원활하게 되기 위해서는 신뢰성 있는 국제 전자결제시스템 개발이 필수적이다. 가상공간을 통한 전자결제시스템은 거래당사자에게 대금지급의 확실성과 거래의 안정성 및 신속성 보장이 전제되어야 한다. 무역결제방식의 전자결제화는 최근의 정보통신기술의 발달을 반영하여 기존의 결제방법인 신용장, 추심, 송금 등의 결제방법을 전자화하거나 혹은 새로운 기술과 아이디어를 도입하여 전자자금이체(Electronic Fund Transfer), 신용카드(Credit Card), 전자화폐, 전자수표, 그리고 스위프트신용장(SWIFT L/C) 등이 결제수단을 대신하는 방안 등 여러 가지가 있을 수 있다.

(2) 전자무역결제시스템의 필요성

전자결제의 특징은 이용고객이 금융기관을 직접 방문할 필요가 없고 현금 등의 실물이동이나 소지가 필요 없으며, 전자화된 메시지교환으로 거래에서 발생된 자금대차를 결제할 수 있다는 점이다. 이로 인한 이점은 이용고객은 실물 소지의 필요가 없어 현금 소지의 위험부담이 감소되고 시간과 공간적인 제약을 해소함은 물론, 금융업무 처리의 간소화로 생산성 향상이 가능해지며, 은행은 수수료 수입증대효과를 얻을 수 있고 은행 경영혁신을 이루는 계기가 될 것이다. 또한 국가의 전체적인 입장에서 본다면, 자금의 운용이 전자수단을 이용함으로써 투명성을 띨 수 있고, 국가간의 거래 시에는 복잡한 환율에 구애받지 않는 단위의 전자화폐의 개념도 떠오를 수 있다.

전자무역거래의 경우 대금의 지급과 물품의 수취가 국내거래보다 훨씬 복잡하고 상이하게 이루어지기 때문에 일반 전자결제와는 조금 다른 전자결제 니즈(needs)가 발생한다. 우선, 그 결제금액이 크다는 점에 중점을 두어 대량의 금액을 안전하게 인수 · 인도할 수 있고, 국제대금결제와 관련된 은행에게 담보권을 행사할 수 있도록 하는 방안이 강구되어야 한다. 이러한 점에서 전자무역 대금결제시스템에서는 수출입 당사자뿐만 아니라 은행 그리고 무역관련 당사자의 결제 니즈를 충족시켜 줄 필요가 있다. 즉, 전자무역거래는 B2B거래의 결제시스템 니즈에 상당한 차이를 보이기 때문에 다음과 같은 측면에서 새로운 접근이 요구된다고 할 수 있다.

첫째, 거래관계의 측면에서, B2B거래와는 달리 전자무역거래의 경우 거래당사자간의 계약, 즉 매매계약에 의해 결제가 이루어질 때에는 수출업체와 수입업체가 대등한 입장에서 대금결제조건을 설정할 때의 기준, 거래당사자가 대금결제의 안전성 · 확실성을 판단할 때의 기준을 검토하게 되고, 은행의 입장에서도 검토가 필요하다는 점이다.

둘째, 결제수단의 측면에서, 결제수단이 주로 이체나 어음인 B2B거래와 달리 전자무역거래의 경우는 신용장과 추심방식, SWIFT L/C, TradeCard System 등과 같은 방식을 이용하여 격지자간에 대금결제가 이루어진다. 따라서 전자무역에서의 결제방식은 국내 결제방식과는 다른 절차를 가진 새로운 접근방식이 요구된다.

셋째, 결제금액의 측면에서 B2B거래에 비해 전자무역거래는 그 결제금액이 상당히 큰 금액이기 때문에 보안성이나 확실성 측면에서 새로운 접근이 요구되며, 전자무역서비스와 전자무역대금결제서비스를 제공해 주는 제3의 신뢰할 만한 인증기관의 역할이 더 중요시된다 할 수 있다.

전자무역 결제시스템의 니즈가 국내의 B2C나 B2B 전자상거래에서의 결제 니즈와 매우 다른 양상을 보이고 있기 때문에 국제대금결제시스템으로서의 전자무역 결제시스템은 다음과 같은 요건을 갖추어야 할 필요가 있다.

전자무역결제시스템의 요건

◎ 정확성 – 서류작성 및 서류 검토시 L/C 및 서류상호간의 일치 여부

◎ 신속성 – 서류의 전달 및 취급상의 지연, 초고속선의 등장에 따른 B/L's crisis 해결

◎ 경제성 – 종이서류 방식을 대체하기 위한 시스템 구축비용, 거래처

리비용 등

◎ 안전성 – 시스템 보안, 법률적 보장

◎ 신뢰성 – 관계당사자의 신인도

◎ 호환성 – 기존 결제시스템 및 거래관행과의 조화

◎ 사용자 – 편의성 사용자가 쉽게 사용할 수 있어야 함

◎ 범용성 – 이용가능 대상국, 대상품목, 거래규모 등

(3) 전자무역결제시스템의 종류

1) 인터넷 EDI와 전자결제시스템

• **eXedi(XML EDI)** 서비스 개념

eXedi는 XML(eXtensible Markup Language) EDI의 약자이며, eXedi 서비스는 XML/DEI 방식의 B2B를 실현하는 서비스로서 인터넷 EDI라고 한다. 한국무역정보통신(KTNET)에서는 변화하는 e-Biz 환경에 발맞추면서 기존의 제한적인 무역 EDI 시스템의 한계를 극복하고자 차세대 웹 구현 언어인 XML을 이용하여 획기적인 인터넷 DEI 시스템을 구축하였다.

이 서비스는 1차적으로 내국 신용장업무에 적용되었으며, 이후 외환은행 · 신한은행 등 국내 메이저 은행들과 공동으로 외환 부문 무역자동화 저변 확대를 꾀할 목적으로 수출입 신용장 업무를 실현하고 있다.

• 서비스 특징

XML을 이용한 인터넷 서비스는 그 확장성과 호환성이 뛰어남으로 인해 국제적으로 급속히 개발 · 사용되고 있는 최신의 인터넷 기법이다. 따라서, 고객은 별도의 EDI S/W를 설치할 필요 없이 웹 브라우저(Explorer 5.0 이상)만을 이용하여 사무실에서 무역업무를 쉽고 빠르게 처리할 수 있다.

EXEDI 서비스는 EDI를 통한 무역자동화 서비스를 중소형업체에서도 쉽게 이용할 수 있을 뿐만 아니라, 특히 기존의 인터넷 통신을 이용함으로써 수도권 업체뿐 아니라 지방 소재 업체도 간단하게 이용할 수 있는 서비스이다. 이러한 인터넷을 통한 무역자동화 서비스는 회원 가입시 발급받은 전용

ID만 있으면 어느 PC에서나 이용이 가능하다.

현재 서비스 중인 업무

내국 신용장업무, 구매승인서업무, 수출신용장통지업무, 수입신용장개설업무, 수출입대금 결제처리, 선적서류통보, L/G 및 어음매입, 적하보험업무 등의 업무를 처리하고 있다.

2) 볼레로 프로젝트

• 볼레로 프로젝트의 개념

볼레로(BOLERO[1]) 프로젝트는 1994년 홍콩, 네덜란드, 스웨덴, 영국, 미국의 해상운송회사, 은행, 통신회사 등이 참여하여 컨소시엄 형태로 시작하였다.

그리고 무역거래에 필요한 종이서류를 전자메시지로 전환하여 안전하게 교환할 수 있는 기반을 제공한다. 따라서 볼레로 프로젝트에서는 선하증권을 포함하여 무역서류 전반에 걸친 전자화를 추구하며, 이는 SWIFT와 TT[2] Club이 주도하고 있다.

이들이 합작으로 설립한 Bolero Operation Ltd.는 사용자 그룹인 볼레로협회와 함께 범세계적으로 무역서류의 전자화를 통한 상업적 서비스를 제공한다. 1999년 전세계 18개 국가에 대한 법률 분석을 완료하고 시범서비스 기간을 거쳐 현재 상용서비스를 추진하고 있다.

• 볼레로의 특징

① 범세계적인 효용성 기존 EDI의 제한요소를 극복, 대금결제(Nego) 기능을 포함하는 등 국제무역업무에 적합하도록 개발단계부터 범산업적이고 중립적인 서비스를 제공하는 데 초점을 맞추고 있다.

② 보장된 법제적 기반 국제무역과 관련이 되는 18개 법률 분야를 대상으로 전자상거래 연구 결과를 통해 개발된 Bolero Rulebook을 통해 어

1) Bill of lading Electronic Registry Organization

2) TT(Through Transport)는 80여 개의 컨테이너 운수업체와 해상화물운송보험 부분의 상호조합의 역할을 한다. 이는 운송중개인, 항만 당국, 컨테이너 선단 즉 항만시설 1,725개와 5,890개의 운송업체에 대한 보험업무를 담당한다.

떤 분쟁도 해결이 가능한 분쟁해결체계를 갖추었고, 각국의 다양한 관련 법률의 조정/개선 없이, 당사자간 계약에 의하여 무역거래에 대한 법적 효력을 부여하였다.

③ 전자문서에 대한 권한의 명확화를 통한 종이문서와 동일한 효력 확보 볼레로 서비스는 교환되는 전자문서와 함께 전자문서의 처리 결과(소유권의 변경 등) 항목을 전송하거나, 선하증권(B/L : Bill of Lading)의 경우처럼 데이터베이스에 최초 소유권자를 표시하여 1회 생성한 후, 필요시 소유권자가 데이터베이스의 해당 B/L에 접근하여 소유권을 변경함으로써, 기존의 종이 B/L을 배서하여 소유권을 이전하는 것과 같은 동일한 효과를 구현한다.

④ 국제적 표준 국제적으로 수용할 수 있는 표준을 만들기 위해 설계단계부터 세계 주요 교역국의 무역 관련 절차, 법률의 분석 및 범국가적인 의견 수렴을 거쳐 개발에 착수하였으며, 현재 구주 선진국 중심의 16개국 120개 주요 회사들이 참여하여 테스트를 진행하고 있다.

⑤ 포괄적인 정보의 보안 무역서류의 특성을 고려하여, 최신 암호화 기술(인증, 암호화, 전자서명)을 통한 전자무역 서류의 안전한 송수신체계 확보 및 선하증권 등 중요한 서류의 위조 · 복제가 불가능하도록 포괄적인 보안체계를 구축하였다.

⑥ 볼레로의 서비스 기대효과 bolero.net 서비스를 통해 무역서류가 전자화되면, 기존에 전세계 기업들이 문서를 통한 거래에서 낭비하는 연간 4천2백억 달러(WTO 산정)의 비용 절감이 가능하다. 또, 은행업계의 신용장 처리업무, 해운업계의 선하증권 처리업무의 간소화를 통한 업무 효율이 향상된다.

3) 트레이드 카드

• 트레이드 카드의 개념

트레이드 카드(trade card) 시스템은 WTCA가 개발한 전자무역방식으로, 전용 통신망을 통해 선적 관련 서류의 전자전송은 물론 무역금융 및 보험, 대금결제, 물류 등 수출입 전과정을 자동화한 것이다. 즉, 무역거래 때 수출입 서류 송부에서부터 대금결제에 이르는 제반 과정을 전자통신 시스템으로 교환하는 방식을 말한다.

거래방법도 현재 방식이 수출입 오퍼 및 인콰이어리만을 웹상에서 교환하고 나머지 과정은 기존 무역방식을 사용하는 데 반해, 신용장 개설 등의 과정을 없앴다. 수입업체는 수입신용장을 개설하지 않고 거래 은행으로부터 신용한도만 받으면 된다. 그 다음 물품구매서를 트레이드 카드 운용회사로 보내면 운용회사는 은행으로부터 신용을 확인한 다음 수출업체에 전달한다. 수출업체의 경우 은행을 거치지 않고 트레이드 카드 운용회사로 관련 서류를 전송하면, 운용회사는 전송된 서류를 심사, 수입업체 거래은행에 대금지급을 요청하면 결제가 이루어진다.

• **트레이드 카드의 특징**

트레이드 카드 시스템의 가장 큰 특징으로서 화환신용장을 배제한다. 이 방식이 본격적으로 실용화되는 경우, 은행은 단지 신용 공여자로서의 역할만을 수행하게 되므로, 이제까지 신용장을 통하여 향유하던 무역매매에서의 중심적 지위는 당연히 위축되리라는 예측이 가능하다. 신용장 개설은행의 서류점검에 해당하는 기능을 트레이드 카드 시스템이 수행하며, 은행은 단지 자금의 공여만을 담당하는 역할에 국한된다는 것이다.

또한 운송물품을 대표하는 서류로서 선하증권은 언급되지 않고 있어 운송 중 전매를 하지 않는 소규모 제품거래를 주된 대상으로 하고 있는 것으로 보인다. 현실적으로 신용도가 높고 본 · 지사간 거래 등이 활발한 대기업들이 신용장 방식의 결제를 회피하는 반면에, 신용도가 낮아 신용장 방식의 결제에 의존하는 중소규모 수출입업체의 애로사항을 감안한다면 상당한 호응을 예상할 수도 있다.

트레이드 카드 시스템에서는 당사자의 계약을 중심으로 하고 있으며, 이러한 계약은 전자적 방식으로써 POPFI[3]라고 불리는 정형화된 형식으로 작성되어 관련 서류의 전자화 및 일치성 점검의 자동화를 가능케 한다.

3) Purchase Order/Pro-Forma Invoice는 구매서/견적송장의 약자로 수출업자와 수입업자간의 전자거래 계약서가 된다.

4) 기타 전자무역결제 시스템

① **ABN/Amro은행의 BeXcom** 1996년 설립된 벡스컴(BeXcom)은 ABN/Amro, 도시바, 미쓰이은행, 쿠스그룹 등 16여개사가 주주로 참여하고 있으며 경합관계에 있는 영국 볼레로, 미국 아리바와도 전략적 제휴를 체결하고 있는데, 무역대금 결제는 물론 수출입거래 알선, 무역 정보제공, 무역서류 전송까지 원스톱 서비스를 제공하는 형태의 전자결제 시스템이다.

② **외환은행, KTNET의 cTradebank** 국내 무역자동화사업자인 한국무역정보통신(KTNET)이 인터넷무역의 결정판으로 구축을 추진 중에 있는 가칭 'CTW'(Cyber Trade World)라는 대형 인터넷무역포털 프로젝트 사업 중에 결제 프로세스를 규정하는 시스템이 바로 'cTradebank' 이다. CTB(cTradebank)는 KTNET의 인터넷 무역 포털사이트인 'Ctradeworld' 에서 입점 마켓플레이스와 연계한 거래업체들 및 기존 무역업체들과 은행간 지불 프로세스를 중계하는 역할을 담당한다.

③ **ChaosTrade** 카오스트레이드(ChaosTrade.com)는 인터넷무역 솔루션에 무역대금 결제기능을 포함한 원스톱 서비스 체제를 갖추는 것을 목적으로 미국과 대만, 홍콩업체와의 제휴 협상을 적극 추진하고 있는데 ABN/AMRO은행과 제휴를 맺음으로써 76개국 3천5백 개의 지점망을 통해 온라인상의 신용장입력 및 개설, 대금결제, 적하보험 심사와 입력, 보험증권 발급 등의 서비스를 제공하고 있다.

④ **베리사인 결제** 사이버캐시를 인수하면서 전자지불서비스 사업에 진출한 베리사인은 현재 미국 전자지불결제 시장의 40%(시장점유율 1위)를 점유하고 있는데, 최근 페이몬을 비롯, CIBC, e사인, 파이어스트림, 트러스트아시아, 베리페이 등 전세계 9개사와 전자지불협력 네트워크를 구축, 2002년 중 한국, 아시아, 유럽, 남아메리카 등에 글로벌 지불결제플랫폼 서비스를 동시 제공할 예정이다.

⑤ **Trusted ePayment** Trusted ePayment는 IBM이 금융기관과 금융-기업 고객간 인터넷을 이용한 빌링 및 지불을 가능케 하기 위해 일본의 산와은행과 국내 산업은행측과 함께 개발을 추진중에 있는 B2B지불결제 시스

템이라 할 수 있다.

5. 전자무역을 위한 도구들

(1) 전자메일

인터넷상에서 특정 사용자간에 컴퓨터를 통하여 파일 형태의 텍스트, 형식이 있는 문서 또는 그림 등을 교환하는 통신수단이다.

• 전자메일의 종류

① 웹메일 서비스
광고를 목적으로 운영하는 회사에서 제공
메일송수신시 해당 홈페이지로 접속해야 하는 불편
㉮ 트레이드 메일(kotis.net), 한메일(hanmail.net), 깨비메일(kebi.com) 등
② POP를 이용한 메일서비스
특정 홈페이지 내에서만 사용하는 전자우편과는 달리 전자우편 관리용 프로그램을 사용하여 메일을 전문적으로 관리 가능
㉮ Outlook Express, Netscape Messenger 등

(2) 메일링리스트

유즈넷과 유사하나 유즈넷과 다른 점은 철저한 give and take이다.

일단 한번 가입하면 자기의 의사와 관계없이 계속적으로 메일이 들어온다. 만약 사용자가 어떤 메일링 리스트에 가입했고 그 가입자가 10만이라고 했을 때 한번의 메일 또는 포스팅을 통해서 10만이란 가입자에게 메일을 보낼 수 있게 되는 것이다. 하지만 한번에 많은 사람에게 보낼 수 있는 혜택이 주어지는 만큼 다른 사람의 메일도 받아야만 하는 의무가 발생한다.

(3) 검색엔진

◎ 협의의 검색엔진 : 단순히 정보를 찾는 정보사냥

◎ 광의의 검색엔진 : 다양한 검색도구를 이용하여 정보를 발췌하고 분석하여 정보를 재가동하는 과정

◎ 검색엔진의 정의 : 인터넷에 존재하는 웹 페이지의 내용을 색인하여 놓은 일종의 데이터베이스

◎ '가이드'로 비유 : 사용자가 검색어를 입력했을 때 그 단어를 포함하고 있는 웹서버의 주소 목록을 알려주는 역할 담당

◎ 기능유형별 구분 : 주제별, 키워드형, 메타 등

표 13-1 검색엔진의 종류

구 분	특징	예
메타검색엔진	다수의 검색엔진으로 정보검색	ALL-IN-ON, 미스다찾니
통합검색엔진	여러 검색엔진으로 동시에 검색	SavvySearch, NetSearch, SPIDER
키워드형	검색 단어를 기준으로 검색	AltaVista, Lycos, 까치네
주제별 검색	분야별로 정보를 분류하여 제공	Yahoo, 심마니, Excite

(4) 유 즈 넷

많은 사람들이 사용하고 있는 서비스 중의 하나로서 공통 관심 분야에 대하여 관심을 가진 사람들이 모여 많은 대화를 할 수 있는 토론그룹이다.

토론그룹의 구성—자율성과 독립성: 취미, 오락, 수학, 철학, 컴퓨터, 생물학 등 특정 주제별로 구성, 현재 2만개 이상의 토론그룹이 유즈넷에 있다.

(5) FTP

FTP란 인터넷상에서 파일의 전송 및 수신에 대한 규약이다.

FTP를 이용하여 인터넷 사용자는 다른 컴퓨터의 소프트웨어나 파일을 자신의 컴퓨터로 복사가 가능하며, FTP는 원격지의 컴퓨터와 자신의 컴퓨터 간에 파일을 전송 또는 수신이 가능하다.

6. 전자무역계약의 주요 이슈

(1) 무역계약의 청약과 승낙

법적으로 구속력 있는 무역계약이 성립하려면 당사자간의 의사합치, 즉 합의에 의하여 성립하는데, 합의는 일반적으로 일방 당사자의 청약과 상대방의 승낙을 거쳐 이루어진다. 청약이란 청약자가 피청약자와 일정한 조건에서 계약을 체결하겠다는 뜻을 나타낸 의사표시, 즉 계약체결의 의사표시를 말하며, 승낙은 피청약자가 계약을 성립시킬 목적으로 청약에 응하여 청약자에 대하여 행하는 의사표시이다. 승낙은 청약과 합치하여 계약을 성립시키는 것이므로 승낙의 내용이 청약의 내용과 일치하여야 한다. 그리고, 일반적으로 피청약자는 청약에서 통신방식을 명시적으로 언급하지 않는 한, 청약할 때 사용된 통신방식이나 보다 신뢰할 수 있는 통신방식에 의해 승낙을 통보하는 것이 일반적이다.

한편 무역계약의 성립시기는 청약자의 청약에 대하여 피청약자의 승낙을 전제로 이루어지기 때문에 승낙의 효력발생시기에 따르게 된다. 일반적으로 계약성립시기를 결정하는 데는 발신주의 원칙과 도달주의의 원칙이 있다. 즉, 이것은 상대방의 의사에 대한 동의표시가 그 효력을 발생시키는 시기를 어느 시점으로 정하느냐에 따라 계약성립시점이 달라질 수 있음을 의미하는 것이다. 이와 관련하여 '비엔나 협약'에서는 통신의 도달주의 원칙을 채택하고 있다. 즉 동의의 의사표시가 청약자에게 도달되지 않는 한 승낙의 효력은 발생되지 않는다는 것이다.

(2) 전자무역계약에서의 주요 이슈

전통적 무역계약에서는 계약을 체결하기 위한 의사표시가 서면, 텔렉스, 컴퓨터, 전화 또는 구두대화 등의 방법을 통해 행해졌으나, 전자무역계약은 기존의 의사표시 방법 이외에 컴퓨터 네트워크나 인터넷, e-Mail, 전자게시판, 전자결제 등 다양한 전자적 의사표시방법을 이용해 이루어질 수 있다. 앞에서 살펴보았듯이 계약이 성립되기 위해서는 청약과 승낙이라는 의사표시의 과정을 반드시 거치게 된다. 그런데 전자적 의사표시의 경우에는 컴퓨터에 의해 전달되는 '전자문서' 등에 대한 전자적 의사표시의 법적 효력이 인정될 수 있는가 하는 문제, 어느 시점을 발신시점으로 볼 것이며 또한 어느 시점을 도달시점으로 볼 것인가 하는 문제, 청약이나 승낙의 철회가 가능한지의 여부 등의 문제가 발생할 수 있다. 전자무역계약은 그 특성상 이전의 전통적 무역계약의 경우와는 다른 여러 가지 문제가 발생할 수 있는 것이다.

7. 전자무역의 준거법

(1) 준거법 적용 이론

전자무역은 불특정 다수와의 상거래를 목표로 하므로 약속된 약정을 작성하지 않는 경우가 대부분일 뿐만 아니라 인터넷을 이용한 거래는 거의 국경의 의미를 가지지 않기에 거래과정에 필요한 법 적용문제가 제기되었을 때 적용법규에 대한 문제가 발생한다. 일반적으로 준거법의 기준은 객관주의(objective view)에 따른다. 이러한 객관주의는 준거법 선정에서 계약당사자의 의사와 상관없이 소송이 제기된 법원이 '계약체결지법', '계약이행지법', '당해 계약과 가장 밀접한 관련이 있는 법' 등의 객관적인 연결요소를 매개로 하여 일률적으로 선정하는 것을 말한다. '계약체결지법'은 당사자간에 준거법 선택에 대한 합의가 없는 경우에는 주된 계약의 행위자를 계약체결지로 간주하고, 계약체결국가의 법을 적용하여야 한다는 이론으로 계약체결자가 계약의 실질적인 관계를 갖는 법을 결정할 경우 고려되어야 할 중요한 사항 중 하나라는 것에 근거한다. 계약이행지법은 계약이행지법의 적용방식은 계약이 비록 어느 특정 국가에서 체결되었다고 할지라도, 실제 계약자체의 이행과 채무가 이행되는 다른 국가의 법이 적용되어야 한다는 원칙이다. 마지막으로 당해 계약과 가장 밀접한 관계를 갖는 법의 적용례이다. 이 방식은 '당해 계약과 가장 밀접한 관계가 있는 국가의 법'이 준거법으로 적용되어야 한다는 이론이다.

(2) 전자무역계약상의 준거법

전자무역거래에서 국경의 의미는 거의 없어 전통적인 무역거래에서는 거래에 귀속되는 공간이나 시간이 특정되지만 가상시장에서 이루어지는 전자무역은 공간이 특정되기 어려우며, 시간적으로도 거의 국내 거래와 마찬가지로 동시에 이루어지는 특수성을 띠고 있다.

따라서 종래의 영토적 개념을 기초로 한 전통적인 준거법 결정 및 적용방식을 그대로 적용할 것인지의 문제가 발생한다. 따라서 현행 국제사법의 원칙을 적용하는 경우, 일방 당사자가 정하는 약관과 사업자 서버의 소재지 등에 의하여 자의적으로 준거법이 선정될 우려가 있어 매수인의 입장에서는 매우 불리하게 작용될 소지가 남아 있게 되므로, 국제사법상의 준거법 적용원리를 전자무역에 적용할 경우 당사자간에 합의가 있을 때와 없을 때로 나누어 논의될 수 있다.

① 당사자 합의가 있을 때 계약에 의한 법률관계 형성은 법의 제한에 저촉되지 않는 한, 완전히 각자의 자유에 맡겨지며, 법도 그러한 결과를 될 수 있는 대로 존중하고 인정하고 있다. 이를 '계약자유의 원칙'이라고 한다. 전자상거래를 통한 무역계약에서도 이러한 '계약자유의 원칙'이 그대로 적용되는 것이 타당하다고 생각되며, 우리나라 섭외 사법에서도 "법률행위의 성립 및 효력에 관하여는 당사자에 의하여 법을 정한다"라고 규정하고 있어 당사자들은 계약에 의한 준거법을 선택할 수 있다.

그러나 수출상이 자신의 홈페이지에 명시한 약관에 준거법 규정이 있을 경우에 이것이 유효한지에 대한 논의가 있을 수 있다. 이에 대해서는 준거법 합의약관은 기업이 일방적으로 정한 것이므로 이에 대한 효력을 부정한다는 견해와 대량의 거래를 통일적으로 처리하기 위해서는 약관이 필요하고, 이를 인정하지 않는 경우 원활한 국제적인 소비자거래의 불가능론을 내세워 인정하자는 견해가 맞서고 있다. 더욱이 후자의 입장에서는 재판관할권 지정문제에 있어서도 소비자의 부담이 경미하므로 이를 인정하자는 견해의 논거로 내세우고 있다. 따라서 전자상거래를 통한 무역계약에서 준거법 약관은 '신의성실'에 반하지 않는 한 이를 인정하는 것이 타당하며, 그 이유로는 전자무역은 소액거래가 대다수이고 별도의 계약서를 작성하지 않으므로 보다 빠른 분쟁의 해결을 위하여 최소한의 약관이 필요하기 때문이다.

② 당사자 합의가 없을 경우 전자무역은 나름대로 그 이용도가 아직까지 초보단계를 벗어나지 못하고 있는 실정이어서, 전자상거래에 익숙하지 않은 계약 당사자들이 준거법 선택에 관한 계약조항을 두지 않는 일은 흔히 있을 수 있다. 결국 전통적 무역거래처럼 정형화된 계약서의 미비로 인해 계약관련 분쟁이 발생하였을 경우 혼란이 야기될 수 있다. 우리나라 섭외사법에서는 계약체결지법에 따라 준거법을 정하는 규정을 동법 제11조에 두고 있으며, "법을 달리하는 곳에 있는 자(이법지역자) 사이의 법률행위에 있어서의 의사표시는 그 통지를 한 곳을 행위지로 본다"라고 규정하고, "계약의 성립과 효력에 관하여는 그 청약의 통지를 한 곳을 행위지로 보고, 그 청약을 받은 자가 승낙을 할 때에 그 청약의 발신지를 알지 못한 때에는 청약자의 주소지를 행위지로 본다"고 규정하고 있다.

이와 관련해 UUC 제2편에서는 계약조항에 준거법 조항이 없는 경우의 준거법 선택에 관한 안정적인 기반을 제시하고 있다. 즉, 온라인 계약에서 라이센서의 소재지를 기초하는 준거법 선택의 추정원칙을 성립시키고 있다. 이러한 추정원칙에 따르지 않을 경우에는 수출상은 인터넷을 통하여 판매하는 모든 국가나 주의 법에 따라야 한다. 따라서 전자무역의 무역계약의 준거법으로는 미국법의 취지를 따라 당해 계약과 '가장 밀접한 관계를 갖는 법'을 적용하여야 할 것이다. 전자무역과 관련된 분쟁에 있어서 이러한 관련성을 인정하기 위한 준거법을 결정하는 경우, 거래당사자의 합의, 주소지 등 일반적인 것 이외에 서버(server)의 소재지, 광고 등 판매를 위한 고객유치행위, 데이터의 입출력, 전송행위의 장소, 결과발생지 등을 고려하게 된다.

8. 전자무역의 전망

(1) 전자무역의 성공요건

인터넷무역은 21세기, 시간과 공간의 제약이 없어진 전세계 단일시장체제에서 가장 성장성이 높은 경제분야임에는 틀림없다. 전세계 모든 인터넷정보업체가 시간이 갈수록 향수의 시장전망의 계수치를 상향조정하는 것을 보아도 전자무역의 전망은 밝다고 할 수 있다. 그러나 무한경쟁은 무한한 기회를 가져다주기도 하지만, 제로-섬게임에서와 같이 완전한 실패를 초래할 수도 있는 커다란 위협이 될 수 있음은 물론이다. 이러한 인터넷무역의 위기상황을 슬기롭게 대응하기 위한 인터넷 무역의 성공요건은 다음과 같다.

첫째로, 인터넷무역의 목적과 달성목표를 구체적으로 수립해야 한다는 것이다. 목표가 뚜렷할수록 마케팅 수단의 적합성과 그 효과는 클 수밖에 없기 때문이다. 이를 위해서는 회사 및 제품 홍보, 거래선 발굴, 국제통신비용 절감 등 다양한 마케팅 변수를 최대한 활용하고 이러한 개별 마케팅 활동이 회사 전체의 통합마케팅 전략 차원에서 접근하도록 함으로써 기회선점의 효과를 극대화하여야 한다.

둘째로, 사내 전문인력 양성 및 외부 전문가를 적극적으로 활용하여야 한다. 전자무역은 환경의 변화에 가장 민감하게 반응하는 기업만이 고객의 수요를 모두 차지할 수 있는 All or Nothing의 무한경쟁 속에서 추진된다는 사실을 명심하여야 한다. 따라서 환경의 변화를 적극적으로 수용하기 위하여 외부 교육 및 세미나에 자주 참가하고, 전자상거래지원센터(ECRC)를 활용하여 인적 교육의 질을 높여나가도록 한다. 특히 가망고객 정보 및 거래상담 내역의 D/B화 및 적극 활용을 통하여 기업경영과 관계 있는 모든 이해관계인들의 관심과 흥미를 최대한 유지하도록 한다.

셋째로, 홈페이지 및 전자카탈로그 제작 및 지속적인 업데이트가 필요하다. 자체 제작을 하던 유료 홈페이지 서비스에 의존하던 홈페이지의 관리는 수시로 이루어져야 하며 외부의 카탈로그 서비스도 적극 이용하여 기업의 인지도를 높이는 일에 신경을 써야 한다. 이러한 홈페이지나 카탈로그는 특히, 이용자의 접속환경(통신속도)을 고려한 디자인과 내용이 포함되어야 하며, 지나치게 고압적이거나 단순한 것은 고객들의 관심을 끌기가 어렵다. 따라서 고객들의 잦은 방문을 유도하기 위한 다양한 방법이 수시로 개발되어야 한다.

마지막으로 적극적인 인터넷마케팅 및 웹 프로모션 활동을 전개하여야 한다. 전자무역은 곧 수입업자의 주의를 환기시키고 관심을 유도하여 새로운 신뢰도를 확보하는 일이 매우 중요하다. 따라서 무역거래알선 사이트, 검색엔진, 유즈넷 등에 등록 및 조회를 통하여 기업의 인지도와 신뢰도를 높이고, 명함, 서류, 홍보물 등의 off-line 매체에도 홈페이지와 전자우편 주소 등을 기재하여 온라인과 오프라인의 홍보활동을 병행하도록 한다.

(2) 해외마케팅단계

먼저 해외 바이어를 발굴하기 위한 해외 마케팅 활동에 있어서 무역업체는 인터넷 거래알선 사이트, 유즈넷, 메일링 리스트 등을 통하여 자사 제품과 서비스를 홍보하는 홈페이지를 개설할 수 있으며, 기업정보의 검색을 통해 해외의 신제품이나 거래선에 대한 정보를 신속하게 입수할 수 있다.

특히 거래정보에 대한 오퍼 등록 및 조회 등을 통한 해외거래처 발굴은 국내 외 각종 무역거래 알선 사이트를 이용하여 효과적으로 수행할 수 있다.

따라서 인터넷을 통해 무역 및 상거래에 필요한 각종 정보를 검색하고 거래 알선 사이트를 활용할 수 있는 인터넷 능력과 함께 사업목적에 적합하게 정보를 가공하여 전략정보를 창출하는 능력이 중요한 기업자원이 되고 있다.

(3) 협상 및 계약단계

인터넷을 이용한 무역거래에서는 전자우편, 인터넷 전화 등을 이용하여 훨씬 저렴하고 효율적으로 거래 상담과 계약체결을 할 수 있다. 거래처를 선정한 후 구매를 권유하는 권유장을 송부하고, 이에 대하여 호의적인 답장이 있으면 거래 조회를 하게 된다.

이러한 일들은 전자우편이나 인터넷 팩스 또는 전화를 이용하여 이루어진다. 전자우편을 이용하는 경우 인터넷에 자사의 홈페이지를 가지고 있는 것이 상대방에게 신뢰감을 갖게 만든다는 점을 인식하여, 홈페이지의 개설과 유지 관리가 필요하다.

인터넷을 통해 조회를 마친 경우, 조회에 대한 청약(offer)을 전자우편으로 하면 상대방도 전자우편으로 승낙(acceptance)을 하게 된다. 여기까지의 과정에서 문제의 소지는 전자우편에 의한 청약과 승낙이 계약의 법적 효력을 가질 수 있느냐 하는 문제이다. 이 점에 대한 세계적인 법적 확립이 필요하며, 기존의 국제규칙이 이를 빨리 수용해야 할 것이다.

인터넷 전화를 이용할 경우, 국가에 따라 다소 차이는 있지만 평균적으로 국제통신비용을 절반 이하로 줄일 수 있다. 또한 인터넷 접속환경이 양호하다면 해외 거래 상대방과 직접 만날 필요 없이 화상회의를 통해 거래협상을 완결할 수 있다.

(4) 국제물류단계

다음은 실질적으로 재화가 이동되는 물류단계이다. 여기에서는 다른 단계보다 인터넷을 이용하는 비중이 크지는 않을 것이다. 그러나 주문과 동시에 상품을 공급받고자 하는 해외 바이어들의 욕구가 있을 것이고, 이에 맞추어 현지 생산, 현지 보관, 현지 배달이라는 상품배송 시스템이 발달할 것으로 예상된다.

전반적으로 국제물류의 효율화를 달성하고 물품이 적기에 인도 되도록 하기 위해서 Global SCM(Supply Chain Management)의 구축이 활성화될 것이고, 이를 위한 인터넷의 활용도 증대될 것이다.

이 단계에서 무역업체들이 이용할 수 있는 것은 인터넷상에서 자신이 보낸 물품은 물론 긴급한 서류나 상품 견본이 상대방에게 전달되기까지의 전 과정을 인터넷상에서 추적해 볼 수 있다는 점이다. 즉, Fedex, UPS, DHL 등 국제 특송 서비스업체의 인터넷 홈페이지에 들어가서 접수번호를 입력하면 현재 어떠한 배달 상태에 있는지를 즉시 알 수 있다. 이러한 화물 추적 시스템(cargo tracing system)은 국제특송만이 가능한 것은 아니고, 수출입화물에 있어서도 전문물류업체에 의해 일부 서비스되고 있다.

우리나라의 경우 1997년 10월 이후 세관에 대한 모든 수출입신고와 보세화물 반출입신고를 전자문서교환(EDI) 방식으로 처리하고 있다. 이에 따라 관세청의 통관정보시스템(KCIS: Korea Customs Information System)을 통하여 무역업체들은 인터넷상에서 품목별 · 국가별 · 업체별 무역통계는 물론 수출입신고 수리 여부를 확인하고, 수입화물을 추적하는 등 다양한 서비스를 이용할 수가 있다.

(5) 대금결제단계

무역거래의 마지막 단계인 대금결제는 전자무역거래의 성패를 좌우하는 중요한 열쇠가 아닐 수 없다. 최근 인터넷을 통한 국제무역거래가 활성화되지 않는 이유도 바로 국제적인 전자결제제도의 도입과 확산이 어렵다는 데 기인한다. 또한 많은 무역업체들이 온라인으로 거래선을 발굴하고 오프라인으로 물품을 운송한 후 대금을 결제하여야 하는 이중적인 처리에 불편함을 느끼고 있다.

무역거래는 격지간의 거래이고 물품을 주고받는 데에는 시간적인 차이가 발생한다. 여기서 매도인은 물품인도와 동시에 대금지급을 받으려 할 것이고, 매수인은 물품을 인수한 후 대금을 지급하려 할 것이다. 이러한 이중적인 이해관계를 해소하는 것이 전자무역거래를 활성화하는 지름길이 될 것이다.

전통적인 무역거래에서는 이러한 이해관계를 선하증권의 기능을 중심으로 은행의 신용을 빌려 화환어음 취결방식을 채택함으로써 해결하고 있다.

즉, 물품의 담보가 되는 선하증권에 의해 물품을 인도하고 대금지급을 받음으로써 동시이행조건이 충족되도록 하고 있다. 따라서 전자무역거래가 활성화되려면 인터넷상에서 인수도가 가능한 전자선하증권의 도입과 함께 이를 위한 국제간 EDI 시스템의 도입이 필수적일 것이다.

그러나 선하증권은 권리증권이자 유가증권이기 때문에 원본의 개념과 서명(인증)이 중요한데, 이를 전자서명으로 대체하고 원본임을 인증하는 법적·제도적 장치가 아직 미흡한 설정이라 언제 실현될지는 미지수이다.

이와 같이 전자무역이 네트워크에 의한 무역이라는 점에서 대금결제에 많은 취약점을 드러내고 있다. 현재는 기존의 결제방식을 활용하여 은행의 지로 방식에 의한 대금결제와 신용카드에 의한 대금결제방식이 주로 행해지고 있는데, 이는 기업과 기업간의 국제적인 무역거래보다는 일반소비자가 물품을 주문한 후 소액결제를 하는 데 활용되고 있는 형편이다. 따라서 신용카드를 이용하는 방식은 B2C거래에서나 이용할 수 있는 결제수단이므로 기업간 전자무역의 결제수단이 될 수는 없다.

국제간 B2B 거래에 활용할 수 있는 방식으로는 수표대체방식, 은행계좌이체방식이 있을 수 있는데, 이들 방식은 현행 법규를 그대로 적용할 수 있기 때문에 법적인 문제가 새로이 발생하지 않는다는 장점이 있으나 보편적으로 사용되는 방법은 아니다.

따라서 볼레로와 같은 전자선하증권이 개발되고 이를 이용하는 전자무역거래라 할지라도 무역대금 결제에는 필연적으로 은행이 개입될 수밖에 없고 신용장과 같은 제도는 계속 생존할 것이다. 다만 기업간 전자자금이체(EFT)나 트레이드 카드 시스템과 같이 신용장 없이 거래하는 비중이 점차 늘어날 것으로 전망된다.

9. 전자무역의 과제

(1) 전자무역 이용현황과 문제점

인터넷을 이용해 가격 조정과 계약 내용 등에 합의하고 무역거래를 하면서도 기존 관습을 벗어나지 못하고 있는 것이 현실이다. 즉, 인터넷을 이용한 거래는 아직까지 구두 계약에 머물고 있다는 것이다. 전자무역이 이처럼 지지부진한 것은 아직까지 인터넷을 이용한 무역에 관한 법적 그리고 제도적 장치가 미비할 뿐만 아니라 네트워크 보안 문제가 여전히 해결되지 못한 문제점으로 남아 있기 때문이다. 또한 인터넷을 이용한 무역이 이루어질 경우 구매자와 판매자 중 어느 국가에 세금을 물릴 것인가에 관한 것도 해결되어야 할 과제로 남아 있다. 이러한 상황하에서 법적 · 제도적 장치들은 각국이 착실한 입법 작업을 추진하고 있으며, 네트워크 보안 문제도 금융 기관들을 중심으로 이미 표준화 작업에 나서 구체적인 성과가 나오고 있고 계속 좋아지고 있는 추세이다.

(2) 전자무역 장애요인

인터넷 사용자가 급증함에 따라 전세계적으로 급격히 확대되고 있는 전자 상거래와 전자무역에 효과적으로 대응하기 위해서는 기존의 법과 제도 · 관행에 대한 재검토가 하루바삐 이루어져야 한다. 또한 제기되는 문제점으로는 거래의 신뢰성과 비밀 보장의 취약성, 지적 재산권 침해, 세금 부과 등에 대한 정부 통제의 어려움 등이 있다. 이러한 문제점에 대처하기 위해서는 소비자 보호와 신뢰, 대금 결제 시스템, 과세 제도, 법적 안전장치, 분쟁해결장치 등에 대한 법적 · 제도적 정비가 매우 시급한 과제로 대두되고 있다.

① **신뢰확립** 인터넷이 바람직한 방향으로 발전하기 위해서는 이를 이용하는 사람들이 적절히 보호받는다는 신뢰감을 가지고 있어야 한다. 인터넷을 통해 전달된 정보가 부당한 방법에 의해 공개되어 개인의 사생활을

침해해서는 안 된다. 또한 네트워크 각 부분의 책임 소재를 분명히 해 기존의 법규정을 적용하고 새로운 통신 수단이 갖는 이점도 정확히 평가될 수 있도록 해야 하는 동시에 정부의 간섭은 최소한의 선에서 그쳐야 한다. 또한 소규모 무역에 사용되는 대금 결제를 위해서 반드시 양자간의 신뢰가 구축되어야 한다.

② **안정성** 전자무역의 가장 큰 장애 요인은 안정성이다. 전자무역의 안정성을 확보하기 위해서는 우선 구매자와 판매자간에 정확한 확인이 필요하고 해커의 침투를 막기 위한 메커니즘 등이 개발되어야 할 것이다. 이를 위한 결정적인 기술은 암호화 기법이며, 공인되지 않은 정보 접근을 차단하려면 정보 교환자간에 통하는 비밀번호 또는 지문 등의 인식 시스템이 필요하다.

③ **저작권 및 지적 재산권** 인터넷을 통해서는 통계자료 문서, 음성, 영상, 멀티미디어자료 등 다양한 정보가 교환될 수 있다. 또한 인터넷에 접속할 수 있는 기업, 개인, 정부 등 모든 이용자들은 곧 정보의 제공자가 될 수 있다. 다양한 공급자와 무한한 자료는 인터넷의 품질을 한층 높일 수 있는 기초가 되고 있다. 그러나 이러한 과정에서 문제로 야기되는 것은 인터넷상에 있는 정보에 대한 저작권과 지적 재산권이다. 인터넷에서의 저작권 및 지적 재산권에 대한 문제가 법적인 문제로 비화되기까지 하였으며, 아직까지도 세계 각국은 이에 대한 법적 해결방안을 모색하고 있다.

④ **체계적인 배달 시스템** 인터넷을 이용한 무역에 성공하기 위해서는 주문된 상품을 전세계 어디서에나 신속히 배달할 수 있는 물류 시스템을 갖추는 것이 중요하다. 특히 인터넷의 본고장인 미국과는 달리 여러 후진국에서는 인터넷을 이용하여 무역을 하고 싶어도 외국의 바이어들에게 외면받고 있는 것도 현대적인 물류 시스템이 정착되어 있지 않기 때문이다. 어쩌다 해외 주문을 받더라도 배송 체계가 확립되어 있지 않아 제대로 대응하지 못하고 있는 실정이다.

(3) 전자무역 과제

전자무역은 인터넷의 가상공간 자체가 시장이고 인터넷 접속자가 고객인 비대면 거래이기는 하지만 중요한 것은 상품의 매매와 이에 따른 대금결제라는 기존의 상거래 기본요소에는 변화가 없다는 사실을 명심해야 한다. 따라서 인터넷은 기존의 무역거래 방식의 폭을 넓혀 주는 도구에 불과하며, 인터넷이야말로 상품의 판매를 도와주는 Marketing Tool, Communication Tool, Market Research Tool에 불과하다는 사실을 깊이 인식해야 한다. 따라서 마케팅의 지원역할에 보다 충실한 이러한 인터넷의 활용범위는 주로 매매의 사전, 사후관리에 보다 치중되어 있으며 마케팅의 도구로는 더 없이 훌륭한 고객관리가 가능하다는 사실도 잊어서는 안 될 것이다.

인터넷의 적극적인 활용은 신속하고 저렴한 글로벌 마케팅을 가능하게 할 뿐 아니라, 내수와 무역의 경계가 불투명하다는 사실에 입각한 인터넷 무역 전문 대행업체까지 등장하고 있다는 사실은 인터넷의 역할과 효용의 한계를 잘 드러내고 있다고 할 수 있다. 특히, 정부는 1997년 3월 무역업을 허가제에서 신고제로 전환함으로써 전 국민의 무역업체화를 지원하고 있다고 하여도 과언이 아니다. 이제 무역에 필요한 것은 거래알선을 위한 홈페이지와 사업자등록증에 불과하다. 그만큼 전자무역의 기반은 넓어졌으며, 편리해졌고, 다양해졌다 하겠다.

그러나 동시에 인터넷을 활용해도 해외 거래선 발굴하기가 쉽지는 않다는 현실적인 문제점을 고래해 보아야 한다. 조회나 무역거래알선 사이트의 주문에 대한 신뢰성이 기존의 방식에 비해 떨어지고 있고, 거래처에 대한 상세하고 정확한 정보는 추가적인 비용이 소요되므로 인터넷 활용능력과 방법에 따라 거래선 발굴에 커다란 차이를 갖게 된다. 이와 같이 거래선의 정확한 연결과 관련하여 전자무역은 상당한 전문성을 필요로 한다.

또한, 수출 실무에서의 인터넷 활용상의 한계도 지적하여야 한다. Offer 작성이나 Nego 등 복잡한 서류 절차적인 문제에 있어 이보다 복잡한 EDI로 활용할 것이 필요한 바, 이러한 EDI의 개방형으로의 개선이 시급히 필요하며 인터넷과의 관계에서 그 개선방향을 알아보았다. 그러나 이러한 개방형

EDI에 의해 전자무역이 시행된다 하더라도 국가별 복잡한 수출입 절차의 일관성 있는 처리가 곤란하다는 문제점이 또 다시 대두될 수 있다. 그럼에도 불구하고 개방형 EDI 또는 웹 EDI의 개발은 이러한 문제점에 대한 호환성 있는 대안을 제시할 유력한 수단으로 부상할 전망이다.

전자무역의 실패를 낳게 하는 요소로는 먼저 기본적 마케팅 도구의 미비를 예로 들 수 있다. 카탈로그, 제품설명서, 국제품질인증 등 사전에 전자무역에 필요한 기본적인 정보의 제공이 부족할 경우에 가상공간에서의 매매는 더욱 어려운 것이 사실이다. 둘째로는 미완성된 제품을 제조업체의 일정만 믿고 미리 접촉하여 가격조건을 충족시킬 수 없는 경우이다. 전자무역의 진전에 따라 수입업자는 이전의 무역에 비해 훨씬 더 많은 가격정보를 정확하게 갖고 있으며, 공급업체 역시 다양한 변수에 의해 외주를 주는 비율이 높아지는 핵심역량 위주의 사업을 전개함에 따라 수요자의 수요에 즉각 대응하기 위한 다양한 대안을 사전에 준비하는 것이 바람직하다.

특히, 전자무역의 생명은 속도에 있으며 시간과 공간의 제약이 없어진 상황에서 답변 지연 등으로 거래기회를 놓친 경우가 상당수 있음은 전자무역의 즉시 대응노력을 게을리해서는 안 된다는 것을 보여준다.

참 고 문 헌

남경두, 「인터넷 무역 길라잡이」, 정보문화사, 2000.
남풍우, 「무역상무론」, 서출판 두남, 2003.
서갑성, 「무역학원론」, 형설출판사, 2009.
윤기관, 오근엽, 구종순, 문희철 공저, 「현대무역의 이해」, 법문사, 2003.
전창원, 「무역실무 : 인터넷 무역」, 개정 4판, 무역연구원.
최용록, 「전자상거래와 인터넷 무역」, 두남출판사, 2000.

http://www.kita.net
http://trade.kyungil.ac.kr
http://www.logis-net.co.kr
http://www.mocie.com
http://www.ktnet.co.kr

제 14 장 국제마케팅

제1절 국제마케팅의 이해

최근의 글로벌 경영 및 무역환경의 급격한 변화는 한국기업들에게 위협이 되고 있는 동시에 새로운 도전의 기회를 제시하고 있다. 세계시장에서 인정을 받을 때부터 기업들에게 제시되었던 품질, 디자인 등 비가격경쟁력 강화는 여전히 한국기업들, 특히 중소수출기업들에게는 큰 과제로 남아 있다. 이들의 중요 사업분야인 노동집약적 산업에서는 중국 기업들의 비약적 발전이, 고부가가치 산업에서는 선진국의 견제가 심한 상황이다. 이제 한국의 기업들은 통합된 글로벌 시장에서 그들의 경영전략 및 국제마케팅전략을 새롭게 계획할 때이다. 통합된 세계시장이 주는 성장의 기회를 포착하고 이를 글로벌 성과로 이끌 수 있는 마케팅 역량을 키워야 할 때인 것이다.

이 절은 마케팅의 기초개념, 국제마케팅 환경에 대해 설명함으로써 국제마케팅에 대한 쉬운 이해를 돕고자 한다.

1. 마케팅의 개념

(1) 마케팅 개념

마케팅이란 소비자의 만족을 충족시키기 위하여 제품 혹은 서비스를 계획하고, 그 가격을 산정하고, 유통시킴과 동시에 판매를 촉진하는 것과 관련된 상호 연관된 기업활동의 총체로 이해할 수 있다.

그러나 현대의 마케팅 개념은 단순히 소비자의 니즈(needs)를 충족시켜 주기 위한 것만이 아니라, 소비자의 욕구를 충족시키거나, 니즈를 창조, 나아가서 소비자와 기업과 의사소통을 통해서 자기 기업 또는 자기 상품 및 서비스를 높이는, 기업의 전체적인 가치를 높이는 총체적 행위이다.

마케팅으로 인해 브랜드의 가치가 상승하고 주가가 상승하면서 기업의 전체적인 가치도 높아지게 되기 때문에 최근의 기업들은 지속가능한 성장과 이윤을 추구하기 위해서 마케팅 활동에 중점을 둔 기업활동을 수행하고 있다.

(2) 마케팅의 중심과제

신제품 개발, 마케팅경로 구성원과의 관계 구축, 경쟁력 강화와 경쟁수단의 확보, 경쟁력 있는 가격결정 등이 마케팅에 있어서의 중심과제라 할 수 있다.

1) 신제품 개발

신제품이라 함은 처음 개발된 신제품은 말할 것도 없고 이 제품을 개선하거나 수정한 것도 포함되며 새로운 상표까지도 신제품개념에 포함시킬 수 있다. 또한 기존 제품의 새로운 용도를 개척하는 것도 넓은 의미에서 신제품의 개념에 포함시킬 수 있다. 결국 어떠한 방법에 의하든지 소비자가 새롭다고 여기는 한 신제품으로 간주할 수 있다. 신제품 개발에는 많은 비용이 소요되고 실패의 위험이 높기 때문에 제품의 개량 내지 개선도 상당히 중요한 전략일 수 있다. 뿐만 아니라 제품의 수명이 짧고 경쟁자의 신제품에 밀려 나가는 상황에서 기존 제품에 아무런 개량을 하지 않고 구태의연한 제품을 계속적으로 내놓는다면 치열한 경쟁에서 살아남을 수 없다. 따라서 기업은 항상 경쟁기업보다 한발 앞서 신제품을 개발해야 성공할 수 있다. 또한 성공적인 성과를 얻기 위해 신제품 개발에 있어서 중요한 점은 고객의 니즈에 부합한 신제품개발이 이루어져야 한다는 것이다. 이를 위해서는 기존 제품에 대한 고객들의 평가를 지속적으로 피드백해야 할 필요가 있다. 고객으로부터 직접 들은 자기 제품에 대한 평가를 기반으로 한 신제품 개발이 기업의 성공을 좌우하는 핵심적인 열쇠가 된다.

2) 마케팅 경로 구성원과의 관계 구축

마케팅 경로는 서로 다른 목표를 가진 경로 구성원들로 이루어져 있고, 이들은 각자 자신의 이익을 극대화하기 위해 노력하며 자신과 직접 거래하는 경로 구성원과의 관계에만 주로 관심을 가지게 된다. 이 때 경로 구성원들 간의 상호 의존성이 커질수록 특정 경로 구성원이 다른 경로 구성원들의 목표와 마케팅활동에 관여할 가능성이 높으며, 그 결과 경로 구성원들간의 갈등도 커질 수 있다. 즉, 각 구성원들의 목표와 그들이 수행해야 할 역할에 대해 경로 구성원들간에 서로 의견 불일치가 발생하게 되면 "갈등"이 생기는 것이다.

마케팅 경로 갈등의 상당 부분은 마케팅 경로 구성원들 각자의 이해가 상충하기 때문이므로, 근본적으로는 갈등의 원천을 제거하기는 어려운 편이다. 하지만, 갈등의 효율적인 관리를 통해서 이러한 갈등을 조금이나마 해소할 수 있는 방안은 있다.

첫째, 마케팅 경로 리더(channel captain)의 지도력(경로 파워)을 활용하는 방법으로, 특정 경로 구성원이 지도력을 보유하고 있고, 다른 경로 구성원들의 신뢰를 획득하고 있다면 갈등의 발생 소지를 감소시킬 수 있고 보다 빨리 갈등을 해결할 수 있는 분위기가 조성될 수 있다. 여기서 경로 리더는 다른 경로 구성원들을 조정하고, 지시하며, 원조해 주는 역할을 담당한다. 이들 경로 리더는 경로 구성원들 중에서 선정되며, 제조업자가 될 수도 있고, 중간상이 될 수도 있다.

둘째, 공동 목표를 제시하는 방법이 있다. 이 방법은 경로 구성원들이 생존하기 위해서 공통적인 외부의 위협(적)을 인식하고 있을 때, 보다 긴밀히 협조하게 되므로 갈등 해소가 용이하게 된다.

셋째, 공동 작업으로 경로 구성원들이 빈번히 접촉하거나 정기적인 회합을 설정하거나, 인적 교류를 통해 점차적으로 갈등을 감소시키는 방법이다. 즉, 서로 갈등이 커지기 전에 친목을 다져서 서로 얼굴을 붉히지 않는 선에서 갈등을 최소화하는 것이라 하겠다.

넷째, 중재와 조정의 방법으로, 중재와 조정절차를 수행하는 상설 기구의 설립으로 마케팅 경로상의 갈등이 발생했을 때 이러한 기구를 통해 해결방안을 제시하도록 하는 방법이 있다.

결국, 마케팅 경로 갈등이 원만히 해결하지 못했을 경우에는 자사 제품이 소비자에게 원할히 전달되기 어렵고 애써 구축해 놓은 유통망이 깨질 우려가 있다. 따라서 제조업체의 입장에서 봤을 때, 자사 제품이 소비자에게 가장 신속하고 편리하게 전달되어 지속적인 판매가 유지되게 하려면, 이 마케팅 경로의 갈등을 제대로 관리하는 것이 도/소매상의 형태와 수를 정하는 것만큼이나 가장 중요한 마케팅 전략 중의 하나가 될 것이다.

3) 경쟁력 강화와 경쟁수단의 확보

성공적인 마케팅 전략이 되기 위해서는 기업이 수행하는 마케팅 전략이 기업 전체의 경쟁력을 강화하고 다른 기업들과의 경쟁에서 살아남을 수 있는 도구로써 사용될 수 있는지 여부에 달려 있다.

따라서 기업이 수행하는 마케팅 전략은 자사 경쟁력 강화에 도움이 되는지와 상대 기업과의 치열한 경쟁에서 이길 수 있는지에 초점을 두고 수행되어야 할 것이다.

4) 경쟁력 있는 가격결정

보다 많은 제품을 고객들에게 판매하기 위해 무엇보다도 중요한 것은 소비자들이 납득할 수 있는 합리적인 제품 가격 설정이다. 소비자들이 제품을 선택하는 기준은 제품의 질, 디자인, 소비자의 기호 등 점차 다양해지고 있지만 여전히 중요한 선택기준은 가격이다. 따라서 소비자들의 마음을 사로잡기 위한 마케팅활동을 수행하기 위해서는 소비자들이 공감할 수 있는 가격 결정이 이루어져야 할 것이다.

(3) 마케팅의 주요 수단

마케팅의 주요 수단으로는 광고, 홍보, 이벤트 등이 있다. 기업에 있어 자신의 상품이나 자신의 브랜드에 대한 회상이 중요한데, 기업은 소비자들이 이 회상의 단계까지 거치도록 노력해야 한다. 예를 들어, 우리나라만 해도 '삼성' 하면 확실한 서비스, 믿을 만한 회사 이런 식으로 회상되곤 한다. 브랜드를 소비자의 기억 속에 확실히 인지시키는 방법으로는 기업 그 자체를 브랜드화하는 방법과 제품을 브랜드화하는 방법이 있다. 기업 그 자체를 브랜드화한 경우는 '코카콜라' 같은 경우를 들을 수 있고, 제품을 브랜드화 하는 방법으로는 '삼성' 의 '애니콜', '지펠' 등이 이에 해당된다고 할 수 있다.

특히 최근에는 제품 자체를 브랜드화하는 경향이 많이 일어나고 있는데 이렇게 제품자체를 브랜드화하게 되면 제품 자체에 차별성을 줄 수도 있고, 위험성을 분산할 수도 있다는 이점들이 있다.

2. 국제마케팅의 개념

(1) 국제마케팅의 정의

한국기업뿐 아니라 전세계 어디에 있는 기업도 국제교역에 깊이 관여하고 있으며 또 영향을 받고 있다. 크든 작든, 국내지향기업이든 해외지향기업이든 모든 기업들은 각국시장의 국제화, 세계경제에 대한 상호의존도의 심화 등 장기적이고 세계적인 조류에 영향을 받고 있다. 세계는 빠르게 하나의 거대한 경제시스템으로 되어가기 때문에 직접적으로 국제경영에 개입을 하고 있던 그렇지 않았던 어떤 기업도 위와 같은 경향에서 벗어날 수 없다.

오늘날 모든 기업활동은 그 경영의 영역에 있어 국제적이다. 재무, 기술, 연구개발, 투자, 생산설비, 마케팅활동, 판매망 등 모든 기업의 활동은 국제적 차원을 가진다. 이런 현실 하에 국제마케팅의 등장은 필연적 결과라 할 수 있겠다.

국제마케팅이란 기업의 재품과 서비스가 하나 이상의 나라의 고객들에 전달되게끔 하는 기업활동이라 할 수 있다. 또한 국제마케팅이란 조직의 목표를 달성하기 위하여 기업이 그 사업의 영역을 여러 나라의 시장으로 확장하는 과정에서 수행되는 마케팅 활동으로 정의되기도 한다. 이와 관련된 단어로는, 국내시장에서 판매될 수 없는 잉여재화의 처분이라는 의미를 지닌 수출과 정치적, 경제적, 사회적, 문화적으로 한 국가의 단위를 넘어선 국가간의 의존과 교류의 심화상태와 자유로운 변화를 통칭하는 말인 국제화가 있다. 또한 수익성 있는 판매의 극대화와 세계시장에서의 소비자 욕구에 부응이라는 의미를 가진 국제마케팅이라는 단어가 있다.

(2) 국제마케팅의 분류

① 수출 마케팅(Export Marketing): 상품이 자국에서 상대국에 이르기까지 상품의 이동과 물류에 관한 활동에 초점을 둔 마케팅

② 해외 마케팅(Overseas Marketing): 해외에 진출한 자회사가 현지에서 활동할 때 상대국에 초점을 둔 마케팅

③ 범세계적 마케팅(Multinational Marketing): 다국적 기업이 자사가 진출한 여러 국가를 대상으로 특화된 계획과 전략을 실행하는 마케팅

(3) 마케팅과 국제마케팅의 차이점

마케팅과 국제마케팅의 차이점은 마케팅활동이 하나 이상의 나라에서 일어난다는 것밖에 없다. 이러한 조그마한 차이점이 국제마케팅활동의 복잡성과 다양성을 설명한다고 할 수 있다. 국제마케팅이 마케팅과 다른 점은 우

선 마케팅 전략의 테두리 속에서 마케팅계획의 외부적 결정인자가 국가마다 상이하다는 것에서 출발한다.

최근의 정보통신기술의 발달(특히, 인터넷)과 수송운송의 발달(갈수록 수송의 중요성이 증가) 등으로 인해 국제마케팅의 중요성이 더 강화되고 있는 실정이다.

3. 국제마케팅의 특성

국내외시장의 성격이 과거의 판매자의 시장에서 구매자의 시장으로 전환됨에 따라 기업의 모든 활동도 마케팅을 중심으로 하여 생산, 재무, 인사 등의 각 기능이 결합되는 전사적 마케팅시스템으로 지향하는 경향을 보이고 있다. 한편, 기업이 보다 많은 이윤기회를 추구하여 국제화되고 그 활동범위를 국내시장에서 국제시장으로 넓히게 되자, 기업의 마케팅활동도 종래와 같은 국내적인 시야에서 벗어나 국제적 시야에 입각하여 수행되어야 할 필요성이 대두되었다. 왜냐하면 국내시장하의 마케팅활동과는 달리 국제시장하의 마케팅활동은 국경의 존재, 시장규모를 비롯한 여러 마케팅환경의 구성요소가 상당히 다양할 뿐만 아니라 그 변화의 정도도 매우 크기 때문이다. 따라서 국제마케팅은 국내시장만을 활동대상으로 하는 국내마케팅과는 전혀 차원을 달리하여야 한다.

국제마케팅활동은 국내 마케팅의 경우와 달리 다음과 같은 특성을 지닌다.

첫째, 국제마케팅은 국경을 넘는 마케팅활동이다.

둘째, 외국에서의 마케팅활동이다.

셋째, 동질적이라기보다 비교적 이질적인 2개 이상의 시장에서의 마케팅활동이다.

결국, 국제마케팅은 한 나라에서 마케팅활동을 수행하는 국내마케팅보다 더 많은 복잡성, 다양성, 어려움, 위험성이 존재한다는 특성이 있다.

제 2 절 국제마케팅 환경

1. 국제마케팅 환경 분석

해외시장에 진출하기 위해서는 국내 환경보다 더욱 복잡하고 다양한 국제마케팅 환경을 거시적으로 철저히 이해하는 사전 준비가 요구된다.

① **정치적 환경**: 진출하는 상대국의 정치적인 안정성과 정부의 외국기업에 대한 우호적 태도, 그리고 자국과의 외교 관계를 고려해야 한다.

② **법률적 환경**: 진출 상대국의 법률 체제와 통화 보유, 외환에 대한 규제, 외국인 기업지원 제도 등을 파악해야 한다.

③ **경제적 환경**: 진출 상대국의 경제 상태, 소득 수준 그리고 더 나아가 상대국과 지역 경제 동맹을 이루고 있는 주변국의 경제상황까지 파악해야 한다.

④ **문화적 환경**: 진출 상대국의 문화, 종교, 윤리, 미적 기준, 금기 사항, 외국 상품에 대한 선호도, 상거래 관습 등을 조사해 소비자의 구매 의사나 소비 방식을 파악해야 한다.

⑤ **산업구조 분석**: 진출 상대국의 산업구조를 자급자족 경제, 원재료 수출 경제, 개발도상국 경제, 개발국 경제 등으로 분석하여 그 나라의 소득 구조와 소비 성향 등을 파악해야 한다.

⑥ **무역제도와 국제법**: 관세, 비관세 장벽 등의 무역제도와 국제법의 세부 조항들을 사전에 잘 이해하고 있어야 한다.

2. SWOT분석

(1) SWOT분석기법의 개요

이 분석방법은 스탠퍼드 대학에서 1960년대와 1970년대에 Fortune誌

선정 500대 기업들을 연구하면서 얻게 된 결과를 바탕으로 알버트 험프리가 고안해낸 내 · 외부환경 분석 방법의 하나이다.

SWOT는 강점(Strength), 약점(Weakness), 기회(Opportunity), 위협(Threat)의 머리글자를 모아 만든 단어로 경영 전략을 수립하기 위한 분석 도구이다.

내적인 면을 분석하는 강점/약점 분석과, 외적 환경을 분석하는 기회/위협 분석으로 나누기도 하며 긍정적인 면을 보는 강점과 기회 그리고 그 반대로 위험을 불러오는 약점, 위협을 저울질하는 도구이다. 보통 X, Y축으로 2차원의 사분면을 그리고 각각 하나의 사분면에 하나씩 배치하여 연관된 사항들을 우선순위로 배치한다. 이러한 분석을 통해 경영자는 회사가 처한 시장 상황에 대한 인식을 할 수 있으며 앞으로의 마케팅 전략을 수립하기 위한 중요한 자료로 삼을 수 있다.

SWOT 분석의 두 번째 단계는 자사가 가지고 있는 강점과 약점을 경쟁사와 비교 · 분석하여 자사가 가지고 있는 상대적인 강점을 향후 시장에서 어떻게 활용할 수 있는지, 그리고 자사의 상대적인 약점을 어떻게 보완하거나 방어할 수 있는지를 분석하는 단계이다. 이를 위해서는 가치사슬[1)]의 각 단계별로 비교하여 파악하는 것이 좋다.

(2) SWOT분석의 방법

1) 외부환경 분석(Opportunities, Threats)

- 자신을 제외한 모든 것(정보)을 기술한다.
- 좋은 쪽으로 작용하는 것은 기회, 나쁜 쪽으로 작용하는 것은 위협으로 분류한다.
- 언론매체, 개인 정보망 등을 통하여 입수한 상식적인 세상의 변화 내

---

1) 가치사슬은 기업의 제품이나 서비스가 어떻게 경영활동의 여러 단계를 거쳐 소비자에게 전달되는지를 파악할 수 있게 해주기 때문에 자사의 어떤 부분이 경쟁사에 비하여 상대적으로 취약한지 알기 쉽게 해준다.

용을 시작으로 당사자에게 미치는 영향을 순서대로, 점차 구체화한다.

- 인과관계가 있는 경우 화살표로 연결한다.
- 동일한 data라도 자신에게 긍정적으로 전개되면 기회로, 부정적으로 전개되면 위협으로 분류한다.
- 외부환경분석에 SKEPTIC check list를 활용하면 편리하다.

2) 내부환경 분석(Strength, Weakness)

- 경쟁자와 비교하여 나의 강점과 약점을 분석한다.
- 강약점의 내용: 보유하거나, 동원 가능하거나, 활용 가능한 자원(resources)

(3) SWOT분석을 이용한 전략의 수립

1) 전략도출

- SWOT분석의 결과 얻어진 것 중 핵심적인 SWOT을 대상으로 하여 전략을 도출한다.

① SO(강점을 가지고 기회를 살리는 전략)
② ST(강점을 가지고 위협을 회피하거나 최소화하는 전략)
③ WO(약점을 보완하여 기회를 살리는 전략)
④ WT(약점을 보완하면서 동시에 위협을 회피하거나 최소화하는 전략)

2) 중점 전략 선정

- 도출된 전략 중 가급적 적은 수의 것을 중점 전략으로 선정한다.
- 선정방법: 목적달성의 중요성, 실행가능성, 남과 다른 차별성(자신의 상황에 가정 적합한 것)

제 3 절 국제마케팅 믹스

마케팅 믹스(4Ps)란 표적시장에서 마케팅 목표를 달성하기 위해 필요한 요소들의 조합을 말한다. 마케팅 믹스는 크게 제품(product), 가격(price), 유통(place), 촉진(promotion) 등의 4p라고 부르는 요소로 구성되는데 이 요소들을 조합해서 마케팅 목표를 달성하는 것이 마케팅 믹스의 핵심이다.

기업은 시장환경의 변화를 분석하여 시장기회를 포착해야 한다. 고객의 욕구가 변하고 다양화될수록 시장의 기회는 많아지지만 한편으로는 그 변화가 기업에게 위협으로 다가오기도 한다.

결국 기업은 기회든 위기든 시장의 환경을 분석하고 이를 자사의 약점과 강점에 결합해서 경쟁회사와의 경쟁 우위를 보여주어야 한다. 마케팅 믹스 전략은 제품, 가격, 유통, 촉진의 마케팅 요소들이 상호 보완적이면서 일관성을 가져 시너지 효과를 얻을 수 있도록 효율적으로 결합하여 최대의 효과를 낼 수 있도록 하는 것이다.

소비자의 욕구가 다양해지고 경쟁 환경이 시시각각 변하면서 기업은 적절히 시장환경 변화에 대응해야 한다. 시장세분화에 의한 표적 시장이 결정되고 제품 컨셉트가 설정되면 4p 전략은 물론 각각의 마케팅 믹스 하위 요소까지도 고려한 마케팅 믹스 전략을 세워야 한다.

1. 상품(Product) 전략

진출하는 국가 소비자의 욕구와 상품 수명주기를 고려하여 상품 전략을 수립해야 한다.

마케팅 믹스 전략의 가장 기본이 되는 선결요건으로 좁은 의미에서는 고객에게 팔려고 하는 상품을 말하고, 넓은 의미에서는 고객의 욕구를 충족시킬 수 있는 유형, 무형의 모든 것을 말한다.

제품에는 단지 제품 자체뿐만 아니라, 디자인, 포장, 서비스 등과 같은 요소들도 포함되어 있다. 기업은 표적시장의 욕구를 충족시킬 수 있는 제품을 만들어야 한다. 제품을 많이 판매하려면 제품에 대한 고객의 욕구를 충족시킬 수 있어야 하고 그러기 위해서는 먼저 소비자의 욕구를 정확히 파악하여 소비자의 입맛에 맞는 제품을 만들어 판매함으로써 부가가치를 높여 타사의 제품과 차별화해야 한다.

① 서비스 상품의 수명주기

- 도입기: 낮은 경쟁과 낮은 마진, 적자를 감수하고 투자를 진행하면서 전략을 세운다.
- 성장기: 급격히 경쟁이 증가할 수도 있다. 우선 경쟁우위전략을 개발하며 고객에게 브랜드 선호를 유도하고 서비스 충성도를 재점검하면서 서비스에 대한 만족감을 심어주어 반복 구매를 유도해야 한다.
- 성숙기: 극심한 경쟁으로 인해 이 시기를 버티지 못하고 폐업하는 기업이 많다. 이 시기에는 영업비용을 줄이고, 특정 세분시장에 집중하는 전문적인 마케팅이 구상되어야 하며, 보조 서비스를 추가로 할 시에는 포괄적으로 여러 가지 혜택을 주어야 한다.
- 쇠퇴기: 상품의 구매 욕구가 감소하여 경쟁이 감소하거나 적은 현금흐름으로 인해 이윤이 감소하고 시장 성장 속도가 감소하는 시기이다.

② 신상품 개발

끊임없이 신상품을 개발하면서 기업은 더욱더 이윤을 남기고 발전해야 한다.

③ 제품 차별화 전략

자사제품이 경쟁제품보다 우수한 편익을 제공하고 소비자에게 독특하게 인식되도록 하는 전략을 말한다.

2. 가격(Price) 전략

해외 시장 진출을 위한 사전 비용과 상품 이동에 따른 추가 비용(관세, 운송비 등), 위험 등을 고려하여 국제가격 전략을 수립해야 한다.

가격이란 상품과 서비스의 효용 및 가치로서 소비자에게는 상품의 가치를 금액으로 표시한 것으로서 상품과 화폐의 교환비율을 말한다. 가격은 여러 가지 환경을 고려해야 하는데 이러한 가격 전략은 마케팅 믹스 속에서 종합적으로 판단되어야 한다. 서비스 제공자는 가격조작을 통해 수요량을 조절할 수 있으며, 가장 빨리 변화의 결과를 얻을 수 있고 이에 수반되는 비용이 없다. 경쟁환경에 따라 경쟁제품보다 싸거나 혹은 비싸게 책정할 수도 있고 소비자의 수요나 심리적 요소에 따라 결정할 수 있다.

① 가격가치: 소비자가 서비스에서 얻고자 하는 것 전부를 의미한다.

② 가격결정: 가격의 상한과 하한을 결정하며 그 범위 안에서 경쟁을 한다.

③ 원가우위 전략: 제품 단위당 적정 이윤을 유지하고 경쟁 제품과의 가격 경쟁에서 유리한 위치를 잡으려는 데 목적이 있다.

사례

한국산 노계의 수출로를 개척하다

세계가 조류독감 유행으로 닭고기 구매를 꺼려하던 시기에도 많은 베트남 사람들은 여전히 닭을 돼지고기보다도 자주 먹고 있었고 이를 파악하자 국내 닭고기 판매업체는 한국산 닭고기 수출이 용이할 것으로 판단하였다.

하노이 KBC에서 자체 조사한 결과, 한국 사람에게는 질긴 듯한 육질이 베트남 북부에서는 쫄깃하고 맛있다고 느꼈고, 영양이 더 좋다는 의식이 강해 돼지고기보다 닭고기의 수요가 많고 가격도 상대적으로 높게 형성되어 있었다.

40%라는 높은 수입관세를 극복하고 현지 수요에 발맞춰 한국산 닭고기를 공급하고자, 현지 수입업체를 찾던 중 수입산 쇠고기 및 베트남 돼지고기를 현지 식당에 공급하던 그린월드와 접촉을 시도하였고 KOTRA의 지사화사업을 통해 방법을 모색하였다.

한국에서 수입해도 가격에서 밀리지 않고 베트남 사람 기호에 맞는 닭고기를 고민하다 한국 양계장에서 계란생산용으로 사육되는 닭들이 알을 더 이상 나을 수 없는 노계가 되면 가격이 급격이 떨어진다는 점에 착안하여 베트남 사람들이 생각하는 합리적인 가격으로 공급을 하게 되었다.

결국 예상대로 적정한 가격과 베트남 사람들의 입맛까지 사로잡는 육질로 '08년 114천 달러 상당의 한국산 노계를 첫 수출하게 되는 성과를 거두었고, 남부 베트남 사람들은 한국 사람들과 같이 연하고 부드러운 닭고기를 좋아하였기 때문에 한국산 노계는 북부를 중심으로 수요가 집중되어 있었다.

유망품목 발굴과 적합한 현지 업체를 물색하여 유리한 조건으로 수출성과를 도출할 수 있었고, 그린월드는 지사화사업 활용, 추가 판매망 확보에 주력하였다. 첫 수출 계약을 시작으로 베트남 내에 수입 소고기 및 베트남 돼지고기 유통과 각종 농수산물 유통까지 영업력을 넓히고 있어 추후 많은 성과가 기대된다.

본 사례는 한국에서는 먹지 않는 노계가 베트남 북부 내에서는 맛좋은 닭고기로 여겨지는 것과 같이 국가별 문화 및 인식 차이를 토대로 한 새로운 틈새시장 발굴노력이 결실을 맺었고 베트남 사람들의 선호도 파악도 주효했다. 또한 현지 사람들이 구매 가능한 가격을 형성하기 위해 다양한 방안을 검토하고 초기 시장침투를 위해 합리적인 가격으로 저가 공급했던 것도 주효하였다.

3. 유통(Placement) 전략

국제적인 유통은 국내 유통과 비교해 볼 때 그 비용이 상당히 크기 때문에 유통에서의 이점이 곧바로 해외 진출의 동기가 되기도 한다.

유통이란 상품과 서비스가 생산자로부터 최종 소비자에게 전달되는 구조적인 과정을 의미한다. 가장 적절한 유통경로를 통해 제품의 수요에 맞는 판매처를 선정하여 제품공급을 계획적으로 수행해야만 자사의 제품을 소비자들에게 효과적으로 판매할 수 있다.

- **유통 경로**: 자사제품의 특성, 시장의 규모 및 특성, 경쟁 환경 등을 종합적으로 고려해서 가장 효율적인 유통 구조를 구축해야 한다.

- **유통 전략의 여러 가지 유형**

- 첫 번째 전략은 상품의 생산에서부터 진출하는 국가의 최종 소비자에게까지 이르는 모든 경로를 직접 관리하는 방법으로 철저한 유통구조의 파악이라는 점에서 장점을 가지지만 많은 비용이 소요된다는 단점을 가진 전략이다.
- 두 번째 전략은 자사의 현지 법인을 이용하거나 대리점을 개설하는 방법으로 통제가 용이하다는 장점을 가진 전략이다.
- 세 번째 전략은 현지의 중간상을 통하여 상품을 유통하는 방법으로 도매상과 소매상의 선정에 있어서 그 상품이나 그 나라 소비 습관에 알맞은 규모의 도매상과 소매상을 선별하는 작업이 매우 중요한 전략이다.
- 네 번째 전략은 자국의 수출업자나 현지의 수입업자에게 유통과정을 일임하는 방법으로 국제적인 유통의 비중이 높지 않을 때 사용될 수 있는 전략이다.
- 다섯 번째 전략은 국제 운송비, 관세, 보험료, 재고 비용 등이 상대적으로 과다할 경우 현지 생산을 통해 유통비용을 절감시키는 방법으로 해외시장 진출 전략과 병행하여 고려되어야 하는 전략이다.

4. 촉진(Promotion) 전략

촉진은 진출국의 언어, 문화 등을 고려하여야 하는 가장 복잡한 과정으로 광고, 매체, 판촉 등을 이용할 때 그 나라의 규정과 습관, 금기 사항 등을 잘 파악해야 한다.

촉진이란 현재의 고객과 잠재고객과의 커뮤니케이션 활동을 전개하여 상품을 알리고 다른 상품과 비교하여 설득하고 소비자의 구매성향을 바꾸어 나가는 마케팅 활동으로 대인판매, 광고, 홍보와 선전, 판매촉진 등이 있다.

① **판촉의 중요성** : 판촉은 단기 매출에 즉각적인 영향을 주며, 서비스 브랜드간에 구분이 모호하여 브랜드 전환을 주어야 할 때 사용된다.
② **광 고** : 정보 제공을 목표로 한다. 가격, 제공 서비스 종류와 타 기업과의 차별화를 고객에게 설명하고 설득한다.

• 촉진 전략의 여러 가지 유형

- 첫 번째 전략은 진출하는 모든 국가에 동일한 촉진 프로그램을 사용하는 방법으로 전세계적인 이미지의 브랜드를 판매할 때 이용될 수 있으나 실패할 확률이 비교적 높은 전략이다.
- 두 번째 전략은 진출국에 따라 그 나라의 법 규제, 문화, 관습 등을 고려하여 개별적인 프로그램을 사용하는 방법으로 광고, 판촉, 인적 판매 중에서 그 나라에 가장 효율적이고 친근한 방법들의 조합을 찾아야 하는 전략이다.

사례

중소기업에게도 유용한 광고마케팅

한국 기업의 이집트 진출 유망 품목으로 단연 자동차 부품을 으뜸으로 뽑을 수 있으며 이 품목은 경제 위기에 크게 영향 받지 않으면서도 꾸준한 성장세를 기록하고 있는 품목이다. 그에 비해 이 품목은 경쟁 또한 매우 치열한 상품으로 한국산에 비해 가격이 30% 저렴한 중국산과의 경쟁은 물론이거니와 한국 업체끼리의 경쟁 또한 치열한 실정이다. 이에 이집트는 잠재력이 풍부한 시장이기는 하나 경쟁 구도가 심화되어 있는 상황이기 때문에 경쟁업체들에 앞서 나가는 돌파구 마련을 위한 아이디어가 절실히 필요했었다.

고려부품(주)은 한국 자동차 부품을 주로 취급하는 무역업체로 업계에서 이름이 널리 알려진 업체로서 이집트 내 한국 자동차의 점유율이 높은 사실을 인지하고 지사화 사업을 활용하여 이집트 시장진출 및 확대를 모색하였다.

세계 경제 위기 속에서도 유일하게 영향을 받지 않고 성장세를 이어가고 있는 산업이 자동차부품이기 때문에 이를 타깃으로 하는 경쟁업체가 많았으나, 고려부품(주)은 이집트 시장가능성을 높게 보고 한국 업체로는 '09.7에 처음으로 이집트 내 유일한 자동차 전문잡지인 Arabeety(My Car)에 광고를 싣기로 결정하였다.

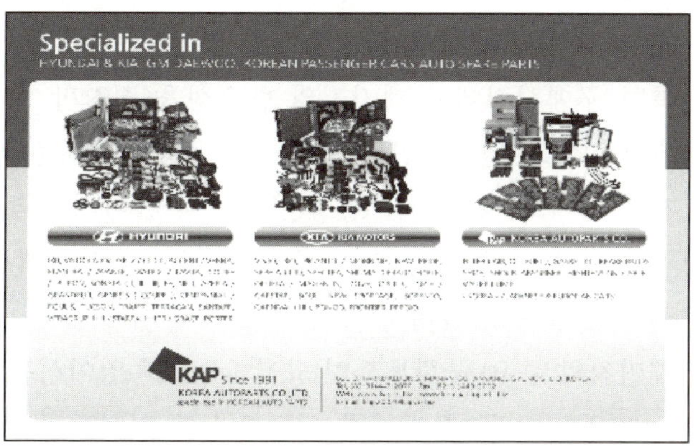

사실상 동사는 지난 '08년도에 바이어와 공동으로 광고마케팅을 하기로 했으나 바이어의 관심부족으로 이를 실행하지 못했고, 따라서 '09년에는 자체비용으로 광고를 내기로 결정하였다. KBC마저도 광고효과에 대해서는 기존 사례가 없어 반신반의하였으나, 광고 이후 조회가 증가하고 거래건수가 향상되는 성과를 가져왔고, 수출성약 규모도 '08년 70만 달러에서 300만 달러로 크게 증가하였다.

본 사례는 중소기업인 고려부품(주)이 이집트 시장가능성을 높게 보고, 이집트 시장을 진출함에 있어서 광고마케팅을 통하여 해외시장 진입에 성공한 사례이다. 고려부품(주)은 경쟁이 치열한 시장상황에서 시장점유율을 높일 수 있는 대안으로 전문지 광고를 선택하였고, 이러한 기업의 선택이 성약확대에 주효하였고, 아울러 광고비용이 중소기업에게는 큰 부담이 될 것임을 감안, KBC 지사화담당자가 광고대행사를 사전에 접촉, 광고단가를 최소화시킴으로써 한발 앞선 광고마케팅으로 시장침투를 확대한 사례이다.

5. 패키지(Package) 전략

마케팅 전문가들은 패키지를 다섯 번째 P로 내세울 정도로 그 중요성이 부각되고 있다.

패키지는 전통적으로 제품을 하나로 묶어 주거나 유통 과정에서 제품을 보호한다는 기본적인 개념으로 이해되어 왔으나, 점차 시각적 · 감성적 · 정보전달적 · 취급 용이적 기능, 나아가 판매를 증진시키는 차별적 기능까지 그 기능이 확대되고 있다.

특히 구매시점에서 패키지의 중요성을 짐작할 수 있다. 패키지 혁신은 경쟁에서 적어도 일시적인 우위를 점할 수 있게 해준다. 이러한 경향에 따라 패키지는 때때로 영구적인 매체뿐만 아니라 마지막 5초의 마케팅으로 불리워지기도 한다. 특히, 패키지의 혁신은 성숙기 단계에서 단기간의 판매 증대를 가져오는 것으로 알려져 있다.

패키지의 주요 구성요소인 표찰(label)에 있어서는 점차 바코드(universal product code)가 필수불가결한 구성요소로 인식되고 있다. 바코드 시스템은 전자 탐지 장치(electronic scanner)로 읽혀 판매, 재고, 관리, 계산상의 효율성을 극대화시키는 장점이 있으나, 소비자에게 가격이 알려지지 않는다는 단점이 있다.

6. 서비스 프로세스 관리(Process) 전략

서비스가 전달되는 절차나 메커니즘 또는 활동의 흐름을 말한다. 서비스 참여자는 서비스가 생산되고 소비되는 곳에서 특정한 역할을 수행하는 모든 사람을 가리킨다. 따라서 여기에는 전체 종업원뿐만 아니라 서비스를 이용하는 고객 모두가 포함될 수 있다.

MOT(Moment Of Truth)란 고객이 기업의 종업원 또는 특정 자원과 접촉하는 순간을 말하며, 서비스 품질에 대한 인식에 결정적인 역할을 한다. 또한 고객이 경험하는 서비스 품질이나 만족도는 곱셈의 법칙이 적용되기도 한다.

- 프로세스 개선을 위한 기법
  - 핵심서비스 프로세스를 그 특성이 나타나도록 객관적으로 설명해 놓아야 한다. 종업원, 고객, 기업 측이 서비스 전달과정에서 해야 하는 각자의 역할과 서비스 프로세스와 관련된 서비스 절차를 이해하도록 묘사해 놓는 것이 무엇보다 중요하다.

7. 서비스 종업원 관리(People) 전략

지속적인 고객 서비스의 융통성 있는 흐름을 위한 시스템의 개발과 활용을 통해 고객에게 만족을 주는 마케팅 믹스의 요소이며 종업원은 기업과 소비자를 연결하여 주는 하나의 중요한 고리이다.

고객과의 약속을 잡은 기업이 종업원을 통하여 고객과의 약속을 지키고

자 하는 기업 내부의 노력으로 종업원은 기업과 소비자간의 상호작용을 원활히 해주는 기름의 역할을 하고 있다.

그렇기 때문에 관리자들은 종업원들과의 갈등과 스트레스를 적절히 관리하고 적합한 인재를 골라 고용해야 하며, 최고의 사원을 유지하도록 지속적인 교육과 훈련을 실시하여야 한다.

또한 경영지원 및 내부 커뮤니케이션을 강화하여 팀워크를 장려하여 최고의 종업원들과 최상의 서비스를 소비자에게 제공할 준비가 되어 있어야 한다.

믹스 커뮤니케이션을 활용하면서 내부 고객 시장을 세분화하여 보다 전문적인 종업원을 육성해야 한다. 그리고 종업원들간의 정서적 노동을 관리하는 차원으로 많은 부가서비스를 지원해야 한다.

8. 서비스 물리적 증거(Physical evidence) 전략

이는 서비스가 전달되어지고 기업과 고객의 상호작용이 이루어지는 환경을 말한다. 그 구성으로는 물리적 환경, 기타 유형적 요소로 구성되어 있으며 물리적 환경의 역할은 패키지, 편의제공, 사회화, 차별화에 따라 변화되며 외부환경에 따라서 시설의 외형, 간판 등의 안내 표지판, 주차장, 주변환경 등이 변화된다.

내부환경은 내부 장식과 표지판, 벽 색상, 가구, 시설물, 공기의 질/온도 등의 변화가 있다.

그 밖의 기타 유형적 요소로는 종업원 유니폼, 광고 팜플렛, 메모지, 입장티켓, 영수증 등이 있다.

• 점포 내 혼잡성

- 점포가 혼잡하게 되면 소비자들은 인식되고 처리되는 정보량이 제한될 것이며, 대인 커뮤니케이션 감소를 유발하고 구매 가능성을 감소시킨다. 이를 막기 위해서는 시설들을 재배치하거나 시설의 최대 빌미를 제거한다거나 종업원 수를 조절하여 계기를 마련해야 한다.

사례

파키스탄, 한류가 간다

파키스탄의 '08년 기준 GDP는 1,443억 달러 정도이고 인구는 약 1억 7천만에 달하는 적지 않은 규모의 국가이며 종교는 국민의 약 98%가 회교도인 이슬람 국가이다. 그러나 파키스탄의 일인당 GDP는 '08년 기준 U$980 정도인 저개발 국가이다. 파키스탄은 소득수준이 낮아 가격에 매우 민감하고, 세계적으로 싼 물건을 찾아내는 데는 일등이라는 이야기가 있을 정도의 국가이다.

파키스탄 시장조사를 하다보면 유럽, 일본, 북미산 제품은 고가의 프리미엄 제품이라는 인식이 퍼져 있고 파키스탄인들의 한국에 대한 인식은 아직도 과거 7~80년대 수준 정도로 알고 있는 경우가 많아 삼성, 엘지 등 대기업 제품을 제외하고는 한국산 제품은 중국제품과 동일시되고 있다.

한국의 앞선 기술이나 제조업 분야의 강점과 품질이 일반인들에게는 잘 알려져 있지 않은 상황이며 국내의 모 자동차 브랜드를 일본차라고 박박 우기다 결국 한국 브랜드라는 것을 알고는 그런 작은 나라에서 무슨 자동차를 많이 만들어 낼 수 있냐며 의아해 하는 웃지 못할 일도 발생하곤 한다.

결국 국산 제품에 대한 전반적인 이미지 제고와 프리미엄 이미지 구축을 통한 경쟁력 증대를 위해 문화 컨텐츠를 앞세운 한국의 문화와 사회를 소개하여 한류형성을 시도할 필요가 있었다. 그러나 파키스탄은 전통적으로 뿌리 깊은 이슬람 국가이기 때문에 이슬람 문화와 충돌되지 않으며 현지인들에게 거부감 없이 프리미엄 한국을 소개할 수 있는 컨텐츠 발굴과 60개가 넘는 현지의 TV채널 중 영향력 있고 유력한 방송사를 사업에 끌어들이는 것이 성패의 관건이었다.

카라치 KBC는 파키스탄에서 방영이 가능한 컨텐츠 발굴을 위해 GEO TV 관계자와 수차례 면담을 하며 이슬람 문화권에서 한국과 한국의 문화를 소개할 수 있는 가능성 있는 컨텐츠에 대한 아이디어를 교환하였다.

GEO TV는 파키스탄 최대 언론 재벌인 Jang Group의 산하 방송사로 스포츠, 뉴스, 엔터테인먼트 등 6개의 채널을 보유한 파키스탄에서 가장 영향력 있는 TV채널 중 하나로 카라치 KBC는 현지 유력 TV채널인 GEO TV의 국제부장 Mr. Tahseen Shaukat 등 구매 담당자들을 공동주관 전시회인 '08 ACE Fair에 유치, 국내 방송사인 MBC와의 드라마 수출을 위한 상담을 성사시키고 '대장금' 방영을 위한 가계약 체결 성과를 이루어냈다.

그러나 파키스탄으로 돌아온 GEO TV 관계자는 한국에서 체결했던 대장금 방영에 대한 깊은 관심과 가계약 체결 사실을 뒤로 하고 MBC와의 정식계약 체결과 구체적인 방영일정에 대해 소극적인 모습으로 돌아섰다.

카라치 KBC는 당시 한국을 방문해 가계약을 체결했던 구매부 담당자를 수차례 방문해서 면담한 결과, 파키스탄에서 처음 방영되는 한국 드라마라는 Risk와 나빠진 현지 경제상황으로 인한 수익성에 대한 염려가 구체적인 사업추진에 걸림돌이 되고 있다는 사실을 인지하게 되었다.

또한 수출 당사자인 국내 방송사도 수출금액이 크지 않아 가계약 체결 후 적극적인 사업추진이 이루어지지 않고 있는 것으로 판단하고 직접 GEO TV와 국내 방송사간의 커뮤니케이션 창구역할을 수행하기에 이르렀다.

카라치 KBC는 현지 진출 한국기업들과 현지 Agent기업들을 대상으로 카라치 KBC에서 추진 중인 대장금 방영사업과 그 효과를 설명하고 후속 한국 드라마 방영을 통한 지속적인 한국의 브랜드 가치 제고를 위해 첫 번째 사업의 중요성을 역설하며 GEO TV의 광고유치를 지원하였다.

결국 '09년 5월 국내 방송사와 GEO TV간 드라마 판매에 관한 정식 계약이 체결되고 매주 월요일부터 목요일 프라임 타임대인 7시부터 7시 30분이라는 구체적인 방영 일정이 확정되기에 이르렀다. '09년 6월 22일 드라마 '대장금'은 'Jewel of Palace'라는 제목으로 한국 드라마로서는 최초로 파키스탄 첫 방영이 시작되었다.

한국의 문화방송 MBC와 파키스탄 GEO TV와의 수출계약 체결은 7~80년대의 한국으로 인식하고 있는 국산 제품에 대한 전반적인 이미지 제고와 프리미엄 이미지 구축을 위하여 문화컨텐츠를 앞세운 한국의 문화와 사회를 소개하여 파키스탄에 한류를 형성한 사례이다.

한국의 이미지 제고를 위한 한류 형성의 주요 성공요인으로는 이슬람 문화에 대한 이해와 문화적 차이를 극복할 수 있는 컨텐츠 발굴을 위해 GEO TV와 지속으로 사전 협의를 한 점과 가장 효과적인 채널 발굴과 지속적인 바이어 관리와 문화산업의 특성을 고려한 접근과 철저한 사전 조사가 있었기 때문이었다.

또한 광주에서 개최된 공동주관 전시회에 GEO TV 구매담당자 초청하여 MBC와의 상담주선을 통한 가계약 체결을 이루어낼 수 있도록 ACE Fair '08 적극 활용한 점도 파키스탄의 한류 형성에 기여하였다.

참 고 문 헌

이장로, 「국제마케팅」, 무역경영사, 2008.
임영균, 안광호, 김상용, 「유통경로관리」, 경문사, 2003.

Etzel, M. J., B. J. Walker and W. J. Stanton, *Marketing,* 12th Edition, McGraw-Hill, 2001.
Keegan W. J., *Global Marketing Management,* 4th Edition, Prentice-Hall International, 1989.
http://enc.daum.net/
http://www.kotra.or.kr/

제 15 장 외환시장과 무역결제

제 1 절 외환시장

1. 환율의 기초개념

(1) 환율의 표시방법

외환시장에서의 가격 또는 환율이란 서로 다른 통화간의 상대적 가격을 의미한다. 즉, $1.00이 ￡1.4573의 가치가 있다고 하는 표현은 ￡1.4573을 가지면 $1.00을 살 수 있다는 말도 되지만 동시에 ￡1.00은 $0.6862의 가치가 있다는 것을 의미한다. 이와 같이 환율의 표시방법은 크게 두 가지로 나눌 수 있는데, 외국통화 1단위를 얻기 위하여 지급해야 하는 자국통화의 단위수로 표시하는 방법을 직접통화표시방법(direct quotation)이라 하고, 자국통화 1단위를 대가로 수취할 수 있는 외국통화의 단위수로 표시하는 방법을 간접통화표시방법(indirect quotation)이라고 한다. 예를 들면, $1=₩830 또는 ₩830/$1로 표시하는 것은 직접통화표시방법이 되며, ₩1=$(1/830) 또는 $(1/830)/₩1로 표시하는 것은 간접통화표시방법이 된다.

직접통화표시방법을 사용하는 우리나라의 경우에는 달러환율의 절대치가 커지는 경우 환율이 상승하였다고 하고 이것이 의미하는 바는 달러의 가치가 원화에 대해 상승하고, 반대로 원화의 가치는 달러에 대해 하락하였음을 뜻하는 것이다.

이외에 환율을 표시하는 방법에는 유럽식(European terms)과 미국식(American terms)이 있다. 유럽식은 매 달러당 지불할 상대통화의 단위로 표시하는 방법을 말하며, 미국식은 외국통화 한 단위당 지불할 달러화의 단위로 표시하는 방법을 말한다. 예를 들면, £1.4573=$1과 같이 1달러당 지불해야 할 외국통화의 단위수로 표시한 방법이 유럽식에 해당되며 $0.6862=£1과 같이 한 단위의 외국통화당 지불해야 하는 달러의 단위수로 표시한 환율표시방법이 미국식에 해당된다.

은행간 시장에서는 영국 파운드와 SDR, 그리고 유로화에 대해서는 미국식으로, 이들을 제외한 나머지 통화에 대해서는 유럽식으로 환율을 표시하는 것이 일반화되어 있다. 은행간 시장 이외에도 환율을 나타낼 때에는 유럽식 표시방법이 표준으로 되어 있다.

환율의 변동을 나타낼 때에는 고정환율제도하에서는 각각 평가절상(revaluation)과 평가절하(devaluation)라는 표현을 사용하나, 변동환율제도하에서는 통화가치상승(appreciation)과 통화가치하락(depreciation)이라고 표현한다.

외환의 매매가격인 환율을 결정하여 고객에게 제시하는 쪽을 딜러라고 한다. 딜러가 외환을 매입하는 가격을 매입률(bid rate), 그리고 딜러가 외환을 매도하는 가격을 매도율(ask rate 또는 offered rate)이라고 한다. 예를 들어, 다음과 같이 딜러가 고객에게 환율을 제시했다고 가정해 보자.

£/$	매입률	매도율
현물환	1.4573	1.4577

여기서, 매입 또는 매도라고 하는 것은 딜러의 입장을 나타내는 것이고, 기초통화(basis)인 달러화를 매입 또는 매도한다는 것을 의미하는 것이다. 따라서 1.4573이라고 하는 값은 딜러가 달러화 한 단위를 매입하고 그 대가로 지불할 파운드화의 수량을 나타내는 것이다. 다른 말로 하자면, 이것은 고객

그림 15-1 **환율시세표 화면**

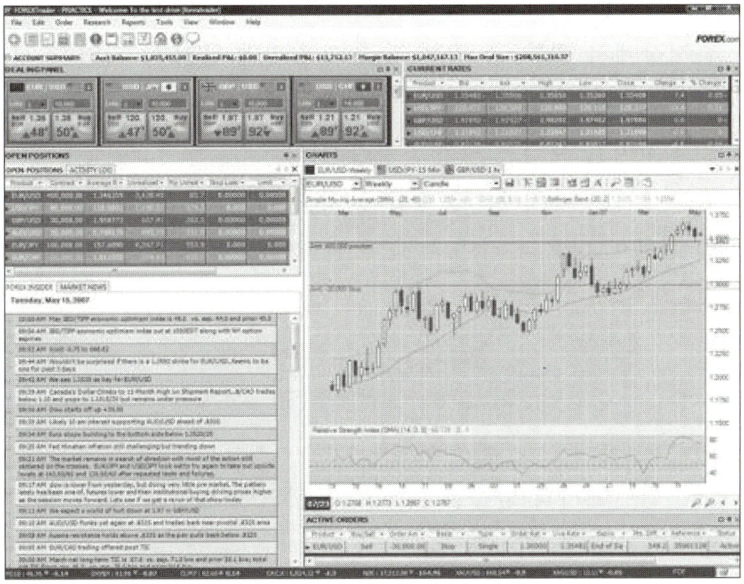

이 달러화를 딜러에게 매도하고 그 대가로 파운드화를 받는 외환거래에 적용되는 환율이다.

이 딜러는 달러라고 하는 외환상품을 1.4573에 매입하여서 1.4577에 매도함으로써 매 달러당 4포인트, 즉 0.0004파운드의 이익을 얻게 되는 것이다. 여기서 1포인트(point)는 1/100%인 0.0001을 나타낸다. 1핍(pip)은 1/1,000%인 0.00001을 표시하는 용어이다. 이와 같은 딜러의 매입가격과 매도가격의 차이를 매매가격차(bid-ask spread)라고 하는데, 정상적으로는 매도가격이 매입가격보다 더 낮을 수는 없으므로, 그 값은 항상 양(+)의 수치를 가진다.

(2) 지역간 재정

외환시장에서는 여러 가지 가격관계가 존재한다고 할 수 있는데, 이러한 가격관계가 균형을 잃게 되면 재정의 기회가 존재하게 된다. 여기서 재정

(arbitrage)이란 가격이 낮은 시장에서 상품을 매입하고 가격이 높은 시장에서 그 상품을 매도하여 아무런 위험 없이 이익을 취하는 것을 말하는데, 외환시장에서 행할 수 있는 각종 재정거래 중에서 지역간 재정에 대해 알아보기로 하자.

지역간 재정은 특정통화가 서로 다른 두 시장에서 그 가격이 서로 다른 경우에 일어나게 된다. 예를 들어, 영국의 파운드화(£)와 미국 달러화($) 간의 환율이 다음과 같이 뉴욕과 런던에서 서로 다르다고 가정하자.

뉴욕	$/£	0.6200
런던	£/$	1.6158

런던에서의 환율은 £/$로 표시되어 있으나, $/£로 표시하기 위해서는 £/$의 역수를 취하면 된다. 즉,

$$\$/£ = \frac{1}{£/\$} = \frac{1}{1.6158} = 0.6189$$

뉴욕에서는 1단위의 £를 사기 위하여 $0.6200을 지급해야 하지만 런던에서는 $0.6158을 지급해야 하므로 £의 가격은 뉴욕에서 더 높다고 할 수 있다. 이러한 경우의 재정거래는 뉴욕에서 1단위의 £를 매도하고 그와 동시에 런던에서 1단위의 £를 매입하는 것이 된다.

이와 같은 재정거래를 취하게 되면 1£당 $0.0011($0.6200－$0.6189)의 재정거래이익을 취하게 된다. 이러한 경우는 재정의 기회가 존재할 때 그 기회를 포착하여 이익을 취하는 것을 보여주고 있는데, 매입과 매도를 동시에 행하므로 아무런 위험부담이 없이 이익을 확보하게 된다.

2. 외환시장의 특성 및 시장 참가자들

(1) 외환시장의 특성

외환시장은 외환의 매입자와 매도자, 그리고 이들의 매매를 지원하는 딜러와 브로커들을 연결하는 통신망을 통해 거래가 이루어지는 기능적인 의미에서의 시장, 또는 추상적 거래메커니즘을 말한다. 외환시장 중에서 옵션시장의 일부와 모든 통화선물시장은 특정의 외환거래소를 설치하여 은행의 딜러와 외환브로커들이 정해진 시간에 모여 거래하는 구체적 시장의 형태를 띠기도 한다. 그러나 대부분의 외환거래는 특정의 거래소를 경유하지 않고 전화와 텔렉스 등으로 거래자들이 서로 직접 거래하는 장외시장(over-the-counter market)의 형태로 이루어진다.

외환시장의 특성을 살펴보면 다음과 같다.

첫째, 외환시장은 하루의 거래량이 평균 3조 2천억 달러를 초과하는 매우 거대한 시장이다. 이러한 거래금액은 다른 금융시장인 주식이나 채권시장에 비해 비교할 수 없을 만큼 큰 액수이다. 이에 대해서는 '4. 외환시장의 규모' 에서 보다 상세하게 살펴보기로 한다.

둘째, 외환을 실제로 필요로 하는 기업이나 개인 등의 실수요자들을 대상으로 하는 대고객거래보다는 금융기관간의 거래(은행간거래)가 훨씬 높은 비중과 중요성을 가지는 시장이다. 외환시장의 총 거래량 중에서 금융기관간의 거래가 차지하는 비중이 보통 75%를 차지한다.

셋째, 외환시장은 은행간거래가 주를 이루고 있는 만큼 거래단위가 보통 수 백만 달러에 이르고 최소거래단위가 백만 달러 내외가 되는 도매시장(wholesale market)이다.

넷째, 외환시장은 하루 24시간 내내 외환거래가 이루어지는 시장이다. 미국의 서부지역에 위치한 은행들이 하루의 거래를 마감하고 문을 닫을 즈음 서울과 동경 등의 극동지역에 위치한 은행들이 아침 외환거래를 시작하기 위해 문을 연다. 얼마 지나지 않아 싱가포르와 홍콩시장이 하루의 외환거래를 시작하게 되고 이러한 때는 하루 24시간 중에서 외환거래의 양이 가장 적은 때이다. 외환거래의 양이 가장 적은 만큼 대규모의 거래가 성사되기가 쉽지 않고, 대규모의 거래가 성사되었을 경우 이 거래가 환율에 미치는 영향은 매우 크다고 할 수 있다.

극동지역에 위치한 은행들이 점심시간을 경과할 즈음 중동지역에 위치한 은행들이 하루의 외환거래를 시작하게 되고 시간이 흘러 극동지역에서의 하루가 끝날 때쯤에 유럽의 은행들이 새로운 하루를 시작하게 된다. 이후 런던과 프랑크푸르트, 파리 등 유럽은행들이 점심시간이 될 때쯤 미국의 동부에 위치한 뉴욕에서의 시장이 시작되고, 이들이 대서양의 양쪽에서 거래를 활발하게 할 때가 외환시장에서의 거래량이 하루 중에서 가장 많을 때이다. 이때를 가리켜 외환시장의 깊이가 가장 깊다고 말하며 이때는 비교적 큰 규모의 외환거래도 쉽게 이루어지고, 환율에 미치는 영향도 상대적으로 크지 않게 된다.

이렇듯, 외환거래가 하루 내내 일어난다고 하는 것은 그만큼 환율이 24시간 동안 지속적으로 변동한다는 것을 의미한다. 대고객과의 외환거래를 통해 특정 통화에 대한 포지션을 취하게 되는 금융기관이나 해외영업활동을 통해 외화를 수취하고 지급하게 되는 다국적기업의 입장에서 본다면 이는 그만큼 환위험에 노출되고 있는 시간이 길다는 것을 의미하는 것이 된다.

(2) 외환시장의 참가자들

외환시장의 참여자들은 외국통화를 필요로 하는 다국적기업 및 개인, 외환거래의 딜러나 당사자가 되는 은행 등의 금융기관, 외환과 관련된 정책들을 수립하고 수행하는 각국의 중앙은행들과 정부의 관련 부처, 그리고 외환거래를 성사시키는 외환브로커 등이다.

외국통화를 필요로 하는 다국적 기업과 개인은 외환서비스의 실수요자들로서, 특히 다국적기업은 국제적인 상품교역과 자본거래를 수행할 때 외화의 수취 또는 지불이 필요하게 되어 외환시장을 이용하게 된다. 또한 개인들은 해외여행이나 유학, 연수 등의 이유로 외국통화를 필요로 하게 되고 이를 위해 외환시장에 참여하게 된다.

다음으로 은행들은 세계적인 네트워크를 가지고 외환시장에서 대단히 중요한 역할을 수행하고 있다. 은행은 매매의 반대 입장에 있는 거래자들을 중개시켜 주는 브로커가 되기도 하고, 거래의 당사자가 되기도 한다. 또한 은행은 거래를 하면서 특정 통화의 장기 또는 단기 포지션을 취함으로써 투기자가 되기도 한다.

특히, 이들은 자국의 통화를 취급하는 데 있어 일반적으로 유리한 입장에 있는데, 예를 들어 미국 달러에 대해 파운드화의 거래가 가장 많이 이루어지는 곳은 런던이며, 스위스 프랑화는 취리히, 엔화는 동경이다. 또한 스위스 프랑 표시의 외국채를 발행할 때 스위스 은행들이, 엔화표시의 유로채를 발행할 때는 일본 은행들이 간사단의 핵심적인 역할을 하게 된다. 이것은 현지의 은행들이 그 나라의 단기금융시장에 깊이 관련되어 있어 유리한 입장에 있기 때문이다.

은행의 외환딜러들간에는 전화로 외환거래가 주로 이루어진다. 각 은행에서는 외환거래실(dealing room)이 있어서 외환거래를 취급하는 외환딜러들이 여기에 모여서 외환거래를 수행하고 있으며, 각 딜러들은 주로 비디오 화면(video screens)과 뉴스 테이프(news tapes)에 둘러싸여 있다. 보통 각 딜러는 통화별로 전문화되어 있으며 자기의 은행을 대표하여 서로 빈번하게 거래하므로 구두로 확약을 할 만큼 신용이 있는 것이 특징이다.

[현장을 찾아서] 신한은행 외환딜링룸

"6.1에 솔드(sold) 100!" "던(done)!"

서울 태평로 신한은행 본점 5층 딜링룸. 15년차 딜러 김병돈 팀장이 환율변동 상황을 보여주는 모니터를 뚫어져라 응시하고 있다. 쉴 틈 없이 숫자가 변하자 매매내용을 입력하는 그의 손놀림도 다급해진다. 암호 같은 대화는 한 딜러가 "100만 달러를 달러당 936.1원에 사고 싶다"고 하자 김 팀장이 "알겠다"고 답한 것.

분초를 다투는 거래가 이뤄지다 보니 딜러간 대화는 환율은 뒤에 두 자리만 언급하고 단위는 생략해 가능한 한 짧게 전달한다. 바깥의 매서운 바람은 아랑곳없이 딜링룸은 열기로 뜨거울 지경이다.

지난 5일 국내 외환시장 개장 이래 최고 거래액인 98억 달러를 달성한 이후 '일중 거래량 100억 달러 돌파'는 국내 외환거래시장 초미의 관심사다. 특히, 연말까지 내림세를 지속했던 환율이 연초 개장에 맞춰 변동성이 커지면서 딜링룸에는 긴장감마저 감돈다.

작년 4월 채권 · 주식 · 파생금융상품 · 외환 부문을 통합해 새 단장을 한 신한은행 딜링룸에서는 일평균 20억 달러 이상의 거래가 이뤄지고 있다. 이는 국내 외환시장을 통틀어 가장 높은 거래량 수준. 김 팀장은 "0.1초도 안 되는 순간에 억 단위의 돈이 생겼다가 사라지는 게 다반사"라면서 "국내 시장이 끝나면 런던 등 국제시장 변동을 점검해야 하기 때문에 잠시도 환율과 떨어질 수 없다"고 말한다. 오전 9시~오후 3시까지 열리는 국내시장 원 · 달러 환율의 변화는 전용 단말기에서 수시로 확인하고 해외시장 환율변화는 주로 로이터에서 제공하는 정보를 이용한다. 퇴근 후에는 런던 · 뉴욕시장의 현지 브로커들이 시세가 급변할 때마다 휴대전화 문자 메시지를 보내주고 있다.

가장 바쁜 시각은 오전 9시 첫 개시 때. 이때 딜러들은 팔 것인지, 살 것인지 하루의 거래 방향(포지션)을 결정해야 한다. 이들에게는 화장실 가는 시간도 금쪽과 같다. "급해서 잠깐 다녀온 사이 환율변동으로 큰 손실을 보는 경우도 있다"는 김 팀장은 "우연히 이익을 보는 경우도 있지만 '머피의 법칙' 때문인지 손실이 대부분"이라고 전했다.

이곳에서도 IT는 중요한 수단이다. 예전에는 전화를 이용한 거래가 대부분이었지만 3~4년 전부터는 전자중개시스템(Electronic Brokerage System)이 일반화됐다. 이를 통해 '사자(buy)' '팔자(sell)' 등이 적힌 외환거래 전용 키패드를 누르기만 하면 바로 거래가 진행된다. 전화통화를 하는 것보다 시간이 단축되고 간편하지만 그만큼 실수할 가능성도 높아진다고. 숫자 하나를 잘못 누르는 순간 막대한 손해를 볼 수도 있다. "순간순간이 긴장의 연속이고 환율변동으로 밤잠 설치는 날도 많지만 그만큼 매력 있는 직업입니다. 물론 수익을 많이 올렸을 때도 기쁘지만 특히 보람 있는 순간은 시장이 내가 예측한 대로 움직일 때지요."

기업금융지점에 근무하던 김도희 대리는 3년 전 사내 공모를 통해 딜링룸에 입성했다. 김 대리 앞에는 외국환중개전산시스템, 자금중개딜러시스템, 로이터 딜링 머신 등 단말이 즐비하다. 그 아래로는 북(부기)을 위한 모니터까지 책상 위가 빼곡하게 차 있다. 그는 미국회계사 · 외환관리사 · 선물관리사 등의 자격증을 보유한 전문가로 외환딜러로서 커리어를 쌓아가고 있다.

얘기를 나누는 도중에도 전화가 끊이지 않는다. 외환거래를 의뢰한 업체에서부터 언론에 이르기까지 외환시장에 대한 문의가 이어진다. 김 대리는 "오늘은 시장상황을 지켜보면서 단순 대응만 하기로 '포지션'을 결정했기 때문에 그래도 한가한 편"이라고 평소 딜링룸의 긴박한 상황을 설명했다. 그는 "시장이 출렁이는 시점은 위기이자 기회의 순간"이라며 "수익도 중요하지만 나의 거래가 시장에 영향을 미칠 수 있다는 점을 항상 잊지 않고 있다"고 덧붙였다.

【출처: 전자신문, 2007. 1. 12.】

정부도 외환시장에 참여하게 되는데, 보통 중앙은행을 통해서 외환거래를 수행한다. 중앙은행은 정부의 거래, 외국 중앙은행들과의 거래, 국제통화기금 또는 세계은행 등과 같은 국제기구들과의 거래 등에 개입하기 위한 목적의 거래를 주로 수행하나, 무엇보다 중요한 것은 외환시장 여건을 조정하거나 환율에 개입하기 위한 목적의 거래를 수행한다는 것이다.

외국에서는 은행간의 거래에서 서로 직접 접촉하여 거래상대방을 찾는 방법에 못지않게 브로커를 통한 간접적인 거래가 오래 전부터 널리 이용되어 왔다. 그러나 1970년대 중반 이후, 통신수단의 발달로 세계 각국의 중요은행들이 제시하는 환율변화가 즉각적으로 모니터 화면에 비춰지게 되고, 컴퓨터를 통한 거래제도의 발달로 은행간의 직접거래가 훨씬 편리해지고 비용도 저렴하게 되는 경향을 보이면서 외환브로커들의 업무는 점차 줄어들게 되었다. 이에 따라 외환브로커들은 크게 위협을 느끼게 되었고 그에 대한 대응으로 최근 인수·합병을 통해 규모를 대형화하고 그 업무를 국제화시켜 세계 주요 금융 중심지에 진출함으로써 다국적기업화하기 시작했다. 그 결과 이들의 업무비중은 최근 다시 늘어나고 있는 실정이다.

이러한 브로커들의 주된 업무는 은행들이 제시하는 매입률과 매도율을 알아내어 다른 은행들에게 가격정보를 제시해 주고 거래가 이루어지도록 주선하는 것이다. 주선한 거래에 대해서 브로커들은 거래수수료를 받는데, 매입자와 매도자가 수수료의 절반씩 부담하는 것이 일반적이다. 이들은 자기자본으로 매매를 하는 것이 아니며, 자기가 주선한 거래에 대해서도 금전적인 책임을 지지 않는 것이 특징이다. 또한 영업을 하는 데 있어 어떤 자격요건을 구비해야만 하는 것도 아니다. 하지만 이렇기 때문에 이들간의 경쟁은 매우 치열하여 서비스를 개선하려고 최대한 노력하고 있으며, 규모가 큰 브로커들의 경우 최근 환율을 분석하고 예측까지 하여 고객들에게 도움을 주는 등 부가적인 서비스를 제공하고 있다.

3. 외환거래의 종류

외환거래는 결제일(value date)을 기준으로 당일(cash 또는 value today)거래, 익일(next day 또는 value tomorrow)거래, 현물환(spot)거래, 선물환

그림 15-2 외환거래의 종류

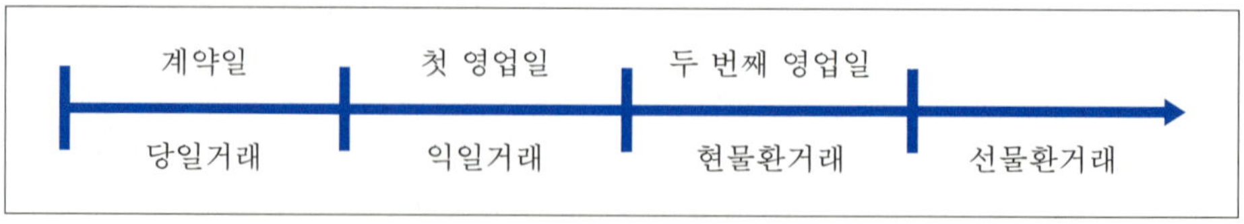

(forward)거래 등으로 나누어진다.

(1) 현물환거래

외환거래에서 비교적 높은 비중을 차지하는 거래가 현물환거래인데, 이 현물환거래는 거래가 이루어진 후 두 번째 영업일에 결제를 하기로 하는 거래를 말한다. 이런 의미에서 볼 때 '현물환' 이라는 용어는 사실상 정확한 표현은 아니다. 현물환거래에 따른 지불지시가 은행제도를 통해서 결제되는 데는 보통 2영업일이 소요되기 때문에, 현물환의 경우에 계약이 성립된지 이틀 후에야 실제로 외환이 교환되게 된다.

또한 외환시장은 지역마다 시간대가 다르기 때문에 전 세계에서 동시에 열리지 않고, 따라서 결제가 양 당사자간에 동시에 이루어지지 않게 된다. 예를 들면, 미국은행은 업무시간 중에 일본은행에 달러화를 지불하는데, 그에 상응하는 엔화는 일본은행의 업무시간이 되어야만 수취가 가능하게 된다. 이처럼 현물환거래의 결제에 이틀이 소요되고 또 당사자간에 동시에 이루어지지 않기 때문에 거래자는 가격변동이라고 하는 시장위험뿐만 아니라 거래상대방의 신용위험에 직면하게 된다.

은행들은 때때로 계약이 이루어진 다음 날을 결제일로 하는 익일거래계약을 하기도 한다. 심지어는 계약이 이루어진 바로 당일에 지불이 이루어지게 하는 당일거래계약을 체결하기도 하는데, 이때에 적용되는 환율은 현물환거래에 적용되는 현물환율과는 다르다. 그러나 시간대가 차이가 있는 국가간의 통화를 거래하는 외환거래에서는 이러한 당일거래는 매우 드물다.

지금까지는 대규모 외환거래가 이루어지는 은행간 외환시장을 중심으로 언급하였다. 그러나 소액 외환이 거래되는 대고객거래에서는 이러한 은행간 환율이 적용되지 않고 은행은 환율 외에 수수료를 추가로 부과한다. 이러한 수수료는 보통 거래액이 적을수록 높은 것이 일반적이다.

(2) 선물환거래

선물환거래는 외환거래의 계약일로부터 세 번째 영업일 또는 그보다 더 이후에 결제가 되는 거래를 말한다. 선물환계약의 만기는 며칠 후, 몇 개월 후, 심지어 아주 드물게는 몇 년 후가 될 수도 있다. 약정환율은 거래에 합의를 할 때 결정하게 되며, 실제로 통화가 교환되어 장부상에 입금되는 것은 만기일이 되어서이다.

선물환거래의 만기일 결정에는 확정일 방식과 선택일 방식, 두 가지가 있다. 전자는 계약체결시 만기일을 특정일로 정해 두는 방법이고, 후자는 계약체결시 우선 일정기간을 정해 두고 그 기간 중에 고객이 만기일을 사후적으로 지정하는 방식이다. 선택일 방식은 주어진 기간 중의 어느 때에 결제해야 하는 것이므로 계약의 매입자로서는 불명확한 결제일에 대처하는 데 융통성을 가질 수 있게 되는 장점을 가진다.

선택일 방식의 선물환거래에서 딜러인 은행은 그 기간 중 예상되는 가장 불리한 환율에 대비해야 하므로 자연히 제시하는 환율이 계약의 매입자에게는 가장 불리할 것으로 예상되는 환율이 된다.

만기에 따라 선물환율이 다르고 이것은 물론 현물환율과도 다른 것이 일반적이다. 어떤 통화의 선물환율이 현물환율보다 높을 때, 그 통화가 그 선물환 만기에서 할증(premium)되어 거래된다고 말하고, 현물환율보다 낮을 때에는 할인(discount)되어 거래된다고 한다. 아주 드문 경우지만 현물환율과 선물환율이 우연히 같을 때는 선물환율이 동률(flat)이라고 말한다.

선물환거래 가운데 만기가 6개월 이내인 비교적 단기시장은 거래량이 많기 때문에 시장이 효율적이며, 매매가격차도 매우 작다. 무역거래와 연계된 외환거래는 거의 대부분 만기가 짧기 때문에 자연히 단기선물환계약에 대한 수요로 연결된다.

장기(1년 이상)선물환거래는 성사되는 거래가 많지 않고 따라서 시장의 깊이도 얕다. 따라서 외환시장에서 포지션을 상쇄시킬 수 있는 반대매매를 찾기 어렵고, 자금시장에서도 만기가 장기화되는 데 따르는 이자율 위험이 커지기 때문에 헷지하기 어려운 탓으로 장기선물환시장은 잘 형성되지 않는 실정이다.

(3) 스왑거래

외환거래에서 미래의 어떤 특정일을 지불일로 하는 현물환이나 선물환 거래가 거래당사자에게 있어서 만족스럽지 못한 경우가 많다. 예를 들면, 일정기간 동안 필요하지 않은 외환을 보유하고 있는 것은 그 기간 동안 불필요하게 환율변동 위험을 안고 있는 것과 같으며, 그 외화를 사용해야 될 필요가 생길 때까지 자국통화로 바꾸어 보유하면 투자기회나 수단을 유리하게 선택할 수 있는 경우가 많다.

이때, 외화자금을 일정기간 동안 자국통화로 바꾸어 활용하는 데는 세 가지의 방법이 있을 수 있다. 그 하나는 지금의 현물환거래와 미래의 현물환 거래를 결합하는 방법이다. 즉, 지금 현물환시장에서 외화를 자국통화로 바꾸고, 외화가 필요해질 때 다시 외화를 사는 방법이다. 이것은 매우 초보적인 방법으로 이 기간 동안 환율이 크게 떨어지기를 바라는 투기적인 동기에서가 아니라면 현명한 방법이라고 할 수 없다.

두 번째 방법은, 지금 현물환거래를 체결함과 동시에 외화가 필요해질 날짜를 결제일로 하는 선물환계약을 별도로 체결하는 방법이다. 처음 방법에 비해, 두 번째 방법은 외화를 다시 매입할 때 적용될 환율이 사전에 미리 정해지므로, 그 때까지의 환율변화에 의해 영향을 받지 않는다는 유리한 점이 있다. 이처럼 독립된 계약으로 거래하는 선물환을 일방적(outright) 선물환이라고 하여, 스왑을 구성하는 선물환과 구별하기도 한다.

세 번째 방법은, 두 번째 방법과 동일한 것이나, 거래비용을 절약할 수 있는 방법으로, '스왑' 이라고 불리는 방법이다. 스왑거래는 일정액의 외환을 서로 다른 두 시점에 매입하고 매도하도록 하는 두 개의 거래를 하나로 묶은 계약을 말한다.

스왑거래의 요체는 결제일을 달리하는, 실제로 두 개인 거래를 동일한 거래상대방들이 하나의 거래로 묶어서 체결한다는 것이다. 여기서는 동일한 외환금액을 미리 정해 둔 환율로 지불하고 또 수취하기 때문에 현물환율의 변동에 따른 환위험이 존재하지 않는다는 장점이 있다.

4. 외환시장의 규모

세계외환시장의 규모를 어느 정도 정확하게 파악한다고 하는 것은 매우 어려운 일이어서 발표기관에 따라 차이가 있을 수 있다. 국제결제은행의 발표에 의하면, 세계외환시장에서의 하루 평균거래규모는 2007년 4월 말 현재, 3조 2천억 달러에 이르고 있는 것으로 나타났다. 이것은 같은 기관이 조사한 2004년의 1조 9천억 달러, 2001년의 1조 2천억 달러, 1998년의 1조 5천억 달러, 1995년의 1조 2천억 달러보다 크게 늘어난 것이다.

1973년 브레튼우즈 체제에 의한 고정환율제도의 말기에 세계외환시장에서의 하루 거래량은 100억~200억 달러에 불과했고, 그 10년 후에도 고작 600억 달러 정도에 머물렀다. 그 후 새로운 금융기법들의 도입과 눈부신 컴퓨터와 통신기술의 발달에 힘입어, 외환거래량은 폭발적으로 증가하여 무려 53배나 늘어난 것이다.

세계경제의 급성장, 금융측면에서의 규제완화와 자율화, 세계적인 경제통합과 금융시장통합은 국제간의 자본이동을 촉진시켰으며, 많은 금융기관들과 非금융기관들이 외환위험에의 노출을 적극적으로 관리하게 됨에 따라 외환거래의 규모가 급속하게 증대되는 결과를 가져온 것이다.

거래통화별로 보면, 미국 달러의 비중이 역시 압도적임을 알 수 있다. 미국 달러화의 비중이 86%이고 뒤를 이어 유로화가 37%, 일본의 엔화가 17%, 영국의 파운드화가 15%의 비중을 나타내고 있다.

표 15-1 거래형태별 하루 평균거래량

단위: 10억 달러

	1992	1995	1998	2001	2004	2007
현 물 환	394	494	568	387	621	1,005
선 물 환	58	97	128	131	208	362
외환스왑	324	546	734	656	944	1,714
순거래량	820	1,190	1,490	1,200	1,880	3,210

출처: www.bis.org

거래유형별로 보면 현물환거래의 비중이 전체 외환거래 중에서 가장 높고 다음이 외환스왑거래임을 알 수 있다. 특이할 것은 선물환시장의 비중이 점차 늘어나고 있다는 것과 절대 거래액도 6배 가까이 성장하였다는 것이다.

제 2 절 무역결제 수단

1. 수출입대금 결제수단

국제무역에 있어서는 상품의 선적 및 하역에 상당한 기간이 소요될 뿐 아니라 당사국간의 법적 · 제도적 차이로 인하여 외환 통제위험, 정치적 위험 등의 추가적인 위험을 감당하여야 한다. 따라서 국내거래에서와는 달리 양 거래당사자는 상대방의 신용상태를 신중히 고려해야 하고, 거래기간 동안에 수출입 자금을 융통할 수 있는 무역금융 수단을 절실히 필요로 하고 있다.

국제무역에 있어서의 이와 같은 위험을 관리하고 무역금융이 필요하다는 이유 때문에 무역업자들은 여러 가지 다양한 수출입 대금 결제방식을 이용하고 있는데, 대표적인 것이 수출환어음과 신용장이다.

(1) 수출환어음(draft or bill of exchange)

수출환어음이란 수출업자가 환어음 매입은행을 수취인으로, 수입업자 또는 신용장 개설은행을 지급인으로 지정하여 일정한 날짜에 일정한 금액을 지급할 것을 지시하는 무역결제 수단의 하나이다. 수출환어음은 지급시기를 기준으로 일람출급부어음(at-sight draft)과 기한부어음(usance draft)으로 나누어진다.

일람출급부어음은 수취인이 이를 지급인에게 제시하는 즉시 지급인이 액면금액을 지급하여야 하는 형태의 환어음을 말하며 기한부어음은 어음의 수취인이 환어음을 제시한 날로부터 일정기간이 경과한 후 특정한 날에 지급인이 액면금액을 수취인에게 지급하도록 지정한 형태의 환어음을 말한다. 이러한 수출환어음은 양도가 가능한 유가증권의 하나로 여겨진다.

(2) 신용장(bill of credit)

신용장은 국제무역에 있어서의 위험관리수단으로 가장 많이 이용되는 결제수단이다. 신용장이란 수입업자의 거래은행이 수입업자의 요청에 의하여 수출업자에게 일종의 지급보증을 제공하겠다는 것을 약속하는 증서로서 신용장을 개설한 은행은 수출업자가 신용장에 명시된 조건을 충족하는 한 수출업자가 동 은행을 지급인으로 하여 발행한 무역환어음을 지급할 의무를 가진다.

신용장에 의하면 수출입 대금의 결제는 수출업자와 신용장 개설은행간의 계약으로서 수출업자와 수입업자 간의 매매계약과 분리된 별도의 계약관계로 성립하게 되므로 수출업자는 수입업자의 신용위험을 부담하지 않아도 되게 된다.

신용장제도는 이와 같이 수입업자의 대금지급 불이행위험을 제거하여 수출업자를 보호하여 주지만 수출업자도 신용장에 명시된 모든 조건을 충족하는 경우에만 수출대금을 수취할 수 있으므로 수출업자의 계약불이행 위험에 대하여 수입업자를 보호하여 주는 효과도 동시에 있다. 또한 신용장은 수업업자에게 신용장에 명시된 기간 동안 신용을 제공하는 효과를 지니고 있어서 수출업자와 수입업자 쌍방에게 매우 유리한 무역금융 수단이라고 하겠다.

2. 무역금융 수단

(1) 은행인수어음

어음의 인수(acceptance)란 일정기간이 경과한 후, 환어음의 액면 금액을 무조건 지급하겠다고 약속하는 일종의 지급보증절차를 의미한다. 인수가 이루어진 어음을 인수어음이라고 하며, 은행이 인수한 어음을 은행인수어음(banker's acceptance: BA)이라고 한다. 은행인수어음은 보통 일반적인 국내거래에서 발행이 이루어지는 경우도 있으나, 대개 외국과의 무역거래와 관련하여 생긴다. 수입상의 의뢰에 의하여 은행이 개설하는 신용장에 근거해서 외국의 수입업자가 신용장 개설은행을 지급인으로 하여 환어음을 발행하면 신용장의 조건을 갖추고 있는 한 은행이 이러한 어음을 인수하고 지급인으로서의 채무를 부담하게 된다. 어음할인시장은 먼저 런던에서 시작되어 뉴욕에서 발달하였다.

이러한 은행인수어음은 유동성이 매우 높은 유가증권의 하나이기 때문에 수입업자의 신용장 개설은행은 이를 만기까지 보유하거나 국제금융시장에서 할인하여 현금화할 수 있다.

은행인수어음의 만기는 보통 30일, 90일 또는 180일이며 평균 90일 정도이다. 은행인수어음은 수입상품을 담보로 할 뿐 아니라 수입업자의 인수은행이 지급을 보증한 유가증권이므로 상업어음보다 훨씬 안전한 투자수단이며 따라서 상업어음에 비해 수익률이 낮다.

(2) 팩 토 링

팩토링이란 전문 금융기관인 팩토링회사(factor or factoring company)가 상품의 판매자로부터 매출채권을 할인하여 매입하는 것을 말한다. 팩토링회사는 상품 판매자로부터 매출채권을 매입함과 동시에 채무자의 신용위험을 전적으로 부담하게 되며, 이에 따라 상품매매계약과 채권회수계약은 별개의 계약으로 분리된다. 바로 이 점에서 팩토링은 은행인수어음과 구별된다. 은행인수어음에서는 수입업자가 어음에 대한 지급을 거절할 경우 수출업자가 지급의무를 부담하는 반면, 팩토링에서는 수출업자가 이러한 의무를 전혀 부담하지 않는다. 다만, 채무자가 상품판매자의 매매계약 불이행을 이유로 대금지급을 거절하는 경우에는 상품의 판매자가 대금회수의무를 부담하여야 한다. 따라서 팩토링회사는 채무자, 즉 상품의 구매자에 대한 신용조사 능력을 바탕으로 외상거래를 지원하는 서비스를 제공하는 금융기관의 하나라고 할 수 있다.

특히, 국제무역거래에 있어서는 매매당사자들이 지리적으로 멀리 떨어져 있을 뿐 아니라 국가간에 법적 · 제도적 환경이 서로 상이하기 때문에 수출업자 소재국의 팩토링회사가 수입업자의 신용상태와 지급능력을 조사하여 신용위험을 부담하기에는 매우 어려운 점이 있다. 따라서 이러한 문제점을 극복하기 위해서 1960년대 이후 세계 각국의 팩토링회사들이 회원사로 참여하여 국제 팩토링 취급조직을 결성하게 되었으며 이에 따라 국제 팩토링 업무가 활성화되기에 이른다.

각국의 팩토링회사들은 상호간에 국제팩토링계약을 맺고 이 계약에 따라 자국 내 수입업자의 신용위험을 부담하며, 대금추심업무를 대행하여 해외 수출업자에 대해 국내 팩토링의 경우와 동일한 팩토링 서비스를 제공하고 있는 것이다. 따라서 국내의 팩토링에서는 하나의 팩토링회사가 모든 기능을 수행하는 데 비해 국제팩토링에서는 원칙적으로 양국에 소재한 2개의 팩토링회사가 기능을 분담하게 된다. 즉, 국제팩토링거래에서는 수출업자, 수입업자, 수출국의 팩토링회사, 수입국의 팩토링회사의 4자간 거래관계가 형성되게 된다.

수출국의 팩토링회사(Export factor)는 수출업자에게 선적 전 또는 선적 후 운전자금을 제공하고 수입국 팩토링회사(Import factor)는 수입업자에 대한 신용조사, 수출채권의 관리 및 수입업자로부터의 대금회수 서비스를 제공하게 되는 것이다.

수출팩토링, 재무구조개선 · 환차손까지 예방

수출기업이 수출팩토링을 이용하면 해외수입자로부터의 수출대금 회수는 수출입은행이 책임지게 된다. 해외 수입자가 만기에 수출대금을 상환하지 못하더라도 수출입은행이 수출기업에 수출대금 상환을 요구하지 않으므로 수출기업은 수출대금 회수에 대한 불안감 없이 수출에만 전념하면 된다.

수출입은행은 수출채권을 매입하는 즉시 해외수입자를 대신해 수출기업에 수출대금을 지급한다. 수출기업은 수출을 한 뒤 해외수입자가 수출대금을 지급할 때까지 기다릴 필요가 없으며 수출대금을 조기에 회수할 수 있다.

요즘 같은 달러화 약세 시기에는 환차손도 예방할 수 있다. 수출기업은 조기 회수한 수출대금으로 수출거래 확대에 필요한 운전자금으로 활용하거나 고금리 부채를 상환하는 데 사용할 수 있다.

수출기업은 수출채권을 무소구조건으로 매각하기 때문에 외상매출채권을 현금으로 바꾸고 차입금으로 계상되지 않기 때문에 재무구조를 개선시킬 수 있다. 특히 수출입은행이 제공한 자금은 수출기업 앞 여신한도관리 대상에서 제외된다. 다른 금융기관에서 필요한 자금을 보다 많이 조달할 수 있는 여력이 생기는 셈이다.

또 팩토링회사가 직접 또는 국외 제휴 팩토링회사(수입팩터)를 통해 해외수입자에 대한 신용조사와 외상수출대금 관리를 대신하므로 수출자는 해외에 지사나 사무소를 설치하지 않아도 효율적인 채권관리가 가능하다. 또 신용장이 필요 없기 때문에 수입자의 비용부담을 줄일 수 있고, 보다 나은 조건으로 교역이 가능해 수출증대와 신규 수출시장 개척이 가능하다.

수출팩토링은 발전 가능성이 크고 변형이 많은 업무다. 실물거래가 정형화돼 있지 않고 다양한 형태를 띠고 있으며 수출거래 당사자들의 금융수요도 일정치 않다.

따라서 거래별 위험성을 정확히 분석하고 이에 대한 안전장치를 확보하는 것이 중요하다. 해외수입자에 대한 신용정보 분석과 국외 팩토링회사와의 업무협력 체제를 구축하는 것도 중요하다.

수출팩토링은 다른 금융기관과의 긴밀한 업무협조 관계가 요구된다. 글로벌 비즈니스로의 발전 가능성이 매우 높으며 선진 금융기법을 체득할 수 있는 분야이기도 하다. 수출팩토링은 국내 상업금융기관의 상업금융을 보완하는 정책기능을 수행하는 역할을 담당한다.

【출처: 매일경제, 2006. 3. 8.】

(3) 포페이팅

포페이팅(forfaiting)이란 채권을 포기하거나 양도하고 현금을 받는 것을 말하는 것으로 프랑스어 'forfait' 에서 유래된 용어이다. 수출의 대가로 받은 어음을 고정이자율로 할인하여 거래하는 무역금융 기법으로 국가 위험도가 높은 새로운 시장을 개척하려는 경우에 알맞다. 이때 이 방식을 사용하는 금융회사를 포페이터(forfaiter)라고 한다.

포페이팅을 통해서 수출업자는 수출대금을 미리 받아 새로운 투자를 할 수 있으며, 차후 발생하는 수입자의 대금지급 거절이나 연기에서 오는 손해는 일체 부담하지 않아도 되는 장점이 있다. 그러나 지급보증서 발급비용 등이 포함된 수수료를 비교적 높게 부담해야 하며, 금융비용의 증가로 수입물품의 가격을 상승시키는 단점이 있다.

이러한 포페이팅(forfaiting)은 냉전시대인 1960년대에 서방 기업들, 특히 서독, 스위스, 오스트리아, 이탈리아의 기업들이 동유럽의 국영기업으로부터 받은 단기 또는 중기 약속어음을 할인하여 양도하던 기법으로 활용되었었다. 냉전시대에 동유럽의 국영기업들은 자본재 수입을 위하여 서방기업들에게 신용공여를 요구하였으나 서방 기업들은 이러한 신용위험 및 정치적 위험을 감당할 능력이 없어 동서무역에 있어서의 장애요인으로 작용하여 왔다. 이에 동유럽과 비교적 가까운 관계를 유지하여 온 스위스, 오스트리아,

이탈리아, 서독의 은행들이 동유럽 기업이 발행한 약속어음을 매입해 줌으로써 동서무역이 원활하게 이루어질 수 있게 되었고 이러한 방식의 무역금융 수단을 포페이팅이라고 하는 것이다.

팩토링과 마찬가지로 포페이팅에서도 수출업자는 일단 어음을 포페이팅 회사에게 매각하면 어떠한 종류의 신용위험도 부담하지 않으며 포페이터는 약속어음을 매입함과 동시에 신용위험과 정치적 위험 등 일체의 위험을 부담하게 된다. 따라서 포페이터는 어음을 매입할 경우 반드시 동유럽의 국영은행들이 약속어음에 배서함으로써 어음의 지급을 보증하도록 요구하고 있는데 이는 동유럽국가에서 외환 및 자본의 통제가 있을 경우 국영은행의 외화채무가 국영기업의 외화채무보다 높은 우선순위를 갖고 있기 때문이었다.

포페이팅에서 약속어음은 경화(convertible currency)로 표시된 것이어야 하며 대부분 만기가 5년 정도의 중기이고 1년에 2회씩 할부형식으로 원리금을 상환하는 것이 일반적인 형태이다. 그러므로 포페이팅 회사들은 하나의 금융거래를 여러 개의 금융거래로 분리하여 각각의 약속어음에 직접 배서한 후 이를 국제금융시장에서 재판매하여 자본을 조달하여 왔다.

참 고 문 헌

강호상, 「외환론」, 법문사, 2000.

최생림 · 정태영 · 김동순, 「국제재무관리론」, 법문사, 2004.

한국무역협회 종합무역연수원, 「국제 팩토링」, 1992.

Bank for International Settlement, *Central Bank Survey of Foreign Exchange And Derivatives Market Activity in April 2004: Preliminary Global Data,* Basel, 2004.

Chrystal, K. A., "A Guide to Foreign Exchange Markets," in Federal Reserve Bank of Chicago, *Readings in International Finance*, 1987.

Ross, D., I. Clark and S. Taiyeb, *International Treasury Management*, New York Institute of Finance, 1987.

Shapiro, Alen C., *Multinational Financial Management*, Prentice-Hall, 1996.

제16장 국제금융시장

제1절 국제금융시장의 구조

1. 국제금융시장의 기능과 참가자

(1) 국제금융시장의 기능

국제금융시장(International Financial Markets)이란 국제적인 금융거래가 형성되는 시장을 통틀어 일컫는 말이다. 국제금융시장을 구성하는 시장들에는 외환시장, 국제은행시장, 파생금융상품시장, 국제단기금융시장, 국제채권시장, 국제주식시장 등이 있다.

국가별로 국내 경제여건의 차이로 인해 각국의 국내금융시장에서의 금리는 나라마다 다르기 마련이다. 따라서 자금을 필요로 하는 다국적기업들과 같은 차입자들과 잉여 자금을 투자하려고 하는 투자자들도 보다 유리한 시장에서 자금을 차입하거나 투자하려는 성향이 있고, 이러한 이유로 인해 국제금융시장이 생겨나게 되었다. 즉, 각국의 외환을 다루는 은행은 잉여 외환자금을 이런 시장에서 운용하며, 또한 부족한 외환자금을 조달하는 이외에도 다각적인 외환거래의 결제 장소로도 이용되고 있다. 한편, 자금을 차입하는 국가와 자금을 빌려주는 국가들이 주로 사용하는 통화가 다를 수 있기 때문에 환율변동의 가능성은 언제나 존재하므로, 단지 금리차만이 문제가 될 수 없으며 국내금융과는 달리 거래상대방 사이에 신용이 충분하지 못한 점도 있어 금융거래를 안전하게 수행할 수 있도록 도와주는 여러 보조기관의 필요성이 존재하게 된다. 이런 점이 국제금융시장의 특색이라 할 수 있을 것이다. 또한 자금을 빌려주고 차입하는 기간의 길고 짧음에 따라 단기국제금융과 장기국제금융으로 나눌 수 있는데, 전자만을 좁은 뜻에서 국제금융시장이라 하고, 후자를 국제자본시장이라고 하여 구별할 때도 있다.

국제금융시장으로서 자본주의 초기에 유명했던 곳은 암스테르담 · 브뤼셀 · 안트베르펜 등이었으나, 나폴레옹 전쟁 이후 런던과 파리로 옮겨졌다. 국제금융시장으로서의 바람직한 요건은 ① 안정적인 통화제도, ② 자유로운 외환거래의 보증, ③ 시장이 있는 나라의 통화에 대한 대량적이며 계속적인 수급(需給) 유지, ④ 시장이 있는 나라에서의 장기적인 국제수지의 균형, ⑤ 어음할인 시장과 은행제도의 발달 등이다. 이와 같은 요건을 갖춘 시장으로서 제1차 세계대전까지는 런던이 독점적인 위치에 있었으나, 전후(戰後)에 영국 파운드가 점차 약화한 데 비해, 미국 달러의 지위가 향상된 것을 배경으로 뉴욕 시장이 현저하게 대두되었고, 제2차 세계대전 이후로 뉴욕시장이 런던과 함께 세계적인 국제금융시장의 하나가 되었다.

이렇듯 국제금융시장은 19세기 영국을 중심으로 국제무역이 급격하게 신장됨에 따라 영국의 은행들이 자국기업들의 해외영업활동을 지원하면서부터 생성되었으며, 1950년대 말에 이르러 유로달러시장의 형성과 미국계 은행들의 유럽진출과 함께 급속하게 성장하였다. 이후 1970년대 오일달러의 국제적인 이동과 1980년대 국제간 무역불균형의 심화에 따른 국제자본이동의 증대에 힘입어 국제금융시장은 눈부신 성장을 지속하여 왔다.

이와 같은 국제금융시장은 전통적으로 국제무역 및 해외투자활동을 뒷받침하는 기능을 주로 수행하여 왔으나, 최근에는 금융자산의 효율적인 운용으로부터 이익을 얻고자 하는 투자자들의 적극적인 참여로 그 기능이 크게 다양화되어 가고 있다. 또한 포트폴리오의 위험을 헤징하기 위하여 다양한 파생금융상품을 끊임없이 개발하여 국제금융시장의 거래규모는 지금도 급격하게 증가하고 있다.

(2) 국제금융시장의 참가자

국제금융시장의 주요 참가자는 이익을 위해 국제적으로 자금을 투자하는 국제투자자와 보다 저렴한 비용으로 필요로 하는 자금을 대출받고자 하는 차입자 및 투자자와 차입자 사이에 국제적인 자본의 이동을 원활하게 도와주는 중개기관의 세 그룹으로 크게 구분해 볼 수 있다. 투자자의 경우 각국이 국내시장에서는 은행, 연금, 상호기금, 생명보험회사 등과 같은 기관투자가가 주종을 이루고 있으나, 유로채권시장에서는 개인투자자가 지배적인 것이 특징이다. 이들은 국제금융여건의 변화에 따라 끊임없이 포트폴리오를 재구성함으로써 위험의 최소화와 수익의 극대화를 추구하고 있다.

한편, 대표적인 차입자로는 세계 각국의 정부와 다국적기업 및 국제금융기구를 들 수 있다. 각국 정부는 재정적자 보전을 위한 자금을 조달하기 위해서 국제금융시장을 이용하고 있고, 다국적기업과 국제금융기구는 보다 저렴하고 다양한 자금조달원을 찾아 시장에 참여하고 있다. 투자자와 차입자 간의 원활한 자금중개를 위하여 국제상업은행과 국제투자은행과 같은 중개기관들이 국제금융시장에서 활발하게 활동하고 있다.

2. 국제금융시장의 구조

국제금융시장은 자금의 중개방법, 증권의 만기, 거래장소, 중개경로 및 규제와 관할권 등의 기준에 따라 발행시장과 유통시장, 단기금융시장과 자본시장, 그리고 역내시장과 역외시장 등으로 구분할 수 있다. 다음에서는 국제금융시장을 구성하고 있는 시장들에 대해 살펴보기로 한다.

(1) 외환시장(Foreign Exchange Market)

외환시장은 외환거래가 이루어지는 시장을 말한다. 따라서 은행들간의 외환거래뿐만 아니라 은행 대 고객 간의 거래, 고객 상호간의 외환거래가 이루어지는 추상적 개념의 장소를 모두 포함한다.

외환시장에 참여하는 당사자들에는 외환거래를 필요로 하는 다국적기업들과 각국의 중앙은행, 외환거래를 연결시켜 주는 브로커와 딜러의 역할을 수행하는 외국환은행들과 전문적인 외환 브로커들이 있다.

이러한 외환시장의 참여자들은 환위험을 제거하기 위한 헷지를 목적으로 시장에 참여하거나, 위험을 안고 이익을 추구하기 위한 투기의 목적으로 시장에 참여하거나, 순간적인 가격 차이를 이용하는 재정거래를 통해 아무 위험 없이 재정이익을 취하기 위한 목적으로 시장에 참여하게 된다.

외환시장은 외환거래를 통해 국제간 환율의 균형을 도모하고 자국통화와 외국통화와의 교환을 성립시킬 뿐만 아니라 고객에게 신용을 제공하고 환위험을 서로 연계시켜 주는 등의 다양한 기능을 수행하고 있다.

(2) 국제단기금융시장(International Money Market)

국제단기금융시장의 대표적인 시장으로는 유로통화시장이 있다. 유로통화시장(Euro-currency market)은 표시통화국 정부의 규제 및 관할권이 거의 미치지 않는 지역에서 예금과 대출이 이루어지고 있는 시장을 말한다. 예금과 대출에 있어서의 통화의 종류에 따라 유로달러(Euro-dollar)시장, 유로엔(Euro-yen)시장, 유로유로(Euro-euro)시장 등으로 구분되어질 수 있으며 유로달러시장이 전체의 75% 이상을 차지하고 있다.

유로달러시장은 1950년대 초 미국의 '외국인재산관리위원회'가 미국 내 소련예금을 동결하자 이에 불안을 느낀 소련 및 동구권의 투자자들이 미국시장을 기피하여 런던을 중심으로 한 유럽시장을 선호하면서 생성되기 시작하였다. 이 시장은 1960년대 이후 미국의 대규모의 무역적자와 이에 따른 미국정부의 달러 해외유출 제한조치, 1970년대 오일달러의 대량 유입, 그리고 非산유 개발도상국의 경제개발자금 수요증가에 힘입어 지속적인 성장을 거듭하여 왔다.

더욱이 미국 달러의 역내금리와 역외금리 간의 차이는 1970년대 이후

유로달러시장의 폭발적인 성장을 가능하게 한 결정적인 요인이 되었다고 할 수 있다. 일반적으로 유로달러금리는 미국 내의 달러금리를 상·하한으로 하는 띠 내에서 변동한다. 즉, 유로달러 예금금리는 미국 내 달러 예금금리보다 높고, 유로달러 대출금리는 미국 내의 달러 대출금리보다 낮다. 이와 같이 유로달러시장은 자금의 차입자나 투자자 모두에게 미국시장보다 유리한 조건을 제시하였기 때문에 1970년대 이후 지속적인 성장을 이룩할 수 있었다. 유로달러 예금금리가 미국 내의 달러 예금금리보다 높고, 유로달러의 대출금리가 미국 내의 달러 대출금리보다 낮을 수 있었던 것은 다음과 같은 요인들 때문이었다.

첫째, 미국 내 은행은 정부의 규제에 의하여 예금보험에 가입해야 하지만 유로은행은 예금보험에 가입해야 하는 의무를 지지 않았기 때문에 적은 스프레드로도 경쟁에서 유리한 위치를 점할 수 있었다.

둘째, 미국은행은 연방준비은행에 지불준비금을 예치해야 하는 데 비해, 유로은행은 지불준비금 예치의무가 없었기 때문에 적은 스프레드를 받고도 경쟁력을 유지할 수 있었다.

셋째, 1982년까지 미국은행은 지급할 수 있는 이자율의 상한을 규정한 규제 때문에 이러한 제한을 받지 않는 유로은행에 비해 예금 이자율이 낮을 수밖에 없었다.

넷째, 유로은행은 미국은행과 달리 정책금융을 수행할 필요가 없기 때문에 적은 스프레드에도 불구하고 강력한 경쟁력을 유지할 수 있었다.

다섯째, 유로은행은 도매금융만을 담당하기 때문에 거래비용이 적고 따라서 적은 스프레드로도 높은 수익을 올릴 수 있었다.

마지막으로, 유로시장에서는 다국적 은행간의 치열한 경쟁으로 스프레드를 최대한 줄이지 않으면 살아남기 어려웠으며 그 결과 유로은행은 점점 스프레드를 좁혀 나가게 되었고, 달러에 있어서 미국 내의 금융시장에 비해 경쟁력을 가질 수 있었다.

(3) 국제자본시장(International Capital Market)

국제자본시장은 국제단기금융시장과는 달리 자금의 차입기간이 비교적 긴 거래들이 이루어지는 시장을 말한다. 이러한 국제자본시장은 크게 국제주식시장과 국제채권시장으로 구성되어 있으며 국제주식시장과 국제채권시장은 각각 주식과 채권이 발행되는 발행시장과 이미 발행된 주식과 채권들이 유통되어지는 유통시장으로 나누어진다.

다음에서는 국제채권시장을 구성하고 있는 외국채시장과 유로채시장, 그리고 국제주식시장에 대해서 살펴보기로 한다.

1) 외국채시장

외국인이 현지통화로 채권을 발행하여 현지시장에서 유통시키는 채권을 외국채(foreign bonds)라고 한다. 외국채는 발행지역에 따라 고유한 별명을 지니고 있는데, 뉴욕시장에서 발행되는 외국채는 양키본드(Yankee Bond), 동경에서 발행되는 외국채는 사무라이본드(Samurai Bond), 런던에서 발행되는 외국채는 불독본드(Bulldog Bond), 우리나라에서 발행되는 외국채는 아리랑본드(Arirang Bond)라고 불린다.

외국채는 현지에서 현지통화로 발행되어 현지의 투자자에게 판매되기 때문에 발행 및 유통절차에 관하여 현지 정부의 규제와 감독을 받게 된다. 따라서 현지정부가 요구하는 등록요건을 만족하지 못하는 경우 채권을 발행할 수 없기 때문에 등록요건이 까다로운 국가에서 외국채를 발행하였을 경우 발행사실 자체가 발행기업의 국제신인도 제고에 큰 도움을 주게 된다. 특히, 양키본드의 경우 발행채권을 미국 증권거래위원회(SEC)에 등록하여야 할 뿐 아니라 신용평가기관인 Moody's, Standard and Poor's 또는 Fitch-IBCA로부터 등급을 평가받아야 하는 등 발행절차가 매우 까다로운 것이 특징이다.

2) 유로채시장

표시통화국 정부의 규제 및 관할권 이외의 지역에서 발행 또는 유통되는 채권을 유로채(Eurobond)라고 하며, 유로채시장은 다음과 같은 여러 가지 특성을 지니고 있다. 첫째, 유로채시장은 국내 채권시장이나 외국채 시장과 달리 정부로부터 규제나 감독을 거의 받지 않는 자유로운 시장이다. 따라서 증권거래위원회(SEC)와 같은 금융당국의 까다로운 공시 규정을 따르지 않아도 된다. 둘째, 채권발행을 위한 신디케이트 구성이 국제적일 뿐만 아니라 투자자 또한 여러 나라에 분산되어 있는 개인투자자들이 주류를 이루고 있다. 셋째, 유로채는 익명성을 보장하기 위하여 무기명식으로 발행되기 때문에 신분노출을 꺼리는 많은 투자자들의 주요한 투자수단이 되어 왔다. 세계 각국의 독재자들이나 마약 밀매업자들이 외환 및 자본통제를 회피하거나 탈세를 목적으로 유로채시장을 많이 이용하고 있기도 하다. 넷째, 유로채의 경우 국내에서 발행되는 채권과 달리 발행자의 조기상환권이 인정되지 않는다. 다섯째, 유로채는 미국에서 발행되는 채권과 달리 연중 1회 이자를 지급한다. 여섯째, 유로채의 경우 미국 내 회사채보다 만기가 짧은 것이 보통이다.

현대캐피탈, 640억 원 규모 엔화채권 발행 성공

현대캐피탈은 50억 엔(원화 약 640억 원) 규모의 3년 만기 변동금리 엔화채권발행에 성공했다고 23일 밝혔다. 조달금리는 3개월 엔화 기준 리보 금리에 1.21%를 더한 수준이며 일본계 대형 은행이 주요 투자기관이다.

이번 엔화 조달은 지난해 1월 5차 사무라이 채권 발행에 성공한 뒤 약 22개월 만이다. 현대캐피탈은 앞서 지난 5일에도 5억 달러 규모의 5년 만기 양키 본드 발행에 성공한 바 있다.

현대캐피탈 측은 "리먼사태 이후 한동안 일본에서의 채권 발행이 뜸하기도 했지만 올들어 일본 투자자들을 대상으로 꾸준히 홍보 활동을 벌인 결과 이번 자금 유치에 성공하게 됐다"며 "특히 미국 시장보다도 높은 금리를 요구하고 있는 보수적 일본 투자자로부터 이 같은 성과를 얻어내는 것은 다소 이례적인 일"이라고 밝혔다.

한편 지난 18일 세계적 신용평가사인 무디스는 현대캐피탈의 신용등급 전망을 종전의 '부정적(negative)'에서 '안정적(stable)'으로 상향 조정했다.

【출처: 매일경제신문, 2009. 11. 23.】

3) 국제주식시장

일본의 소니(Sony)사는 동경, 오사카, 나고야 등 3개의 자국 내 증권거래소와 뉴욕, 프랑크푸르트, 파리, 런던 등 해외 12개의 증권거래소에 주식 또는 주식예탁증서(depositary receipt: DR)를 상장하였으며, 우리나라의 포스코도 서울과 뉴욕 및 런던에 주식 또는 주식예탁증서를 상장하였다. 물론 해외의 거래소에 상장된 주식 또는 주식예탁증서는 대부분 외국의 감독기관으

그림 16-1 뉴욕증권거래소

로부터 각종 규제와 감독을 받고 있으나, 채권과 달리 주식의 경우에는 이를 외국주식이라 하지 않고 국제주식이라고 한다.

여기에서 주식예탁증서란 기업이 해외의 증권거래소에 주식을 상장하는 경우에 예상되는 발행 및 유통상의 여러 가지 문제점을 고려하여 발행주식(원주)은 자국 내의 예탁기관에 보관시키고 투자자들에게는 원주에 대한 소유권을 인정하는 표시로서 발행하여 주는 증서를 말한다. 주식예탁증서는 투자자의 요청에 의하여 언제든지 원주와 상호교환이 가능한 권리증서이며 현지의 금융기관이 발행하여 유통시키는 것이 보통이다.

주식예탁증서는 발행지역 및 특성에 따라 ADR, EDR, GDR로 구분할 수 있다. ADR(American Repositary Receipt)은 뉴욕에서 발행 · 유통되는 미국 달러표시의 기명식 주식예탁증서로서 미국 증권거래위원회의 규제와 감독을 받고 있다. EDR(European Repositary Receipt)은 런던이나 룩셈부르크에서 발행되는 유로형 주식예탁증서로서 유럽통화로 발행되고 있으며 별도의 규제기관이 없다. GDR(Global Repositary Receipt)은 뉴욕, 런던 또는 룩셈부르크에서 동시에 발행되는 미국달러표시 주식예탁증서를 말한다.

씨엠알, 美큐렉소테크 나스닥상장 위해 150억 투자

씨엠알㈜가 큐렉소의 미국 현지법인 큐렉소테크널로지 社에 한화 150억 원(미화 1,324만 달러)을 투자하여 상환 우선주 110만 주(주당 12달러, 환율에 따라 약간의 변동 있음)를 인수하였다고 큐렉소(대표 이경훈)가 10일 밝혔다.

큐렉소의 미국 자회사인 큐렉소테크놀로지는 관절 수술로봇인 로보닥의 제조, 생산을 영위하고 있으며 올해 본격적인 나스닥 상장을 위해 준비 중이다. 큐렉소는 이번 투자가 성사됨에 따라 미국 나스닥에 상장할 수 있는 작업들을 본격화하면서 국내외 마케팅에 활력을 불어넣어 적극적인 판매활동에 돌입한다.

한편, 현재 세계 수술로봇 시장의 선두주자로 암 수술로봇인 다빈치를 생산하고 있는 미국의 인튜이티브 서지칼사(Intuitive Surgical,Inc)는 나스닥 시장에 9달러로 상장했던 주가가 362달러(3월 2일자)로 신고가를 갱신하고 있다. 또한 무릎 일부관절 수술로봇을 제조 판매하고 있는 미국의 매코 서지칼 社도 연일 전 고점을 계속 넘어서고 있어 수술로봇에 대한 미국 내 관심이 급증하고 있음을 보여주고 있다.

이에 향후 내장용 소프트 티슈 수술로봇인 다빈치와 함께 쌍벽을 이룰 정형외과용 하드티슈 영역의 완전자동 수술로봇인 로보닥에 대하여 많은 관심과 주목이 쏟아지고 있는 가운데 이번 투자가 성사됨으로 인해 큐렉소테크놀로지 社의 나스닥 상장은 가속화될 것으로 보고 있다. 한편 씨엠알㈜는 큐렉소 계열사로서 투자재원 150억 원은 더블유상호저축은행으로부터 차입한 것이라고 밝혔다. 큐렉소의 이경훈 대표는 "나스닥 상장이 마무리되면 큐렉소의 채무보증도 해소될 것"이라고 말했다.

【출처: 머니투데이, 2010. 3. 10.】

ADR시장에도 신흥국 '바람'

4일 월스트리트저널에 따르면, 올해 베트남과 쿠웨이트 기업들이 처음으로 뉴욕증권거래소(NYSE)에 ADR를 상장할 예정이다. 또 나이지리아와 카자흐스탄 기업도 향후 2~3년 내 ADR를 상장할 것으로 관측되고 있다.

세계 최대 ADR 예탁은행 가운데 하나인 BNY 멜론의 앤서니 모로 이머징마켓 책임자는 "이머징마켓에서 자격이 되는 기업들은 자국에서 NYSE에 상장된 첫 번째 기업이 되길 원한다"며 "ADR에 대한 관심이 브라질, 러시아, 인도, 중국 등 브릭스(BRICs) 국가뿐 아니라 프론티어마켓 기업으로까지 확대되고 있다"고 말했다.

지난해 NYSE에 ADR를 상장한 22개 외국기업 가운데에도 유럽기업은 벨기에 유통업체 델하이즈와 영국 원유시추 장비업체 엔스코단 둘 뿐이고 대부분은 브라질과 중국 기업이었다.

【출처: 한국경제신문, 2010. 4. 5.】

4) 국제파생금융상품시장(International Derivatives Market)

1980년대 이후 국제금융시장에서 일어났던 가장 획기적인 발전은 장외거래를 중심으로 한 파생금융상품시장의 급성장을 들 수 있다. 금융산업에 대한 규제가 완화됨에 따라 금융기관간 경쟁이 치열해지고 동시에 이자율과 환율의 변동폭이 커지게 되었다. 이러한 급변하는 금융환경의 변화 속에서 보다 효율적인 자산과 부채관리의 필요성이 증대하였고 그 결과 파생금융상품의 개발이 촉진되었다. 따라서 선물, 옵션, 스왑으로 대표되는 파생금융상품은 대형 금융기관의 총자산에서 중요한 비중과 부분을 차지하고 있으며 은행 등의 금융기관들은 이들 시장에 참여하여 더 높은 수익을 달성하기 위해 노력하고 있다.

파생금융상품이란 외환, 예금, 채권, 주식 등 기초금융자산에서 파생되는 거래상품으로서 환율, 금리, 주가 등의 움직임에 따라 변동하게 되는 금융자산이나 부채의 미래가치를 사고파는 거래를 총칭하는 개념이다. 원래 파생금융상품거래는 가치변동위험을 회피할 목적으로 출발하였으나 금융공학의 발전에 힘입어 첨단 금융기법을 바탕으로 가치변동위험을 능동적으로 받아들임으로써 오히려 수익을 얻을 수 있는 고위험, 고수익 투자상품으로 발전하고 있다.

파생금융상품거래는 1970년대 초에 국제금융시장에 처음 등장하였고 급속한 성장을 보이게 된 것은 1980년대 후반부터이다. 파생금융상품이 등장하게 된 요인은 다음과 같다.

1970년대 이후 변동환율제도로의 전환과 각국의 금리자유화, 외환 및 자본거래에 대한 규제의 완화 또는 철폐 등으로 인해 금리 및 환율관련 금융상품의 가격변동성이 크게 확대되었다. 이에 따라 자산과 부채관리에 있어서 환율 및 금리변동에 수반되는 위험을 효과적으로 관리하고 차입비용을 절감시킬 수 있는 새로운 금융기법이 요구되었는데, 이러한 요구에 따라 개발된 것이 바로 파생금융상품거래이다.

1970년대에는 상품의 개발능력과 위험관리기법이 미흡하고 정보처리기술의 부족으로 파생금융상품거래는 주로 장외거래에 한정되었으나, 1980년대 초 이후 정보처리기술의 발달과 함께 옵션, 스왑 등과 같은 복잡한 구조를 가진 거래소 내의 거래로 발전하게 되었다. 특히 1980년대 후반 이후에는 파생금융상품거래가 유럽, 아시아 등의 국가들에도 급속히 확산되어 오늘날 전세계 금융시장에서 활발하게 거래가 이루어지고 있다.

파생상품에는 금융자산뿐만 아니라 석유, 곡물 등 상품을 대상으로 한 파생상품도 존재한다. 파생상품의 기원은 오히려 금융자산을 대상으로 한 것보다도 이러한 실물상품을 대상으로 한 것의 역사가 더 길다. 그러나 최근에 급속하게 거래가 확대되는 것은 파생금융상품이다.

파생금융상품시장의 발전과정을 살펴보면 다음과 같다.

1972년 시카고상품거래소(Chicago Mercantile Exchange: CME)에 의하여 국제단기금융시장이 창설되면서 엔화, 마르크화 등 7개국 통화를 대상으로 한 통화선물거래가 이루어져 파생금융상품의 효시를 이루었다. 1975년 시카고거래소(Chicago Board of Trade: CBOT)에서 정부의 저당증권을 대상으로 한 금리선물거래가 상장되었다. 이어 1976년에는 국제단기금융시장에서 단기재무성증권의 선물거래가 시작되면서 단기금융시장과 연계된 본격적인 금리선물시장이 형성되었다. 또한 1982년 CME가 주가지수선물옵션거래를, CBOT가 채권선물옵션거래를 각각 상장하였으며 1983년에는 필라델피아증권거래소(Philadelphia Stock Exchange) 및 CME가 통화옵션거래를 시작하였다. 이와 같이 파생금융상품시장은 처음 미국에서 급속한 발전을 이룩하였는데, 1980년대에 들어서부터는 미국 이외의 다른 국제금융센터에도 파급되었다. 영국의 LIFFE(London International Financial Futures Exchange)(1982년), 싱가포르의 SIMEX(Singapore International Monetary Exchange)(1984년), 프랑스의 MATIF(Marche a Terme International de France)(1985년), 일본의

TIFFE(Tokyo International Financial Futures Exchange)(1989년) 등이 창설되어 오늘날 각 거래소에서는 통화, 금리, 가격지수 등 광범위한 금융상품을 대상으로 한 선물 및 옵션계약이 거래되고 있다.

세계 최대 선물거래소 탄생

S&P500 선물거래소 직원들이 9일(현지시간) 시카고상업거래소(CME) 시세표를 유심히 쳐다보고 있다. 시카고상품거래소(CBOT) 주주들은 이날 시카고상업거래소의 인수제안을 공식 승인했다. 이로써 세계 최대 선물거래소가 탄생하게 됐다.

세계 각국의 증권 · 상품거래소들이 앞 다퉈 인수 · 합병(M&A)을 통한 몸집 불리기에 나서고 있다. 최근 글로벌 증시가 전례 없는 상승세를 보이면서 세계 시장에 넘쳐 나는 유동성 자금을 끌어들이기 위한 주도권 잡기의 일환으로 해석된다.

미국 시카고상업거래소(CME)는 9일(현지시간) 119억 달러를 투자해 미국에서 가장 오래된 파생상품거래소인 시카고상품거래소(CBOT)를 인수키로 최종 합의했다. 합병된 거래소의 명칭은 CME그룹이 될 것으로 알려졌다. 이로써 미국에 세계 최대의 선물 · 파생상품거래소가 탄생하게 됐다.

CBOT의 최대 주주인 칼레도니아 인베스트먼츠의 이사인 윌 바이칼스는 이날 블룸버그 통신과의 인터뷰에서 “이번 합병은 미국뿐 아니라 세계 거래소 역사에 큰 의미가 될 것”이라며 “두 거래소의 결합은 세계시장에서 보다 경쟁력 있는 시너지 효과를 불러일으킬 것”이라고 밝혔다.

CME와 CBOT는 1970년대부터 통화와 금리에 바탕을 둔 금융선물거래의 선구자 역할을 해 왔다. 두 거래소는 올해 1, 2월 3억 8,800만 건의 총 거래건수를 기록, 현재 세계 최대인 독일의 유럽선물거래소(EUREX)보다 1억 2,000만 건 이상 많았다.

이에 따라 합병이 이뤄지면 이자율을 기반으로 한 금융선물상품에서부터 돼지고기와 옥수수에 이르기까지 거의 모든 분야의 선물이나 파생상품을 다루는 세계 최대의 거래소가 될 전망이다. CBOT를 인수·합병한 새로운 CME그룹의 1일 거래량은 900만 건에 달할 것으로 예상되고 있다.

거래소간의 인수·합병은 올 들어 각국에서 잇따라 이뤄지고 있다.

런던증권거래소(LSE)는 6월 말 이탈리아 밀라노거래소를 운영하는 보르사 이탈리아나를 16억 유로(21억 5,000만 달러)에 인수, 두 거래소에 상장된 기업의 시가총액 규모가 5조 달러를 넘어서면서 세계 3위의 증권거래소로 거듭나게 됐다.

또 미국의 장외주식 시장인 나스닥도 5월 말 스웨덴거래소인 OMX를 37억 달러에 인수하는 데 성공했다. 앞서 런던증권거래소(LSE)를 인수하려다 실패한 나스닥은 OMX 인수·합병을 통해 유럽시장 공략에 박차를 가할 태세다.

또 4월에는 뉴욕증권거래소(NYSE)가 영국의 파생상품을 거래하는 유로넥스트를 인수, 'NYSE-유로넥스트'로 재출범했다. 유로넥스트는 프랑스와 네덜란드, 벨기에, 포르투갈 등 4개국의 통합증시 거래도 맡고 있다.

당시 NYSE와 함께 유로넥스트 인수를 위해 치열한 싸움을 벌였던 독일의 도이체뵈르제는 인수전에서 실패한 후 최근 미국의 2위 옵션거래소인 국제증권거래소(ISE)를 28억 달러에 사들이기 위한 협상을 진행중이다.

이 같이 각국의 거래소들이 경쟁적으로 몸집 키우기에 나서는 가장 큰 이유는 세계 자본시장이 급팽창하면서 이에 걸맞은 '규모의 경제'를 실현하기 위해서다.

거래소간 M&A가 이뤄질 경우 운영비용이 절약되고 상장 및 거래도 촉진될 수 있기 때문이다. 글로벌 시장에 넘쳐 나는 유동성은 주식 및 파생상품시장을 더욱 빠르게 성장시켜 거래소들간의 짝짓기를 부추기고 있다.

미국의 경영컨설팅 회사인 맥킨지에 따르면 1993~2004년 전세계의 국내총생산(GDP)이 두 배로 늘면서 주식파생상품과 채권시장에 막대한 자금이 흘러 들어오고 있다.

특히, 파생상품시장의 경우 위험회피를 위한 헷지펀드들의 투자가 눈에 띄게 늘고 있다. 일례로 CME의 경우 2000~2005년 거래규모가 연평균 36.4% 증가했다.

아시아 거래소의 인수 · 합병에 대한 관심도 높아지고 있다. 최근 일본의 도쿄증권거래소(TSE)가 싱가포르증권거래소(SGX)의 지분 일부를 인수하는 등 아시아 거래소들간 전략적 제휴 움직임도 늘고 있다.

정운수 한국증권선물거래소 전략기획팀장은 "향후 거래소간 M&A나 전략적 제휴는 지역구분 없이 더욱 활발하게 일어날 것"이라고 전망했다.

【출처: 한국일보, 2007. 7. 10.】

제 2 절 국제금융상품

1. 국제금융상품의 혁신적인 발전

1980년대 이후 세계적으로 국제금융시장은 국제화 · 개방화 · 자율화 및 증권화가 이루어져 왔으며, 지속적인 금융혁신으로 각국의 금융시장에서는 새로운 형태의 금융상품들이 끊임없이 등장하였다. 이러한 새로운 금융상품의 도입은 정보통신 및 컴퓨터 산업의 급속한 발달에 의한 국제간 자금이동의 증가에 기인한다. 또한 국제간 금리차이를 이용한 재정거래와 환위험, 금리위험을 회피하기 위한 헷징거래 및 환율, 금리변동을 이용하여 적극적으로 이익을 얻고자 하는 투기거래의 증가도 이러한 새로운 금융상품의 도입을 촉진하게 되었다.

급변하는 금융환경의 변화에 대응하여 새로운 금융상품을 개발하고 새로운 금융시스템을 도입하는 금융혁신의 과정은 1980년대 초반 미국으로부터 시작되었으며, 유럽을 거쳐 1990년대 초반에는 일본에 자리잡게 되었다.

금융혁신에 의해 개발된 국제금융상품들은 그 성격에 따라 금융계약 내지 상품의 분할(unbundling) 및 통합(bundling), 비유동적인 상품의 증권화(securitization) 등으로 나누어 볼 수 있다.

우선, 금융상품의 분할은 전통적인 금융계약들이 여러 가지 다양한 금융요소들로 구성되어 있으며, 이들 금융요소들이 개별 상품으로 분리가 가능하다는 접근방법이다. 예를 들어, 증권발행보증(NIF)은 자금가용성에 대한 보증이라 할 수 있고 고정금리 확약요소는 이를 분리하여 금리선물, 금리선물계약(forward rate agreement: FRAs), 스왑 등으로 거래할 수 있다.

한편, 여러 가지 금융요소들을 통합하여 시장참여자들의 고유한 수요에 맞추는 패키지 금융상품을 만들 수도 있다. 이러한 기법들은 현대 투자금융업에 있어서 가장 대표적인 기술이라 할 수 있는 금융공학(financial engineering)의 요체이다.

다음으로 비유동적인 상품의 증권화는 유동성이 낮은 금융상품들을 유동성이 높은 증권으로 변환하는 과정을 말한다. 이에 대한 예로서는, 유동성이 없는 정기예금을 대신하여 개발된 양도성정기예금증서(negotiable CD)를 들 수 있다. 예상치 못한 자금수요의 발생 또는 손실이 예상되는 포지션을 미리 현금화할 경우 등에 대비하여 투자자들이 유동성을 매우 중요시하면서, 이러한 증권화 현상은 급속하게 발전하여 왔다.

2. 국제금융상품

(1) 단기금융상품

1) 상업어음(commercial paper: CP)

일반 기업들이 발행하는 만기 270일 이하의 단기 무담보 약속어음을 상업어음이라고 한다. 상업어음은 만기 이전에 양도가 가능하고 할인식으로 발행된다. 이러한 상업어음은 무담보 어음이므로 주로 신용상태가 양호한 대기업과 국제금융기구의 주도하에 시장이 발전되어 왔으며, 비교적 단기물이 선호됨에 따라 만기가 30일물이 가장 많이 발행되고 있다. 대부분 최초 매입자가 만기까지 보유하는 경향이 강하기 때문에 유통시장이 단기재정증권시장만큼 잘 발달되어 있지 못하다. 기업들은 대부분 거래은행과의 신용한도약정을 통하여 일정 한도 내에서 상업어음을 발행하고 있다.

2) 단기재정증권(treasury bill: T-bill)

미 연방 재무부가 재정자금조달을 목적으로 발행하는 장·단기 증권을 재정증권이라고 하며 만기에 따라 단기재정증권(treasury bill: T-bill), 중기재정증권(treasury note), 장기재정증권(treasury bond)으로 구분된다. 이 중에서 단기재정증권은 만기 1년 미만의 단기성 어음으로서 상업어음과 같이 할인식으로 발행되며, 미국 내에서는 대표적인 단기금리지표로 이용되고 있다.

단기재정증권은 연방정부의 공개시장조작수단으로 활용되고 있는데, 연방정부가 통화공급량을 줄이고자 할 경우에는 단기재정증권을 매각하고 통화량을 증가시키고자 할 경우에는 단기재정증권을 매입함으로써 통화량을 조절한다.

단기재정증권은 다음과 같은 특성을 지니고 있어 거래가 매우 활발하게 이루어진다. 첫째, 단기재정증권은 미국의 재무부가 발행하는 증권으로서 채무불이행 위험이 거의 없으므로 가장 안전한 투자대상으로 인식된다. 따라서 위험회피형 투자자들의 중요한 투자대상이 되어 왔다. 둘째, 단기재정증권의 경우 대규모의 유통시장이 발달되어 있어 투자자들이 현금을 필요로 할 경우 적은 비용으로 손쉽게 현금화할 수 있는 장점을 지니고 있다. 셋째, 여타의 단기금융상품과는 달리 단기재정증권에서 얻어지는 소득에 대해 지방정부의 소득세가 면제되기 때문에 높은 소득세율이 적용되는 투자자들에게는 매우 유용한 투자대상이 된다.

3) 은행인수어음(banker's acceptance: BA)

무역금융의 일환으로 널리 활용되는 단기금융상품의 일종으로서 수출업자가 수입업자의 신용장 개설은행을 지급인으로 발행한 환어음을 동 은행이 인수하여(accept) 지급을 보증하는 기한부 환어음을 은행인수어음이라고 한다.

은행인수어음은 지급인과 발행인이 지급의무를 질 뿐 아니라 인수은행에 의해서도 보증이 되기 때문에 상업어음과 같은 여타의 증권들에 비하여 채무불이행 위험이 낮고 따라서 수익률이 상대적으로 낮은 것이 특징이다. 은행인수어음의 만기는 보통 30~270일 정도이나 30일 만기 어음이 가장 일반적이며 거래단위는 대개 1~5백만 달러이다.

4) 양도성정기예금증서(negotiable certificate of deposit: CD 또는 NCD)

양도성정기예금이란 은행이 기업이나 투자자로부터 거액의 자금을 끌어들이기 위한 금융상품이다. 양도성정기예금에 대해서는 연방정부에 의한 이자율 상한규제가 적용되지 않기 때문에 다른 금융상품과 경쟁이 가능해진다. 또한 이 증서는 만기 이전에 언제든지 양도가 가능하기 때문에 유통시장이 잘 발달되어 있어 은행의 주요 자금조달수단으로 이용되고 있다.

양도성정기예금증서의 만기는 일반적으로 14일에서부터 5~7년에 이르기까지 다양하나 유통시장에서 거래되고 있는 것은 대부분 만기가 1~6개월이며, 최소거래단위는 1백만 달러이다. 이 증서는 할인식의 단기재정증권이나 상업어음과 달리 만기에 이자가 지급되는 이자부 증권이다.

5) 단기금융시장 상호기금(money market mutual fund: MMF)

단기금융시장 상호기금이란 투자신탁회사가 고객들의 자금을 모아 펀드를 구성한 다음 금리가 높은 만기 1년 미만의 기업어음(CP) · 양도성예금증서(CD) · 콜 등 주로 단기금융상품에 집중적으로 투자하여 얻은 수익을 고객에게 되돌려 주는 만기 30일 이내의 초단기금융상품을 말한다.

이 금융상품은 은행의 보통예금처럼 수시로 입출금이 가능한 상품으로 하루만 돈을 예치해 놓아도 펀드운용 실적에 따라 이익금을 받을 수 있기 때문에 단기자금을 운용하는 데 적합한 상품이라 할 수 있다.

이러한 단기금융시장 상호기금은 다음과 같은 장점 때문에 1970년대 이후 급격히 성장하게 되었다. 첫째, 단기금융시장에서의 최소거래단위는 보통 백만 달러이므로 영세한 투자자는 시장에 참여할 수가 없었으나, 이 상호기금을 이용하여 영세한 규모의 투자자도 간접적으로 단기금융시장에 참여할 수 있게 되었다. 둘째, 다수의 소액 투자자들의 자금을 집중적으로 관리함으로써 효율적인 자금관리가 가능해져서 개별적으로 단기금융시장에 투자하는 것보다 더 높은 수익을 가져다 줄 수 있다. 셋째, 이 수익증권은 높은 유동성으로 언제든지 저렴한 비용으로 현금화할 수 있으며 추가투자 또는 일부 인출이 가능하므로 단기금융시장에서는 불가능한 투자의 분할 가능성이 보장된다. 넷째, 기금의 운용자는 다양한 종류의 증권에 분산투자하기 때문에 개별 투자자들이 직접 소수의 단기금융자산에 투자할 경우에 부담하게 되는 포트폴리오 위험을 상당부분 감소시켜 준다.

우리나라에서는 1996년 9월부터 허용되어 투자신탁회사에서 취급하고 있으며, 가입금액에 제한이 없어 소액투자자에게 많은 인기를 얻고 있다.

6) 유로 상업어음(Euro CP)

유로 상업어음은 역외시장에서 발행되는 만기 7~365일의 무보증 약속어음을 말하며, 증권회사의 인수약정 없이 발행되고 딜러에 의해 시장에서의 최선의 조건으로 판매되는 금융상품이다.

유로 상업어음은 미국 내 상업어음과 투자자, 만기, 신용평가방법 등에서 다소 차이를 보인다. 우선 발행기업은 미국 상업어음의 경우 우량기업들이 대부분인 데 비하여, 유로 상업어음은 신용평가등급이 필요하지 않은 이유로 인해 비교적 낮은 신용등급을 가진 기업들이 발행한다. 또한 미국 상업어음에 투자하는 투자자들은 단기금융시장 상호기금이 대부분인 반면, 유로 상업어음의 주요 투자자들은 세계 각국의 중앙은행과 상업은행 및 다국적기업들이다. 그리고 유로 상업어음은 미국 상업어음보다 만기가 길어 유통시장에서 더욱 활발하게 거래되는 것이 특징이며 발행 및 지급절차는 투자자들이 지리적으로 분산되어 있는 관계로 미국 상업어음보다 시간이 많이 걸린다는 것이 단점이다.

(2) 중·장기금융상품

1) 중·장기재정증권(treasury note, treasury bond)

미 연방 재무성이 발행하는 만기 2~10년의 채권을 중기재정증권이라고 하고, 만기 10~30년의 채권을 장기재정증권이라고 한다. 할인식의 단기재정증권과 달리 연 2회 이자를 지급하며, 채무불이행의 위험은 단기재정증권과 같이 거의 없기 때문에 중·장기회사채 및 스왑 등 여타 금융자산 수익률의 기준지표로 사용되고 있다. 단기재정증권과 마찬가지로 중·장기재정증권에 대한 이자에 대해서는 지방정부의 소득세가 면제된다.

2) 변동금리부 채권(floating rate note: FRN)

1970년대 두 차례의 석유파동 이후 국제금리의 변동성이 크게 증가하자 금리변동위험을 회피하고자 하는 투자자들의 요구를 충족시켜 주기 위해 새로운 형태의 금융수단으로 도입된 것이 변동금리부 채권이다. 변동금리부 채권의 이자율은 기준금리의 변동에 연계되어 정기적으로 조정되는데, 기준금리로 사용되는 금리로는 리보(LIBOR), 단기재정증권(T-bill) 금리, 양도성 정기예금증서(CD) 금리, 상업어음(CP) 금리 등이 있지만 국제금융시장에서의 자금수급상황을 잘 반영하고 있다고 인식되는 리보가 가장 널리 이용되고 있다.

변동금리부 채권의 표면금리는 기준금리에 연동되어 있기 때문에 투자자는 시장금리를 반영하는 수익률을 보장받을 수 있으며, 차입자는 신디케이트 론(syndicated loan)보다 저렴한 비용으로 자본을 조달할 수 있게 된다.

3) 유로 중기채(Euro medium term note: EMTN)

유로 중기채는 만기 6개월~10년의 무보증 중·장기 약속어음이다. 이는 증권사의 인수약정 없이 발행되는 무보증 약속어음이라는 점에서는 상업어음과 유사하나 이자지급이나 결제방법 및 서류절차 등에서는 채권과 유사한 특성을 지니고 있다. 대부분의 경우 자금을 조달하려는 기업이 일정한 기간과 신용한도 내에서 유로 중기채 프로그램을 설정하고, 이 범위 내에서 이자율과 만기가 상이한 약속어음을 연속적으로 발행하여 딜러를 통해 투자자에게 판매함으로써 자금을 조달하게 된다.

이로써 유로 중기채는 차입자에게 필요에 따라 다양한 만기의 자금을 적시에 조달할 수 있는 자금조달의 융통성을 제공해 주고 중개기관인 투자은행에게는 인수약정의 부담을 덜어주는 장점을 지니고 있다. 이러한 장점 때문에 최근 유로 중기채의 발행액이 급속하게 증가하고 있는 추세에 있다.

유로 중기채는 주로 런던 또는 룩셈부르크 증권거래소에 상장되며, 결제는 유로채권 거래의 결제시스템인 유로클리어(Euroclear)나 클리어스트림(Clearstream)을 통해 이루어진다. 유로 중기채는 프로그램 설정시 미리 상세한 내용의 계약서와 목록을 작성하기 때문에 유로채와는 달리 발행할 때마다 따로 기채(起債)에 필요한 서류작업을 할 필요가 없으며, 따라서 시장환경이나 스왑기회 등 투자자들의 동향에 따른 신속한 기채가 가능하다.

4) 자산담보부 증권(Asset Backed Securities: ABS)

자산담보부 증권은 금융기관 · 기업 등이 보유하고 있는 자산을 담보로 발행하여 제3자에게 매각하는 증권을 말한다. 즉, 금융기관이나 기업이 보유하고 있는 대출 관련 자산을 특수목적 회사에 넣고 그 자산을 바탕으로 발행하는 증권을 말하는 것으로, 1980년대 중반 이후 미국에서 각종 채권 및 자산의 유동화를 목적으로 개발된 금융상품이다.

초기 형태로는 주택저당대출을 대상으로 한 주택저당담보부 채권(mortgage backed securities)이 있었고, 이후 다른 자산에까지 확대 적용되면서 최근에는 자동차 할부금융 · 신용카드대출 · 리스대출 등을 대상으로 한 담보채권을 포함하고 있다.

자산담보부 증권은 담보로 설정된 현금흐름이 기업의 파산이나 국가의 자본통제 등 미래에 발생가능한 위험으로부터 영향을 받지 않고 투자자에게 안전하게 지급되도록 설계되어 있고, 자산보유자 입장에서는 만기가 안 된 대출채권을 투자자에게 팔 수 있는 형태로 증권화하여 대출금을 빨리 회수할 수 있을 뿐 아니라 신용도가 높은 우량업체에 대한 대출채권의 경우 낮은 이자율로 발행할 수 있어 다른 방법에 비해 저렴하게 자금을 조달할 수 있는 것이 특징이다.

5) 전환사채(convertible bond)

전환사채란 채권으로서 발행되었지만 일정기간 경과 후 소유자의 청구에 의하여 채권발행시 정한 조건에 따라 주식(보통주식)으로 전환될 수 있는 권리가 포함되어 있는 채권을 말한다.

전환사채가 제도화된 이유는 신규사업의 착수 등에 있어 장기자금의 조달을 용이하게 하려는 데서 찾을 수 있으며, 흔히 회사의 수익상태가 의심스러운 때는 주식보다도 사채의 보유가 자금공급자에게 선호되며, 또 수익성도 높은 경우가 많다. 그래서 회사의 수익성이 향상되어 주식의 배당수익이 사채의 이자수입보다 높아진 시점에서 주식으로 전환할 수 있는 이점이 있으면 자금공급이 보다 증가될 것이다. 즉, 주가상승으로 주식으로의 전환이 진행되면 회사로서는 비교적 수월하게 자기자본의 충실을 기할 수 있다는 이점이 있다.

국내기업으로는 1985년 삼성전자가 최초로 유로 해외전환사채를 성공적으로 발행한 이후, 초기에는 우량 대기업들이 낮은 금리, 높은 프리미엄으로 발행하기도 하였으나 그 후 국내 주가하락기에는 낮은 프리미엄으로 발행하기도 하였다.

6) 신주인수권부 사채(bond with warrants)

채권발행 후 일정기간 동안 정해진 행사가격으로 채권발행회사의 신주를 매입할 수 있는 권리가 부여된 채권을 신주인수권부 사채라고 한다. 즉, 채권자에게 채권발행 이후에 기채회사가 신주를 발행하는 경우, 미리 약정된 가격에 따라 일정한 수의 신주인수를 청구할 수 있는 권리가 부여된 채권을 말하는 것이다. 따라서 채권의 보유자는 보통사채의 경우와 마찬가지로 일정한 이자를 받으면서 만기에 채권의 액면금액을 상환받을 수 있으며, 동시에 자신에게 부여된 신주인수권을 가지고 주식시가가 발행가액보다 높은 경우 회사측에 신주의 발행을 청구할 수 있게 된다.

채권의 발행회사 입장에서 보면 일반사채에는 없는 신주인수권을 채권투자자에게 부여함으로써 주가상승에 따르는 투자수익을 기대할 수 있어 채권에 대한 투자수요를 유발시켜 자금조달을 촉진시킬 수 있다. 또한 신주인수권에 대한 대가로 낮은 금리의 채권을 발행할 수 있으며, 신주인수권의 행사로 사채는 그대로 존속하면서 추가자금이 납입되어 새로운 자금조달을 도모할 수 있다는 이점이 있다.

또한 투자자 입장에서 보면 채권이 지니는 이자소득기능과 주식이 지니는 자본소득기능을 동시에 가지고 있기 때문에 투자의 안전성과 투기성을 모두 가지고 있다. 즉, 신주인수권을 행사하면 채권은 그대로 채권보유자에게 남을 뿐만 아니라 새로 발행회사의 주식을 취득하여 주주가 될 수 있는 것이다. 따라서 채권에 의한 이자소득과 주식에 의한 배당소득, 주가상승에 따른 이익을 동시에 꾀할 수 있다는 장점을 지닌다.

앞에서 살펴보았던 전환사채는 전환권을 행사하면 채권이 소멸되고 주식으로 전환되는 반면에, 신주인수권부 사채는 신주인수권 행사시 신주발행금액을 납입하고 사채는 만기에 상환된다는 점에서 차이가 있다.

참 고 문 헌

국제재무연구회, 「파이낸셜엔지니어링」, 삼성경제연구소, 1995.

민상기 · 정창영, 「글로벌 재무전략」, 명경사, 2003.

성용모, 「국제금융시장」, 탐진출판사, 2002.

최생림 · 정태영 · 김동순, 「국제재무관리론」, 법문사, 2004.

Brennan, M. and E. Schwartz, "Convertible Bonds: Valuation and Optimal Strategies for Call and Conversion," *Journal of Finance*, 1977, pp.1699-1715.

Dufey, Gunter and Ian Giddy, *The International Money Market*, Prentice-Hall, 1994.

Eun C. S. and Resnick Bruce G., *International Financial Management*, McGraw-Hill International Edition, 2001.

Kim, Yong C. and R. Stulz, "The Eurobond Market and Corporate Financial Policy: A Test of The Clientele Hypothesis," *Journal of Financial Economics*, 1988, pp. 189-203.

Smith, Clifford W. and Charles W. Smithson, *The Handbook of Financial Engineering*, Harper Business, 1990.

국문색인

[ㅇ]

영문색인

[공저자 약력]

김창봉은 현재 중앙대학교 상경학부 교수로 재직중이며, 중앙대학교 무역학과 졸업, 미국 George Washington대학교 대학원 졸업, 일본 게이오(慶應)대학교 대학원에서 수학하였으며, 중앙대학교 대학원에서 경영학 박사학위를 받았다. 중앙대학교 사회과학대학, 동국대학교 경영대학, 협성대학교 경영대학에서 강의를 했으며, 한국관세학회, 국제지역학회, 한국물류학회, 한국기업경학회, 국제 e-비즈니스학회, 한국통상정보학회 등 부회장과 한국무역학회의 이사를 역임하였다. 행정안전부 국가고시 공개경쟁채용시험 위원으로 활동하였으며, 현재 기획재정부 경영평가단 공기업 · 준정부기관 평가단의 평가위원과 정부정책평가 지식경제부 · 국세청 · 관세청 자체평가위원, 청와대 미래기획단 자문위원으로 활동하고 있다. 대표적인 저서로는「글로벌 경쟁시대의 GSCM 전략」(2006)이 있다. 또한「무역학회지」,「국제지역연구」,「관세학회지」,「통상정보연구」,「국제상학」,「물류학회지」 등 국내외 주요 학술지에 논문을 발표하였다. 국가고시 관세사, 물류관리사 출제 · 선정위원, 국무총리실 · 건설교통부 · 산업자원부 · 관세청 자문교수, 중앙대학교 사회과학대학 무역학과 학과장 역임, 중앙대학교 학부 총학생회장을 역임하였고, 무역의날 대통령 표창과 한국물류학회 최우수논문 국토해양부장관상을 수상하였다. 주된 관심분야는 글로벌 공급체인관리, 자유무역협정, 글로벌 마케팅, 국제상학 등이다.

박상안은 현재 중앙대학교, 단국대학교 시간강사로 재직중이며, 중앙대학교 무역학과 졸업, 중앙대학교 대학원에서 경영학 석사학위와 박사학위를 받았다. 중앙대학교 경영대학, 사회과학대학, 단국대학교 경제학부에서 강의를 했으며, 경제정의연구소 기업지배구조팀에서 전임연구원으로 연구를 하였다. 국제지역학회의 이사를 역임하였으며,「무역학회지」,「국제지역연구」,「재무관리연구」,「국제통상연구」,「통상정보연구」 등 국내 주요 학술지에 논문을 발표하였다. 주된 관심분야는 국제재무와 기업지배구조이며, 국제재무 중에서도 국제주식과 파생금융상품 등이다.

정재우는 현재 중앙대학교 사회과학대학 BK계약교수로 재직중이며, 중앙대학교에서 박사학위 취득 후, 중앙대학교 경영대학 경영학부, 가천의과학대학교 무역학과, 신흥대학교 경영정보계열에서 무역관련 과목을 담당하여 강의를 했으며, 2005년 한국학술진흥재단에서 주관한 Brain Korea 21의 동북아 물류중심지화 과제로 중앙대학교에서 연구전담교수를 수행하였다. 한국통상정보학회에서 이사를 역임하였으며, 한국통상정보학회의「통상정보연구」, 한국국제상학회의「국제상학」, 한국무역상무학회의「무역상무연구」, 한국관세학회의「한국관세학회지」 등 주요 학술지에 논문을 발표하였다. 현재 주된 관심분야는 국제상거래에서 Information Technology 활용인 전자무역이다.

알기 쉬운 무역학원론

2010년 8월 30일 초판인쇄
2010년 9월 10일 초판발행

공저자 김창봉 · 박상안 · 정재우
발행인 안 종 만
발행처 (株) 博 英 社
서울특별시 종로구 평동 13-31번지
전화 (733)6771 FAX (736)4818
등록 1959. 3. 11. 제300-1959-1호(倫)

www.pakyoungsa.co.kr e-mail: pys@pakyoungsa.co.kr

정 가 28,000원 ISBN 978-89-6454-085-5